Peter-André Alt

KLASSISCHE
ENDSPIELE

Peter-André Alt

KLASSISCHE ENDSPIELE

Das Theater
Goethes und Schillers

Verlag C. H. Beck

© Verlag C. H. Beck oHG 2008
Satz: Fotosatz Amann, Aichstetten
Druck und Bindung: Ebner & Spiegel, Ulm
Gedruckt auf säurefreiem, alterungsbeständigem Papier
(hergestellt aus chlorfrei gebleichtem Zellstoff)
Printed in Germany
ISBN 978 3 406 56929 6

www.beck.de

INHALT

VORWORT   7

1. BEHERRSCHTER RAUM UND GEREGELTER KÖRPER.
   Weimarer Regie-Theater um 1800   13
2. AGONALE FREIHEIT.
   Goethes und Schillers Tragödientheorien   35
3. VERSTELLUNGSKÜNSTE.
   Techniken der Intrige in den frühen Dramen   53
   (Clavigo, Götz von Berlichingen, Die Räuber, Kabale und Liebe)
4. DIE PARADOXIEN DES BÖSEN.
   Mephistos Prinzip oder: Selbstentwürfe des Teufels   72
   (Faust I)
5. EINE BÜHNE FÜR DIE SCHÖNE SEELE.
   Autonomie und Androgynie der Frauen   91
   (Iphigenie auf Tauris, Die Jungfau von Orleans)
6. HÖFISCHE AMBIVALENZ.
   Schaustücke der Aristokratie bei Goethe   108
   (Torquato Tasso, Die natürliche Tochter)
7. DIE TEUREN TOTEN.
   Geopferte Königinnen in Schillers Tragödien   136
   (Don Karlos, Maria Stuart)

8. AUGENBLICK UND ENTSCHEIDUNG.
   Funktionen der Zeit im historischen Drama   156
   (Egmont, Wallenstein-Trilogie)

9. KEINE WIEDERKEHR DER GÖTTER.
   Schillers Konstruktion der Antike   182
   (Die Braut von Messina)

10. WELTTHEATER ZWISCHEN HIMMEL UND HÖLLE.
    Das Vorspiel als Endspiel   200
    (Faust I, Faust II)

Anmerkungen   221
Bibliographie   283
Register   307

VORWORT «*Das Hofleben gleicht den Tragödibüchern / welche in Gold schön und herrlich eingebunden sind.*»[1]

Georg Philipp Harsdörffer, 1655

Daß sich auch über kanonische Texte Neues sagen läßt, ist ein Faktum, das eine der wesentlichen Arbeitsgrundlagen der Literaturwissenschaft darstellt. Es gehört zu ihrem Anspruch als hermeneutische und historische Disziplin, bekannte Werke in bisher unbekannten Zusammenhängen zu lesen und mit noch nicht erprobten Verfahren aufzuschließen. Neu ist dann nicht das Objekt – der literarische Text –, sondern seine Integration in verwandte Wissensgebiete, die ihm das Ansehen des Unvertrauten, Überraschenden verleiht. Gefördert wird dieses Vorgehen durch die methodische Hilfe von Nachbarfächern, deren Gegenstände und Selbstverständnis die philologische Lektüre produktiv verändern können. Literaturhistoriker profitieren derzeit vom «reflective turn»[2] der Geschichtswissenschaft, die jenseits einer rein faktenbezogenen Perspektive in zunehmendem Maße über Grundfragen historischer Zeitlichkeit, die Leitgesetze ihres gelehrten Diskurses und die ordnende Leistung seiner Darstellungstechniken nachzudenken beginnt.[3] Sie werden inspiriert durch die Bemühungen der Wissensgeschichte, welche die wechselnden Rahmenbedingungen für die Konstitution kulturellen Bewußtseins in den verschiedenen Stationen seiner Entwicklung erforscht. Sie sehen sich unterstützt durch die kognitionswissenschaftliche Erkenntnis, daß die Objekte unserer alltäglichen Erfahrung sprachlich produziert oder doch sprachanalog sind. Und sie partizipieren an einer allgemein vorherrschenden ‹Rephilologisierung›, die ihr eigenes Fach zur Konzentration auf seine vorherrschenden Kompetenzen anhält: auf die Fähigkeit zur Untersuchung komplexer Texte und das Vermögen, sie im Ensemble anderer Quellen zu analysieren.

Die hier versammelten Studien sind dieser philologischen Grundlegung prinzipiell verpflichtet, ohne deshalb den Anspruch auf die theoretische Reflexion ihrer Verfahrensweise preiszugeben. Dort, wo sie fiktionale Texte in ihrem spannungsreichen Verhältnis zu historischen und politischen Deutungssystemen betrachten, versichern sie sich des Beistands nicht-literaturwissenschaftlicher Ansätze – etwa des Konzepts der sozialen Semantik, wie es Niklas Luhmann unter Bezug auf den Umbau der öffentlichen Ordnung im 18. Jahrhundert und die damit verknüpfte Differenzierung gesellschaftlicher Funktionsbereiche entwickelt hat. Solche Rückgriffe sind jedoch nicht durch die Erwartung motiviert, daß soziologische oder philosophische Theorien klare Antworten auf die Probleme der philologischen Praxis bieten. Der Nutzen theoretischer Ansätze liegt für die Literaturwissenschaft selten darin, daß sie die Schwierigkeiten, die während der Arbeit am Text auftreten, systematisch beheben. Ihre Leistung besteht vielmehr in der Benennung der konkreten Fragen, der sich Textanalysen zu stellen haben, im erhöhten Problembewußtsein, das sie offerieren, und in der breiteren Sacherörterung, die sie ermöglichen. Wenn es richtig ist, daß Wissenschaft mit der begrifflichen Reflexion von Fragehorizonten beginnt, dann gestatten theoretische Ordnungsentwürfe den ersten geregelten Umriß solcher Fragen. In diesem Sinne offeriert das vorliegende Buch philologische Lektüren, die vom literarischen Einzelfall ausgehen, ihre Befunde aber verstärkt in den Horizont der Gesellschafts- und Geschichtstheorie einzubetten suchen. Eine solche Synthese, die textanalytische Diagnosen systematisch kontrollieren hilft, ist in der älteren Klassik-Forschung, soweit zu sehen, nur selten angestrebt worden.[4]

Das Buch umreißt in vier Themenschwerpunkten bisher vernachlässigte oder zumindest unterschätzte Aspekte der Dramen Goethes und Schillers. Es zeigt die verschlüsselten literarischen Formen, in denen beide Autoren den Zusammenbruch des alten Staates und die Erosion seiner politischen Grundsätze reflektieren; es untersucht die Phänomenologie des Bösen und die Typologie der Intrige als Grundformen einer schwarzen Soziologie des Handelns, die in zahlreichen ihrer Stücke zu-

VORWORT

tage tritt; es analysiert das spannungsvolle Geschichtsbild der klassischen Dramen, in denen die erste europäische Modernitätskrise im Umfeld der Französischen Revolution thematisch wird; es beleuchtet nicht zuletzt den Willen zur literarischen Selbstdarstellung, der sich in den spielerischen Inszenierungen einer auf die Zweckfreiheit der Kunst setzenden Theater-Dramaturgie manifestiert. Mit diesen vier Schwerpunkten möchte das Buch die dunklen, von Widersprüchen geprägten und damit auch: die unerledigten Seiten der Weimarer Klassik ins Blickfeld rücken. Das geschieht jedoch nicht im Zuge einer programmatischen Ideologiekritik, wie sie die ‹Entlarvung› der ‹Klassik-Legende› in den 70er Jahren antrieb. Operiert wird vielmehr auf der Grundlage dichter Beschreibungen, die Ambivalenzen keinesfalls als Konstruktionsfehler ästhetischer Entwürfe, sondern als Elemente einer überraschend modernen Kunstkonzeption verständlich machen.

Es bleibt ein wesentliches Ziel der einzelnen Untersuchungen, die politische Reflexion als zentrales Thema für das klassische Drama um 1800 auszuweisen. Das Politische ist indirekt präsent im Bereich der künstlerischen Konzeption des Weimarer Bühnendirektors Goethe, der – gestützt durch den Hausregisseur Schiller – unter den Augen seines Fürsten Carl August ein Theater organisiert, das die großen gesellschaftlichen und historischen Konflikte der Epoche in den Formen der Camouflage und der Verschiebung auf subtile Weise anschaulich macht. Politisch ist der Hintergrund der raffiniert gebauten Intrigenstücke, die beide Autoren schreiben – im Fall des *Clavigo* ebenso wie in *Kabale und Liebe*; politische Tendenzen durchdringen die Apotheose der schönen Seele, die Goethe in der *Iphigenie auf Tauris* und Schiller in der *Jungfrau von Orleans* präsentieren. Goethe führt die Friktionen von Macht und Herrschaft bevorzugt in jener intimen Verkleidung vor, die aus seiner Sicht nötig ist, möchte man dem Publikum politische Stoffe zumuten; exemplarischen Charakter tragen hier *Egmont, Torquato Tasso* und *Die natürliche Tochter*. Schiller dagegen riskiert die große Haupt- und Staatsaktion, in deren Verlauf das Private über die Hintertür auf den Schauplatz des Theaters tritt. Im *Don Karlos* und in der *Maria Stuart* offenbart sich die Spannung zwischen Familie und Politik als Scheingegensatz, der verdeckt, wie massiv die Ordnungen der Macht den persönlichen Lebensentwurf des Menschen beherrschen. Das Skandalon dieser Diagnose besteht darin, daß sie den Anspruch der Aufklärung, das Individuum im Raum seiner privaten Erfahrung zu emanzipieren, als naiv ausweist. Mit vergleichbarer Illusionslosigkeit zeigt die *Wallenstein*-Trilogie als Spiel von Macht und Blindheit, Rebellion und Rache die vernichtende Kraft einer politischen Welt des permanenten Zwangs, Mißtrauens und Verdachts. Schillers Tragödie legt die Funktionsbasis neuzeitlicher Herrschaftspraxis offen, die individuelle Verantwortung einschränkt und dennoch persönliche Haftbarkeit nicht aufhebt. Die Autorität der Verwaltungsstäbe, der Einfluß der höfischen Bürokratie, die Anonymisierung maßgeblicher Entscheidungsprozesse und die strategische Bedeutsamkeit des informellen Nachrichtenverkehrs dokumentieren hier den Weg zur modernen Konstruktion von Staatlichkeit jenseits der körperschaftlich verfaßten Ordnung der Souveränität im alten Absolutismus.

Die Französische Revolution haben Goethe und Schiller erst seit der Mitte der 1790er Jahre übereinstimmend bewertet. Der traumatische Eindruck, den sie bei ihnen freisetzt, wird von unterschiedlichen Voreinstellungen konditioniert: bei Goethe durch die prinzipielle – früh formulierte – Ablehnung illegitimer Widerstandsakte, bei Schiller durch die später einsetzende Enttäuschung über die *Terreur* der Jakobiner. Gemeinsam ist ihnen ab 1796 die Intention, das Trauma mit Hilfe indirekter Lösungen literarisch abzuarbeiten. In der *Natürlichen Tochter* und der *Maria Stuart* formulieren sie durch symbolische Überhöhung und historische Camouflage geprägte Antworten auf die Französische Revolution. So verschieden diese im Detail geraten, so auffällig ist doch in beiden Fällen, daß sie jeweils mit der rhetorischen Technik der Verschiebung operieren. Goethe verlagert die Revolution auf das Terrain des Familiendesasters im aristokratischen Haus, Schiller siedelt sie im Kammerspiel der *Maria Stuart* an, das seine Funktion, einen Kommentar zum Schicksal Marie-Antoinettes zu liefern, erst auf den zweiten Blick offenbart. Die aktuelle französische Geschichte findet sich in szenischen Konstruktionen reflektiert, die Fragen von Souveränität, Staatlichkeit und Herrschaft zuallererst in der persönlichen Tragödie spiegeln. Damit aber wird nicht die Politik privat, sondern das Private politisch.

Auch Goethes *Faust* beleuchtet die Strukturen der Politik und den Zerfall gesellschaftlicher Ordnungen, allerdings im Rahmen eines Welttheater-Modells, das die Verwerfungen der sozialen Wirklichkeit nur als Exempel für die Lehrstücke einer ästhetisch konditionierten Theodizee gelten läßt. Die Phänomenologie des Bösen (im ersten Teil) und der experimentelle Charakter der weitgespannten Reise durch die Geschichte (im zweiten Teil) dienen letzthin einer Apotheose der Literatur. Zum Endspiel wird der *Faust*, anders als die sonstigen Tragödien, die hier in den Blick kommen, durch die Reflexion der poetischen Freiheit in der absoluten Freiheit Gottes. Der himmlische Regisseur, der die Regeln für die Wette mit dem Teufel festlegt, verfügt über das mundane Geschehen wie ein Künstler, der sein Werk im Bewußtsein seiner Leistung selbstsicher kontrolliert. Der Ernst des theologisch-spirituellen Finales, das frühchristliche Deutungsmuster zitiert, um Fausts Rettung zu feiern, kann daher die Tatsache kaum verbergen, daß hier nicht allein die Seele des Helden, sondern auch die Kunst erhöht wird. Das Welttheater erweist sich am Ende als Schauplatz für die Glorifizierung des Schönen, deren theatralische Inszenierung den erbitterten Wettstreit zwischen Gut und Böse aufhebt.

Die Dramen der Weimarer Klassik sind Endspiele, in denen Schrecken und Schönheit, Trauer und Hoffnung gleichermaßen zum Zuge kommen. Endspiele leben aus der Dynamik der Entscheidung, die ein absolutes Entweder-Oder erzwingt und jeglichen Kompromiß a priori ausschließt. Goethes und Schillers Dramen gehen von der Erkenntnis aus, daß in der Geschichte der Moderne das Individuum, wie es die Aufklärung konstruierte, auf dem Spiel steht. Die Freiheit, die am Ende in ihren Tragödien zurückbleibt, ist negativ besetzt als Autonomie des Opfers, das einen erhabenen Tod erleidet, oder als Gebärde des Verzichts, der Entsagung bedeutet. Der unversöhnliche Wettstreit von heteronomer Geschichte und menschlichem Selbstbestimmungsanspruch, der hier zu Gesicht kommt, findet sich jedoch gemildert durch die Kunst, die eine ästhetische Mythologie des Schmerzes hervorbringt. Sie wird getragen von der Vorstellung, daß Autonomie und Schönheit einzig in den poetischen Medien der Erinnerung überdauern. Die klassischen Endspiele demonstrieren daher durch die Katastrophen der Geschichte, die das handelnde Subjekt beschädigen, die gedächtnisstiftende Funktion des Theaters. Die agonale Logik der Dramen erscheint – doppelsinnig – als Konsequenz einer historischen Überforderung, der das Individuum nicht standhalten kann, und als Versuch, ihr mit ästhetischen Mitteln Ausdruck zu verleihen. Den Zumutungen und Provokationen der klassischen Dramen in der Haltung interesselosen Wohlgefallens zu begegnen, hieße jedoch, ihre Sprengkraft zu unterschätzen. An der Schwelle zur Moderne offenbart Goethes und

VORWORT

Schillers Theater die Ohnmacht des neuzeitlichen Individuums vor den zunehmend anonymisierten Kräften der Geschichte, aber auch die Zerbrechlichkeit seiner Identitätskonstruktion.

***

Die Kapitel 1, 3, 4, 5, 6, 8, 9 und 10 wurden für dieses Buch geschrieben. Von Kapitel 2 und Kapitel 7 erschienen modifizierte Vorabdrucke im *Goethe-Jahrbuch* 123 bzw. im *Jahrbuch der deutschen Schillergesellschaft* 50 (beide Wallstein Verlag, Göttingen 2006); Kapitel 3 greift auf Hypothesen meines Aufsatzes zur Funktion der literarischen Intrige aus dem *Internationalen Archiv für die Sozialgeschichte der Literatur* 29,1 (Max Niemeyer Verlag 2004) zurück, Kapitel 9 erweitert Überlegungen zur Antike-Rezeption, die im Rahmen meines Beitrags zu dem von Walter Hinderer herausgegebenen Sammelband *Friedrich Schiller und der Weg in die Moderne* (Verlag Königshausen und Neumann, Würzburg 2006) angestellt wurden.

Berlin, 3. Juli 2007

I

BEHERRSCHTER RAUM UND GEREGELTER KÖRPER

Weimarer Regie-Theater um 1800

In einem Gespräch mit Eckermann erklärt Goethe am 4. Februar 1829: «‹Für das Theater zu schreiben (...) ist ein eigenes Ding, und wer es nicht durch und durch kennet, der mag es unterlassen. Ein interessantes Faktum, denkt jeder, werde auch interessant auf den Brettern erscheinen; aber mitnichten! – Es können Dinge ganz hübsch zu lesen und hübsch zu denken sein, aber, auf die Bretter gebracht, sieht das ganz anders aus, und was uns im Buche entzückte, wird uns von der Bühne herunter vielleicht kalt lassen.›» (MA 19, 280)[1] In der Rolle des Weimarer Theaterdirektors, die er zwischen 1791 und 1817 versah, war Goethe ein Praktiker mit Effizienzkriterien. Sein Ziel blieb es, ambitionierte Spielplangestaltung und Rücksicht auf den Publikumsgeschmack zu verknüpfen. Am 26. Juli 1826 äußert er gegenüber Eckermann, die besondere Schwierigkeit einer Theaterleitung bestehe darin, das Zufällige und das Prinzipielle so zu verbinden, daß spontane und langfristig vorbereitete Programmentscheidungen möglichst reibungslos zusammenwirken könnten. Im Idealfall vereinige sich, erläutert Goethe, die Lust an einer intuitiven Stückauswahl mit jenem exakten Kalkül, das ein Repertoire benötige, um künstlerisches Profil zu gewinnen (MA 19, 163).

Der von Goethe verantwortete Spielplan umfaßte ein breites Spektrum vom bürgerlichen Rührstück bis zum klassizistischen Hofdrama, von der antiken Tragödie bis zur Oper. Unter den 601 Produktionen, die in Goethes Direktoratszeit erarbeitet wurden, waren die populären Autoren

1. BEHERRSCHTER RAUM UND GEREGELTER KÖRPER

Iffland und Kotzebue mit einem Anteil von nahezu 20 Prozent im Repertoire präsent – das verriet eine Orientierung am breiten Zuschauergeschmack, den in diesem Punkt Herzog Carl August als oberster Mäzen durchaus teilte. Daneben wurden Dramen der Weltliteratur gespielt, die, wie Goethe in einer im November 1795 für den Herzog verfaßten Leistungsbilanz des Weimarer Kulturlebens festhielt, auf ‹bleibende› Wirkungen zielten:² Sophokles' *Antigone*, Plautus' *Gespenst*, Komödien von Terenz, Shakespeares *Hamlet*, *Macbeth*, *Henry IV*, *King John*, *Othello* und *Julius Caesar*, Otways *Venice Preserv'd*, Calderóns *La vida es sueno* und *El principe constante*, Corneilles *Le Cid*, Komödien Goldonis (*Il servitore di due padroni*) und Gozzis (*Turandot*).³ Dazu kam ein Musikprogramm, das Werke der italienischen Oper, aber auch Gluck und Mozart offerierte. In den 26 Jahren von Goethes Direktorat wurden 4.136 Aufführungen gezeigt, wobei sich das Repertoire verteilte auf 2.797 Sprechstücke, 1.084 Opern und 255 Ballette (deren Weimarer Qualitätsniveau der Bühnenchef selbst «wenig kultivirt» fand).⁴ Die Aufführungsfrequenz der Inszenierungen war, anders als an den großen Nationaltheatern in Berlin und Hamburg, niedrig – die meisten Einstudierungen erlebten nur eine einzige Vorstellung; eine Ausnahme bildeten hier die auch in Weimar populären Mozart-Opern, unter denen sich *Die Entführung aus dem Serail* besonderer Beliebtheit erfreute.⁵

Wie pragmatisch Goethe sein Direktorenamt ausfüllte, zeigt der Umstand, daß er bereits kurz nach seiner Ernennung im April 1791 verbindliche Eintrittsgelder für das Weimarer Theater (zwischen 2 und 12 Groschen pro Platz) einführte.⁶ Das widersprach der gängigen Konvention an deutschen Hofbühnen, die generell für das Publikum frei zugänglich blieben und nur bei Gastspielen gelegentlich Eintritt verlangten; jedoch war dieser Schritt ökonomisch geboten, da die Zuwendungen des Hofes – 7000 Taler jährlich – nicht ausreichten, um das feste Ensemble zu finanzieren. Zum Muster diente Goethe dabei die Organisation des Hamburger Theaters, in die ihn dessen Prinzipal Friedrich Ludwig Schröder eingeweiht hatte. In späteren Jahren wird er sich durch Tageszeitungen und Journale einen Eindruck von auswärtigen Theatern verschaffen und gelegentlich auch fremde Bühnen besuchen, um Einblicke in deren Programmplanung und wirtschaftliche Führung zu gewinnen – z.B. im September 1797 das Stuttgarter sowie das Frankfurter Theater und im Mai 1800 die Leipziger Bühne (lediglich dem Berliner Nationaltheater blieb er trotz wiederholter Einladungen Ifflands fern, weil er das unruhige Leben der Metropole fürchtete).[7] Durch seine ökonomische Struktur glich das von Goethe geführte Weimarer Haus einem bürgerlichen Theater, dessen Publikum «nicht wie Pöbel behandelt» (MA 6.2, 696) werden durfte, weil es über ein gediegenes Bildungsniveau verfügte; zugleich aber unterstand es als Einrichtung des Hofes dem Einfluß des Herzogs, der ihm Mäzen und Zensor gleichermaßen war. In dieser Stellung zwischen freier Marktorientierung und feudaler Bindung blieb die Weimarer Bühne eine widersprüchliche Institution, deren weitgespanntes Repertoire die Uneinheitlichkeit ihres inneren Aufbaus spiegelte.[8]

Weder das künstlerische Niveau, das Goethes Auswahl etablierte, noch die Breite des Angebots waren für ein zeitgenössisches Theater selbstverständlich. Der Wunsch nach einer möglichst vielfältigen Repertoirebildung, die verschiedene europäische Literaturströmungen integrierte, verband sich mit der Notwendigkeit, den Geboten des bürgerlichen Publikumsgeschmacks, aber auch den Vorlieben des Herzogs Rechnung zu tragen. Der Fürst war Anhänger eines maßvollen Klassizismus, dessen Muster ihm sein Jugenderzieher, der Graf Görtz vermittelt hatte.[9] An ihnen hielt er auch in den ersten Jahren der Bekanntschaft mit Goethe fest, der den französischen Bühnenstil zunächst wenig schätzte. Immer wieder erinnerte Carl August seinen Theaterdirektor daran, daß sein Programm in diesem Punkt Angebote für den Hofgeschmack enthalten müsse. Nahezu enthusiastisch begrüßte er es, als Goethe im Herbst 1799 einen Kurswechsel signalisierte und sich entschied, Voltaires *Mahomet*-Tragödie für eine Weimarer Aufführung in eigener Übertragung einzustudieren («giebt deine Übersetzung den [!] teutschen Theater gewiß eine neue und sehr wichtige Epoque»).[10] Wann immer sich Goethe in den folgenden Jahren zur Bearbeitung eines französischen Dramas entschloß, konnte er auf das rege Interesse seines obersten Dienstherrn rechnen. In seinen Briefen äußert sich Carl August mit spürbarem Enthusiasmus zumal über Texte Racines, Voltaires und Crébillons.[11]

Den Arbeiten Schillers begegnete der Herzog dagegen mit einiger Skepsis. Nahezu jede Aufführung der großen Dramen vom *Wallenstein* bis zur *Braut von Messina* wurde von ihm in kritischer Tonlage kommentiert.[12] Der Grund für diese Ablehnung, die Carl August im mündlichen Kontakt mit Schiller weitgehend verschwieg, lag in den formalen Synthesen, die seine Texte boten. Auf den klassizistischen Stilgeschmack des Fürsten

1. BEHERRSCHTER RAUM UND GEREGELTER KÖRPER

wirkte die Mischung aus historischem Quellenbezug, Psychologie und Mythos, die Schiller in seinen Stücken anstrebte, wenig gedeihlich. Hinzu kamen spezifische Einwände: die *Wallenstein*-Trilogie war dem Herzog zu umständlich, die *Jungfrau von Orleans* zu episch, die *Braut von Messina* zu spannungsvoll angelegt.[13] Da Carl August in künstlerisch-stilistischen Fragen von direkten Zensurinterventionen absah, beschränkte er seine skeptischen Annotationen auf den Bereich der privaten Mitteilung. Im Fall der *Braut von Messina* erläutert er seine Strategie mit nachgerade zynischer Selbstsicherheit: «Indeßen hüthe ich mich wohl, etwas der Aufführung dieses Stückes entgegen zu setzen. Die Pracktique wird das beste Gegenmittel für die Folgen werden.»[14] Dramen, deren Stil das höfische Ideal der Balance verletzten, sollten sich auf der Weimarer Bühne durch die Ablehnung des Publikums von selbst richten. Die Zensur erfolgte nicht unmittelbar, sondern in der Befestigung eines gesellschaftlichen Erwartungshorizonts, der ästhetische Normen wie Verhaltensregeln fixierte.

Die Aufführung von Schillers Dramen mußte Goethe am Hof auch deshalb diplomatisch vorbereiten, weil der Herzog den Autor als Rebellen betrachtete, dessen politischen Gesinnungen er niemals vollständig traute. Noch im November 1795, als Schiller sein kritisches Urteil über die Französische Revolution in den Briefen *Ueber die ästhetische Erziehung* bereits öffentlich kundgetan hatte, erhob Carl August Einspruch gegen seine Integration in die Arbeit des Theaterdirektoriums («möchte wohl schwerlich außführbar seyn»).[15] Im Juni 1800 schreibt er, daß er Schillers soziale Klugheit («prudentia mimica externa») für gering entwickelt halte.[16] Seine inneren Vorbehalte gegen die Weimarer Bühnen-Kooperation, die Goethe ab 1796 sukzessive zur gängigen Praxis werden ließ, gab der Herzog erst auf, als Schiller im Winter 1804/05 aus Anlaß der Vermählung zwischen dem weimarischen Erbprinzen Carl Friedrich und der russischen Großfürstin Maria Pawlowna ein allegorisches Festspiel schrieb (*Die Huldigung der Künste*) und wenige Wochen später Racines *Phèdre* übersetzte; wer sich in solcher Form dem höfischen Repräsentationsstil annäherte, galt dem Herzog als ernstzunehmender Allianzpartner, der nicht nur künstlerischen, sondern auch sozialen Respekt verdiente. Ästhetische Geschmacksfragen betrachtete Carl August als Indikatoren für das Verhältnis zum *ancien régime*, denn in ihnen spiegelte sich der Grad der Nähe oder Distanz zu den Wertvorstellungen der Hofwelt. Wenn sich der Herzog mit Kommentaren und Interventionen in Spielplangestaltung, Regie,

Bühnenbild und Aufführungspraxis (bis zu Kostümierung und Stimmtechnik der Akteure) einmischte, bedeutete das folglich keine Beschränkung auf das ästhetische Feld, sondern schloß gesellschaftliche Intentionen ein.[17] Goethes Pragmatismus bildete die Kehrseite eines ästhetischen Wirkungsanspruchs, der lediglich auf vermittelte und indirekte Weise umzusetzen war. Diese indirekte Strategie leitete sich nicht allein aus den genannten Rücksichten auf den Herzog ab, sondern wurde auch von den allgemeinen Maßgaben des Staats- und Kircheninteresses erzwungen. Im Rahmen des «modernen bürgerlichen Leben(s)» müsse die Bühne, so bemerkt Goethe 1813, gegen öffentliche Restriktionen politischer wie moralischer Provenienz kämpfen. Auf die Bedeutung der Zensur verweist er explizit, wenn er mit ironischem Unterton schreibt, das Theater habe «drei Hauptgegner, die es immer einzuschränken suchen: die Polizei, die Religion und einen durch höhere sittliche Ansichten gereinigten Geschmack.» (MA 9, 618) Im Zeitalter der Französischen Revolution repräsentierte auch Weimar keinen idyllischen Hort der Kunstpflege. Zwar wirkten sich politische Widerstände gegen die Freiheit der Literatur nicht derart direkt und offenkundig aus wie in Sachsen, Bayern und Österreich, doch bildeten sie einen kaum zu unterschätzenden Faktor, der auch die Theaterarbeit beeinflußte und prägte. Unter dem Eindruck von Revolution und Revolutionskriegen, Jakobinismus und Patriotismus verschärfte der Herzog auf Anraten seiner Minister die Zensurbestimmungen; das entsprach Tendenzen, wie sie zur selben Zeit in Bayern und Wien – dort gestützt auf eine 1795 verfaßte Denkschrift des mächtigen Theaterzensors Franz Karl Hägelin – auftraten.[18] Stücke, die einen direkten Bezug zur Revolution in Frankreich aufwiesen, waren ebenso verboten wie Dramen mit kirchenkritischen und religionsfeindlichen Sujets. Die Aufführung des *Don Karlos* stellte im Februar 1792 für die Weimarer Theaterverhältnisse eine ungewöhnliche Ausnahme dar, bot das Drama doch hinreichend politische Provokationen und wenig erfreuliche Innenansichten der Macht.

Als Minister war Goethe keineswegs ein prinzipieller Gegner von Zensurbestimmungen, wie ein Memorandum dokumentiert, das er im April 1799 aus Anlaß der Entlassung des in Jena lehrenden Philosophen Fichte nach einem öffentlichen Streit um dessen vermeintlich atheistische Grundüberzeugungen niederschrieb. Es empfiehlt, die bisher bestehende

1. BEHERRSCHTER RAUM UND GEREGELTER KÖRPER

Zensurfreiheit der Jenaer Professoren aufzuheben und nur noch solche Manuskripte zu veröffentlichen, die durch drei im Dienste des Herzogs stehende Personen geprüft und genehmigt worden seien. Goethe betont, daß dieses Verfahren keine «Censur alter Art» erneuere, sondern die kommode Überprüfung zu publizierender Texte erlaube, die eine Distribution kirchen- und staatskritischer Schriften unterbinde.[19] In einem gemeinsam mit Voigt ausgefertigten Memorandum erörtert Goethe schon im Januar 1795 Argumente für und gegen die Zensurpraxis. Ausdrücklich betont er, der Zensor müsse ein vielseitig gebildeter Mann sein, von dem man erwarten dürfe, daß er «ausgebreitete Gelehrsamkeit in dem Fache in dem er richten soll», besitze.[20] Als Konsequenz des Atheismus-Streits etablierte man auf Anraten Goethes ein Verfahren, in dem akademische Schriften durch Fachwissenschaftler begutachtet wurden, ehe sie die Publikationserlaubnis erhielten.[21]

Während Pressestreitigkeiten, Probleme der Jenaer Universität und Unbotmäßigkeiten der rebellischen Studenten (die 1792 mit profranzösischen Gesinnungen auf die Straße gingen)[22] akribisch im *Geheimen Consilium* verhandelt wurden, vermittelte sich die Weimarer Theaterzensur nur über Umwege, über die intellektuelle Reglementierung und daraus resultierende Selbstkontrolle der Schriftsteller. Der Herzog teilte im Normalfall Goethe selbst seine Eingriffswünsche mit und ließ sich zuweilen auch von Empfehlungen oder Anfragen Dritter beeinflussen, die er, wenn sie ihm berechtigt schienen, an seinen Direktor weiterleitete. Die Konfrontation mit der Obrigkeit unterblieb jedoch zumeist, weil die Autoren die Tabus kannten, die ihre Arbeiten zu beachten hatten, sollten sie ans Licht der Öffentlichkeit dringen. Wo das akademische System nach 1798 von strengen Überwachungsregularien beherrscht wurde, unterlag die Überprüfung des Theaterrepertoires den spontanen Einschätzungen und Stimmungen des Landesherrn. Hier existierten keine programmatischen Richtlinien, deren Einhaltung, wie im Fall wissenschaftlicher Publikationen, durch ausgewiesene Experten überwacht wurden. Vielmehr dominierte eine aus der Situation geborene, zumeist sehr rasch umgesetzte Entscheidungspraxis, die Goethe nicht selten dazu zwang, kurzfristig das Repertoire zu ändern, Textumstellungen vorzunehmen oder zumindest die Rollenbesetzung zu korrigieren (die Stärken und Schwächen der Weimarer Schauspieler beobachtete Carl August mit nahezu pedantischer Aufmerksamkeit).

WEIMARER REGIE-THEATER UM 1800

Ähnlich wie in Wien, wo der von Maria Theresia eingesetzte Hägelin seit Mitte der 1770er Jahre sein Zensurregime durch geschmackspolitische Vorgaben stützte, galten in Weimar Dramen mit klassizistischer Tendenz und deutlich belehrender Intention als unproblematisch, sozialkritische Texte wie Schillers *Kabale und Liebe* oder Wagners *Kindermörderin* jedoch als unakzeptabel.[23] Hägelins Diktum, demzufolge der französische Klassizismus «das gereinigteste Theater vor allen übrigen Europens» hervorgebracht habe, durfte auch für Carl August den Charakter einer unbedingten Maxime besitzen.[24] Die Ausrichtung am Stil der Pariser Bühne war vor diesem Hintergrund ein Mittel der Abgrenzung, schloß sie doch mit dem Ideal der *bienséance* jene Dramaturgie der Erregung aus, die Goethe und Schiller in jungen Jahren mit ihren Texten noch befördert hatten. So besaß das ästhetische Credo für das französische Theater, das Jean Paul eine «natürliche Tochter»[25] der höfischen Welt nannte, eine dezidiert politische Note: der Pariser Klassizismus repräsentierte ein unbedenkliches Vorbild, weil er selbst dort, wo er – wie in Corneilles *Rodogune* (1647) oder Racines *Phèdre* (1677) – implodierende zwischenmenschliche Verhältnisse zeigte, die freigesetzten Emotionen niemals in den Dienst einer Kritik an der Adelsgesellschaft stellte.

Gelegentlich waren es auch kirchliche Bedenken, die der Herzog gegen Texte und Einstudierungen geltend machte. Der Weimarer Generalsuperintendent Herder zeigte sich, wenn christliche Glaubensartikel auf dem Spiel standen, in Fragen des künstlerischen Geschmacks nicht sonderlich tolerant, wie seine erfolgreiche Intervention gegen die Aufführung der Beicht-Szene in Schillers *Maria Stuart* aus Anlaß der Premiere am 14. Juni 1800 demonstrierte. Nachdem Herder bei Carl August gegen die aus seiner Sicht unstatthafte Theatralisierung des religiösen Rituals protestiert hatte, schaltete der Herzog Goethe ein, der sich zwei Tage vor der Aufführung an Schiller wandte und ihn in der Rolle eines halboffiziellen Zensors zur Streichung der Szene nötigte: «Der kühne Gedanke eine Communion aufs Theater zu bringen, ist schon ruchbar geworden und ich werde veranlaßt Sie zu ersuchen die Function zu umgehen.» (NA 38/I, 269)[26] Die deutsche Bühne, so schreibt Goethe 1813, habe sich im 18. Jahrhundert gegen ihren Willen «nach den Anforderungen der Geistlichkeit» gebildet (MA 9, 619). In Weimar, darf man ergänzen, setzten sich deren Vorstellungen mit Hilfe des Regenten durch, der im Ernstfall erstaunlichen religiösen Purismus beweisen konnte.

1. BEHERRSCHTER RAUM UND GEREGELTER KÖRPER

Wer im Deutschland des 18. Jahrhunderts als Autor, Regisseur oder Darsteller für eine Hofbühne arbeitete, war zwangsläufig eingebunden in eine Ordnung, die institutionelle Macht äußerlich sichtbar werden ließ. Die Architektur des Weimarer Hoftheaters, das der Stuttgarter Baumeister Nikolaus Friedrich Thouret im Jahr 1798 neu konstruierte, spiegelt diese Präsenz auf symbolische Weise wider. Im Juni 1798 begann die Umgestaltung des Theaters, die der aus Stuttgart angereiste Thouret selbst überwachte; Goethe ließ ihm durch eigenhändige Anordnung über die Hofküche das Essen «verabfolgen», und zwar in ‹reichlicher› Portion, wie er in einem Brief an den Hofkammerrat Kirms forderte: die Mission war ihm zu wichtig, als daß er Klagen über die Versorgungslage hätte provozieren mögen (WA IV, 13, 168). Nach der Fertigstellung des Baus organisierte Goethe die Einrichtung des Theatersaals und beauftragte Kirms damit, Lampen, Stoffe und Dekorationsmaterial anzuschaffen (WA IV, 13, 275). Thourets Konstruktion erzeugte einen Raum, der die Spannung zwischen Dienst an der Kunst und Selbstdarstellung der Macht in aufschlußreicher Weise zu balancieren suchte. Goethe nannte die Architektur Ende September 1798 in seiner ersten Würdigung – aus Anlaß der Uraufführung von *Wallensteins Lager* – «ernsthaft ohne schwer, prächtig ohne überladen zu sein.» (MA 6.2, 639)[27] Mächtig aufragende, im dorischen Stil errichtete Pfeiler umschlossen den Zuschauerraum im Parterre und führten zum vorderen Kreis der Bühne. Der einfache Stein, aus dem sie gebildet wurden, war hell angestrichen, so daß sie wie graniten wirkten. Die Säulen vor der Bühne präsentierten sich in echtem gelbem Marmor, die Kapitelle wiederum in Bronze. Auf den Abschlüssen der Säulen standen Masken, die die Bühnencharaktere der griechischen Kunst und des römischen Theaters darstellten. Hinter und über dem «Gesims» fand sich eine Galerie, deren Benutzung dem Fürstenpaar vorbehalten war; seitlich wurde der Zuschauerraum durch eine bronzierte Balustrade gesäumt, die für Intimität sorgte (MA 6.2, 639).

Die strukturierte Ordnung dieses Raums schuf feste Grenzen zwischen Bühne und Zuschauer, Parterre und Galerie, Leben und Maskerade. Wie ein Modell zeigte sie, daß im klassischen Weimar die Kunst in einem geschlossenen Wirkungskreis stattzufinden hatte, der die Hierarchien der sozialen Welt nicht außer Kraft setzen durfte.[28] Zwar war Thourets Bühnenentwurf weit entfernt von den hybriden Raumphantasien des Hoftheaters, wie man sie zur Mitte des 18. Jahrhunderts aus Stuttgart und

Wien kannte, doch demonstrierte er gerade mit seiner überschaubaren Ordnung die Präsenz des Staates und seines Regierungsverständnisses. Der Kunst schrieb er, wie Goethe bemerkt, einen «zwar kleinen aber nunmehr sehr gefälligen Bezirk» zu, der ihr Spielräume verschaffte, ohne auf klare Limitierungen zu verzichten (MA 6.2, 639). Damit paßte er sehr genau zum Anspruch einer Hofbühne, die für die Weimarer Bürger zugänglich war, durch ihren Repräsentationscharakter aber keinen Zweifel daran ließ, daß der Landesherr sie finanziell unterhielt.[29]

In ihrer Mischung aus Herrschaftsarchitektur und Klassizismus bildete die Topographie der neuen Hofbühne nicht zuletzt einen Spiegel der theaterästhetischen Vorstellungen, die Goethe vertrat. Sein Programmkonzept schloß eine durchgreifende Reform der Schauspielausbildung, die Schulung von Stimmodulation, Gebärdensprache, Körperhaltung, Auftreten und Gang ein. In seiner Studie über das *Weimarische Hoftheater* erklärt er 1802, ein Akteur dürfe sich selbst nicht von der Technik der Verstellung leiten lassen, sondern müsse auf eine geformte Persönlichkeit zurückgreifen (MA 6.2, 694). August Wilhelm Iffland und Friederike Unzelmann, die in den 1790er Jahren mehrfach in Weimar gastierten, werden dabei lobend als Beispiele für eine gebildete Individualität angeführt, die sich im Leben wie auf der Bühne zeige.[30] Schicklichkeit und Würde, Ernsthaftigkeit und Kenntnisreichtum, Dezenz und Maß gelten als Kriterien, an denen der Schauspieler seine Arbeit zu orientieren hat. Goethe wählt hier programmatisch Begriffe und Werte, die aus dem Sektor höfisch-gesellschaftlicher Verhaltensmuster stammen. Ihr gemeinsamer Nährboden ist das rhetorische Konzept der *actio*, das in der Frühen Neuzeit auf den Bereich des Theaters ebenso wie auf die Ebene des sozialen Verkehrs übertragen wurde.[31] Mit ihm konstituiert sich das Repertoire der sprachlichen, gestischen, mimischen und habituellen Normen, das der Schauspieler zu erfüllen hat, wenn er öffentlich überzeugen möchte. Sie bezeichnen das für das 18. Jahrhundert weitgehend verbindliche Selbstverständnis der aristokratischen Oberschicht, demzufolge der soziale Rang nicht naturgeben, sondern über – freilich tradiertes und vererbbares – Verdienst erworben war. Im höfischen Ideal der *bienséance* kam solches Verdienst äußerlich durch Stil und Haltung in Rede und Auftreten zum Ausdruck.[32] Seine Grundlage bilden das Prinzip der Affektregulierung, das Ideal des Anstands und die Priorität der Form, die Interaktion in rituellen Strukturen ermöglichte.

1. BEHERRSCHTER RAUM UND GEREGELTER KÖRPER

Wo der Schauspieler auf die Verhaltensmuster der *bienséance* verpflichtet wurde, wiederholte man auf der Bühne den sozialen Kodex, der am Hof galt. Zugleich aber blieben hier die Grenzen zwischen Kunst und Leben in Kraft, zu denen die Dezenz verpflichtete. In einem Brief an Goethe vom 3. März 1803 unterstrich der Herzog dieses Prinzip, indem er darauf hinwies, daß das Tragen von «Montirungen, Hoftrachten, Hof Pagen und Laquayen Livréen» aus Weimarer Beständen auf der Bühne unstatthaft sei.[33] Zwar sollten die Verhaltenslehren des Hofstils Maßstäbe für das Theaterspiel bilden, jedoch durfte es nicht zur kompletten Überlagerung beider Sphären kommen. Wer das höfische Leben in der Kunst auf naturalistische Weise imitierte, ohne den ästhetischen Mehrwert zu schaffen, der zugleich Differenzierungen ermöglichte, verfehlte den angemessenen Rahmen, den die Kunst sich setzen mußte. Hier bestand eine ähnliche Schranke wie im Fall des religiösen Beichtzeremoniells, das Schillers *Maria Stuart* vorführte. Die Grenze zwischen Leben und Theater, die der naturalistische Bühnenstil der 1780er Jahre im ästhetischen Illusionismus aufzulösen suchte, mußte erhalten bleiben, weil erst sie der Kunst das Eigenrecht verschaffte, das ihre auratische Wirkung begründen konnte.

Hoftheater ist Theater vor einem selbst bühnenhaften Spiel der aristokratischen Gesellschaft, deren heikle Regularien der *Torquato Tasso* (1790) als Drama über die Abgründe der aristokratischen Repräsentationskultur exemplarisch vorführte. In besonders signifikanter Weise spiegelte sich die luzide Interaktion von Hof und Theater in den Gelegenheitstexten, die Goethe für den Hof schrieb. Unter den zahlreich überlieferten Kasualdichtungen aus seiner Feder finden sich 13 Maskenzüge, drei Festspiele, ein Prolog und ein Epilog.[34] Es versteht sich, daß gerade solche Arbeiten, die aus Anlaß von Geburtstagen, Hochzeiten, Jahreswechseln und Staatsbesuchen verfaßt wurden, die Einheit von aristokratischer Gesellschaftswelt und Bühne sichtbar machten. Goethes Ziel war es, die – von ihm selbst nur langsam erlernten – Gesetze des Hoflebens im Sektor der Kunst so zu wiederholen, daß Analogie und Differenz beider Bereiche gleichermaßen hervortreten konnten.[35] Die strengen Prinzipien der Bühnenkunst reproduzieren idealiter die Gesetze des höfischen Auftretens, ohne mit ihnen zusammenzufallen, indem sie deren Zeichensprache auf der Ebene des Spiels neu arrangieren. Der Nobilitierung des Theaters, die durch diese aristokratische Legitimation seiner Darstellungsformen ermöglicht wird, entspricht aber auch ein besonderer sozialer Effekt. Die Inszenierung der *bienséance* auf der Bühne erzeugt eine ästhetische Realität, in der die höfische Gesellschaft ihre am Ende des 18. Jahrhunderts offenkundig werdende geschichtliche Krise als Modell überdauert. In einer historischen Phase, da die Interaktionsmuster der adligen Oberschichten unter Rechtfertigungsdruck geraten, weil sie den neuen bürgerlichen Normen der Moral und des Nutzens nicht genügen,[36] schafft die Bühne einen Raum, der die soziale Ordnung des *ancien régime* über das zeremoniöse, formvollendete Spiel der Akteure in den – eigene Grenzen ziehenden – Ordnungen des Imaginären aufbewahrt.

Hof und Theater gestalten Handlungsmuster mit hohem symbolischem Schauwert, die Zeichen zum Zweck der Andeutung von Machtverhältnissen, Hierarchien und Normen benutzen. In beiden Fällen stützt sich die Darstellung von Rollen auf ein Modell der Repräsentation; Körper, Kleidung, Gebärden, Gang und Haltung, Stimme und Artikulation erfüllen keinen Selbstzweck, sondern eine sozial distinktive Funktion, die Sinn über die Externalisierung psychischer oder motivationaler Faktoren erzeugt. Der Scheincharakter, der dem aristokratischen Leben, seinen Festen, Ritualen und Kommunikationsstilen innewohnt, wiederholt sich in den imaginären Ordnungen des Theaters.[37] Als ‹ständisches System en miniature› (Luhmann) bildet sich der Hof in der Ästhetik der Bühne ab, so wie diese auf den Hof als Referenzfeld zurückdeutet.[38] Die Unterscheidbarkeit der beiden Sphären, die der Herzog in seinen Anweisungen zu Bühnenbild und Kostümierung stets einforderte, wurde gewährleistet durch die Trennung zwischen gesellschaftlichem und künstlerischem Schein, die es erlaubte, das Theater als fiktionale (und damit auch gesteigerte) Spielart des Hofes zu interpretieren. Die Überführung des Sozialen ins Imaginäre sicherte den Abstand von Kunst und Leben, konnte aber nur funktionieren, weil dem Sozialen a priori ein imaginärer Anteil innewohnte; erst die Theatralität der Hofwelt ermöglichte die Aristokratisierung des Theaters.[39]

Goethe legte seinem Programm der ästhetischen Erziehung des Schauspielers freilich eine komplexe Anthropologie zugrunde, die höfische Normen auch durch Elemente eines auf das Ziel der Selbstausarbeitung und Selbsterziehung setzenden bürgerlichen Bildungskonzepts ergänzte. Schon kurz nach der Übernahme des Direktorats sei ihm bewußt geworden, so erinnert er sich 1822, daß das Theaterleben einer allgemeinen

1. BEHERRSCHTER RAUM UND GEREGELTER KÖRPER

«Technik» und «Grammatik» bedurfte, um die erforderlichen Standards der Programmgestaltung, Regie und Aufführungspraxis einzuhalten (MA 14, 503). Im Jahr 1803 stellte er den aus Augsburg nach Weimar gereisten Eleven Karl Franz Grüner und Pius Alexander Wolf Anweisungen zusammen, die nach seinem Tod durch Eckermann – unter dem Titel *Regeln für Schauspieler* – im vierten Nachlaßband der *Ausgabe letzter Hand* auf der Grundlage einer Mitschrift von Goethes Schreiber Geist publiziert wurden. Sie formulieren ein Übungsprogramm, das neben der Ausbildung von Sprechweise, Mimik und Gebärdentechnik auch die soziale Erziehung der Akteure einschloß. Zu ihr gehören die strenge Disziplinierung von Körper, Gestik und Mimik, die Fixierung von Haltungen und Gehweise, die Führung von Stimme, Modulation und Betonung, das gesellschaftlich angemessene Auftreten außerhalb der Rolle und die intellektuelle Beschäftigung mit den aufzuführenden Texten. Der Verfasser selbst nennt seine Prinzipien «grammatische Vorschriften» und macht damit den normsetzenden Anspruch geltend, den sie erheben (MA 6.2, 706).[40] Goethes Erziehungsprogramm war nicht nur in solchen Regularien, sondern auch in seiner praktischen Konsequenz strikt; mit Ensemblemitgliedern und Gastakteuren schloß er – damals noch nicht selbstverständlich – Verträge ab, um Sicherheiten auf beiden Seiten zu schaffen; Stückverpflichtungen ließ er schriftlich fixieren, Rollenansprüche genau definieren: «Bei Schauspielern muß man in der Ordnung streng am Buchstaben halten; sie sind Meister in Ausflüchten.» (WA IV, 13, 172) Die für Grüner und Wolf aufgestellten Regeln bilden somit Elemente eines sozialen und ästhetischen Erziehungsprogramms, das Goethe gegenüber den Weimarer Akteuren auf verschiedenen Stufen verfolgte.

1793 hatte sich eine *Weimarische Hof-Schauspieler Gesellschaft* gebildet, die auf der Grundlage selbstverfaßter *Theater-Gesetze* Normen für ein angemessenes Verhalten auf der Bühne fixierte. Ihnen gemäß war es gegen empfindliche Geld- und Arreststrafen untersagt, in falschen Kostümen bei der Aufführung zu erscheinen, frei zu extemporieren oder den Text abzukürzen, unsittliche Handlungsweisen zu imitieren oder in betrunkenem Zustand zu spielen.[41] Offiziell fungierten Heinrich Vohs und der Souffleur Carl Willms als Unterzeichner des Papiers, das jedoch inhaltlich die Forderungen Goethes widerspiegelte.[42] Dieser zeigte sich entschlossen, die Einhaltung der hier notierten Verbote kompromißlos durchzusetzen. Jede Abendvorstellung wurde durch einen Spielleiter überwacht, der Verstöße gegen die geltende Ordnung beim Direktor meldete – eine Funktion, die im Wiener Theater um 1770, zur Zeit von Hägelins Vorgänger Joseph von Sonnenfels, ein Zensurbeamter versehen hatte.[43] Die Sanktionen bei Vergehen waren rigide und reichten von Geldbußen über mehrtägiges Gefängnis bis zur Ausweisung aus dem Herzogtum. Mit äußerster Konsequenz ging Goethe auch gegen Disziplinverletzungen wie Unpünktlichkeit oder Vertragsverstöße vor. Erkrankte ein in einer laufenden Produktion beschäftigter Schauspieler, so ließ er ihn nicht selten durch subalterne Beamte aus dem Bett treiben, damit er am Abend seine Aufgaben erfüllen konnte. Bühnen- und Maskenbildner, die Details der Dekoration oder Kostümierung verwechselten, wurden gleichfalls hart bestraft. «Wer seine Schuldigkeit nicht tut», schreibt Goethe am 2. November 1801 nach der Arrettierung des fehlerhaft arbeitenden Theaterschneiders, «ist unnütz, er mag übrigens so brauchbar seyn als er will. Wenn mir ein Mensch dieser Art, in einem solchen Fall, gelegentlich den Abschied fordert, so laß ich ihm noch eine Tracht Prügel dazu geben, damit er merkt, daß er noch in Diensten ist.» (WA IV, 15, 134)[44]

Gegenüber Eckermann erklärt Goethe am 14. April 1825: «Denn ein Schauspieler, der keine Selbstbeherrschung besitzt und sich einem Fremden gegenüber nicht so zeigen kann, wie er es für sich am günstigsten hält, hat überhaupt wenig Talent.» (MA 19, 513) Sehr deutlich vermittelt sich hier, daß Goethe das öffentliche Auftreten des Darstellers nicht von seinen handwerklichen Fertigkeiten trennen möchte. Die gesellschaftliche Erscheinung bildet nur den Prüfstand des künstlerischen Talents – exakt in jenem Sinn, den Wilhelm Meister im Auge hat, wenn er seinem Freund Werner in den *Lehrjahren* schreibt: «Auf den Brettern erscheint der gebildete Mensch so gut persönlich in seinem Glanz als in den obern Klassen: Geist und Körper müssen bei jeder Bemühung gleichen Schritt gehen, und ich werde da so gut sein und scheinen können, als irgend anderswo.» (MA 5, 291) Goethes Erziehungsprogramm zielt, in Abwandlung seiner eigenen Charakterisierung des *Torquato Tasso*, auf die ‹Proportion des Talents mit dem Leben›, auf die Harmonisierung zwischen gesellschaftlichem Rollenhandeln und Bühnenspiel.[45] Indem es den Akteur zur konsequenten Kontrolle seines Selbstentwurfs zwingt, sucht es ihn zugleich künstlerisch zu disziplinieren. August Wilhelm Schlegel kommentiert 1809 die pädagogische Wirkung, die auf diesem Weg erzielt wurde, mit Worten höchsten Respekts: «Was Goethe durch seine Leitung des

1. BEHERRSCHTER RAUM UND GEREGELTER KÖRPER

weimarischen Theaters in einer kleinen Stadt und mit geringen Mitteln leistet, wissen alle Kenner. Seltne Talente kann er weder schaffen, noch belohnen, aber er gewöhnt die Schauspieler an Ordnung und Schule, wovon sie sonst meistens nichts wissen wollen, und gibt dadurch seinen Vorstellungen oft eine Einheit und Harmonie, die man auf größeren Theatern vermißt, wo jeder spielt, wie es ihm eben einfällt.»[46] Zwar betont Goethe, er habe seine Regeln nur für die Erziehung der Nachwuchsakteure entwickelt, doch kann man ihnen den Zug zum Grundsätzlichen nicht absprechen. Festzuhalten ist zunächst, daß sie an das 60 Jahre ältere Leipziger Reformwerk Gottscheds anschließen; schon Gottsched hatte sein Augenmerk nicht allein auf die Stimmmodulation, Haltung und Gebärdensprache, sondern auch auf Habitus und Umgangsweise des Schauspielers gerichtet.[47] In seiner gemeinsam mit dem Ehepaar Neuber ab 1727 vorangetriebenen Bühnenreform tauchen dieselben Elemente auf, die später Goethes ‹Regeln› durchziehen: die Domestizierung des Leibes, die Erziehung zur sittlichen Aufführung, die Kontrolle von Spieltechnik und Sprache.[48] Goethe greift diese Konzeption auf, ergänzt sie aber durch neue Bestandteile. Zu ihnen gehört die pedantische Fixierung von Stellungen, Körperbewegungen und Gesten, die Präzisierung der Angaben zur Stimmführung und Artikulation (ein vom Herzog durchgehend angemahntes Kriterium),[49] die exakten Hinweise auf Versmodulation und deklamatorisches Sprechen, nicht zuletzt die Übertragung der Regularien in den Bereich von sozialen Verhaltensgesetzen, die den Darsteller auf Muster höfisch-kultivierten Auftretens verpflichten. Wie ambitioniert und eigenständig dieses Programm ist, offenbart ein Vergleich mit dem Schauspielartikel aus Johann George Sulzers *Allgemeiner Theorie der Schönen Künste* (zuerst 1771–74) und mit Johann Jacob Engels *Mimik* (1785–86) – Texten, die Goethe näher bekannt waren.[50]

Die Theaterkunst, so heißt es bei Sulzer grundsätzlich, vermittelt zwischen Müßiggang und Geschäftstrieb, indem sie den Menschen anregt und dennoch entspannt – ein Argument, das Schiller ähnlich 1784 in seiner Schaubühnenrede nutzt.[51] Zum Schauspieler merkt der Text an, daß es in seiner Kunst «auf den mündlichen Vortrag und auf die Sprache der Gebehrden» ankomme.[52] Abgelehnt wird der Stil des französischen Hoftheaters und die ihm angehörende Tendenz zum Deklamatorischen. Die Technik dürfe nicht als Hergestelltes sichtbar, Kunst nicht als Künstelei wahrnehmbar werden; weil allein die «ungezwungene Natur»[53] der Leitfaden für die Schauspielpraxis sei, bleibe es für den Darsteller verpflichtend, daß sein Gehen nicht zum Tanz, das Reden nicht zum Rezitieren ausarte. Je authentischer das Gefühl wirke, das der Akteur zeige, desto überzeugender, heißt es, gerate die szenische Präsentation.[54] Im Artikel zum Stichwort «Gebehrden» wird darauf verwiesen, daß die Gesten des Schauspielers unbedingt ‹natürlich› ausfallen müßten – eine Vorgabe, die dann erfüllt ist, wenn der Akteur das, was er zeigt, «nur einigermaßen empfindet».[55] Die Qualität der auf der Bühne gebotenen Kunst hängt vom Grad der Echtheit des Gefühls ab, das sie trägt. Der hier formulierten Emotionsästhetik hat schon der junge Goethe 1772 in einer scharfen Kritik des Sulzerschen Lexikons widersprochen («Gott erhalt unsre Sinnen, und bewahr uns vor der Theorie der Sinnlichkeit», MA 1.2, 402). Als Vertreter einer authentischen Affektkunst mochten auch die *Regeln* von 1803 den Schauspieler keinesfalls sehen; gegen die ‹Einfühlung› steht hier eine hoch differenzierte Technik, die Goethe für das Handwerkszeug hält, das der Akteur mit kühlem Kopf und in gebotener Distanz zu seiner Rolle verfügbar machen muß.

Im Gegensatz zu Sulzer steuert Engels *Mimik* einen mittleren Kurs, indem sie sich von der «Tanzmeistermanier» der klassizistischen Hofbühne ebenso abgrenzt wie vom Muster der Einfühlung und natürlichen Nachahmung.[56] Engel, Gymnasialprofessor in Berlin und später Direktor des Königlichen Nationaltheaters, verfolgt das Ideal einer «Leichtigkeit des Stils», zu dem die Vermeidung pathetischer Obertöne und der Verzicht auf Manierismen gehören.[57] Angestrebt wird ein Spiel, das feine psychologische Nuancen und Übergänge der Affekte vorführt; an den Platz des Authentizitätspostulats, von dem Sulzers Artikel bestimmt war, tritt hier das Prinzip des psychologisch Plausiblen. Der Schauspieler soll, um seine Rolle angemessen auszufüllen, soziale Milieus wie die Konventionen des Umgangs – auch solche fremder Länder – kennen, ein genauer Beobachter gesellschaftlicher Kommunikationsformen sein und sich mit den Schattenseiten des Lebens vertraut machen (dazu gehört auch die Aufforderung, der Akteur müsse an ‹Sterbebetten› die letzten Regungen Moribunder studieren, um den Tod auf der Bühne besser darstellen zu können).[58] Die Mimik ist für Engel ein System, das es gestattet, «den Ausdruck der Seele im Körper zu beobachten».[59] Für den Transfer des Gefühls in Gebärde und mimischen Ausdruck gilt die «Regel von der Analogie», die

1. BEHERRSCHTER RAUM UND GEREGELTER KÖRPER

einen Zusammenhang zwischen innerlicher Empfindung und Zeichen der Körpersprache fixiert.[60] Hinter der schauspielerischen Ausdruckskunst steht eine rhetorische Dimension, die Engel verdeutlicht, indem er die Figuren und Tropen der Rede als Strukturprinzipien auch der mimischen Darstellung ausweist. Metonymische und synekdochische Verschiebungen finden ihre Äquivalente in Gesten des Zeigens, die den Ausschnitt für das Ganze nehmen (so den Himmel für Gott oder den Geldschein für den Besitz); Metaphern korrespondieren den symbolischen Codierungen der Gebärde in Ritual und Sprechhandlung (Befehle des Herrschers, Inthronisationszeremonien, aber auch der Handschlag zwischen Vertragspartnern gehören in dieses Feld).[61] Die tropische Rede gleicht der performativen Dimension der schauspielerischen Darstellung, insofern sie Substitutionen, Verschiebungen und Verlagerungen vornehmen kann, die der Konzentration auf einen bestimmten bildhaften Ausdruck dienen. An derartigen Punkten zeigt sich, daß Engels *Mimik* auf einer allgemeinen Semiotik gründet, die den Konnex von verbaler und nonverbaler Sprache in der ‹Analogie› ihrer Zeichenorganisation sichtbar macht.[62] Hinweise auf eine solche Konstellation, aus der sich eine «Elokutionslehre des Körpers» ableitet, hatte schon Francesco Riccobonis *L'art du théâtre* (1750) geboten.[63] Lessing wiederum plante 1754/55 eine ausführliche Abhandlung zur «körperlichen Beredsamkeit» des Schauspielers und zur Übung seiner Gebärdensprache.[64] Im Zentrum seines Entwurfs stand die Annahme, daß Handlungsabsichten und Gesten ursächlich zusammenwirken und daher psychologisch als Einheit betrachtet werden müssen. Ähnlich wie Sulzer und Engel konzentriert sich Lessing auf die Frage der Kausalität der körperlichen Beredsamkeit, die für seinen realistischen Theaterstil eine entscheidende Bedeutung besaß. Goethe stellt dagegen weniger die psychologische Motivation als den ästhetischen Eigenwert der Gebärde ins Zentrum seiner Regeln.

Im Versuch, den individuellen mit dem exemplarischen Stil («wahre Haltung des Charakters»)[65] zu verbinden, erscheint Engel als Vorläufer Goethes, ohne daß jedoch die sie trennenden Differenzen zu übersehen wären.[66] Während Engel vornehmlich an einer eigenen Theorie der Gebärde interessiert ist, steht für Goethe die praktisch-erzieherische Aufgabe im Vordergrund seiner Reflexionen zur Schauspielkunst; wo Engel das Theater aus den Interaktionsformen des bürgerlichen Lebens ableitet, richtet Goethe seinen Bühnenstil an höfischen Verkehrsmustern aus, denen er wiederum allgemeine Vorbildfunktionen für den gesellschaftlichen Umgang zuschreibt. Anders als Engel, der die natürliche Psychologie der Darstellung als Fonds eines exemplarischen Spiels begreift, entwickelt Goethe sein Regelwerk aus der Abkehr von den Formen «mißverstandener Natürlichkeit» (MA 6.2, 735), die er im zeitgenössischen Theater entfaltet findet. Im Gegensatz zu Engel, der Sulzers Konzept der affektiven Einfühlung lediglich durch den Anspruch auf das Phänotypische der Vorführung ergänzt, stellt Goethe eine auf mimetischen Impulsen beruhende Theaterkunst generell in Frage. In einem Brief an Schiller schreibt er am 4. Mai 1800 unter dem Eindruck eines Leipziger Messebesuchs, der ihn auch ins Theater geführt hatte: «Der Naturalism und ein loses, unüberdachtes Betragen, im Ganzen wie im Einzelnen, kann nicht weiter gehen.» (NA 38/I, 254) Eine wesentliche Konsequenz dieser Kritik ist es, daß Goethe den Begriff der ‹Empfindung› meidet und, anders als Sulzer und Engel, mit seinen *Regeln* allein auf eine technische Lehre der Schauspielkunst zielt. Goethes Bühnenkonzept ist gerade in diesem Punkt außerordentlich logosfixiert und betont den Primat des Textes gegenüber der Ebene der Theateraufführung. Im Paragraphen 3 der *Regeln für Schauspieler* heißt es, der «Grund alles weiteren künstlerischen Vortrages» sei die «reine und vollständige Aussprache jedes einzelnen Worts.» (MA 6.2, 726) In der Konzentration auf eine Grammatik des Körpers, die sich der Ordnung der Sprache unterwirft, führt Goethes Theaterästhetik die Grundsätze des französischen Klassizismus fort.

Aus Anlaß der Weimarer Inszenierung von Voltaires *Mahomet* am 30. Januar 1800 formuliert Schiller in seinem Gedicht *An Goethe* das Credo einer Bühnenkonzeption, die von den Franzosen nicht «falschen Anstands prunkende Gebärden» leiht, sondern Impulse für eine eigene Auffassung des Theaters übernimmt: «Das Neue kommt, das Alte ist verschwunden.» Als «Held», der in der Rolle eines Herakles der Künste erscheint, erschließt Goethe der Gegenwart eine Schauspielästhetik, in der die Natur als Maßstab negiert wird (NA 2/I, 404 ff.).[67] Mit der französischen Bühne der klassizistischen Epoche teilt Goethes Programm einen Formbegriff, der die dramaturgische Struktur zum Medium einer Totalitätsperspektive erhebt. Die Form ist ein Instrument der Purgierung, der Katalyse; in diesem Sinne wirkt sie anti-naturalistisch, weil sie den Schein der Authentizität löscht und die Kunst in ihrer Künstlichkeit zur Schau

1. BEHERRSCHTER RAUM UND GEREGELTER KÖRPER

stellt. Das Weimarer Theater soll das «rohe Leben» austreiben und den realitätsnahen Illusionismus des bürgerlichen Trauerspiels durch eine sublime Ästhetik des hohen Tons ersetzen (NA 2/I, 405 f.). Im dritten Band der «Propyläen» berichtet Wilhelm von Humboldt dem Weimarer Lesepublikum 1799 von seinen Pariser Theatereindrücken, die er zum Muster auch für die deutsche Bühne erklärt. Seine Beschreibungen beziehen sich vorwiegend auf François-Joseph Talma, den herausragenden französischen Schauspieler der Epoche. Talma, den Humboldt in Rollen der Klassiker des 17. Jahrhunderts bewundert, zeige, daß die Bühnenkunst nicht bloße Nachahmung, sondern Ausstellung ästhetischer Mittel sei; das, was sie vorführe, weiche stets von der Natur ab, weil sie diese niemals erschöpfend, sondern in einer wohlbegründeten Auswahl präsentiere. Wo der deutsche Schauspieler stets auf die Authentifizierung seines Ausdrucks und ein Höchstmaß an Unmittelbarkeit ziele, beschränke sich der französische Akteur auf die Demonstration seiner artistischen Technik, wie sie insbesondere in der Deklamation hervortrete. Der Mut, Kunst als Kunst zu zeigen, unterscheide laut Humboldt die Inszenierungsformen in Paris von denen in Deutschland. Diese Beobachtung verknüpft er mit einer prinzipiellen Feststellung über die Differenz der ästhetischen Mentalitäten: «Mir ist oft aufgefallen [,] daß der Deutsche, in Vergleichung mit dem Franzosen (...) weniger die Nothwendigkeit der Zeichen kennt, daß er unmittelbar und unabhängig von denselben auf die Sache zu gehen strebt.»[68] Goethes Bühnenreform erscheint vor diesem Hintergrund als Projekt, das dem Publikum ‹die Notwendigkeit der Zeichen› einschärft, indem es die Künstlichkeit des Theaters offenlegt, statt sie unter naturalistischem Stil – wiederum scheinhaft – zu verbergen. Goethes Schauspielerführung zielt darauf, den Zuschauer durch Kunst, nicht durch Wirklichkeitsnähe in den Bann zu schlagen; das Realismuspostulat der spätaufklärerischen Bühnenformen wird von einer selbstreferentiellen Technik verdrängt, die sich nicht scheut, den Schein über das Dekorative, die Wirklichkeit über das Repräsentative in Szene zu setzen. Die ästhetische Gegenwart der ‹Zeichen›, die Humboldt für ein Merkmal des klassizistischen französischen Theaterstils hielt, beschränkt den problematisch gewordenen Anspruch der Mimesis, indem sie die Kunst auf sich selbst verweisen läßt.

Nicht nur die gezügelte Sprache der Akteure, sondern auch der Raum, in dem sie agierten, sollte dem Weimarer Publikum eine auratische Wirkung vermitteln. Welche Idealvorstellungen Goethe dabei verfolgt, zeigt sein Essay über eine Aufführung seines Melodrams *Proserpina* im Mai 1815. Die *Proserpina* war 1777 entstanden, dann dem *Triumph der Empfindsamkeit* eingefügt und im Rahmen seiner überarbeiteten Fassung 1787 publiziert worden. Die gesonderte Aufführung der *Proserpina* fand 1815 große Resonanz, und Goethe beschreibt die Inszenierung daher als Musterfall für eine gelungene Einstudierung. Systematisch werden Architektur und Dekoration, Rezitation, Chorgesang und Kostümierung vorgestellt. Besonders ausführlich schildert Goethe das Bühnenbild, das den Hades zeigt, wo die von Pluto gefangene Proserpina hausen muß. Man sei hier «mit einer löblichen lakonischen Symbolik verfahren», indem man eine Auswahl von exemplarischen Bildmotiven vornahm, die das Typische des Ortes ohne naturalistischen Anspruch akzentuierte (MA 11.2, 197). Schon im August 1797 hatte Goethe in einer Beilage zu einem Brief an den Herzog aus Anlaß einer Weimarer Aufführung von Salieris Oper *Palmira* (1795) erklärt: «Die theatralische Baukunst muß leicht, geputzt, mannigfaltig seyn, und sie soll doch zugleich das Prächtige, Hohe, Edle darstellen.»[69]

Der ästhetische Nutzen der Bühnenarchitektur wird idealiter durch eine Darstellungspraxis ergänzt, die bei der bildenden Kunst in die Schule geht. In der *Proserpina*-Reminiszenz heißt es: «Schöne anständige körperliche Bewegung, an die Würde der Plastik, an die Lebendigkeit der Malerei erinnernd, haben eine Kunstgattung für sich begründet, welche ohne Teilnahme der Gewänder nicht gedacht werden kann, und deren Einfluß sich gleichfalls schon auf die Tragödie erstreckt.» (MA 11.2, 198) Hier müssen die Akteure die Bildhauerkunst als Muster studieren, um exemplarische Gebärden vorführen zu können. Nicht die naturalistische, sondern die modellhaft-typische Geste ist laut Goethe die künstlerisch angemessene, weil sie allein Einsicht in die Zusammensetzung der Natur und die Grundelemente ihrer Morphologie verschafft. Wenn die körperliche Bewegung der Schauspieler die ‹Würde der Plastik› aufweisen soll, bedeutet das auch, daß sie ihre Dynamik in die Zeichensprache des Bildes zurückzunehmen hat. Nicht die Konsekution der Zeichen, sondern deren Koexistenz im konzentrierten Moment des Zeigens und Demonstrierens steht dabei im Vordergrund. Lessing hatte in den unveröffentlichten Notizen zum *Laokoon* (1766) über die vollkommene Gestaltung der poetischen Fabel angemerkt: «Das Ideal der Handlung besteht 1) in der Verkürzung

1. BEHERRSCHTER RAUM UND GEREGELTER KÖRPER

der Zeit 2) in der Erhöhung der Triebfedern, und Ausschließung des Zufalls. 3) in der Erregung der Leidenschaften.»[70] Im Gegensatz zu Lessing betont Goethe nicht die Dynamik, sondern die Annihilation der Zeit im Moment. Sein Theater besteht aus prägnanten Augenblicken, die sich wie die Elemente eines Gemäldes zum Ganzen fügen müssen; der szenische Fortlauf des Geschehens gehorcht einem Gesetz der Konfiguration und Koexistenz, das Personen im Raum verknüpft. Auf diese Weise erscheint das Theater als sprechende Malerei, als Medium einer Kunst des kaleidoskopartigen Moments, die Zeit in auratischen Einzeleindrücken verdichtet, indem sie ihren Prozeßcharakter anhält und seine Dynamik im szenischen Bild auflöst.[71] Wo Lessing (ebenso wie nach ihm Schiller) sein Theaterkonzept auf die Entfaltung der temporalen Sukzession stützt, hat Goethe seit den 1790er Jahren dramatische Wirkungsformen wesentlich aus einer Raumästhetik abgeleitet, die Zeit in Augenblicksaufnahmen stillstellt.

Das ästhetische Muster für die Bühneninszenierung repräsentiert bei Goethe das Tableau, die Technik des lebenden Bildes als statische Spielart der am Hof seit dem 16. Jahrhundert beliebten Pantomime.[72] Sie imitiert die Personengruppen und Konstellationen berühmter Gemälde durch wirkliche Menschen, die sich in Kostümierung, Gestik und Haltung um eine möglichst perfekte Nachahmung der Vorlage bemühen; das *Tableau vivant* repräsentiert eine typische Form des aristokratischen Zeitvertreibs, wie ihn Goethes *Wahlverwandtschaften*-Roman in seiner Luciane-Episode als ein auf Oberflächenreize abstellendes Gesellschaftsspiel («Lebensrausch im geselligen Strudel», MA 9, 427) beschreibt. Während das symbolische Bühnenbild eine Konzentration des Raums ermöglicht und die Ausrichtung an der Plastik für die Auswahl passender Gebärden sorgt, stellt das Tableau Bewegung in der verdichtenden Momentaufnahme still. Sämtliche der hier geschilderten Verfahren zielen auf eine Aufhebung äußerer Dynamik im Bild, auf Einzelmotive, die Zeichen koexistieren lassen. Goethe war sich bewußt, daß die theatralische Inszenierung nicht statuarisch und leblos ausfallen durfte. Jedoch erstrebt er in seinem Bühnenkonzept die Integration von Ruhepunkten, die dem Publikum durch eine Bündelung von Motiven verdichtete Seherfahrungen vermitteln. Die innere Ablaufbewegung des Dramas wird im symbolischen Bild, in der Gebärdensprache der antiken Plastik und im *Tableau vivant* für prägnante Momente angehalten, damit dem Zuschauer Gelegenheit zur Reflexion bleibt. Dem korrespondiert auf der Ebene der Wirkungsästhetik Schillers Theorie der exakten Dosierung des Schmerzes, wie sie die Tragödie leisten muß, um das Gemüt des Zuschauers nicht durch Überwältigung, sondern «Schritt vor Schritt durch lauter kleine Schläge» zu beeindrucken (NA 20, 164). Der Schauspieler wiederum erreicht diese Wirkung nur dann, wenn es ihm gelingt, den Raum der Bühne so zu besetzen, daß er Teil der künstlerischen Darbietung wird. Sein Körper muß die Bühne zum Medium des Lebens erheben, indem er über die Interaktion eine Einheit stiftet, wie sie im Ideal auch das *Tableau vivant* auszeichnet. In den *Regeln* warnt Goethe daher vor Soloeinlagen, Improvisation, Spiel an der Rampe und penetrantem A-part-Sprechen – Stilmitteln, die im damaligen Theater-Deutschland äußerst beliebt waren. «Ebensowenig», heißt es, «trete man ins Proszenium. Dieses ist der größte Mißstand; denn die Figur tritt aus dem Raume heraus, innerhalb dessen sie mit dem Szenengemälde und den Mitspielenden ein Ganzes macht.» (MA 6.2, 744) Wenn der einzelne Darsteller den Zentralraum verläßt, zerstört er die Wirkung des Tableaus, das durch die dichte Interaktion der Akteure in den Mittelachsen der Bühne entsteht. Goethes Bevorzugung symmetrischer Abläufe («wie denn überhaupt die Diagonalbewegungen sehr reizend sind», MA 6.2, 744) ist der Ansicht geschuldet, daß Körper, Gestik, Haltung und Gang die Künstlichkeit des Bühnenraums herauszuarbeiten haben. Die von Humboldt betonte ‹Nothwendigkeit der Zeichen› ist Teil einer Kunstkonzeption, die Ausdrucksmittel wie Gebärde, Mimik und Stimmodulation nicht aus den Mustern der Natur, sondern aus den Normen einer übergreifenden ästhetischen Ordnung ableitet. Die Darstellung des Schauspielers muß auf Wiedererkennbarkeit zielen; seine Kunst trägt rituellen Charakter und erinnert in ihrer sublimen Strenge an das Formenbewußtsein der höfischen Gesellschaft. Goethes ‹Grammatik› der Schauspielkunst bildet ein Regelwerk, das sein gesellschaftliches Äquivalent im Gleichmaß aristokratischer Interaktionsroutinen findet.[73] Schon Wilhelm Meister muß lernen, daß ein Schauspieler «bei der Probe einer Tragödie keine gemeine Bewegung vornehmen» darf, um seine Kunst nicht der Profanität der Alltagsgestik preiszugeben (MA 5, 310).

Friedrich Nietzsche hat Goethes Bühnenkonzept im ersten Band von *Menschliches, Allzumenschliches* (1878) in den Rahmen einer umfassenden Geschichtskonstruktion eingerückt. Die Künstlichkeit des französischen Dramenstils sei, so argumentiert er, als Abkehr vom Naturalismus

1. BEHERRSCHTER RAUM UND GEREGELTER KÖRPER

die allererste Bedingung für die Ausbildung individueller Kulturformen. Wer die Barbarei des ‹Naiven› überwinden wolle, müsse zum Klassizismus finden und «mit der Phantasie des Auges» die zertrümmerten Säulen einer vergangenen Kunst wieder aufrichten.[74] Goethes Figuren betrachtet Nietzsche als Chiffren für einen höheren Allgemeinheitsgrad, ohne den man ein zivilisiertes Theater nicht denken könne.[75] Zu den Merkmalen von Goethes Kunst gehören die programmatischen Abgrenzungen, die Nietzsche wiederum mit der ihm eigenen Lust an der Antithese benennt: «Nicht Individuen, sondern mehr oder weniger idealische Masken; keine Wirklichkeit, sondern eine allegorische Allgemeinheit; Zeitcharaktere, Localfarben zum fast Unsichtbaren abgedämpft und mythisch gemacht; das gegenwärtige Empfinden und die Probleme der gegenwärtigen Gesellschaft auf die einfachsten Formen zusammengedrängt (...): das ist die Kunst, so wie sie Goethe später verstand, so wie sie die Griechen, ja auch die Franzosen übten.»[76] Damit tritt das Weimarer Theaterkonzept als Produkt einer Konzentrationsbewegung zutage, die alles Zufällige und Beliebige, das naturalistische Detail wie das akzessorische Moment zugunsten einer phänotypischen Totalität der Form beiseite drängt. Im Klassizismus wird für Nietzsche die Überlegenheit einer ästhetischen Konzeption sichtbar, die ihre künstlerische Identität in der ständigen Transformation der alten Stoffe durch Verdichtung des Stils und Ausgrenzung des Partikularen sicherstellt.

Der Anspruch auf Exklusivität, den Nietzsche hier hervorhebt, spiegelt sich im selbstbewußten Programm des Weimarer Theaters wider. In Goethes Lauchstädter Festspiel *Was wir bringen* (1802) formuliert Merkur, die Schauspielkunst sei «ein phantast'scher Riesengott», der mit «hundert Armen» auf der Bühne der Welt erscheine (MA 6.1, 773). Das Theater offenbart sich als Wirkungsraum des Gottes Pan, der Geschichte und Natur, Herrschaft und Ohnmacht, Autonomie und Zwang gleichermaßen umfaßt. Zu Hilfe kommen ihm dabei «unendlich mannigfalt'ge, reiche Mittel» (MA 6.1, 773), die es ihm gestatten, mit seinen Figuren ein Welt-Theater der Seele zu entfalten. Der hohe Ehrgeiz dieses Programms findet jedoch sein Komplement in einer ökonomischen Selbstbeschränkung, deren Prinzip Goethe knapp umreißt: «So viel als möglich, ist ein unverruckt Gesetz I In unserm Haushalt» (MA 6.1, 773). Auch an diesem Punkt zeigt die Weimarer Bühne ihren Januscharakter: in der repräsentativen Tendenz ihres Anspruchs ist sie höfisch, im Bewußtsein ihrer Grenzen bürgerlich.

2

AGONALE FREIHEIT Goethes und Schillers Tragödientheorien

Die Frage nach den Möglichkeiten der tragischen Kunst haben Goethe und Schiller auf methodisch unterschiedlichem Weg zu beantworten gesucht: Goethe vorwiegend okkasionell, im Rahmen von Reden, Rezensionen, Selbstanzeigen, Brief- und Gesprächsäußerungen, gelegentlich auch in literarischen Texten, darunter Festspielszenen und Prologsequenzen;[1] Schiller dagegen unter systematischen Aspekten, als transzendentalphilosophisch geschulter Kopf, im Genre des theoretischen Essays. Wer auf diesem Feld Konzeptionen vergleicht, muß mithin die Differenz der Argumentationsformen im Auge behalten, die keine Äußerlichkeit darstellt, sondern einen maßgeblichen Unterschied in der Sache einschärft: während Goethe auf literaturtheoretischem Terrain aus Überzeugung unorthodox und regelresistent denkt, bemüht sich Schiller spätestens seit dem Ende der 1780er Jahre um eine begriffsgeleitete Erkenntnis zumal wirkungsästhetischer Fragen. Wo Goethe primär praxisbezogene, durch Systemordnungen nicht einzufriedende Einsichten in die Tiefenstrukturen spezifischer Textformen zu gewinnen sucht, reflektiert Schiller den poetischen Einzelfall als Zeichen, das die Beschaffenheit allgemeiner Gesetze des Kunstschönen sichtbar macht (was freilich ein pragmatisches, die eigene Produktion betreffendes Interesse nicht ausschließt). Der seit Schillers Brief vom 31. August 1794 (NA 27, 24 f.) zum Topos erstarrte Hinweis auf die intellektuelle Differenz zweier Autorentemperamente scheint sich hier zu bestätigen: auch im Bereich der Tragödienpoetik ist Goethes induktive (gleichwohl verdichtende) Verfahrensweise, die zuweilen einen Zug zum Esoterischen aufweisen kann,

2. AGONALE FREIHEIT

Schillers deduktiver Reflexionsstrategie mit ihrem auf prinzipielle Erkenntnis zielenden exoterischen Geltungsanspruch kontrastiert.

Zu bedenken bleibt nicht zuletzt, daß ein Vergleich notwendig von sehr unterschiedlichen Untersuchungszeiträumen ausgehen muß. Goethes immer nur sporadische Beschäftigung mit der Theorie der Tragödie, die weitgehend unsystematisch bleibt, erstreckt sich von den frühen 1770er Jahren bis 1831 (eine der letzten Äußerungen zum Thema stammt aus einem Brief an Zelter, der fünf Monate vor Goethes Tod geschrieben wurde);[2] im Fall Schillers hat man es mit einem ungleich überschaubareren Korpus von hoher inhaltlicher Konsistenz zu tun, dessen zentrale Texte innerhalb dreier Jahre, zwischen 1790 und 1793, entstanden.[3] Aus derartigen Inkompatibilitäten zu schließen, daß keine Gemeinsamkeiten zwischen Goethes und Schillers Auffassung von der Tragödie existierten, wäre jedoch falsch. Ein wesentlicher Berührungspunkt, so läßt sich zeigen, liegt dort, wo beide von einer auffälligen Skepsis gegenüber der Möglichkeit einer moralisch gebundenen Tragödienwirkung geleitet werden, die sich wiederum mit einem entschiedenen Vertrauen in die ästhetische Selbständigkeit der tragischen Form verbindet. Die besondere Strukturierung dieser Form und der Grad ihrer Vermittlung mit einem idealistischen Entwurf menschlicher Autonomie unterscheidet sich jedoch in den Entwürfen Goethes und Schillers auf frappante Weise.

Für Goethe bleibt zeitlebens der Gedanke leitend, daß die Tragödie von einer Konfliktstruktur getragen wird, deren antinomische Spannungen keine dauerhafte – moralische oder metaphysische – Überwindung finden. Schon in den bekannten Formulierungen der Shakespeare-Rede vom Oktober 1771 begegnet uns die dichte Beschreibung des Grundmodells, ohne daß von einer katharsischen Lösung gesprochen wird.[4] Shakespeares Dramen, so heißt es, zeigen einen der philosophischen Erkenntnis unzugänglichen Punkt, an dem «das Eigentümliche unsres Ichs, die prätendierte Freiheit unsres Wollens, mit dem notwendigen Gang des Ganzen zusammenstößt.» (MA 1.2, 413)[5] Ins Zentrum dieser Bestimmung rückt kein Katalog struktureller Kriterien aus dem Arsenal der alteuropäischen Tragödienpoetik, sondern die Definition einer dynamischen Bewegung, für deren Analyse Kategorien wie ‹Anagnorisis›, ‹Peripetie›, ‹Pathos› und ‹Katharsis› offenbar keine Rolle spielen. Fünf Jahre später heißt es in der Vorrede zu Heinrich Leopold Wagners Übersetzung von Merciers *Du théâtre (Aus Goethes Brieftasche)* mit Wendungen, die auch auf die

GOETHES UND SCHILLERS TRAGÖDIENTHEORIEN

Shakespeare-Rede zurückbezogen werden können: «Es ist endlich einmal Zeit, daß man aufgehöret hat, über die Form dramatischer Stücke zu reden, über ihre Länge und Kürze, ihre Einheiten, ihren Anfang, ihr Mittel und Ende, und wie das Zeug alles hieß. (...) Deswegen gibt's doch eine Form, die sich von jener unterscheidet, wie der innre Sinn vom äußern, die nicht mit Händen gegriffen, die gefühlt sein will.» (MA 1.2, 491).

Über eine mögliche Versöhnung, die den im tragischen Wettstreit – Agon – gesteigerten Effekt der Zerrüttung aufheben kann, äußert sich die Shakespeare-Rede an keiner Stelle. Auch in späteren Perioden hält Goethe nicht die Katharsis, sondern die Struktur des Gegensatzes – Hegels Ästhetik wird von der «Kollision» antagonistischer Mächte sprechen[6] – für das entscheidende formale Signum der Tragödie. In seiner aus Anlaß der Weimarer Uraufführung verfaßten Rezension von Schillers *Wallenstein*-Trilogie, die Ende März 1799 in sieben Teilen in der *Allgemeinen Zeitung* erscheint, beschreibt er den Grund des dramatischen Konflikts mit Wendungen, die an die Sprache der mehr als ein Vierteljahrhundert zurückliegenden Shakespeare-Rede erinnern: «Der Dichter hat also zwei Gegenstände darzustellen, die miteinander im Streit erscheinen: den phantastischen Geist, der von der einen Seite an das Große und Idealische, von der andern an den Wahnsinn und das Verbrechen grenzt, und das gemeine wirkliche Leben, welches von der einen Seite sich an das Sittliche und Verständige anschließt, von der andern dem Kleinen, dem Niedrigen und Verächtlichen sich nähert.» (MA 6.2, 689) Gegenüber dem Shakespeare-Dithyrambus gewinnt die Charakteristik des dramaturgischen Konfliktmodells und die daraus abgeleitete Analyse seiner Form deutlich an Genauigkeit. Vollzogen hat sich eine Vervielfältigung der Ebenen, auf denen das Tragödiengeschehen anzusiedeln ist. Da die beiden antagonistischen Mächte – ‹phantastischer Geist› und ‹gemeines Leben› – die Möglichkeit besitzen, jeweils zwei unterschiedliche Anlagen auszuprägen, ergibt sich eine doppelte Gegensatzstruktur von potentiell tragischem Zuschnitt: die Konfrontation des idealischen Geistes mit der profanen Welt sowie die Kollision von verbrecherischem Geist und sittlichem Leben. Verfeinert wird aber auch die Beschreibung der Prinzipien, die im Agon der Tragödie in Erscheinung treten können. Die übergreifende Antinomie von Freiheit und Notwendigkeit schließt dialektische Verhältnisse ein; Leben und Geist stehen einander nicht als direkte Kombattanten gegenüber, sondern enthalten aufgrund ihrer aus Differenzen geborenen Identität die

2. AGONALE FREIHEIT

Anlage zum inneren Konflikt. Die tragische Grundkonstellation wird auf diese Weise vielgestaltiger und mehrdeutiger, denn sie erscheint als Spiegel von Widersprüchen, deren Einheit es zu erkennen gilt.

Der Wettstreit einander schroff entgegengesetzter Kräfte bildet für Goethe das Zentrum der Tragödienhandlung. Im Lauchstädter Festspiel *Was wir bringen* (1802) tritt die allegorische Gestalt des Pathos auf,[7] die den tragischen Agon zunächst in seiner destruktiven Dynamik charakterisiert: «Der Nächste stößt den Nächsten tückisch nieder, | Und tückisch wird zuletzt auch er besiegt; | Denn, wie ein Schmied, im Feuer Glied an Glieder | Zur ehrnen, ungeheuren Kette fügt; | So schlingt in Greuel sich ein Greuel wieder, | Durch Laster wird die Lastertat gerügt: | In Todesnebel, Höllenqualm und Grausen | Scheint die Verzweiflung nur allein zu hausen.» (MA 6.1, 782) Bei dieser dezidiert unaristotelischen Interpretation, die die Tragödie als Medium der ‹Greueldarstellung› und Evokation nackter ‹Verzweiflung› profiliert, bleibt der Prolog allerdings nicht stehen. Die Rede des Pathos endet mit einer ausgleichend-versöhnlichen Perspektive, wenn es heißt: «Doch senkt sich spät ein heiliges Verschonen | In der Beklemmung allzudichte Nacht, | Am holden Blick in höhre Regionen | Fühlt nun sich jedes edle Herz erwacht, | Dort drängt's euch hin, dort hoffet ihr zu wohnen, | Auf einmal wird ein Himmel euch gebracht; | Vom Reinen läßt das Schicksal sich versöhnen, | Und alles löst sich auf im Guten und im Schönen.» (MA 6.1, 782)

Wo zunächst ein Übermaß des Gräßlichen konstatiert wird, mündet die Rede des Pathos am Ende in die Demonstration des (hier erstmals reflektierten) kathartischen Konzepts. Das damit verknüpfte Verständnis der Tragödie, das durch frühere Äußerungen kaum gedeckt wird, steht in klarem Widerspruch zu Goethes eigener dramatischer Praxis. Weder die Kumulation von Greuelszenen noch die Entspannung des Schreckens durch die Intervention eines moralischen Prinzips bieten ihm Lösungen, mit denen er als Autor zu operieren pflegt – man denke nur an die abdämpfenden Konfliktkonstruktionen in der *Iphigenie auf Tauris* (abweichend von den Verwerfungen des Mythos), im *Egmont* (gegen die innere Konsequenz des Stoffs)[8] und in der *Natürlichen Tochter* (unter Verzicht auf die agonale Dynamik des politischen Dramas). In einem Brief vom 9. Dezember 1797 bemerkt Goethe gegenüber Schiller: «Ohne ein lebhaftes pathologisches Interesse ist es auch mir niemals gelungen irgend eine Tragische Situation zu bearbeiten und ich habe sie daher lieber vermieden als aufgesucht.»

(NA 37/I, 198).⁹ Vor diesem Hintergrund enthüllt sich das Bekenntnis zur kathartischen Lösung, das die Pathos-Allegorie des Lauchstädter Spiels abweichend von den Bestimmungen der *Wallenstein*-Rezension und der Shakespeare-Rede formuliert, als ambivalente Position, der Goethe selbst kein rechtes Vertrauen entgegenzubringen scheint. Die tragische Dramaturgie der Extreme, die aus radikalen Gegensätzen eine transzendente Lösung hervortreibt, steht im Verdacht des Krankhaften, dem eine eigene Dämonie innewohnt. Was die Pathos-Allegorie umreißt, bleibt daher für Goethes eigene Produktion ein fremdes Terrain, dem er sich auch als Trauerspielautor nicht auszusetzen wünscht – zu erinnern ist an die Personifikation der Freiheit in der Gefängnisszene des *Egmont* oder den noch in der Darstellung der Entsagung versöhnlichen Schluß der *Natürlichen Tochter*.[10]

Die *ultima ratio* der tragischen Konstruktion bildet für Goethe nicht die Purgierung, die aus der Katastrophe resultiert, sondern die Anschauung der Tragödie als Kunstwerk, das durch seine balancierte Form und die mäßigende Reflexion des Konflikts in den Mustern einer symbolischen Zeichensprache die Inszenierung von scharfen Gegensätzen a priori umgeht. Vor allem ist es der Respekt gegenüber der inneren Freiheit des Publikums, der Goethe dazu veranlaßt, eine Bühnenästhetik der Extreme systematisch zu vermeiden. In der kurzen Notiz zum Weimarer Hoftheater, die August Wilhelm Schlegels *Ion* gegen die scharfe Kritik Böttigers verteidigt, heißt es 1802 nachdrücklich: «(...) allein wir finden auch solche Stücke höchst nötig, durch welche der Zuschauer erinnert wird: daß das ganze theatralische Wesen nur ein Spiel sei, über das er, wenn es ihm ästhetisch, ja moralisch nutzen soll, erhaben stehen muß, ohne deshalb weniger Genuß daran zu finden.» (MA 6.2, 702)[11] Das Drama bedarf der Selbstreflexion seiner Struktur, aus der sein Kunstcharakter und seine Beschaffenheit als ‹Spiel› hervorgeht. Die Leistung der literarischen Fiktion besteht darin, daß sie dem Zuschauer den Illusionsstatus des von ihr Vorgeführten verdeutlicht; diese Funktion bildet für Goethe ein unverzichtbares Element der Tragödie, ohne die sie ihren ästhetischen Anspruch verliert und zum seinerseits ‹pathogenen› Objekt zu werden droht.[12]

Während das Interesse für Abgründiges, das das Tragische verlangt, bei Goethe eine gewisse Scheu gegenüber seiner theoretischen Reflexion einschließt, hat Schiller seit Beginn der 1790er Jahre die Tragödie mit einem an Kant geschulten methodischen Anspruch zu definieren gesucht.

2. AGONALE FREIHEIT

Wenn es die Aufgabe der Kunst ist, auf möglichst kontemplative Weise moralisches Bewußtsein zu befördern, dann gelingt der Tragödie, wie Schiller 1792 im Aufsatz *Ueber den Grund des Vergnügens an tragischen Gegenständen* am Leitfaden Kantscher Begriffe ausführt, die Umsetzung dieses Ziels nur um den Preis einer für sie offenbar konstitutiven Paradoxie, da das von ihr gestiftete Vergnügen durch die Zweckwidrigkeit des leidenden Menschen – also einen gemeinhin Mißvergnügen hervorrufenden Gegenstand – evoziert wird.[13] Daß aus dem Unbehagen, das fremder Schmerz weckt, für den Zuschauer ein Weg ins Vergnügen des ästhetischen Genusses führt, wird laut Schiller durch den Zusammenhang von sittlicher Freiheit und situativer Unfreiheit möglich. Indem der Tragödienheld in Zwangslagen seine moralische Autonomie zu behaupten vermag, verwandelt sich die pragmatische Zweckwidrigkeit des Leidens in die Demonstration von Freiheit und damit in ein ästhetisch vermitteltes Vergnügen.

Der Aufsatz *Vom Erhabenen* (1793) benennt vor solchem Hintergrund die beiden zentralen Gegenstände «aller tragischen Kunst», nämlich die «Darstellung der leidenden Natur» und die «Darstellung der moralischen Selbständigkeit im Leiden» (NA 20, 195). Unter methodischen Gesichtspunkten weist diese Konstruktion des Pathetischerhabenen, die Autonomie unter den Bedingungen des sinnlichen Zwangs vorzuführen hat, auf die Bedeutung des *moral sense* zurück – auf eine Tradition, die Schiller durch Abels Philosophieunterricht und die dort betriebene Lektüre der Schriften Shaftesburys, Hutchesons und Fergusons gut vertraut war.[14] Aus diesem Fundus übernimmt Schiller die Idee einer Engführung von moralischem und ästhetischem Interesse, deren funktionale Einheit durch die natürlichen Anlagen des Menschen garantiert wird; Kant wiederum beerbt er dort, wo er nach einem transzendentalen Prinzip sucht, das dem Individuum Unabhängigkeit gegenüber den Gesetzen seiner sinnlichen Erfahrungswelt verschafft.[15] Während sich mit der Ausrichtung an der *Moral-sense*-Philosophie das Vertrauen in die harmonische Versöhnung physischer und moralischer Strebensrichtungen im Menschen verknüpft, verpflichtet der Lehrmeister Kant zur Deduktion der Idee der Freiheit aus einem Reich der Vernunft jenseits aller sinnlichen Erfahrung. Die doppelte methodische Prägung durch Sensualismus und Transzendentalphilosophie zeichnet Schillers klassischer Tragödientheorie das Problempensum vor, läßt aber auch schon die Spannungen eines inkonsistenten

Entwurfs ahnen, der sich seinen inneren Widersprüchen kaum entwinden kann.[16] Die Abhandlung *Ueber das Pathetische* (1793) bestimmt, nun in der Absicht einer formtheoretischen Begründung, der tragischen Kunst zum Endzweck die sinnliche Darstellung der moralischen «Independenz von Naturgesetzen im Zustand des Affekts» (NA 20, 196). Das besagt, daß die Tragödie dem Zuschauer die Möglichkeit eines moralisch gegründeten «Widerstandes gegen das Leiden» vorzuführen habe, wobei dieses Leiden (das aristotelische ‹Pathos›) durch physische und psychische Zwangslagen (Heteronomie) gleichermaßen entstehen kann (NA 20, 199). Zwei Formen kennt Schiller, in denen solcher Widerstand – als Äußerungsform eines erhabenen Gemüts – sich zu äußern vermag: passiv durch die ‹Fassung›, die es der sinnlichen Natur des Leidens verwehrt, Einfluß auf die Freiheit des Geistes zu nehmen, und aktiv durch die Fähigkeit, dieses Leiden über die Mächte des Intelligiblen zu beherrschen und damit zu bezwingen (NA 20, 211). Das zweite Modell, das für die Tragödie bedeutsamer ist, weil es durch seine Dynamik das Interesse des Publikums hinreichend fesselt, zerfällt wiederum in zwei Varianten. Der erste Fall stützt sich auf einen Protagonisten, der aus unbedingter Pflichterfüllung ins Leiden gerät; er wird idealiter vom Typus des Märtyrers zur Geltung gebracht, den Schiller allerdings wenig schätzt, da er zwar Bewunderung erregt, aber das Gemüt des Zuschauers nicht berührt. «Eine reine Intelligenz», so formuliert bereits der Essay *Ueber die tragische Kunst* (1792), «kann nicht leiden, und ein menschliches Subjekt, das sich dieser reinen Intelligenz in ungewöhnlichem Grade nähert, kann, weil es in seiner sittlichen Natur einen zu schnellen Schutz gegen die Leiden einer schwachen Sinnlichkeit findet, nie einen großen Grad von Pathos wecken.»[17] Wirkungsvoller ist dagegen der zweite Fall, in dem der prinzipiell pflichtbewußte Held aus momentaner (singulärer) Pflichtvergessenheit ins Unglück gerät und dieses doppelt – physisch wie geistig – büßt (NA 20, 212). Der Leitgedanke der Schillerschen Tragödienlehre – die ästhetische Inszenierung des individuellen Widerstands gegen externe Zwangslagen als Signum moralischer Unabhängigkeit – verweist auf das Modell einer inneren Freiheit, die als Möglichkeit der Autonomie des Menschen gerade in krisenhaften Konstellationen besonders eindrucksvoll demonstriert zu werden vermag.[18] Nicht die Wirklichkeit des erfüllten Sittengesetzes, die Kants *Kritik der praktischen Vernunft* (1788) an die absolute Selbständig-

2. AGONALE FREIHEIT

keit des Willens jenseits subjektiver Bestrebungen zurückband,[19] sondern die Option auf freiheitliches Handeln steht im Zentrum der für Schillers Tragödientheorie bestimmenden Anthropologie (NA 20, 218). Das Erhabene, das sich über den Widerstand gegen das Leid äußert, bedeutet die Erprobung individueller Freiheit unter den Bedingungen der Heteronomie: Freiheit als Chance des Menschen, auch (und gerade) in finsteren Zeiten Unabhängigkeit («Independenz») von den grausamen Notzwängen der Natur zu gewinnen. Schillers erhabener Held soll seine Größe in selbstveranlaßten Schwellen- und Gefahrensituationen vorführen, die seine seelische und körperliche Integrität bedrohen, zugleich aber seine Autonomie unter Beweis stellen.[20]

Das Erhabene erweist sich als Medium für eine Subjektwerdung, die allerdings den großen Bruch, der Innen und Außen trennt, nicht überwindet, sondern steigert; frei ist das Subjekt nur, wenn es sich gegen seine Umwelt, die Unfreiheit und Abhängigkeit erzeugt, systematisch abgrenzt: Autonomie vermittelt sich über die Form der Negation.[21] Der Unterschied, der bei Schiller die Erhabenheit der Fassung vom Erhabenen der Handlung trennt, zeigt sich exemplarisch am Begriff des Opfers.[22] In den 1788 veröffentlichten *Briefen über Don Karlos* beschreibt Schiller unter dem unmittelbaren Eindruck seines Stoffs den inneren Widerspruch, der aus dem Akt der Opferung hervorgeht, mit einer Formel, die den Vorrang der individuellen Erfahrung gegenüber dem moralischen Prinzip betont: «(...) denn nichts führt zum Guten, was nicht natürlich ist.» (NA 22, 172) Im Blick auf die Selbstpreisgabe Posas ist wenig später ausdrücklich von «Aufopferung» die Rede, wobei Schiller den Entschluß des Marquis, für Karlos zu sterben, grundlegend rechtfertigt, ohne ihn vollends zu billigen, da er von «Schwärmerei» geprägt sei: «Er hüllt sich in die Größe seiner Tat, um keine Reue darüber zu empfinden.» (NA 22, 177) Jedes Selbstopfer droht eine Hypostasierung der Idee herbeizuführen, indem es das Individuelle zugunsten des Allgemeinen auslöscht.[23] Als «heroisches Palliativ»[24] ist Posas Tat ein bedenklicher Akt, aus dem keine Vorbildfunktion abgeleitet werden kann. Im Essay *Ueber das Pathetische* verweist Schiller auf eine ähnliche Dialektik, wenn er – gegen Kants Pflichtethik – erklärt, daß die unbedingte Erfüllung eines Sittengesetzes in der prinzipiengeleiteten Handlungsweise die persönliche Bereitschaft des Zuschauers zur Nachahmung des moralischen Ideals nicht fördere, sondern hemme (NA 20, 216). Bereits 1792 heißt es: «Aber es gibt Fälle, wo das moralische

Vergnügen nur durch einen moralischen Schmerz erkauft wird, und dies geschieht, wenn eine moralische Pflicht übertreten werden muß, um einer höhern und allgemeinern desto gemäßer zu handeln.» (NA 20, 143) Das Opfer besteht im Tausch der Pflichtverletzung gegen die Pflichtbekräftigung, der seinerseits die paradoxe Struktur der Tragödie, die wenige Jahre später auch Hölderlin hervorheben wird,[25] in nuce verdichtet: den inneren Widerspruch, ästhetisches Vergnügen durch Zweckwidrigkeit zu erzeugen. Einem Opfer gleicht der Tausch, weil er in einem Akt der Güterabwägung zur Mißachtung eines spezifischen moralischen Prinzips zwingt, ohne die das allgemeine Sittengesetz nicht bestätigt werden kann.

Komplizierter gerät diese Logik des Tauschs mit der Konsequenz des Opfers innerhalb des Modells des Erhabenen. Im Fall der Erhabenheit der Fassung, an der Schiller mit Lessings *Laokoon* (1766) eine durch die «Coexistenz» von Zeichen und Bezeichnetem erzeugte Anschaulichkeit hervorhebt, ist es die körperliche Unantastbarkeit, die preisgegeben wird, um das Sittengesetz zu bestätigen (NA 20, 211); im Fall der Erhabenheit der Handlung, die durch «Succession» eines dramatischen Geschehens zur Erscheinung kommt, bildet umgekehrt die «moralische Beschaffenheit» des Individuums den Auslöser des Leidens (NA 20, 211 f.). Schillers ideale Variante des Erhabenen bedeutet nun aber eine Abkehr vom Mechanismus der Opferung, weil sie die ästhetische Freiheit als bloße Möglichkeit bestimmt, «die Gegenwart eines übersinnlichen Princips im Menschen» (NA 20, 204) darzustellen. Der seine Pflicht punktuell verletzende Held verteidigt seine moralische Autonomie gerade nicht, indem er Sinnlichkeit oder Leben opfert, sondern indem er in vollem Bewußtsein seines Fehlers leidet und sich damit zugleich dem Auslöser seiner Notlage entzieht.[26] Dieses Leiden schließt zwar eine Situation des Zwangs ein, jedoch dient sie vorrangig der Demonstration einer ästhetischen Freiheit, die durch die Kunst als Möglichkeit unabhängigen Handelns kommuniziert wird. Nicht das Opfer im Sinne einer materiellen Idee, die ein konkretes Prinzip verherrlicht, vielmehr dessen theoretische Möglichkeit soll im Medium der literarischen Form vergegenwärtigt werden. «In ästhetischen Urtheilen sind wir also nicht für die Sittlichkeit, sondern bloß für die Freyheit interessiert, und jene kann nur insofern unserer Einbildungskraft gefallen, als sie die letztere sichtbar macht.» (NA 20, 221) Es gehört zu den unantastbaren Überzeugungen von Schillers Kunstphilosophie, daß die

2. AGONALE FREIHEIT

Kräfte der «Phantasie» nicht durch die «moralische Gesetzmäßigkeit» (NA 20, 221) gefesselt werden dürfen. Die Autonomie, welche die ästhetische Erfahrung vermittelt, besitzt den Charakter einer Option auf Freiheit, die keine Unterjochung durch den kategorischen Imperativ verträgt. Schillers Tragödientheorie bildet das Experimentierfeld für eine Konzeption des Ästhetischen als Bedingungsgrund der Anschauung von Ideen, dessen zentrales Element die Demonstration sozialer Autonomie im Medium der literarischen Form darstellt.[27] Diese Priorität des ‹Möglichkeitssinns› markiert eine radikale Abkehr von einer wirkungspoetischen Konzeption des Trauerspiels, wie sie die Mitleidslehre Lessings exemplarisch vertrat.[28] Ästhetisches Urteil, Independenz von materiellen Ideen, Zweckmäßigkeit der Form – das bleiben die Leitbegriffe, in denen Schiller seine Theorie der Tragödie verdichtet. Sie verdeutlichen die Abkehr von einem moralischen Prinzip als inhaltlichem Zentrum der tragischen Wirkungspoetik und die Verwandlung der Logik des Opfers in eine Logik der ästhetischen Freiheit, die die Autonomie des Sittengesetzes in der unbedingten Eigenständigkeit der von didaktischen Zwecken gelösten dramatischen Form unter Beweis stellt.[29]

Der Begriff des Opfers, in dem Walter Benjamins Trauerspielbuch das Leitkonzept der antiken Tragödie erblickte,[30] gewinnt um 1800 nicht nur bei Schiller eine eigene Ambivalenz. Hölderlin hat im *Grund des Empedokles* das Opfer als Zerstörung einer Einheit von ‹Ideellem› und ‹Reellem›, als Auflösung jenes Absolutums bezeichnet, das durch die Synthesis widerstreitender Kräfte vorübergehend hergestellt worden sei.[31] Die Tragödie bedeutet für Hölderlin das Offenbarwerden einer Gewalt, in der sich das Schicksal der menschlichen Identität über deren Aufhebung vollendet und der «erzwungene Tag», wie Peter Szondi kommentiert hat, «in gesteigerte Nacht» umschlägt.[32] Daß diese Gewaltstruktur jedoch keine Lösung im Sinne der Erlösung, sondern lediglich eine Reinigung der Identität in der Entzweiung, die Opferung der Einheit für die unentwegte Dialektik der Geschichte bedeutet, erweist Hölderlins schneidende Formulierung aus den *Anmerkungen zum Oedipus* (1803): «Die Darstellung des Tragischen beruht vorzüglich darauf, daß das Ungeheure, wie der Gott und Mensch sich paart, und gränzenlos die Naturmacht und des Menschen Innerstes im Zorn Eins wird, dadurch sich begreift, daß das gränzenlose Einswerden durch gränzenloses Scheiden sich reiniget.»[33] Die Ästhetik des Opfers, die Hölderlin der Tragödie zuschreibt, verheißt weder eine

Purgierung des physischen Lebens gemäß der kathartischen Ökonomie des attischen Theaters noch eine einheitsstiftende Versöhnung im Sinne der metaphysisch gedachten *restitutio in integrum*. In ihr vollzieht sich vielmehr das unerbittliche Gesetz einer dialektischen Geschichte, deren Stillstellung in der Idee der Bildung des Menschen, wie sie Schiller für möglich hielt, bei Hölderlin undenkbar scheint, da jede Beruhigung ihrer Dynamik nur die Ruhe vor dem erneuten Sturm bedeuten kann.

In einer während der Jenaer Periode entstandenen Abhandlung über das Naturrecht (1802/03) hat Hegel das menschliche Selbstopfer als Zeichen der Anerkennung des Todes und gleichzeitigen Ausdruck der Freiheit von seinen Zwängen gesehen.[34] Die *Phänomenologie des Geistes* (1807) korrigiert diese Position, indem sie auf die Ambivalenz des Opferbegriffs verweist. Hegel beschreibt den Akt der Aufopferung hier als bedenklichen Vorgang, der das Besondere dem Allgemeinen preisgebe und damit Autonomie, die nur im Individuellen erreichbar sei, prinzipiell ausschließe. Auf der ersten Stufe des historischen Prozesses findet Hegel eine reine Form des Selbstbewußtseins ausgebildet, der ein leeres, noch unerfülltes Allgemeines gegenüberstehe. Die zweite Stufe führe zur Entwicklung eines erfüllten Allgemeinen, das sich im radikalen moralischen Rigorismus manifestiere. Es suche den Verlauf der Geschichte zu steuern, indem es jegliche Individualität einer höheren Idee unterwerfe: «Dem Bewußtsein der Tugend ist das Gesetz das Wesentliche und die Individualität das Aufzuhebende (…)».[35] Eine solche Gewichtung stärke jedoch, so Hegel, ein falsches, vom Einzelnen nicht erlebbares Allgemeines: «Es fällt mit dieser Erfahrung das Mittel, durch Aufopferung der Individualität das Gute hervorzubringen, hinweg, denn die Individualität ist gerade die Verwirklichung des Ansichseienden (…)».[36] Die Dialektik der Aufopferung besteht für Hegel darin, daß sie nicht die Freiheit (‹das Ansichseiende›), sondern als Konsequenz des ‹schlechten Allgemeinen› Formen der Abhängigkeit und des Zwangs gebiert. Die Preisgabe des Individuellen an das Prinzip kann keine Autonomie erzeugen, da diese nur über den Prozeß der Besonderung herstellbar ist. Den Mechanismus der Zerstörung des Guten durch die Opferung subjektiver Freiheit hält die *Phänomenologie* somit, anders als es Adornos Hegelkritik moniert, für den Sturz in die Grundlosigkeit eines abstrakten Prinzips, das jene Individualität vernichte, welche die sittliche Autonomie einzig verteidigen könnte.[37] Im Moment der Aufopferung herrscht eine destruktive Potenz, die das Beson-

2. AGONALE FREIHEIT

dere dem Diktat eines seelenlosen Prinzips unterstelle. Erst auf der dritten Stufe des historischen Prozesses verbindet sich, so Hegels Überzeugung, das Besondere mit dem Allgemeinen, ohne daß prinzipienlose Individualität oder leere Abstraktheit vorherrsche.

Goethes zweiter Shakespeare-Aufsatz, der im Sommer 1813 entstand, führt mit Kategorien, die ihre Abstammung aus dem Arsenal des romantischen Diskurses (insbesondere Schlegelscher Prägung)[38] nicht verleugnen, den von Hegel bezeichneten Widerspruch des Opfergedankens auf eine historische Grundspannung im Ensemble der *Querelle des Anciens et des Modernes* zurück. Der antiken Tragödie ordnet Goethe die Kollision von Notwendigkeit («Sollen») und «Vollbringen», dem modernen Drama die Spannung zwischen subjektiver Freiheit («Wollen) und Tathandlung zu (MA 11.2,179).[39] Genauer formuliert der Essay: «Aber alles Sollen ist despotisch. Es gehöre der Vernunft an: wie das Sitten- und Stadtgesetz; oder der Natur: wie die Gesetze des Werdens, Wachsens und Vergehens, des Lebens und Todes (...) Das Wollen hingegen ist frei, scheint frei und begünstigt den Einzelnen. Daher ist das Wollen schmeichlerisch, und mußte sich der Menschen bemächtigen, sobald sie es kennen lernten. Es ist der Gott neuen Zeit; ihm hingegeben, fürchten wir uns vor dem Entgegengesetzten, und hier liegt der Grund, warum unsre Kunst, so wie unsre Sinnesart, von der antiken ewig getrennt bleibt.» (MA 11.2, 179)

Bezogen auf die tragische Form, erweist sich die moderne Oppositionsvariante, wie Goethe lapidar bemerkt, als untaugliches Spannungselement: «Durch das Sollen wird die Tragödie groß und stark, durch das Wollen schwach und klein.» (MA 11.2, 179) Von Shakespeare sei, so heißt es, dieser Gegensatz überbrückt worden, indem er die Kräfte des subjektiven Antriebs als neuzeitliche Form des Schicksals inszeniert, mithin das Wollen des Individuums als Quelle seiner Unfreiheit ausgewiesen habe; den «nach Innen geführten Menschen» (NA 20, 57) erklärt 1797 der gemeinsam mit Schiller verfaßte Essay *Ueber epische und dramatische Dichtung* zum privilegierten Gegenstand der Tragödie. Die dezidert moderne Shakespeare-Deutung bietet, unabhängig von der Frage ihrer sachlichen Evidenz, wesentliche Rückschlüsse auf Goethes Konzept des Tragischen, das sich hier sichtbar von einer rein gattungsspezifischen Bindung gelöst hat. Gedeckt wird eine derartige Tendenz durch die programmatische Absicht, Shakespeare abweichend von Tieck bzw. August Wilhelm Schlegel zum Autor von Lesetexten zu erklären, dessen tragische Konfliktmodelle weniger auf «die Augen des Leibes» (MA 11.2, 174) als auf die literarische Imagination bezogen seien.[40] Nicht die Theatralität Shakespeares, sondern die besondere, jenseits einer gattungspoetischen Zuordnung greifbare Modernität der von ihm vorgeführten Antagonismen sucht Goethes Essay zu erschließen.

Was der Shakespeare-Aufsatz über die Subjektivierung des Schicksals und *vice versa* die metaphysische Aufladung des Subjekts sagt, findet sein Pendant in der bekannten Selbstanzeige des *Wahlverwandtschaften*-Romans vom 24. September 1809. Der Roman offeriert ihr zufolge die in seiner chemischen Gleichnisrede verdichtete Erkenntnis, daß «auch durch das Reich der heitern Vernunftfreiheit die Spuren trüber leidenschaftlicher Notwendigkeit sich unaufhaltsam hindurchziehen, die nur durch eine höhere Hand, und vielleicht auch nicht in diesem Leben, völlig auszulöschen sind.» (MA 9, 285) Hier sind die Elemente des Tragischen versammelt, wie sie Goethe im Shakespeare-Aufsatz vier Jahre zuvor namhaft macht: die Opposition von Freiheit und Zwang, die sich nicht auf den für die antike Literatur kennzeichnenden Abstand zwischen Menschlichem und Göttlichem beschränkt, die Heteronomie als Folge eines überspannten subjektiven Anspruchs («leidenschaftliche Notwendigkeit»), die ‹Unaufhaltsamkeit› dieses zerstörerischen Kräftespiels und schließlich die unsichere Aussicht auf eine transzendente Lösung, die außerhalb des Konfliktmodells selbst liegt.[41]

Der idealistische Diskurs über das Tragische, wie ihn exemplarisch das Tragödienkapitel von Schellings *Philosophie der Kunst* (1802/03) und Hegels Antigone-Deutung praktizieren,[42] sucht den Nachweis zu führen, daß sich in der äußeren Katastrophe die innere Aussöhnung des leidenden Helden mit einer universellen, sein persönliches Schicksal überwölbenden Idee vollziehe. Bei Schelling liest man: «Die Freiheit als bloße Besonderheit kann nicht bestehen: dieß ist möglich nur, inwiefern sie sich selbst zur Allgemeinheit erhebt, und also über die Folge der Schuld mit der Nothwendigkeit in Bund tritt, und da sie das Unvermeidliche nicht vermeiden kann, die Wirkung davon über sich verhängt.»[43] Ähnlich formuliert Hegel, daß das Leiden tragischer Heldenfiguren, das er mustergültig in der sophokleischen Antigone gespiegelt findet, durch die «Gesinnung»[44] aufgehoben werde, in der er die Auflösung des Individuellen im Sittengesetz bekräftigt sieht. Für Goethe gehört hingegen zur Subjektivierung des Schicksalsbegriffs, wie sie der gegen Hegels Antigone-Interpretation ge-

2. AGONALE FREIHEIT

richtete Shakespeare-Aufsatz formuliert,[45] die Abwesenheit einer dritten Instanz, die die in ihm festgeschriebenen Antinomien überwinden kann.

Nicht die von der älteren Forschung im Anschluß an Solgers *Wahlverwandtschaften*-Kritik topisch hervorgehobene Emigration des Tragischen in den Roman bildet die *differentia specifica* von Goethes Position, sondern der Versuch, die Kategorie aus ihrer traditionellen poetologischen Einbindung zu lösen, ohne sie dabei auf das außerästhetische Feld des sittlichen Diskurses zu verschieben.[46] Der noch in der vermeintlich religiösen Hoffnungsformel des Roman-Schlußsatzes erahnbare Zweifel an der Möglichkeit der übergreifenden Überwindung tragischer Konflikte öffnet die Perspektive auf die Immanenz des Scheins, der den literarischen Text konstituiert.[47] Die Skepsis gegenüber der Wirksamkeit einer metaphysischen Instanz, die die Antagonismen des Tragischen löscht, bedeutet daher keine Lizenz zum Fatalismus, sondern eine Bekräftigung der Autonomie, die der ästhetischen Erfahrung gebührt.

Im Prolog zur Eröffnung des Berliner Theaters vom Mai 1821 wiederholt Goethe seine Auffassung, daß die Tragödienhandlung sich in der Immanenz ihres Konflikts erschöpfe, ohne von einer sie transzendierenden Instanz aufgehoben zu werden. Während die Pathos-Allegorie im Lauchstädter Festspiel des Jahres 1802 noch die Möglichkeit einer kathartischen Lösung metaphysisch konditionierter Verwerfungen in Aussicht stellte («Vom Reinen läßt das Schicksal sich versöhnen»), bleibt der Berliner Prolog an diesem Punkt äußerst zurückhaltend. Die Tragödie, die des «düstern Wollens traurige Gefahr» darstellt, ist nach antikem Vorbild auf den Agon als Bühnenereignis beschränkt: «Und ohne Zeus und Fatum, spricht mein Mund! | Ging Agamemnon, ging Achill zu Grund.» (MA 13.1, 242) In einem 1821 verfaßten Aufsatz über Wilhelm Tischbeins Idyllen formuliert Goethe die Überzeugung, daß das Tragische aus der Trennung des Zusammengehörigen resultiere. Die Antinomie, die die Kollision von ‹Wollen› und ‹Sollen› begründet, wird damit auf ein phänotypisches Modell reduziert: «Das Grundmotiv aber aller tragischen Situationen ist das Abscheiden, und da brauchts weder Gift noch Dolch, weder Spieß noch Schwert; das Scheiden aus einem gewohnten, geliebten, rechtlichen Zustand, veranlaßt durch mehr oder mindern Notzwang, durch mehr oder minder verhaßte Gewalt, ist auch eine Variation desselben Themas (...)» (MA 13.2, 80).[48] Erneut erweist sich hier, daß das Tragische in Oppositionen zur Anschauung kommt, die Goethe für unüberwindbar hält. Die lokkere Kopplung von moralischem Nutzen und ästhetischer Freiheit, die Schillers Entwurf des Pathetischerhabenen begründet, bildet für ihn eine strukturelle Paradoxie, die das Drama bis zur Selbstzerstörung überfordern muß. Diese Auffassung beleuchtet in großer Prägnanz das bekannte Diktum aus einem im Juni 1824 mit Kanzler von Müller geführten Gespräch: «Alles Tragische beruht auf einem unausgleichbaren Gegensatz. So wie Ausgleichung eintritt oder möglich wird, schwindet die Tragödie.»[49]

In einer kurzen Rezension einer literarhistorischen Studie des Leipziger Altphilologen Johann Gottfried Jakob Hermann, die sich mit Struktur und Geschichte attischer Tragödien-Tetralogien befaßt (*De compositione tetralogiarum tragicarum dissertatio*, 1819), reflektiert Goethe 1823 seine Auffassung, daß das Tragische seinen eigentlichen Rechtsgrund in der ästhetischen Form finde, mit einiger Subtilität. In der Vergangenheit habe man das kompositorische Prinzip der Dramen-Tetralogie «als eine dreifache Steigerung desselben Gegenstandes» gedacht, «wo im ersten Stück die Exposition, die Anlage, der Hauptmoment des Ganzen vollkommen geleistet wäre, im zweiten darauf sich schreckliche Folgen ins Ungeheure steigerten, im dritten aber, bei nochmaliger Steigerung, dennoch auf eine gewisse Weise irgend eine Versöhnung herangeführt würde; wodurch denn allenfalls ein viertes munteres Stück, um den Zuschauer, den häuslicher Ruhe und Behäglichkeit bedürftigen Bürger wohlgemut zu entlassen, nicht ungeschickt angefügt werden konnte.» (MA 13.1, 317) Hermanns Gegenthese, die Goethe ausdrücklich unterstützt, lautet, daß die Tetralogie nicht auf einer «Steigerung des Stoffs», sondern auf einer «Steigerung der äußeren Form» beruhe (MA 13.1, 318). «In diesem Sinne», so faßt Goethe zusammen, «mußte nun das erste Stück groß und für den ganzen Menschen staunenswürdig sein; das zweite, durch Chor und Gesang, Sinne, Gefühl und Geist erheben und ergötzen; das dritte darauf durch Äußerlichkeiten, Pracht und Drang aufreizen und entzücken, da denn das letzte zu freundlicher Entlassung so heiter, munter und verwegen sein durfte als es nur wollte.» (MA 13.1, 318) Goethe sieht sich durch Hermanns Ergebnisse in seiner Überzeugung bestärkt, daß die Tragödie ein spezifisch ästhetisches Ereignis darstelle, dem man einzig über die Erfahrung der Form, nicht aus einer moralischen Perspektive nahezukommen vermöge. Das schließt erneut die Distanz gegenüber einer die Grenzen der dramatischen Immanenz überschreitenden Wirkungslehre

2. AGONALE FREIHEIT

ein, die der späte Goethe in den folgenden Jahren entschieden unterstreicht.

In der *Nachlese zu Aristoteles' Poetik* (1827) bezweifelt Goethe die Idee einer transzendental gedachten Befreiung aus den Fesseln des tragischen Wettstreits, die Schiller im Erhabenen verwirklicht fand, mit einer Verve, welche nun programmatisches Gewicht erhält. Am Beginn des Textes bietet er eine eigenwillige Übersetzung des aristotelischen Tragödiensatzes, die nicht umhinkommt, auch den von ihm zumeist gemiedenen Katharsisbegriff zu übertragen: «Die Tragödie ist die Nachahmung einer bedeutenden und abgeschlossenen Handlung, die eine gewisse Ausdehnung hat und in anmutiger Sprache vorgetragen wird, und zwar von abgesonderten Gestalten, deren jede ihre eigne Rolle spielt, und nicht erzählungsweise von einem einzelnen; nach einem Verlauf aber von Mitleid und Furcht mit Ausgleichung solcher Leidenschaften ihr Geschäft abschließt.» (MA 13.1, 340)[50] Wird die Katharsis hier als «Ausgleichung» bezeichnet, so bietet der Fortgang des Textes eine Reihe von Synonymen wie «Versöhnung» und «aussöhnende Abrundung» an, die sämtlich darauf abzielen, den Vorgang der Purgierung als strukturelles Element der Bühnenereignisse zu fassen. Ausdrücklich beschränkt Goethe die kathartische Wirkmechanik auf die Immanenz der Tragödienhandlung, indem er betont, daß sie «auf dem Theater ihre Arbeit» beende, über dessen Grenzen aber nicht hinausführe.

An diesem Punkt taucht erstmals (und singulär bleibend) der Opferbegriff auf, mit dessen Hilfe Goethe die entspannende Leistung der Katharsis zu beschreiben sucht: «In der Tragödie geschieht sie durch eine Art Menschenopfer, es mag nun wirklich vollbracht oder, unter Einwirkung einer günstigen Gottheit durch ein Surrogat gelöst werden (...)» (MA 13.1, 340f.). Die mehrdeutige Satzkonstruktion, die keine Differenzierung zwischen der Erfüllung des Ritus («wirklich vollbracht») und seinem Ersatz («Einwirkung einer günstigen Gottheit») zuläßt, verrät jedoch, daß Goethe dem Akt des Opfers und dem ihm eingezeichneten Versprechen einer Überwindung der tragischen Antinomien skeptisch gegenübersteht. Bei Goethe beruht das Opfer gerade nicht auf einer dauerhaften Substitution, der gemäß, wie Walter Burkert schreibt, es «den Abgrund des Nichts aufreißt und wieder schließt.»[51] Das Opfer ist keine «Strategie des Lebens auf dem Hintergrund des Todes,»[52] sondern nur ein transitorisches Moment in einem dynamischen Strom von polaren Kräften, deren Dualismus letzthin unüberwindbar bleibt. Der Scheincharakter, der dem kathartischen Prozeß anhaftet, wird durch den Hinweis auf die Indifferenz von ‹Opfer› und ‹Surrogat› bekräftigt. Im Mittelpunkt des tragischen Geschehens steht anstelle der moralisch vorbildhaften Selbstpreisgabe des Helden die ästhetische Illusion, die Affekte freisetzt, ohne in einem Akt der Transzendierung auf eine moralisch-sittliche Ebene gehoben zu werden. So erzeugt die Tragödie keine Harmonie im Gemüt des Zuschauers, vielmehr, wie es am Schluß heißt, «eine Unruhe», die den Geist errege, ihn aber nicht dauerhaft zu bilden vermöge. Das Publikum verlasse das Theater «um nichts gebessert» (MA 13.1, 342), die Katharsis bleibe ein temporär begrenzter Vorgang im Binnenraum der Tragödie.

Das Opfer ist hier ein strukturelles Element der tragischen Handlung, der «Meißel», der ihr nach einem Wort Ernst Blochs Form verschafft;[53] es vermittelt eine Botschaft, die das begrenzte Wirkungsterrain der Bühne schwerlich zu überschreiten vermag, insofern es für einen provisorischen Ausgleich der dramatischen Spannungen, nicht aber für die Konstruktion eines Ideals der Versöhnung sorgt, das seine Verwirklichung außerhalb der Welt der Kunst fände.[54] Goethes Aristoteles-Postskriptum formuliert damit auch ein Votum für die Selbstbegrenzung der ästhetischen Erfahrung. Transportleistungen, wie sie Schiller der Tragödie zugeschrieben hatte, spielen in seinem Konzept keine Rolle; die Idee einer kostenlosen Beförderung des Sittlichen durch das Drama hält er für illusionär. Das Tragische bleibt dem Schein vorbehalten, den die Kunst nach einer Wendung des 399. *Xenions* im «Menuettschritt unsers geborgten Kothurns» stiftet (MA 4.1, 720).[55]

Über den Konnex von Tragödienform und Opfer bemerkt René Girard in *La Violence et le sacré*: «Hat die Tragödie Opfercharakter, dann hat sie notwendigerweise eine bösartige (...) Seite, die mit ihrer Entstehung verbunden ist, und eine ordnende, gutartige, apollinische Seite, sobald man in das kulturelle Umfeld eintritt.»[56] Goethe und Schiller haben, auf jeweils unterschiedlichen Wegen, über die Möglichkeiten einer Tragödie nachgedacht, die gerade diese ‹bösartige Seite› auslöscht, indem sie sich nicht der rituellen Logik des Opfers unterwirft, sondern eine Vermittlungsinstanz für funktionsfreie ästhetische Erfahrungen wird. Schiller gerät in solchem Zusammenhang, unter Rückgriff auf den älteren Gedanken des *moral sense*, an die mediale Leistung der tragischen Kunst, die durch das Vergnügen, das sie stiftet, auch moralischen Reflexionsgewinn erzeugt;

2. AGONALE FREIHEIT

Goethe wiederum entfernt sich vom wirkungspoetischen Konzept der kathartischen Lösung, insofern er die tragische Form über deren besondere Modernität in der Synthese von Schicksalslogik und Subjektivität verwirklicht findet. Jenseits der umstrittenen, je unterschiedlich beantworteten Frage nach der strukturellen Verknüpfung des Ästhetischen mit dem Moralischen zeichnet sich jedoch eine maßgebliche Gemeinsamkeit in Goethes und Schillers Tragödienverständnis ab, wie sie vor allem der unter dem Einfluß der Arbeit am *Faust* und am *Wallenstein* stehende Briefwechsel der späten 1790er Jahre dokumentiert: die Überzeugung, daß die tragische Kunst ihren modernen Charakter durch die «innere Oekonomie» (so Schiller an Schütz, NA 31, 94) der Form in der literarischen Objektivierung subjektiven Leidens gewinne. Nietzsche wird diese Auffassung siebzig Jahre später in seiner Tragödienschrift grundlegend umwerten, indem er, was die Weimarer Klassik als Beitrag zur Anbahnung ästhetischer Erfahrung verstand, zu einer Inszenierung der Erregung und des in der Entzweiung sich selbst erneuernden Lebens verwandelt.[57] Unter dem Einfluß Nietzsches kehrt um 1900 auch die Idee des Opfers auf die Bühne zurück – und mit ihr ein Begriff des Schicksals, den Goethe und Schiller als Bezugssystem der Tragödie aufhoben, indem sie ihn in die säkularisierte Kategorie historischer Unfreiheit überführten. Vom ästhetischen Konzept der Klassik, das den tragischen Agon als Ermöglichungsgrund der Kunstautonomie faßt, bleibt so im Prozeß der Moderne nur dessen dunkler Ursprung erhalten: das, was Goethe das ‹pathologische Interesse› nannte.[58]

3

VERSTELLUNGSKÜNSTE Techniken der Intrige in
den frühen Dramen

Die Intrige ist ein genuin dramatisches
Prinzip, das Ordnungen stört, soziale Verhältnisse verändert und durch
Konventionen beruhigte Strukturen in Bewegung versetzt.[1] Als Medium
der Manipulation gesellschaftlicher Systeme bleibt die Intrige, betrachtet
man sie im Rahmen der Literaturgeschichte, zunächst moralisch indifferent, kann sie doch zum Guten (wie in der *Commedia dell'arte*) oder zum
Bösen (wie im Trauerspiel) ausschlagen. Als Figur der Störung repräsentiert der Intrigant unterschiedlich motivierte Formen des Eingriffs, die
Kommunikations- und Interaktionszusammenhänge weitreichend verändern. Ob der von ihm ausgehende Impuls zur Intervention produktiv
oder destruktiv wirkt, hängt von den Interessen ab, denen er zuarbeitet.
Unabhängig von Fragen der moralischen Bewertung, bleibt sein Handeln
durch das Moment der Täuschung bestimmt, das ihn selbst in die Zone
des Undurchsichtigen, Nicht-Berechenbaren und Mehrdeutigen rückt. Als
Doppelspieler, der zwei Rollen zugleich übernimmt, hebt er die Unterscheidung zwischen Innen (Intimität) und Außen (Image) auf, die Niklas
Luhmann als Bedingung sozialer Kommunikation beschrieben hat.[2] Der
Intrigant benutzt die Optionen des Doppelspielers, um als Beobachter und
Akteur gleichermaßen auftreten zu können. Verschafft ihm der Part des
Beobachters die Gelegenheit zur planenden Berechnung seiner Unternehmungen, so der Part des Akteurs die Möglichkeit zum Eingriff in den *Status quo*. Aus dieser Einheit von Observation und Intervention leitet sich
die soziale Funktion des Intriganten ab; sie besteht in der Dynamisierung
der gegebenen Verhältnisse, die ihrerseits aus der Handlungsfreiheit re-

3. VERSTELLUNGSKÜNSTE

sultiert, welche er sich gegenüber den geltenden Ordnungen der Moral, der Religion oder des Rechts zubilligt.

Intriganten zielen auf das Herzstück gesellschaftlicher Verabredungen, indem sie Vertrauen mißbrauchen und verbindliche Normen der Verständigung verletzen. Sie gewinnen ihre Handlungsspielräume gerade dort, wo ein Befolgen der herrschenden Regeln sie üblicherweise einschränkt: im Bereich der moralischen Verpflichtung zur Offenheit, zur Widerspruchsfreiheit zwischen Rede und Tat. Auf der Bühne der Literatur erscheint der Intrigant daher als eine Figur, die Geschlossenheit und Beharrungskraft sozialer Normen auf die Probe stellt. Indem er Prozesse der Kommunikation stört, greift er einen Nervenpunkt der Selbstorganisation des Menschen an; so wird er zum Boten der Entzweiung, der das Spiel der Interessen ins katastrophische Endspiel verhext. Es wäre zu einfach, wollte man an dieser Funktion allein die Freiheit der Intervention – und damit eine spezifische Version neuzeitlicher Autonomie – ablesen.[3] Vorrangig ist das Modell der Intrige kein Medium individueller Selbstbestimmung, sondern ein Instrument der Unterbrechung, Ausgrenzung und Destabilisierung. In diesem Sinne gehört es zur Geschichte der sozialen Dunkelzonen, in denen Mechanismen der Ausschließung wirksam werden, denen man im Zeitalter der Aufklärung mit einer «Schule des Verdachts» (Nietzsche) zu begegnen suchte.[4] Wie stark aber die Prozesse der Exklusion zurückdeuten auf jene Kräfte, die ihrerseits eine rational organisierte Gesellschaftsordnung begründen, demonstrieren gerade die Katastrophenszenarien im (bürgerlichen) Drama des 18. Jahrhunderts mit bemerkenswerter Illusionslosigkeit.[5]

Der Intrigant des barocken Trauerspiels bezeichnet noch ein jenseits psychologischer Konturierung angesiedeltes Aktionsprinzip, das auf Enthemmung und Steigerung abgestellt ist. Seine enthemmende Wirkung liegt in der vorsorglichen Entlastung des Herrschers, die Steigerung wiederum in der Eigendynamik begründet, welche das Verbrecherische im Inneren der politischen Macht als Entelechie eines bösen – destruktiven – Prinzips freisetzt. Während dem Intriganten im 17. Jahrhundert ein spezifisches Motiv jenseits seines Willens zu Verdrängung und Ausschaltung potentieller Konkurrenten zumeist fehlt, nimmt er eine dramaturgische Funktion wahr, die ihn zum Motor einer tödlichen Handlungsdynamik werden läßt. Stößt der Intrigant die verbrecherischen Taten an, die Unschuldige zu Opfern der politischen Gewalt bestimmt, so erfüllt sich darin das Geschehensgesetz des barocken Trauerspiels, das mit seinen historischen Exempla eine katastrophische Geschichte zur Anschauung bringt, aus deren innerer Folgerichtigkeit allein die eingreifende Macht der Vorsehung befreit.[6] Zeit als Beschleunigung zum Zweck der Nutzung der passenden Gelegenheit, Zeit als Agens der Katastrophe – diese beiden Aspekte verkörpert der Intrigant im Trauerspiel des 17. Jahrhunderts als Werkzeug einer politischen Despotie, die in der tödlichen Konsequenz des Bühnengeschehens ihre dramaturgische Vergegenwärtigung findet.

Dem Handeln des Intriganten ordnet das barocke Trauerspiel das soziale Distrikt des Hofes zu.[7] Seine Annäherung an den Machthaber erfolgt über jenen Korridor, den Carl Schmitt – mit fragwürdigen staatstheoretischen Folgerungen – als Basiselement politischer Herrschaftstopographien beschrieben hat: «Vor jedem Raum direkter Macht bildet sich ein Vorraum indirekter Einflüsse und Gewalten, ein Zugang zum Ohr, ein Korridor zur Seele des Machthabers.»[8] Die Aufgabe des Intriganten liegt darin, über diesen Korridor ins Innere der Souveränität vorzudringen, um deren zerstörerisches Gewaltpotential zu entfesseln. Wo die Staatslehre des 17. Jahrhunderts – paradigmatisch Hobbes' *Leviathan* (1651) – die Idee der Interessenbalance in den Dienst der Zweckbindung herrscherlicher Autorität stellt, bewirkt der Intrigant gerade die ungehemmte Freisetzung ihrer elementaren Kräfte jenseits rechtlicher Fixierungen.[9] Wichtiger als das psychologische Handlungsmotiv, das im barocken Drama kaum ausgeführt ist, bleibt die technische Funktion des Intriganten, der Entscheidungen erzwingt, indem er das despotische Innere der Macht wie eine Naturgewalt zur Explosion bringt.

Im bürgerlichen Trauerspiel der zweiten Hälfte des 18. Jahrhunderts entwickelt sich dagegen ein Modell, das dem Intriganten neue theatralische Effektivität jenseits der hier umrissenen Aufgaben verschafft. Der Intrigant bildet jetzt die Kraft, die das Geschehen zur Katastrophe treibt, ohne seinerseits über genau umrissene Eigenschaften zu verfügen. Auch wenn er eigene Absichten verfolgt, ist er eine im doppelten Sinn dunkle Figur, über deren Identität ein Schatten liegt. Er bezeichnet nicht die Lust am Eingriff in die bestehende Ordnung, sondern den Eingriff selbst. Damit wird er zu einem dramaturgischen Prinzip, das sich an den agonalen Strukturen des bürgerlichen Trauerspiels exemplarisch studieren läßt. Intriganten sind hier, anders als im barocken Theater, keine bloßen Instrumente despotischer Macht – nicht nur Ohrenbläser des Tyrannen und Bo-

3. VERSTELLUNGSKÜNSTE

ten im Korridor der Macht, sondern Handelnde in eigener Verantwortung. Ein erster Vorläufer dieses neuen Typus des autonom operierenden Intriganten ist Iago in Shakespares *Othello* (1604), der seine durchtriebenen Manöver auf eigene Rechnung in Gang setzt.

Iago, den Klaus Reichert als frühneuzeitlichen Phänotyp der Autonomie des Bösen bezeichnet hat,[10] agiert in der Rolle des intelligenten Schurken, den nicht der Ehrgeiz, sondern pure Manipulationslust treibt; zwar möchte er sich, wie er in seinem Monolog am Ende des ersten Akts erklärt, dafür rächen, daß Othello ihm Cassio bei der Beförderung zum Leutnant vorzog, doch ist es vornehmlich das Vergnügen an der Destruktion, die ihn seine Intrige ersinnen läßt. Wenn Iago – «a notorious Villain»[11] – die Techniken der ‹dissimulatio› bzw. der ‹sprezzatura› ins Spiel bringt, um die Freude am Schein erproben zu dürfen, so erhellt das seine Prägung durch die höfische Welt. Im sozialen Ordnungsgefüge des Hofes ist der Mensch primär ‹persona›, mithin ein Rollenakteur, dessen Identität in seinem öffentlichen Handeln aufgeht. Hobbes' *Leviathan* verweist darauf, daß der (ursprünglich aus dem Etruskischen stammende) Begriff der ‹persona› einen Bezug zur Funktion des Schauspielers unterhalte: «So ist also eine *Person* dasselbe wie ein *Darsteller*, sowohl auf der Bühne als auch im gewöhnlichen Verkehr, und als Person *auftreten* heißt soviel wie sich selbst oder einen anderen *darstellen* oder *vertreten*.»[12]

Im Zuge von Iagos Intrige wird die höfische Bestimmung des ‹Persona›-Konzepts einer dissimulatorischen Funktion zugeführt. Die Doppelung der Person, die durch eine fundamentale Trennung zwischen Innen und Außen bedingt ist, tritt in den Dienst der Täuschung: «I am not what I am».[13] Zwar verlangen die seit dem 16. Jahrhundert (von Castiglione bis zu Gracián) repräsentativ ausformulierten Verhaltenslehren des höfischen Lebens Deckungsgleichheit von Sein und Schein («Men should be what they seem, | Or those that be not, would they might seem none!»),[14] doch bricht dieses System auseinander, wenn das hinter dem Schein existierende Ich nicht Identität, sondern Differenz bezeichnet. Die Funktionsbasis für Iagos Verstellungsspiel ist die Tatsache, daß die Maske keine Wahrheit, vielmehr den Betrug verbirgt. Die von Reichert konstatierte ‹Autonomie› des Intriganten bleibt damit zurückgebunden an die höfischen Verhaltensroutinen der Frühen Neuzeit, die in der Iago-Figur einerseits pervertiert (und damit verletzt), andererseits benutzt (und damit bekräftigt) werden. Das Ergebnis dieser zweifelhaften Aneignung ist die operative Freiheit des Intriganten, der gelassen behaupten darf, er arbeite unabhängig von den Mächten der Metaphysik: «Thou know'st we work by Wit, and not by Witchcraft.»[15] Iago ist der Prototyp des eigenständig, im Zeichen des Selbstzwecks agierenden Intriganten, der – in verändertem Rollenkostüm – erst im Zeitalter der Aufklärung wieder auf die Theaterbühne zurückkehrt. Über ihn und seinesgleichen hat Hofmannsthal bemerkt: «Die Gestalten Shakespeares sind nicht nach den Sternen orientiert, sondern nach sich selber; und sie tragen in sich selber Hölle, Fegefeuer und Himmel und anstatt ihres Platzes im Dasein haben sie ihre Haltung.»[16] Im Rahmen der hier angedeuteten Differenz von Autonomie und Heteronomie entwirft auch Goethe seinen Intriganten im nach Beaumarchais' *Fragment de mon voyage en Espagne* (1774) aus dem vierten Buch der *Mémoirs* gestalteten *Clavigo* (1774). Die formale Konstellation wiederholt ein Grundmodell des – bekanntlich schon von Beaumarchais meisterlich gepflegten – Intrigendramas, indem sie einen schwachen, schwankenden Protagonisten vorführt, der Wachs in den Händen seines Ratgebers ist. Der Intrigant Carlos, den Goethe ausdrücklich nicht als ‹Bösewicht› verstanden wissen wollte (MA 16, 705), übernimmt zwar, indem er Clavigos Gewissen nach der Trennung von Marie zu beruhigen sucht, jene Verhaltensprinzipien, die auch der Ohrenbläser im Drama des 17. Jahrhunderts an den Tag legte. Zugleich aber führt er die Funktion des ‹Freundes› aus, wie sie schon Lessings Prinz am Ende der *Emilia Galotti* (1772) mit zweideutiger Motivation seinem Kammerherrn Marinelli zuschrieb.[17] Gegenüber Lessing hat Goethe die Situation verschoben, indem er – um den Preis des Verzichts auf eine politische Bedeutungsebene – Formen der intimen Kommunikation ins Zentrum des Trauerspiels rückte. Der Madrider Hof ist nur als Horizontkulisse für Clavigos gesellschaftlichen Ehrgeiz präsent; er bleibt inmitten der Boudoirs und Arbeitszimmer, die das Drama vorführt, ein imaginärer Ort des Außen (die Szenenanweisungen sprechen jeweils euphemistisch von «Wohnung»; MA 1.1, 718, 724). Diese eigentümliche Spannung zwischen höfischer Welt (als externem Bezugsrahmen für die Denkformen der Protagonisten) und privater Intimität spiegelt sich auch im Verhältnis zwischen Clavigo und Carlos wider. Einerseits nämlich operiert Carlos in der Rolle des Beraters, der noch entfernt an den Lessingschen Typus des Kammerherrn erinnert, andererseits agiert er als gleichberechtigter Vertrauter Clavigos (MA 1.1, 697). Goethe selbst betont in

3. VERSTELLUNGSKÜNSTE

Dichtung und Wahrheit, er habe «in Carlos den reinen Weltverstand mit wahrer Freundschaft gegen Leidenschaft, Neigung und äußere Bedrängnis wirken lassen» wollen (MA 16, 705 f.). Erscheint Marinelli bei Lessing als Teufel, der sich in einen Freund verstellt hat (und dadurch den Fürsten in zweifelhafter Dialektik zu exkulpieren scheint), so fungiert Carlos als Freund, der zum Teufel mutiert. Gerade die Oszillation zwischen höfischer Bindung und privater Subjektivität eignet ihm eine Ambivalenz zu, in der sich eine historische Evolution des Freundschaftsbegriffs abzeichnet, wie sie Luhmann anhand des sich wandelnden Interaktionsverhaltens in Oberschichten des 17. und 18. Jahrhunderts nachgewiesen hat.[18] Die Intrigantenfigur spiegelt in Goethes Drama die Opposition zwischen einem öffentlichen (höfischen) Freundschaftskonzept, das die Ebene politischen Handelns einschließt, und seiner privat-intimen Variante, wie sie – unterstützt von moralischer Idealisierung und Tugendverklärung – im Zeitalter des empfindsamen Diskurses hervortritt.[19] Damit verknüpft sich eine fundamentale Differenz anthropologischer Leitvorstellungen, die ihrerseits die Diskrepanz der Handlungsoptionen innerhalb der sozialen Ordnung begründet. Während im älteren höfischen System von einem negativen Modell des Menschen ausgegangen wird, das zu einem hohen Maß an Verhaltenskontrolle und Verstellungspraxis nötigt, hellt sich dieses Bild in der Mitte des 18. Jahrhunderts unter dem Eindruck des Aufkommens gesellschaftlicher Funktionshierarchien, die den Einzelnen nach seinem tatsächlichen Wert bemessen, um deutliche Grade auf. ‹Selbstreferenz› bedeutet hier keinen Bezug auf die dunklen Seiten der Erbsünde, die man verstecken muß, um Anerkennung zu finden, sondern die Aktivierung eines Programms des Ichgenusses, der in Freundschaftsbeziehungen kultiviert und verfeinert wird.[20] Für die Periode des Umbruchs läßt sich allerdings bemerken, daß die öffentliche und die private Bezugsebene der Verhaltensmodellierung gleichermaßen in Geltung bleiben können. Es ist signifikant, daß Carlos' Strategie der moralischen Entlastung und Enthemmung als Zentralimpuls seines intriganten Verhaltens genau diese beiden Bindungen nachweisbar mitführt und argumentativ umsetzt.

Während Marinelli, darin dem Intriganten des barocken Trauerspiels folgend, auf die politische Macht des Prinzen anspielt, um ihm den Weg zum Verbrechen zu erleichtern, rekurriert Carlos zunächst auf eine jenseits sozialer Rollenmuster angesiedelte psychische Subjektivität, in deren Namen Clavigo seinen erotischen Libertinismus pflegen dürfe: «Man soll sich für niemand interessieren als für sich selbst» (MA 1.1, 726).[21] Neben das Programm der «Selbstausarbeitung»[22] tritt jedoch der Bezug zur öffentlichen Norm («Die Welt urteilt nach dem Scheine»), der die Verbindung mit der nicht standesgemäßen Marie verbietet: «(...) wer nichts für andere tut, tut nichts für sich, und wenn die Menschen dich nicht bewundern, oder beneiden, bist du auch nicht glücklich.» (MA 1.1, 727) Während die Ich-Referenz das System der Umwelt auszuschließen sucht, bedeutet die Orientierung an den Parametern der Gesellschaft ein, wie es Hegel nennt, «Sein für Andere».[23] In beiden Fällen lautet freilich die Konsequenz, daß Clavigo die Lizenz zum Treuebruch für sich reklamieren darf; im Namen des Selbst wie im Namen der Gesellschaft rechtfertigt sich ein Verhalten, das letzthin egozentrisch, zirkulär und exklusiv bleibt, insofern es sich allein durch das Interesse des Subjekts begründet. Die Deutungsmuster der Autonomie – Rückgriff auf die absolute Freiheit des Ich – und der Heteronomie – Subordination unter die Gesetze des sozialen Systems – dienen in Carlos' Ausführungen jeweils dazu, Clavigo aus unterschiedlichen Perspektiven eine *carte blanche* für unbeschränkten Selbstgenuß auszustellen. Höfische Öffentlichkeit und intimer Ichbezug bilden in den Händen des Intriganten nur Formen eines ‹Self-Fashioning›, das, wie Luhmann schreibt, den «Kommerz der Interessen, Ideen und Gefühle» als Signum der für die Frühmoderne charakteristischen Aufwertung der Einzelperson unter Beweis stellt.[24]

Wenn es Carlos am Ende übernimmt, Clavigos abermaligen Verrat an Marie mit einer Intrige – der fingierten Anklage gegen Beaumarchais – zu unterstützen, so ist das ein Ablenkungsmanöver, das es dem Verführer ermöglichen soll, die Früchte seines Verbrechens ohne Reue zu genießen. Damit verbindet sich der Versuch der Entlastung des eigentlich Verantwortlichen: Clavigo tritt seine Entscheidungsfreiheit an Carlos ab und entzieht sich auf diese Weise der direkten Konfrontation mit den Folgen seines Wortbruchs (er sei ein «zweideutiger unentschlossener Charakter», bemerkt Wielands Rezension im *Teutschen Merkur*).[25] Nachdem Marie unter dem Eindruck der Nachricht der Anklage gestorben ist und Beaumarchais Clavigo an ihrem Sarg getötet hat, wird dem Intriganten eine moralische Zuständigkeit für die Katastrophe zugewiesen («Du siehst hier die Opfer deiner Klugheit –»; MA 1.1, 743), die letzthin dem Titelhelden zufällt. Die Intrige erzeugt eine Form der – stellvertretend ausgeübten –

3. VERSTELLUNGSKÜNSTE

Entscheidungsfreiheit, die Carlos einzig zu zerstörerischen Zwecken nutzt. Zum Trauerspiel gerät der *Clavigo* vor allem deshalb, weil hier autonomes Handeln allein im Zusammenhang der Intrige, geknüpft an verwerfliche Zwecke, auftritt, ohne daß ein Bereich jenseits dieser Funktionalisierung existiert.[26] Das Drama demonstriert damit die Folgelasten eines sozialen Umbruchprozesses, in dem Rollen und Identitätskonstruktionen zwischen öffentlich-hierarchischer und privat-intimer Ordnung changieren; wo Berater und Freund, Intrigant und Vertrauter verwechselbar bleiben, kommt es zu Akten der Grenzüberschreitung, in denen eine zerstörerische Form persönlicher Autonomie hervortritt. Die Selbstermächtigung des Intriganten bedeutet zugleich, daß die Freiheit des handelnden Indiviuums jenseits moralischer Distinktionen bestimmt wird; vor allem darin ist sie – nach Goethes Wort aus *Dichtung und Wahrheit* – ein Spiegel des ‹reinen Weltverstands› (MA 16, 706).

In Schillers frühen Dramen läßt sich die hier manifeste Form der Selbstinduktion intriganten Handelns ebenso deutlich erkennen.[27] Bereits in den *Räubern* (1781) führt Schiller das Intrigengeschehen auf den autonomen Willen des tatbereiten Individuums zurück. Als würdiger Nachfolger Richards III. ist der Intrigant Franz Moor ein Ungeheuer, dessen Physiognomie auf markante Weise einem üblen Charakter korrespondiert – was in oberflächlicher Übereinstimmung mit der Lehre Johann Caspar Lavaters steht. Schiller verändert freilich den Begründungszusammenhang, den die Theorie Lavaters hier nahelegte, indem er Ursache und Wirkung vertauscht. Der häßliche Körper verweist nicht auf die böse Seele, sondern die böse Seele auf die, wie es bei Shakespeare heißt, «eigne Mißgestalt»: «And descant on mine own deformity».[28] Wenn der Dramatiker Schiller Franz' Verbrechen durch die Mängel der Natur begründet, so grenzt er sich damit von der Argumentation seiner zweiten medizinischen Dissertation ab. Die Examensschrift hatte das menschliche Gesicht als Extraversion habitualisierter Seelenzustände gedeutet, folglich Häßlichkeit als Ausdruck böser Gesinnungen bewertet: «Je mehr der Geist sich vom Ebenbild der Gottheit entfernet, desto näher scheint auch die äussere Bildung dem Viehe zu kommen – und immer demjenigen am nächsten, das diesen Haupthang mit ihm gemein hat.» (NA 20, 68) Franz Moors intrigant-verbrecherisches Handeln entspringt dem Bewußtsein der Benachteiligung; es stützt sich auf ein Naturgesetz, das entstellt werden darf, weil es seinerseits als zeugendes Prinzip entstellend wirkte («daß ich das mit

Gewalt ertrotze, wozu mir die Liebenswürdigkeit gebricht», NA 3, 20).

Bereits Felix Christian Weißes König Richard hatte seine Untaten aus der Kontingenz der Erbfolge und der Willkür des Erstgeburtsrechts abgeleitet: «Doch welch ein Recht zum Thron, daß er zuerst gebohren, | Da Tugend, Reiz, Verstand, Dich bloß darzu erkohren.»[29]

Im Gegensatz zu Lessings Marinelli und Goethes Carlos beschränkt sich Franz nicht darauf, als Intrigant eine dienende Funktion zu übernehmen. Das dramaturgische Prinzip der Ordnungsstörung, das er vertritt, verknüpft sich mit einer bemerkenswerten Selbstdarstellung, die das eigene Ich gleichzeitig als autonom und als ‹böse› ausweist. Franz' Monologe, die permanent die Psychologie des Verbrechens umkreisen, lassen keinen Zweifel daran, daß er sich erst in der Rolle des Schurken als Subjekt im emphatischen Sinn wahrnimmt.[30] In diesem Stadium hypertropher Selbstbeobachtung repräsentiert er, was Hegels *Ästhetik* «das Schlechte, Sündliche, Böse der sich in sich verhausenden Subjektivität» nennt.[31] Das Vorbild für das unverhohlene Bekenntnis zum Üblen liefert wiederum Shakespeares Richard, der in seiner Programmerklärung am Beginn des Dramas verkündet hatte, daß er, weil er den Liebhaber nicht spielen könne, den ‹Dreckskerl› aufführen werde: «And therefore, since I cannot prove a lover, | To entertain these fair well-spoken days, | I am determined to prove a villain, | And hate the idle pleasures of these dayes.»[32]

Franz Moor – «ein raisonirender Bösewicht», wie der Autor ihn im Oktober 1781 gegenüber dem Mannheimer Theaterleiter Dalberg tituliert (NA 23, 21) – agiert außerhalb von Dienstverhältnissen und Freundschaftsbeziehungen. Das Programm eines materialistisch fundierten, aus einem pervertierten Naturrechtsgedanken abgeleiteten Egoismus, das Moors Monologe reflektieren, findet in den aggressiven Zügen seiner Intrige ein formales Äquivalent. Dem groben Raster dieser Intrige entspricht es, wenn Moor die Vernichtung der ihn umgebenden sozialen Ordnungen zum Ziel seines Handelns erklärt: «Ich will alles um mich her ausrotten, was mich einschränkt daß ich nicht Herr bin.» (NA 3, 20) Wie ein Gegenentwurf zum – über die wahren Verhältnisse täuschenden – Spiel der höfischen Verführung, das Lessings Prinz in der *Emilia Galotti* anspinnen möchte, klingt das unverhohlene Bekenntnis zur Gewalt, mit dem Moors Selbstverständigung endet: «Herr muß ich seyn, daß ich das mit Gewalt ertrotze, wozu mir die Liebenswürdigkeit gebricht.» (NA 3, 20)[33] Im Zentrum von Franz Moors Intrige steht der aus dem Bewußtsein naturhafter

3. VERSTELLUNGSKÜNSTE

Benachteiligung geborene Wille zur durchgreifenden Destruktion zwischenmenschlicher Beziehungen («Das Recht wohnet beym Ueberwältiger», NA 3, 18f.). Daß dieser Wille mit philosophischen Argumenten aus dem Register der neuzeitlichen Anthropologie begründet, folglich Zerstörungslust durch Aufklärung theoretisch legitimiert wird, macht die besondere Perfidie der psychologischen Konstellation aus.

Die unter funktionsgeschichtlichen Aspekten aufschlußreichere Intrigantenfigur ist der Sekretär Wurm aus *Kabale und Liebe* (1784). Wurm legt eine intrinsische Motivation an den Tag, insofern er aus persönlichem Interesse im Zeichen der Neigung zu Louise handelt, jedoch bleibt er zugleich eingebunden in ein Dienstverhältnis, das ihn zum Werkzeug des Präsidenten degradiert. Damit entsteht eine Spannung zwischen autonomen und heteronomen Rollenelementen, an der sich der soziale Problemgehalt von Schillers Trauerspiel im binären Schema bürgerlicher und aristokratischer Verhaltensentwürfe erweisen läßt. Zunächst ist ein bereits vertrautes Aktionsmodell zu erkennen: auch Wurm durchkreuzt intime Ordnungen, indem er – wie Marinelli, Carlos und Franz Moor – mit der Technik der Ausgrenzung arbeitet, um die Eltern von ihrer Tochter, die Tochter von ihrem Geliebten trennen zu können. Sein Ziel ist es, eine Strategie anzuwenden, «die den Feind nicht am Kern seiner Truppen faßt, sondern Spaltungen unter den Gliedern stiftet.» (NA 5 N, 86) Am Leitfaden dieser militärisch anmutenden Taktik sucht Wurm das Prinzip der Ausschließung – Herzstück aller Intrigenkunst – in die Praxis umzusetzen: «Ein Gran Hefe reicht hin, die ganze Masse in zerstörende Gährung zu jagen.» (NA 5 N, 86)

Schiller begründet die üblen Taten des Sekretärs aus seiner persönlichen Bedürfnislage, die private Beweggründe zur Triebfeder des Eingriffs macht.[34] Die politischen Absichten des Präsidenten, die er befördert, bilden nur den externen Anlaß für eine Intervention, die zwar im Rahmen eines feudalen Dienstverhältnisses – wie schon im Fall Marinellis – geplant, aber nur noch punktuell aus ihm abgeleitet wird. Die intime Motivation des Intriganten findet sich formal begründet durch die perfide Logik des Tauschs, der gemäß Wurm und von Walter voraussetzen, daß «der Dienst», dem Präsidenten «von einer unwillkommenen Schwiegertochter» zu befreien, den «Gegendienst werth ist», dem Sekretär «zu einer Frau zu helfen» (NA 5 N, 30ff.). Die Metaphorik des Geldes – «Münze», «Bankier», «Kauf» – unterstreicht, daß die durch Wurm ersonnene In-

TECHNIKEN DER INTRIGE IN DEN FRÜHEN DRAMEN

trige einem «Handel» ähnelt, der beiden Partnern gleichermaßen dient (NA 5 N, 30 ff., 84, 88).[35] Hier scheint eine ökonomische Denkweise durch, die das Personal des zeitgenössischen bürgerlichen Dramas von George Lillos *The London Merchant* (1731) bis zu Lessings *Minna von Barnhelm* (1767) in seinen Handlungs- und Reflexionsstrukturen generell bestimmt.[36] Die wirtschaftliche Logik erlaubt es Wurm, die Rolle des bloßen Anstifters aufzugeben und seinerseits ins Zentrum des Intrigengeschehens zu treten. Wo das Modell des Tauschs zum Grundmuster der Intrige wird, verläßt der bürgerliche Intrigant den ‹Korridor› (Carl Schmitt) als Raum der Anbahnung.[37] Seine gesellschaftliche Emanzipation zeigt sich darin, daß er als autonomer Partner in einem Handelsgeschäft auftritt, das ihm persönliche Vorteile einzubringen verspricht. Wurm ist im Gegensatz zu Marinelli nicht nur das Erfüllungswerkzeug feudaler Bedürfnisse, sondern zugleich Anwalt eigener Interessen. Das Besondere der Tauschlogik besteht darin, daß der Intrigant als Preis für seine Winkelzüge das eigene Glück einzuhandeln hofft. Das Agens der neuen Autonomie, die der Intrigant Wurm für sich reklamiert, ist die ökonomische Denkweise, die Handlungen auf den persönlichen Nutzen ausrichtet, den sie für das Subjekt schaffen.

Wie Shakespeares Iago arbeitet Wurm mit den Mitteln des Verstandes ohne metaphysischen Beistand. Handlungsfreiheit bedeutet für ihn, soziale Verhältnisse ebenso wie moralische Werte zu instrumentalisieren. Die heimtückische Tendenz, mit der er soziale Beziehungen stört, deuten die Figuren des Trauerspiels selbst als Spielart des ‹Bösen›. «Das Geweb ist satanisch fein», bemerkt der Präsident anerkennend zu den Plänen seines Sekretärs; «Wie flink dieser Satan ist, wenn es gilt, Menschen rasend zu machen», konstatiert die paralysierte Louise (NA 5 N, 90, 112). Wurms Intrige stützt sich auf einen Manipulationsvorgang, der zum Treibsatz der Zerstörung intimer Verhältnisse gerät. Indem er Louise auf ihren Eid und auf das Sakrament verpflichtet, den von ihr unter Zwang diktierten Brief als echt anzuerkennen, bedient er sich der bürgerlichen Moral als Zeichensystem, dessen Elemente deformiert und umgewertet werden können.[38] Die große Szene in der Mitte des dritten Akts, in der Louise, um das Leben ihrer Eltern fürchtend, das Billet an den Hofmarschall von Kalb verfassen muß, liefert das Musterbeispiel für die Verfälschungsleistungen der Intrige: der Sekretär amtiert in der Rolle desjenigen, der nicht schreibt, sondern diktiert, der Brief – im Zeitalter der Empfindsamkeit das Medium

3. VERSTELLUNGSKÜNSTE

intimer Selbstaussprache – lügt, Eid und Sakrament dienen der Versiegelung des Unwahren (NA 5 N, 106 ff.). Natürliche und willkürliche Zeichen lassen sich nicht mehr unterscheiden, weil sie wechselseitig instrumentalisiert werden.[39] Was natürlich ist (die Authentizität der Liebe), wird zum Schein; was Schein ist (der Betrug), wird als natürlich ausgegeben. Der Anspruch auf Aufrichtigkeit – die Basis bürgerlicher Selbstverständigung – gerät seinerseits zum Mittel des Intriganten, der die Gewissensbindung seines Opfers zur Geschäftsgrundlage des Betrugs macht.[40] «Gott! Gott!» entfährt es Louise am Ende der Szene, «und du selbst must das Siegel geben, die Werke der Hölle zu verwahren?» (NA 5 N, 116)

Zu den zentralen Konsequenzen der von Wurm herbeigeführten Manipulation gehört es, daß Ferdinand die scheinbar natürlichen Zeichen der Neigung in Louises Gesicht nachträglich in Indizien der Verstellung umdeuten muß, da er sie für eine Betrügerin hält. «O wenn die Lüge eine so haltbare Farbe hat, wie gieng es zu, daß sich kein Teufel noch in das Himmelreich hineinlog? (...) Mein Herz trat beim Erröthen des ersten Kusses sichtbar in meine Augen – und sie empfand nichts? Empfand vielleicht nur den Triumph ihrer Kunst?» (NA 5 N, 120)[41] Die gewohnte Separation der Zeichen läßt sich nicht aufrechterhalten, weil die Trennungslinie zwischen Natur und Willkür verschwimmt. Wo Aufrichtigkeit als Element intimer Kommunikation zum Bestandteil des Betrugs wurde, kann der Beobachter die Sprache der Gefühle nur als Produkt der ‹Kunst› interpretieren.[42] Auf einer pragmatischen Ebene irrt Ferdinand zwar, wenn er Louise Täuschung und Verrat zutraut, jedoch trifft seine Einschätzung auf einer höheren Stufe den wesentlichen Effekt der von Wurm organisierten Intrige: die Tatsache, daß die Zeichen der Natur von jenen der Künstelei nicht mehr unterschieden werden können. Typisch für diesen Vorgang ist die Manipulation der Schrift, die im erpreßten Brief eine falsche Form von Authentizität erzeugt. In einer für die Epoche wegweisenden Emphase hatten Herders Fragmente *Ueber die neuere Deutsche Litteratur* (1767) empfohlen, der ideale Autor solle «Empfindungen aufs Blatt» zu «mahlen» versuchen, so daß sie «durch einen Kanal schwarzen Safts hinströmen».[43] Während die ‹Empfindungen› in diesem Programm die Zeichen der Schrift natürlich erscheinen lassen, bewirkt Wurms Intrige, daß Arbitrarität und Natur nicht mehr unterschieden werden können. Es ist nicht die Außenansicht der Zeichen, sondern ihre funktionale Differenz, die der Intrigant durch seine Manipulation zerstört. Wurms Eingriff erweist sich damit auch als Vorstoß gegen die Kommunikationsformen der empfindsamen Liebe, deren Basis er vernichtet, indem er die Distinktionsleistung ihrer auf Aufrichtigkeit und Authentizität gegründeten Verständigungsmuster aufhebt.

Die von Schillers Drama präsentierte Intrige bleibt zwei verschiedenen Ebenen zugeordnet, insofern sie unter der Flagge der höfischen Politik, aber zum Zweck der Beförderung intimen Privatinteresses vollzogen wird. Ihr geheimes Zentrum bildet – vor dem Hintergrund solcher doppelsinnigen Prägung – die Umwandlung bürgerlicher Wertvorstellungen in Instrumente der Manipulation; der für den aristokratischen Verführer typischen Strategie der Unterwanderung von familiären und erotischen Beziehungen entspricht hier der Eingriff in die sie tragenden Kommunikationsformen. Wurm attackiert nicht – wie Lessings Prinz Gonzaga – die bürgerliche Tugend, sondern deren diskursives Nervenzentrum.[44] Noch am Schluß des Trauerspiels bleibt er dieser Technik treu, wenn er Kategorien der moralischen Urteilsfindung für seine Ziele benutzt, indem er sie deformiert. Zwar weist er die Anschuldigung seines Herrn («Du, du gabst den Schlangenrath – Über dich die Verantwortung») entschieden zurück («War es mein Sohn? War ich dein Gebieter?»), jedoch dient das nicht der Entlastung, sondern mündet in einen Akt der Selbstauslieferung, der allein den Zweck verfolgt, den Präsidenten in den Abgrund mitzureißen: «Auf! Auf! Ruft Mord durch die Gassen! Wekt die Justiz auf! Gerichtsdiener bindet mich!» (NA 5 N, 190 ff.) Geradezu massiert erscheint in Wurms letzten Worten das semantische Feld des Bösen, das auf das irdische wie himmlische Strafgericht verweisen soll, vor dem der Intrigant und sein Auftraggeber sich verantworten müssen: «Arm in Arm mit dir zum Blutgerüst! Arm in Arm mit dir zur Hölle! Es soll mich kizeln, Bube, mit dir verdammt zu seyn». (NA 5 N, 192) Wenn der Intrigant als «Fabricator doli»[45] zum Schluß jede Form der Verteidigung umgeht, so steht das einerseits im Dienst der Entlarvung des Präsidenten, dessen Schuld durch Ferdinands stumme – aufgrund der Zeichensprache der Gebärden ohnehin zweideutige – Vergebung kaum hinreichend abgegolten scheint.[46] Andererseits bekräftigt Wurms Verzicht auf jeglichen Versuch der Exkulpation die gegenüber früheren Intrigantenfiguren gewachsene Freiheit; das in der Intrige transportierte Böse repräsentiert eine Form der Autonomie, die gerade deshalb hybrid wirkt, weil sie sich von allen moralischen und metaphysischen Instanzen gelöst hat.

3. VERSTELLUNGSKÜNSTE

Eine vergleichbare Konstellation beleuchtet Schillers *Elfride*-Fragment von 1804. Seine Vorlage bildet – neben einer Bearbeitung Friedrich Justin Bertuchs (1773) – ein Drama Klingers (1782/1787), in dem es um eine aus der mittelalterlichen Geschichte überlieferte Heiratsintrige geht: der vom König ausgesandte Vermittler – Graf Ethelwood – tritt selbst als Werber um die durch den Regenten erkorene Frau auf und vermählt sich mit ihr, wird aber am Ende von der über den Betrug informierten Gattin der Rache seines Herrschers ausgeliefert.[47] Auch Ethelwood ist ein Intrigant, der die innere Logik der Providenz verkennt und sich selbst als Regisseur des Schicksals in Szene setzt. Schillers Entwurf zeichnet ihn um deutliche Grade heller als den Sekretär Wurm, ordnet ihm jedoch dieselbe Hybris zu; in der Intrige erscheint die Freiheitsanmaßung eines aufgeklärten Subjekts ohne moralische Selbstbindung, die durch die Tragödienhandlung konsequent bestraft wird. Das Medium solcher Bestrafung ist wiederum eine Intrige, die Elfride als Gegenspielerin ihres Ehemanns mit machtbewußtem Ehrgeiz vorantreibt (NA 12, 324ff.).

Zu fragen bleibt hier generell, welche Rolle im Rahmen dieses Intrigenmodells die Frauen versehen.[48] Im barocken Theater konnte man wüsten Intrigantinnen begegnen – Lady Macbeth und Tamora bei Shakespeare (1593, 1606), Isabella bei Marlowe (1606), Medea und Cleopatra bei Corneille (1635, 1644) Agrippina bei Lohenstein und Racine (1665, 1669), Salome bei Calderón und Hallmann (1637, 1669), Cunigunda bei Weise (1686). Noch Gottscheds *Die parisische Bluthochzeit König Heinrichs von Navarra* (1745) führt in der Gestalt der Katharina von Medici eine düstere Heroine vor, die den machthungrigen Frauenfiguren des französischen Klassizismus kaum nachsteht. In dem Maße, in dem die große Haupt- und Staatsaktion für das bürgerliche Drama ihre Attraktivität einbüßt, verschwindet der Typus der Intrigantin freilich von der Bühne. Es ist auffallend, daß er am Ende des 18. Jahrhunderts nur unter dem Vorzeichen des Politischen ins Theater zurückkehren darf. Während der Roman zweideutige Frauengestalten im Rahmen privater Intrigen vorführt, wie es Laclos' *Liaisons dangereuses* (1782) prägnant demonstrieren, ist die Bühnenintrigantin eine ins Spiel der Macht Eingewobene, die im Getriebe staatlicher Gewalt operiert. Dabei gewinnt sie jedoch selten den Rang einer handlungsmächtigen Figur, die mit erweiterten Lizenzen in die Ereignisse eingreift. Vorwiegend fällt ihr Status der Antreiberin und Einflüsterin zu, deren Aufgabe es ist, den eigenen Ehrgeiz auf die im Zentrum stehenden männlichen Akteure zu übertragen. Diesem Modell, das man schon aus Shakespeares *Macbeth* kennt, folgen die Intrigantinnen Schillers – Julia Imperiali aus dem *Fiesko*, Prinzessin Eboli aus dem *Don Karlos* oder Gräfin Terzky aus dem *Wallenstein*.

Eine Ausnahme repräsentiert dagegen Adelheid von Walldorf in Goethes *Götz von Berlichingen* (1773).[49] Adelheids Intrigenkunst ist das Produkt eines scharfsinnigen Intellekts, der sich in der Lust am Schachspiel – als «Probierstein des Gehirns» – spiegelt (MA 1.1, 80). Adelheid begnügt sich nicht mit der ihr gemäß der spätmittelalterlichen Rechtsordnung zufallenden Rollenbeschränkung, sondern verfolgt eigene Ziele, die sie zunächst mit Hilfe des schwankenden Weislingen («Ihr die ihr selten seid was ihr sein wollt, niemals was ihr sein solltet»; MA 1.1, 592) durchsetzen möchte.[50] Mit Weislingen schließt sie die Ehe, weil sie durch ihn ihren Einfluß auf den Bamberger Hof und den Kaiser zu steigern sucht. Nachdem der Gatte jedoch durch seine diplomatisch-opportunistischen Neigungen jeglichen politischen Einfluß verloren hat, entzieht ihm Adelheid ihre Gunst: «Die Unternehmungen meines Busens sind zu groß, als daß du ihnen im Weg stehen solltest.» (MA 1.1, 630) Ein derartiges Bekenntnis zu großen Plänen und Projekten ist durchaus untypisch für die weibliche Intrigantin, die sich gemeinhin auf die Funktion des Mediums für die politischen Aktionen der Usurpatoren beschränkt.

Adelheid erscheint in der Rolle der *Femme fatale* als Inkarnation einer Männerphantasie, in die sich der Autor, wie er in *Dichtung und Wahrheit* gestand, während der Niederschrift der ersten Fassung selbst «verliebt» hatte (MA 16, 605). Shakespeares Lady Macbeth vergleichbar, kennt Adelheid die Macht der Erotik und die Erotik der Macht, jedoch übertrifft sie ihr Vorbild durch die Bedenkenlosigkeit, mit der sie ihr politisches Ziel verfolgt. Um den Weg zu einer Eheschließung mit dem Thronfolger Carl anzubahnen, veranlaßt sie den ihr blind ergebenen Diener Franz dazu, Weislingen Gift zu verabreichen. Das Ziel, das Adelheid verfolgt, ist jedoch nicht allein materiell begründet; neben die Machtgier, die sie antreibt, tritt der Wille zur unbedingten Selbstbehauptung – zur «Freyheit» (MA 1.1, 644). Somit markiert Adelheid – und nicht der zaudernde Weislingen – die Opposition gegenüber dem Titelhelden. Wie Götz sucht sie unumschränkte Freiheit von den Zwängen eines neuen Gesetzes; anders als er kann sie aber auch die Gesetze des alten Rechts, die auf persönliche Verpflichtungen und mündliche Übereinkunft gegründet waren, nicht akzeptieren.[51]

3. VERSTELLUNGSKÜNSTE

In der absoluten Bindungslosigkeit offenbart sich Adelheid als Vertreterin einer Verhaltenslehre der Kälte, die jegliche Form der gesellschaftlichen Ordnung negiert.

Die erste Fassung des *Götz – Geschichte Gottfriedens von Berlichingen* (1771) – zeigte Adelheid noch als Zweifelnde, die gelegentlich vor dem Herrschaftsanspruch zurückschreckt, den sie vertritt: «Ich hab mich hoch ins Meer gewagt, und der Sturm fängt an fürchterlich zu brausen. Zurück ist kein Weg! Weh weh!» (MA 1.1, 500) Nachdem das Femegericht Adelheid in Abwesenheit zum Tod verurteilt hat, verschafft die Erstfassung ihr noch einen pathetischen Abgang, auf den die Version von 1773 verzichtet. Ähnlich wie die schuldbeladene Lady Macbeth irrt sie schlaflos durch ihre Burg, gepeinigt von Furcht und Gewissensqual: «Daß es Morgen wäre! Mein Blut wird wie von seltsamen Ahndungen herumgetrieben» (MA 1.1, 506). Die Angst vor der Vergeltung verdichtet sich in der frühen Fassung zu einer Strafphantasie, deren Bildwelt ihre Prägung durch Shakespeare empfangen hat: «Ich bin so allein. Die mächtigsten Leidenschaften waren meiner Seele Gesellschaft genug. Daß ich in der fürchterlichsten Hölle nicht allein gewesen wäre. Sie schlafen auf einmal, und ich stehe nakkend, wie ein Missetäter vor Gericht.» (MA 1.1, 507) In der Druckversion des Dramas verzichtet Goethe auf solche Sequenzen, um seine Intrigantin im Rahmen einer Psychologie des Bösen außerhalb moralischer Selbstreflexion zu charakterisieren.

Das Femegericht, das Adelheid den Tod durch den Dolch und den Strang zuerkennt, bringt mit den zwei Vergehen, derer sie sich schuldig gemacht hat, auch ihre Doppelrolle zur Sprache: als erotisch aktive Frau ist sie zur Ehebrecherin, als Machtgierige zur Mörderin geworden.[52] Im Gegensatz zur frühen Fassung gesteht Goethe seiner Heldin keine moralische Läuterung mehr zu; die Strafinstanz des schlechten Gewissens wird substituiert durch den Bannfluch des ältesten Richters: «Faß hier Strang und Schwert. Sie zu tilgen von dem Angesicht des Himmels, binnen acht Tage Zeit. Wo du sie findest nieder mit ihr in den Staub.» (MA 1.1, 650) Bei Lessing forderte der Prinz Marinelli am Ende auf: «Geh, dich auf ewig zu verbergen!»[53] In der Vernichtung des zum Verbrecher gewordenen Intriganten vollzieht sich die Idee der poetischen Gerechtigkeit als Akt der Beseitigung des Bösen, das zum Zweck der Abschreckung ‹verborgen› oder sogar ‹getilgt› werden muß.[54] Auf die hybride Überschreitung von sozialen Handlungsgrenzen antwortet am Ende des Trauerspiels die Ankündigung einer Bestrafung, die Freiheitsanmaßungen korrigiert, indem sie den Leib des Bösen auslöscht.[55] Das Denkmodell der Leibniz-Theodizee hatte, wie Ernst Osterkamp schreibt, zu einer außerordentlich effizienten «Reduktion der Komplexität des Bösen» geführt, deren Zweck darin bestand, es als dunkle Filiale des Guten zu definieren und damit von einer übergreifenden Ordnungskonstruktion abhängig zu machen.[56] In seiner Religionsschrift von 1793 wird Kant erklären, das Böse der menschlichen Natur sei das Zeichen ihrer «Gebrechlichkeit»[57] und Indiz einer fundamentalen Defizienz, die der Sündenfall-Mythos abbilde, indem er die Verführung durch den Teufel auf den Impuls eines Begehrens aus scheinbarem Mangel zurückführe. Der in den genannten Beispielen auftretende Typus des Intriganten stellt diese privative Bestimmung des Bösen, deren Ansätze sich schon bei Augustinus finden,[58] fundamental in Frage. Weder in der Rolle des Mediums herrscherlicher Gewalt noch als hybrider Einzeltäter, der eigenmächtig in die soziale Ordnung eingreift, repräsentiert er jenes defizitär Böse des Sündenfalls, das Kant für ein Signum der schöpfungsgeschichtlichen Konditionierung des Menschen hält. Als Verkörperung eines autonomen Handlungsprinzips bleibt er eine selbständige Kraft im Netzwerk gesellschaftlicher Systeme, die, wie das Trauerspiel zeigt, nicht zum Indiz für die Defizienz des Übels taugt, sondern die Eigendynamik eines Doppelspiels dokumentiert, das die Unterscheidung zwischen Natur und Konvention zum Kollabieren bringt.

Daß in solcher Eigendynamik ein Anspruch auf die rationale Bewältigung des Lebens steckt, hat bereits Nietzsche erkannt, als er die euripideische Tragödie als Ausdruck des durch Sokrates bezeichneten theoretischen Menschen und seiner Vernunftpraxis deutete.[59] Wenn die euripideischen Helden «an eine Correctur der Welt durch das Wissen» glauben, so bildet das nach Nietzsche gerade ein Signum ihrer fehlenden Tragödienfähigkeit. Die Intrige stellt das Movens einer Dramenkonzeption dar, die ihre Akteure in einen «Kreis von lösbaren Aufgaben zu bannen» suche, indem sie sie zu Herren ihres Schicksals verwandle.[60] Es ist dieser Prozeß der Selbstermächtigung des Menschen, den Nietzsche bei Euripides als antitragische Triebfeder wirksam sieht. In den Projektnotizen zu einem Kriminaldrama (*Die Kinder des Hauses*), dessen Umrisse um 1798 fixiert wurden, hat Schiller den Typus des sokratisch-wissenden, kühl kalkulierenden Bösewichts beschrieben, der die Qualitäten des Intri-

3. VERSTELLUNGSKÜNSTE

ganten exemplarisch repräsentiert, weil in ihm Sein und Schein zusammenfallen: «Charakter des Helden. Er ist ein verständiger, gesetzter, sich immer besitzender, sogar zufriedener Bösewicht. Die Heucheley ist nicht bloß eine dünne Schminke, der angenommene Charakter ist ihm habituell ja gewissermaßen natürlich geworden, und die Sicherheit, in der er sich wähnt, läßt ihn sogar Großmut und Menschlichkeit zeigen.» (NA 12, 115)[61] Dort, wo der Intrigant die Maske der Täuschung wie ein natürliches Gesicht erscheinen läßt, repräsentiert er nicht die Dialektik der Aufklärung, sondern perfiderweise die Aufklärung selbst: ein Wissen, das sich, indem es die Willkür naturalisiert, als autonom zu definieren sucht.[62] Daß auch die performative Inszenierung dieses Wissens Tragödien hervorbringen kann, in denen das Ideal der Selbstbestimmung zur Kultur der Kälte erstarrt, wäre freilich, gegen Nietzsche, als Quintessenz der neuzeitlichen Dramengeschichte festzuhalten.

Am Ende ist es das dramatische Spiel selbst, das die dunklen Seiten der Intrige ästhetisch aufhellt. Erinnern wir uns an Wurms abgründige Worte über die von ihm gewählte Strategie der Entzweiung: «Ein Gran Hefe reicht hin, die ganze Masse in zerstörende Gährung zu jagen.» (NA 5 N, 86) Das ist, auf den ersten Blick, ein Bekenntnis zur ruchlosen Manipulation; zugleich aber charakterisiert das hier beschriebene Verfahren mit der Intrige auch die Praxis des Dramatikers selbst. Wie der Intrigant sucht er ‹die ganze Masse› einer szenischen Konfiguration ‹in Gärung zu jagen›. Aufbau und Entwicklung der dramenspezifischen Konfliktstruktur verlangen vom Autor ein Arrangement, in dem Ordnungen gestört und soziale Verhältnisse unter Spannung gesetzt werden, bis sie in der Katastrophe explodieren. Auf dem Theaterzettel für die Uraufführung der *Verschwörung des Fiesko zu Genua*, die am 11. Januar 1784 in Mannheim stattfand, gesteht Schiller seine Vorliebe für eine Dramaturgie der suggestiven Beeinflussung: «Heilig und feierlich war immer der stille, der große Augenblick in dem Schauspielhaus, wo die Herzen so vieler Hunderte, wie auf den allmächtigen Schlag einer magischen Rute, nach der Phantasie eines Dichters beben – wo, herausgerissen aus allen Masken und Winkeln, der natürliche Mensch mit offenen Sinnen horcht – wo ich des Zuschauers Seele am Zügel führe und nach meinem Gefallen, einem Ball gleich dem Himmel oder der Hölle zuwerfen kann (...)» (NA 22, 90f.). Intrige und Theater teilen miteinander den Umstand, daß sie die Kunst der Manipulation praktizieren. In der Intrige treten die Verfügungs- und Eingriffstechniken des Dramas zutage, das sich über das Spiel seiner konstruktiven Verwicklungen selbst reflektieren darf.⁶³ Von der Intrige freilich unterscheidet sich die Literatur dadurch, daß der Schein, den sie erzeugt, eine Illusion stiftet, die auch dort, wo sie nicht mehr schön sein kann, zumindest nicht böse ist.

4

DIE PARADOXIEN
DES BÖSEN

Mephistos Prinzip
oder: Selbstentwürfe
des Teufels

Anders als die Frühe Neuzeit, die den Teufel visuell darzustellen pflegt, verzichtet das 18. Jahrhundert zumeist darauf, dem Bösen eine anschauliche Gestalt zu verleihen. Die Aufklärung beseitigt den Satan, indem sie ihn als Bühnenfigur exkommuniziert und fortan nur in den Nischen des Puppenspiels bzw. des Karnevals weiterleben läßt. Gottsched bemängelt in der *Critischen Dichtkunst* (1730) die Verwendung der Teufelsfigur bei Tasso, Marino und Milton, weil hier ein Prinzip illustriert werde, das der Mensch auf der Ebene der sinnlichen Wahrnehmung nicht erfahren könne. Die Poesie dürfe sich, so heißt es, nicht zur Magd des Aberglaubens machen, indem sie dessen Inhalt in Bilder kleide.[1] «Wie kann», fragt Gottsched mit entwaffnender Logik, «eine Abschilderung gelingen, deren Originale man wenig oder gar nicht kennt?»[2] Dichtung darf sich nur mit Gegenständen befassen, deren Existenz durch Vernunftgründe nachweisbar ist. Literarische Texte, die gegen diese Regel handeln, werden von Gottsched mit den Kampfbegriffen der rationalistischen Geschmackskritik überzogen: Schwärmerei, Schwulst, Dunkelheit.

1760 verfaßt Georg Friedrich Meier seine Schrift *Philosophische Gedanken von den Würkungen des Teufels auf dem Erdboden*, in der er die aufgeklärte Diskussion über die Gestaltformen des Bösen bereits mit einem nüchternen Resümee zusammenfaßt. Meier möchte den Teufelsglauben als Wahn brandmarken, ahnt jedoch, daß die Kirche des Satans bedarf, um das Böse zu veranschaulichen: «Man kan nicht wissen, was für Unglück man sich über den Hals ziehen kan, wenn man den Teufel zum Gelächter macht.»³ Ein zentraler Punkt der aufklärerischen Attacke ist das Motiv des Teufelspaktes, das Meier als Zeichen der Heterodoxie wertet, weil es in der Bibel nirgends erörtert wird: «Allein, von einem solchen förmlichen Bündnisse eines Menschen mit dem Teufel, haben wir nicht die geringste Anzeige in der heiligen Schrift.»⁴ Daneben tritt ein Argument aus dem Arsenal des Rationalismus, das den Pakt als Element einer im bürgerlichen Rechtsdenken nicht lokalisierbaren Vertragsform jenseits des moralisch Denkbaren qualifiziert: «Es ist offenbar wider alle gesunde Sittenlehre, daß ein Mensch durch ein schriftliches Versprechen an den Teufel, sollte im höchsten Grade sich verpflichten können, verdammt zu werden.»⁵ Der doppelte Rekurs auf das Bibelwort und die Vernunft bleibt charakteristisch für Meiers Argumentation, die einerseits den heterodoxen, durch das göttliche Wort nicht gerechtfertigten Charakter des Teufelsglaubens, andererseits dessen phantastischen Gehalt anprangert. Dabei gilt die Kritik vor allem der Materialisierung des Teufels, der in der Hiobsgeschichte und im Neuen Testament zwar als Prinzip der Versuchung erscheine, aber doch nur als ‹Vorstellung›, nicht als sinnliche Realität des Bösen auftrete. Für Meier ist der Teufelsglaube historisch überholt durch eine Aufklärung, die wieder zu den Begriffen hinter den Bildern zurückkehrt; mehr als «Stof zur Satyre» kann er, wie sein Schlußwort lautet, in der Epoche der Vernunft nicht abgeben.⁶

In wachsendem Maße nimmt man im aufgeklärten Zeitalter die Gestalt des Teufels als Produkt kultureller Imagination wahr. Der anonyme Verfasser des entsprechenden Artikels in Zedlers Universallexikon bemerkt 1750 bereits mit spürbarer Distanz über die Zuschreibungen einer konkreten Physis: «Was die Figur des Teuffels anlanget, so ist bekannt, daß er unter den Christen mit einem Ziegen=Fuß gemahlet werde. Dieses mag seinen Grund aus dem Alterthume haben, weil die Fauni und Satyri, oder Wald= und Hirten=Götter bey den ersten Christen vor Teuffel gehalten, auch geglaubet worden, daß der Teuffel sich zum öffern in Gestalt eines Bockes sehen lasse.»⁷ Hier geht es nicht mehr wie in den Teufelsbüchern der Frühen Neuzeit um die objektivierbare Veranschaulichung des Bösen im Körper, sondern um das Moment der kulturellen Repräsentation. Im Prozeß der Aufklärung interessiert der Körper des Teufels nur noch als Gegenstand der ästhetischen Darstellung jenseits der Frage nach seiner metaphysischen Evidenz. Der mythische Quellgrund der Teufelsvorstel-

4. DIE PARADOXIEN DES BÖSEN

lungen wird im Zedler auf nachgerade programmatische Weise unter rein technischen Gesichtspunkten betrachtet. Er bildet eine Ordnung der kulturellen Repräsentation, die nichts mit objektiven Glaubensfragen gemein hat.

Als literarische Figur stirbt der Teufel unter den Bedingungen der Aufklärung zumeist an Erschöpfung. Das Drama der Gottsched-Zeit vertreibt ihn ebenso wie den Harlekin von der Bühne; die moralischen Erzählungen der Wochenschriften benötigen ihn nicht mehr; im Roman, der modernsten Gattung der Epoche, hat er nur noch als Element der Satire Daseinsrecht. Zuweilen schafft er sich sogar selbst ab, wie es Jean Pauls *Baierische Kreuzerkomödie* (1791) zeigt.[8] Jean Pauls Teufel studiert Kants *Kritik der reinen Vernunft* und findet deren Abrechnung mit allen Formen der übersinnlichen Weltdeutung so überzeugend, daß er massive Zweifel an der eigenen Existenz zu hegen beginnt. Die Attacken gegen die Denkhypothesen der Metaphysik – den «Kampfplatz» für leere «Spielgefechte»[9] – nötigen den in philosophischen Fragen geschulten Teufel dazu, sich selbst als Produkt einer letzthin schwärmerischen Einbildungskraft zu durchschauen: «Aber Kant half mir, dieser Antichrist für die Metaphysik, dieser Messias der Philosophie. Denn ich hatte seine Kritik der reinen Vernunft noch nicht bis zum Bogen Aa durchgelaufen und wolte sie erst kollazionieren, weil bei meinem Buchhändler häufig kastrirte Ausgaben zu haben sind – als ich schon merkte, wie wenig ich existierte (…)».[10] Den Höhepunkt der Satire bildet jene Szene, da sich der Teufel auf einem öffentlichen Maskenball vor erstauntem Publikum selbst als Chimäre metaphysischen Denkens entlarvt und zur allgemeinen Verwunderung dazu ansetzt, seine Nichtexistenz scharfsinnig unter Beweis zu stellen.

Wer Kants *Kritik der reinen Vernunft* als Traktat gegen die Bodenlosigkeit der metaphysischen Spekulation gelesen hat, muß begreifen, daß der Teufel keine Figur, sondern eine Form der Anschauung des Bösen ist. 1795 veröffentlicht der Mediziner und Philosoph Johann Benjamin Erhard eine *Apologie des Teufels*, die im Geist Kants einen transzendentalphilosophisch geschulten Nachruf auf den entmachteten Höllenfürsten formuliert. Für Erhard ist der Teufel keine leibhaftige Figur, vielmehr eine Repräsentation des absolut Bösen, die allein deshalb existieren muß, weil sie dem absolut Guten über den Mechanismus der Abgrenzung seine logische Realität zu verschaffen hat.[11] Die Verteidigung des Teufels gerät so zur letzten Attacke gegen den Körper Satans und seine metaphysische

MEPHISTOS PRINZIP ODER: SELBSTENTWÜRFE DES TEUFELS

Begründung. Den Teufel benötigt die Aufklärung nur noch, um das Gute zu denken, das sie stiften möchte. Ihr Exorzismus ist die intellektuelle Konsequenz der kritischen Freisetzung des Menschen aus der Unmündigkeit des Aberglaubens.

Auch in August Klingemanns Roman *Nachtwachen von Bonaventura* (1804) gerät der Teufel zum Objekt der Satire. Der Text, der in seinem Schwanken zwischen Pathos und Ironie, Empfindsamkeit und Selbstreflexion wie eine Travestie der romantischen Erzählkonzeption wirkt, beginnt parodistisch. Die Exposition ahmt die Schauerstimmung der *gothic novel* nach, indem sie eine kühle Nacht, fliegende Wolken, den fahlen Mond und eine verlassene Stadt schildert, in der der Nachtwächter seine einsame Runde macht. Durch das Fenster beobachtet er den Todeskampf eines Freigeists, den ein Priester dem Teufel übergibt, indem er sich in dessen Gestalt verwandelt. Als drei weitere Teufel ins Haus eindringen, um die Seele des Verstorbenen an sich zu reißen, schlägt sein Bruder, ein Soldat, einen von ihnen mit dem Schwert nieder und tötet ihn. Das abgehackte «Teufelshaupt» birgt ein Geheimnis, denn es offenbart eine überraschende Doppelung: «Aus dem Kopfe selbst konnte man in der That nicht ganz klug werden. Die Physiognomie war von Eisen; doch ein Schloß, das sich an der Seite befand, führte fast auf die Vermuthung, daß der Teufel noch ein zweites Gesicht unter dem ersten verborgen hätte, welches er vielleicht nur für besondere Festtage aufsparte.»[12] Um eine medizinische Diagnose der Teufelshaupts zu erhalten, beschließt man, «daß der Kopf dem Doktor Gall in Wien zugesandt würde, damit er die untrüglichen satanischen Protuberanzen an ihm aufsuchen möchte (...)».[13] Hier schaltet sich jedoch die Kirche ein, die den Schädel unverzüglich konfiszi256 und vom wissenschaftlichen Markt verschwinden läßt.

Der Roman enthält seinen Lesern auf solche Weise die Entzauberung der Metaphysik des Bösen durch die Medizin vor. Galls Phrenologie – die Lehre von der Ableitbarkeit charakterlicher Anlagen aus der Schädelform – kann ihre diagnostische Kompetenz am Doppelhaupt des Teufels nicht unter Beweis stellen. So muß offen bleiben, ob sich das Böse kranioskopisch erfassen, also ertasten und in den Hirnwölbungen lokalisieren lassen kann. Inwiefern Galls Funktionsmorphologie das Böse anatomisch sicherzustellen vermocht hätte, wird durch den Roman nicht geklärt. Nur dort zeigt sich die Satire eindeutig, wo sie beklagt, daß Satan aus den Gefilden der Literatur verschwunden sei: «Die Geschichte ging mir während

4. DIE PARADOXIEN DES BÖSEN

meiner Nachtwache sehr im Kopfe herum, denn ich hatte bis jetzt nur an einen poetischen Teufel geglaubt, keinesweges aber an den wirklichen. Was den poetischen anbetrifft, so ist es gewiß sehr schade, daß man ihn jetzt so äußerst vernachlässiget, und statt eines absolut bösen Prinzips, lieber die tugendhaften Bösewichter, in Iffland- und Kotzebuescher Manier, vorzieht, in denen der Teufel vermenschlicht, und der Mensch verteufelt erscheint.»[14] Dem ‹zusammengeflikten Zeitcharakter› entspricht die Zweideutigkeit, die der Roman beklagt, obgleich er seiner Form nach dessen typischer Botschafter ist.[15] Wenn sogar die Kirche Angst vor der wissenschaftlichen Erforschung des Teufels hat, dokumentiert das eine fundamentale Verunsicherung und einen Verlust des Vertrauens in die alten Zuordnungen der Metaphysik. Die kranioskopische Diagnose droht, so ahnt der Klerus, den bannenden Zauber des Teufelsmythos zu zerstören; auch die Kirche glaubt nicht mehr an die Macht der Bilder, die das Böse illustrieren.

Nur folgerichtig scheint es, wenn der Leib des Teufels, sofern er überhaupt gezeigt wird, eine tiefgreifende Metamorphose durchläuft. Schon Jean Pauls an sich selbst zweifelnder Höllenbote weiß, daß sein Körper das Kind der menschlichen Seele ist, mithin durch Imagination gezeugt wurde.[16] Nichts liegt näher, als ihn angesichts dieser Verwandtschaft dem Menschen selbst ähnlich zu denken. Heines *Buch der Lieder* (1827) faßt die Implikationen des aufgeklärten Exorzismus zusammen, wenn es dort heißt: «Ich rief den Teufel, und er kam, | Und ich sah ihn mit Verwundrung an. | Er ist nicht häßlich, und ist nicht lahm, | Er ist ein lieber, charmanter Mann, | Ein Mann in seinen besten Jahren, | Verbindlich und höflich und welterfahren. (…) Und als ich recht besah sein Gesicht, | Fand ich in ihm einen alten Bekannten.»[17] Wenn der Teufel zur Familie gehört, verliert er seine frühere Schreckgestalt; bedrohlich ist an ihm zumal, daß er dem Menschen, der ihn zum Zweck der Personifikation des Bösen erfunden hat, ähnlich sieht. Die Konsequenz aus diesem Befund muß jedoch nicht lauten, daß der Teufel im Prozeß der Aufklärung aus dem Repertoire der Literatur verabschiedet wird. Wo die alte Satansgestalt keine Aura mehr besitzt, können sich neue Formen ihrer literarischen Inszenierung entfalten, wie gerade Goethes *Faust* zeigt.

In der Mephisto-Figur, die der erste Teil der Tragödie zeigt, mischen sich die Teufelsbilder unterschiedlichster Epochen. Als geistiger Proteus verbindet Mephisto heterogene Qualitäten zu einer spannungsvollen Ein-

MEPHISTOS PRINZIP ODER: SELBSTENTWÜRFE DES TEUFELS

heit: das Komische und das Tragische, das Zynische und das Ironische, Sarkasmus und Melancholie, Scharfsinn und kalte Lust. Peter Michelsen hat Goethes Mephisto als Spieler bezeichnet, der kein gegengöttliches Prinzip, sondern einen auf eigentümliche Weise in die Menschenwelt und ihre Vorstellungen verstrickten Unterteufel repräsentiere.[18] Diese Verstrickung äußert sich als Geflecht verschiedener Selbstentwürfe, die Mephistos Erscheinungsbild chamäleonartig verschwimmen lassen. Was immer er bei Goethe verkörpert: es ist keine Sphäre des ganz Anderen, Fremden, sondern steht in Beziehung zu unserer eigenen Wahrnehmungs- und Urteilshaltung. Der Teufel interpretiert sich selbst in der Fluchtlinie der alteuropäischen Überlieferung und macht sich damit als Produkt der kulturellen Tradition kenntlich.

Schon im mittelalterlichen Drama ist die Tatsache offenkundig, daß der Teufel eine untragische Figur ist, weil der Bruch mit Gott hinter ihm liegt und jeder neue Streit mit dem Schöpfer nur eine «Rekapitulation»[19] des alten Zwists bedeuten würde. Goethe hat diese ihm vertraute Tradition aus einer genuin aufklärerischen Sicht zum Anlaß genommen, dem Teufel den Part des Interpreten zuzuschreiben, der das Welt-Geschehen in der Haltung des blasierten Zuschauers verfolgt. In der frühen Fassung des *Faust* ist ein solcher Grundzug noch nicht ausgeprägt und Mephisto nach dem Vorbild der *Historia* auf die Funktion des satanischen *chargé d'affairs*, des weltkundigen Reisebegleiters, Anstifters und Lustboten, des Wortverdrehers und Zynikers beschränkt («Wenn dirs gefällt, dergleichen Sozietät schaff ich dir Nacht nächtlich»).[20] Erst die 1803 abgeschlossene (1808 publizierte) Tragödienversion gesteht ihm die neue Funktion des Beobachters zu, der die eigene Rolle im Licht der kulturellen Überlieferung mit melancholischer Eleganz beschreibt. Der «Junker Satan» sei, so erläutert er in der Hexenküche, ein Relikt der Vergangenheit, das der Zeitgeist vertrieben habe: «Er ist schon lang' in's Fabelbuch geschrieben; | Allein die Menschen sind nicht besser dran, | Den Bösen sind sie los, die Bösen sind geblieben.» (v.2507 ff.)[21] Mephisto gehorcht mit seiner Selbstverhüllung im Inkognito den Konventionen der Aufklärung, die den Teufel unsichtbar gemacht hatte. Die Analyse des Zeitgeists, die er der Hexe serviert, bezeichnet auch die Art und Weise seiner Selbstinszenierung im Zeichen solcher Unsichtbarkeit. Goethes Mephisto ist ein moderner Teufel ohne Körper, ein Prinzip eher als eine Personifikation: das Böse als intellektuelle Perspektive, aufgehoben in der geschliffenen Sprache der Para-

4. DIE PARADOXIEN DES BÖSEN

doxie, der Rhetorik des kühlen Beobachters. Noch im zweiten Teil der Tragödie, die Mephisto in den unterschiedlichen Rollen des Narren und des häßlichen Phorkyas zeigt, bleibt diese Bindung an das Prinzip der Beobachtung erhalten. Am Ende des Helena-Akts legt Mephisto laut Szenenanweisung seine Phorkyas-Maske ab, «um, so fern es nötig wäre, im Epilog das Stück zu kommentieren.»[22] Ähnlich wie der Hanswurst, mit dem er die Doppelfunktion des Anstifters und Betrachters teilt, fällt Goethes Teufel hier die Aufgabe des potentiellen Interpreten des Spiels zu – freilich nur im Konjunktiv einer Regiebemerkung, die, wie Albrecht Schöne konstatiert hat, zu den «ganz rätselhaften Passagen der *Faust*-Dichtung» gehört.[23]

Untersucht man die Bestimmungen, welche die *Faust*-Tragödie über Mephisto in Umlauf bringt, so erkennt man, daß sie zwei formalen Zuschreibungsregeln gehorchen: dem Prinzip des Widerspruchs und dem Gesetz der Beschränkung. ‹Widerspruch› meint die Lust an der Gegenrede und die Freude an der Negation, zugleich aber die Struktur des in sich Ambivalenten, Uneinheitlichen. So tritt Mephisto bereits im Himmelsprolog als Gottes Widerpart auf, der die Menschen zynisch und dennoch nicht ohne Mitleid für ihre Erdenplagen (v.296ff.) charakterisiert: der Gegner des Schöpfers ist a priori auch ein Gespaltener, dessen Rhetorik zwischen Rebellion und Resignation oszilliert. ‹Beschränkung› wiederum verweist auf die genuin aufklärerischen Restriktionen, denen Mephistos Handeln im Rahmen der von Goethe gewählten Spielkonstruktion unterliegt. Im Prolog ist er nicht nur Opponent, sondern zugleich Diener Gottes, ein Subalterner aus dem «Gesinde» (v.274) des Herren. Diese Rolle des Dieners legt Mephistos Part auch im Rahmen des an die biblische Hiob-Erzählung angelehnten Wettarrangements – des Spiels um Fausts Seele – eindeutig fest; er darf «nur frei erscheinen» (v.356), erklärt der Herr und bekräftigt damit, daß Goethes Himmelspräludium dem Gesetz der Theodizee gehorcht. Leibniz' *Essais de theodicée* (1710) hatten in Anknüpfung an die *Summa Theologica* des Thomas von Aquin betont, daß das Übel der Systemlogik einer Weltarchitektur gehorche, deren Perfektion erst durch ihre dunklen Seiten ermöglicht worden sei. Das Böse bildet für Leibniz keinen Bruch in der Ordnung der Natur, sondern ein vom Schöpfer gewolltes Element, das ihre Rationalität über eine differenzierende Begründung erzeugt. Gott habe, so heißt es, das Böse nicht durch Wunder bekämpft, weil er wußte, daß das Gute nur im Verhältnis zu einem Gegenstück existieren konnte.[24] Christian Wolff übernimmt in seiner *Deutschen Metaphysik* (1720) Leibniz' Position, indem er über den Zweck des Bösen im Kalkül des Schöpfers bemerkt: «Nehmlich, er brauchet es als ein Mittel zum Guten und machet, daß dadurch in der Welt alles besser miteinander zusammen stimmt (...)».[25] Das Böse markiert den Bedingungsgrund des Guten innerhalb einer vernünftig eingerichteten Natur; die Konstruktion der Theodizee bezeichnet wiederum den für die rationalistische Aufklärung einzig praktikablen Modus, das Böse als Phänomen grundsätzlich zu reflektieren. Goethes Prolog im Himmel greift diese Position auf, wenn er Mephisto als Diener Gottes vorführt; das Böse ist eine Filiale des Guten, ein Derivat auf mangelhafter Grundlage, ein Schatten ohne Identität.

Auch Mephisto selbst adaptiert, bemerkenswert genug, das Deutungsmuster der Theodizee, wenn er in der ersten Studierzimmer-Szene auf Fausts drängende Frage («wer bist du denn?», v.1335) dazu ansetzt, seine Rolle jenseits einer eindeutigen Identität zu erläutern. Die defizitäre Seite seines Wesens benennt Mephisto, indem er sich Faust als «Teil des Teils» und «Teil von jener Kraft» vorstellt, die «stets das Böse will und stets das Gute schafft» (v.1349, 1356 ff.). Das ist eine Argumentation à la Leibniz, wie sie schulgerechter kaum sein kann: das Böse empfängt seine Existenzberechtigung aus der systemstabilisierenden Funktion, die es für das Gute leistet. Die Mangelhaftigkeit des Bösen, die seit Augustinus' *De civitate Dei* als ‹privatio boni› aufgefaßt wird,[26] ist gerade Element einer übergreifenden Schöpfungsordnung, welche unter dem Gesetz des Guten steht. Vertrieben aus dem Himmel Gottes, gefallen aus dem Reich des Lichts in die ewige Finsternis, niedergefahren mit 660 Getreuen, bestraft für seine *superbia*, den Stolz des Ehrgeizigen, der Gott seinen Rang als Schöpfer streitig machte – so erscheint Lucifer, den die Gnosis den Lieblingssohn Gottes nennt, als defizitäres Wesen ohne echte Identität. Mephistos Selbstcharakterisierung entspricht dem, insofern sie eine doppelte Machtbegrenzung impliziert: ‹Teil› ist er, weil er nur als subalternes Mitglied der Unterwelt, nicht aber als Höllenfürst auftritt; ‹Teil› ist er ebenso, weil er als Vertreter des Bösen nach aufgeklärter Logik den Mangel verkörpert, der einzig durch das Gute behoben wird.

Goethe zitiert jedoch nicht allein die Deutungsmuster der Theodizee, um das Böse zu bestimmen. Nahezu sämtliche Interpretationsmodelle, in denen das Böse seit dem Manichäismus der Spätantike erfaßt wurde, finden sich im *Faust* wie in einer Revue präsentiert: als Geist, der «stets

4. DIE PARADOXIEN DES BÖSEN

verneint» (v.1338), profiliert sich Mephisto in der Rolle des Zersetzers, der wie die Schlange des Paradieses Gottes Befehl und Gesetz negiert (das «transzendentale Prinzip» der Negation, das in solcher Auflehnung steckt, hat Wolfgang von Einsiedel den Ursprungsmythos des Bösen genannt).[27] «Sünde, | Zerstörung» erscheinen Mephisto als «eigentliches Element» (v.1342 ff.) seines Tuns, was auf die destruktive Seite des Bösen verweist; schon die – von Goethe bekanntlich nicht direkt rezipierte – Faust-*Historia* von 1587 trägt diesem Aspekt Rechnung, indem sie ihren mit dem Teufel paktierenden Helden am Ende auf gräßliche Weise zu Tode kommen läßt, zerrissen und zerfetzt von den Mächten der Hölle.[28] Neben die Bedeutungen der Negation und Gewalt tritt schließlich bei Goethe das Bild des Schöpfungsmythos: «Ich bin», so Mephisto, «ein Teil des Teils, der Anfangs alles war, | Ein Teil der Finsternis, die sich das Licht gebar» (v. 1349f.). In diesem letzten Versuch der Selbstdefinition ist Mephisto zwar immer noch partikular («ein Teil»), doch als *pars pro toto* zugleich kosmologisch dimensioniert. Das Böse beansprucht hier das Recht, am Beginn aller Dinge zu stehen wie die Nacht, die sich das Licht schafft. Diese Bestimmung unterscheidet sich in einer wesentlichen Nuance von der Erzählung der Genesis, der zufolge Gott zuerst das Licht schuf und es anschließend vom Dunkel trennt (1. Mos. 1,4). Mephistos Version liefert die schwarze Kontrafaktur der christlichen Schöpfungsmythologie, die Idee eines Ursprungs der Welt aus den entelechischen Kräften der Finsternis. Vergleichbare Denkmodelle tradierte bereits die griechische Mythologie, wie Goethe Karl Philipp Moritz' *Götterlehre* von 1791 entnehmen konnte; auch die Griechen interpretierten, so berichtet Moritz in Bezug auf Hesiods *Theogonie*, die Nacht als Gebärerin des Lichts, als Urgrund des Seins.[29]

Mit dem Hinweis auf die mythische Priorität der Nacht ist der Reigen der Benennungen allerdings noch nicht abgeschlossen. Mephisto, «keiner von den Großen» (v.1641), erscheint zugleich als Psychologe («Allwissend bin ich nicht, doch viel ist mir bewußt», v.1581) und als Materialist, der im Rausch der Walpurgisnacht die Selbstvergessenheit genießt (v.4114), als «Pedant» (der eine Unterschrift unter den Vertrag wünscht, v.1716) und als lässiger Weltmann («Wir gehen eben fort», v.1834), der, wie sein Vorbild Mephostophiles aus der *Historia*, als zynischer *maître de plaisir* operieren darf. Angesichts dieser Rollenvielfalt erstaunt es nicht, daß Faust ihn «Des Chaos wunderlicher Sohn» und – in der Walpurgisnacht – «Geist

MEPHISTOS PRINZIP ODER: SELBSTENTWÜRFE DES TEUFELS

des Widerspruchs» nennt (v.1384, v.4030) – eine Bestimmung, die Mephisto im zweiten Teil aufgreift, wenn er sich in der Maske des abgrundtief häßlichen Phorkyas als «des Chaos vielgeliebter Sohn» charakterisiert (v.8027). Indem Goethes Teufel die diversifizierten Versionen einer Benennung des Bösen als paradoxe Einheit in sein Selbstbild aufnimmt, gerät er zu einem Patchwork von Bedeutungen (was dem Sinn des griechischen Wortes ‹diabolos›: der ‹Durcheinanderwerfer›, entspricht). Anders als Karl Heinz Bohrer, der Mephisto für eine Gestalt ohne Provokationskraft hält, hat Peter Sloterdijk ihn, den ‹kynischen Aufklärer›, zu Recht als «Zentralfigur der modernen Ästhetik» bezeichnet; an ihm zeige sich gerade, daß das *Faust*-Drama mit der theologischen Nomenklatur und den aus ihr abgeleiteten Figuren des Bösen nur noch spiele, indem es sie als entleerte Bedeutungsrequisiten vorführe.[30] Was aber ist das Böse, wenn es nicht mehr mit den alten Namen bezeichnet und in den traditionellen Rollen verkörpert werden kann?

Bereits in der Bearbeitung der Faust-*Historia* (1587) von Georg Rudolf Widmann (1599), die Goethe in Christoph Nikolaus Pfitzers Kommentierung (1674) rezipierte, befragt Faust seinen neuen Diener nach seiner Identität, erhält von ihm jedoch eine melancholisch gebrochene Antwort: er stamme aus dem Gefolge des gefallenen Engels, sei durch «das schädliche Gifft» Lucifers bezwungen worden und müsse nun «Menschen beschädigen», was er jedoch «nicht allzeit gern thue.»[31] Auch der Mephisto aus Christopher Marlowes *Faustus*-Drama (1588/89), das Goethe vermutlich nur über die freien Bearbeitungen der englischen Komödianten kannte, zeigt durch die Trauer, mit der er Faust eine Erklärung der Hölle verweigert, eine gebrochene Rollenauffassung: «O Faustus leave these frivolous demandes, I Which strike a terror to my fainting soul.» («O Faust, laß solche frevelhaften Fragen, I die meine verzagende Seele mit Schrekken schlagen.»)[32] Es gehört zu den festen Bestandteilen des Lucifer-Mythos, daß die *superbia*, die zur Vertreibung aus dem Himmel führte, im Teufel eine unauflösbare Schwermut erzeugt.[33] Mit dem Abfall von Gott verbindet sich aus der Perspektive der christlichen Sündenlehre ein Prozeß der distanzierten Selbstwahrnehmung, die dem Vertreter des Bösen ein Bewußtsein der Isolation verschafft. Daß «der Teuffel gantz geneigt ist in die Melancholey» und in ihr förmlich ‹bade›, wie Johann Weyer 1563 bemerkt, bildet folglich ein wiederkehrendes Merkmal seiner Charakterisierung.[34]

4. DIE PARADOXIEN DES BÖSEN

Die Faust-Versionen Pfitzers und Marlowes verschaffen dem Bösen an diesem Punkt eine subjektive Nuance, die in ähnlicher Weise schon die Renaissancemalerei – zumindest punktuell – hervorgehoben hatte. Lorenzo Lotto war im Jahr 1554 der erste Künstler der Neuzeit, der eine Lucifer-Gestalt entwarf, die menschliche Züge trug (*Der Heilige Michael verjagt den Lucifer*). Die alte Teufelsfigur mit Hörnern, Klauen, Schwanz und Bocksfuß trat fortan in den Hintergrund, indes das Böse psychische Komplexität und Ambivalenz gewann.[35] Ernst Osterkamp hat diesen Prozeß an der Konstruktion der Satansfigur in den Epen Tassos (*La Gierusalemme liberata*, 1580), Marinos (*La strage de gl'Innocenti* [*Bethlehemitischer Kindermord*], 1632) und Miltons (*Paradise lost*, 1667) nachgewiesen.[36] Das Böse offenbart zunehmend die Anatomie einer neuzeitlichen Subjektivität, die am Ende keine Konzentration auf äußerliche Attribute mehr erlaubt. Zu solcher Subjektivität gehört auch die Selbstwahrnehmung des Bösen, das sich als seelisches Wesen erfaßt, an seiner Ausstoßung aus der Gemeinschaft leidet und das Elend seiner Exilierung beklagt. Aus der Einsamkeit des gefallenen Engels resultiert Lucifers Melancholie, die ihrerseits die Priorität des Guten bekräftigt, schreibt dieses doch seinem Widersacher vor, wie er sich wahrzunehmen und zu beurteilen habe. Während in Miltons Satan noch die destruktiv-verwerflichen Züge dominieren, zeigt Klopstocks *Messias* (1748–73) in der Gestalt des Teufels Abbadona einen aus dem Himmel vertriebenen Sünder mit den Kennzeichen einer ästhetisch sublimen Empfindsamkeit.

Goethes *Faust* wandelt nun derartige Formen der Subjektivierung des Bösen kunstvoll ab, indem er das Motiv der Melancholie in den formalen Modus der paradoxen Selbstbeschreibung überführt. Mephisto wird dort, wo er sich Faust gegenüber charakterisiert, als Verkörperung des Widerspruchs im Medium scharfsinniger Rede kenntlich.[37] An den Platz einer eindeutigen tritt die paradoxe Identität, die mit den Mitteln der Farce, der Satire und des grellen Zynismus zur Darstellung gebracht wird. Goethes spinozistisch gefärbte Shakespeare-Rede von 1771 hatte noch die dialektische Einheit von Gut und Böse beschworen: «das was wir bös nennen, ist nur die andre Seite vom Guten» (MA 1.1, 414). Mephisto bezeichnet dagegen keine *Coincidentia Oppositorum* mehr, sondern das Gesetz des inneren Widerspruchs, das schon die frühe Aufklärung als Merkmal des Bösen hervorhob. Im Zedlerschen Universallexikon hieß es diesbezüglich, das Böse sei das Prinzip des ‹Mangels› und der ‹Unordnung›.[38] Der Begriff

MEPHISTOS PRINZIP ODER: SELBSTENTWÜRFE DES TEUFELS

des Mangels meint dabei einen gravierenden Defekt, durch den das Böse, wie der Artikel formuliert, eine «privation», und folglich «mehr ein Unding als ein Ding»[39] darstelle. Kant hat in seiner Schrift *Die Religion innerhalb der Grenzen der bloßen Vernunft* (1793), die Goethe als Zeugnis der Misanthropie abkanzelte, das Wesen böser Handlungen aus deren Abweichung vom moralischen Gesetz des Menschen definiert.[40] Was Kant ‹böse Maximen› nennt, entspricht einem Verstoß gegen die Prinzipien der Sittenlehre, besitzt jedoch keine positiv beschreibbare Qualität. Die Eigenschaften, die seine Schrift dem Bösen zuweist – ‹Gebrechlichkeit›, ‹Unlauterkeit›, ‹Verderbtheit› und ‹Willkür› – vereint die Tatsache, daß sie aus der Negation vorgegebener Normen resultieren.[41] In der Nicht-Identität gewinnt der Mangelcharakter, den man dem Bösen seit der frühen Patristik zuordnet, auch bei Kant seine besondere Qualität. Nicht-Identität bedeutet nun aber, daß das Böse sich in einem Raum ansiedelt, in dem diejenigen Unterscheidungen, die aus der Sicht von Moralphilosophie, Theologie oder Jurisprudenz getroffen wurden, außer Kraft gesetzt sind. Die Nicht-Identität des Bösen hat zur Folge, daß es die identitätsstiftenden Differenzierungen der Ethik, des Rechts und der Religion kollabieren läßt. Diesen Effekt des Bösen veranschaulicht Goethes *Faust*-Drama, indem es den Teufel zum Doppelspieler macht, der wechselnd verschiedene Ich-Profile durchläuft. Als Vergegenwärtigung der Paradoxie entgleitet die Mephisto-Figur dem Zugriff einer zweiwertigen Logik, die den Anspruch erhebt, Gut und Böse als Varianten einer ähnlichen Identitätssystematik zu definieren.[42]

Mephisto selbst kann daher seine Identität nur mit Hilfe eines Paradoxons beschreiben, wenn er erklärt, er repräsentiere das, was die Menschen als ‹das Böse› bezeichnen.[43] Die Bestimmung des eigenen Selbst erfolgt hier unter ausdrücklichem Hinweis darauf, daß die verwendeten Begriffe nicht aus Mephistos Denkwelt stammen: «So ist denn alles was ihr Sünde, | Zerstörung, kurz das Böse nennt, | Mein eigentliches Element.» (v.1342 ff.)[44] Mephisto erscheint als Beobachter eines Prinzips, das er allein innerhalb einer Ordnung, die für ihn nicht gilt, zu erfassen vermag. Indem er über seine ihm von den Menschen zugeschriebene ‹böse› Identität spricht, unterstellt er sich dem Diktat der Moral, die in Differenzierungen denkt, um sich selbst klassifizieren zu können. Das Böse, das Identität nur als Nicht-Identität gewinnt, gerät in den Sog des Guten, das es in eine geordnete Welt mit klaren Hierarchien einsortiert.[45] Die para-

4. DIE PARADOXIEN DES BÖSEN

doxe Rolle des sich entfremdenden Selbstbeobachters wird auch durch den Körper Mephistos gespiegelt, der sich ständig verändert und über keine fest umrissene Gestalt verfügt. Die Hahnenfeder ist das einzige Symbol, an dem ihn die Hexe in der Verjüngungsszene erkennen könnte; sonst aber hat er sich sämtlicher Attribute – «Hörner, Schweif und Klauen» (v.2498) – entschlagen, die ihm der Volksglaube zuschreibt.[46] Schon in der *Historia* von 1587 besaß der Teufel gemäß populärer Auffassung die Gabe des Verwandlungszaubers, mit dessen Hilfe er seinen Schützling stets neu überraschen und erschrecken konnte.[47] Goethes Mephisto benutzt seinen proteischen Leib jedoch nicht nur, um unerkannt zu bleiben, sondern zugleich aus dem Überdruß des Aufklärers, der die traditionelle Körperlichkeit des Satans verachtet, weil sie nicht zeitgemäß ist: «Auch die Kultur, die alle Welt beleckt, | Hat auf den Teufel sich erstreckt | das nordische Phantom ist nun nicht mehr zu schauen (...)» (v.2495).

Die in der Beobachterrolle aufgehobene Wechselgestalt Mephistos entspricht dem mythischen Ursprung der Teufelsfigur im Christentum, auf dessen widerspruchsvolle Züge bereits Hans Richard Brittnacher aufmerksam gemacht hat.[48] Seiner Geschichte nach ist der Teufel (Lucifer) als abgefallener Engel ein klassischer Doppelspieler, der zwischen den Funktionen des Akteurs und des Beobachters pendelt.[49] Niklas Luhmann hat ihn als «Inkarnation» einer Paradoxie beschrieben, die darin liege, daß er «seinen eigenen Platz (sich selbst als Beobachter) nicht erkennen» könne.[50] Zum einen entsteht diese Paradoxie dadurch, daß der Teufel aus der Abspaltung vom Guten hervorgeht, mithin einzig in Relation zu ihm existiert. Zum zweiten resultiert sie aus dem Umstand, daß er ein vorab vorhandenes Böses, das ihn selbst zum Abfall bewegt hat, nur nachträglich veranschaulicht. Zum dritten ist der Teufel nicht allein ein Teil der Unterscheidung von Gut und Böse, sondern ebenso deren Ergebnis, wobei gleichgültig ist, ob die Finsternis «sich das Licht gebar» (v.1350), wie Mephisto erklärt, oder Gott – nach dem Wortlaut der Genesis (1 Mos.4) – das Licht schuf und es danach vom Dunkel schied. Das Böse repräsentiert damit weder eine selbständige Kraft, wie es der manichäische Dualismus vorsieht, noch ein mangelhaftes Spaltprodukt des Guten, wie es der patristischen Deutungstradition entspricht.[51] Es verschwindet nicht im Guten, bleibt ihm aber auch nicht dialektisch verbunden;[52] vielmehr behauptet es durch seine Form eine paradoxe Grundstruktur der Nicht-Identität, des Rollenwechsels und der ständigen Verneinung, die

MEPHISTOS PRINZIP ODER: SELBSTENTWÜRFE DES TEUFELS

sich in Mephistos Versuchen der Selbstbeschreibung exemplarisch abzeichnet.[53] Bereits in der *Faust*-Fassung Widmanns und Pfitzers vertritt der Teufel eine Position, die den manichäischen Dualismus im Sinne einer schöpfungsmythischen Priorität des *malum* zu eigenen Gunsten auslegt. «Denn Gott», so erklärt er seinem Opfer Faust, «hat Gute mit den Bösen erschaffen, darbey lässet Ers auch bleiben, und nimmet sich der Menschen weiter nicht an, wie sie auch leben und sterben, bis zu dem allgemeinen Gerichte (...)».[54] Bezeichnend ist die Abfolge («Gute mit den Bösen»), die die Genesis auf blasphemische Weise umdeutet; wenn Gott, wie der mosaische Bericht zweifelsfrei besagt, am Anfang das Licht schuf, so kann das aus der Sicht des Teufels nur heißen, daß zuvor Dunkelheit herrschte. Das Böse geht folglich dem Guten wie die Dunkelheit dem Licht voraus – das entspricht der bereits zitierten Aussage von Goethes Mephisto: «Ich bin ein Teil des Teils, der Anfangs alles war» (v.1349), die allerdings die vermessene Modifikation einschließt, daß das Licht vom Dunkel selbst erzeugt worden sei. Der manichäisch argumentierende Teufel Pfitzers sät in Faustus den Keim des Fatalismus, denn dieser kommentiert die «seltzame Predigt» mit der Einsicht, daß der «Lauff» der Vorsehung nicht aufzuhalten sei.[55] Der Teufel verlegt sich hier, anders als bei Goethe, nicht auf die radikale Negation des Schöpfers, sondern auf punktuelle Eingriffe ins Bedeutungsgefüge der christlichen Welt- und Wertordnung. Indem er Gutes und Böses als feste Bestandteile der Schöpfung auszuweisen sucht, verschafft er dem Übel jenen selbständigen Status, den die christliche Kirche seit Augustinus entschieden bezweifelt.[56]

Faktisch wird die Identitätsproblematik des Bösen bei Goethe durch die Doppelfunktion des intriganten Anstifters und Interpreten der eigenen Rolle zum Ausdruck gebracht, wie sie Mephisto mustergültig besetzt. In ihr spiegelt sich auch die Spannung zwischen Materialität (Trieb) und Intellekt (Reflexion) wider, die schon Walter Benjamin für ein besonderes Kennzeichen der Satansfigur hielt.[57] Als Intrigant ist Mephisto die veranlassende Instanz, die Fausts Weltfahrt, das Erwachen der erotischen Begierde, die Skrupellosigkeit des Verführers, das Hervortreten der materiellen Impulse, am Ende die sich steigernden Katastrophen der Gretchenhandlung von unehelicher Schwangerschaft, Mutter-, Bruder- und Kindermord bis zum Todesurteil in Gang setzt. Als Interpret entzieht sich Mephisto jedoch der manifesten Destruktionskraft des Bösen, indem er

4. DIE PARADOXIEN DES BÖSEN

die Rolle des Beobachters übernimmt, der sich in den Paradoxien der Selbstdefinition verstrickt. Der Widerspruch, den Goethes Text hier vorführt, liegt in der Unmöglichkeit begründet, das Böse durch sich reden zu lassen. Indem es sich erklärt, benutzt es immer schon jene denklogischen Hilfsmittel der wertenden Differenzierung, die seine Gegenordnung ersonnen hat, um es zu erfassen. Wo es mit den Worten der Vernunft operiert, bekräftigt es die Machtverhältnisse, die der *Prolog im Himmel* eingeschärft hatte, als er Mephisto «dem göttlichen Willen» unterwarf («Du darfst auch da nur frei erscheinen», v.226).[58] Goethes *Faust* ist an diesem Punkt das Drama des Teufels, der sich nur erkennen kann, wenn er sich durch die Reflexion und deren Werkzeug, die Sprache, entmächtigt. Die Tragödie beleuchtet hier ein paradoxes Moment der Darstellung des Bösen im Medium der Literatur: das Stadium seiner Selbstauflösung durch Aufklärung. Eine hermeneutisch fortgeschrittene Stufe dieses Stadiums wird der Mephisto des zweiten *Faust*-Teils markieren, wenn er über sich sagt: «Bedenkt: der Teufel, der ist alt, | So werdet alt, ihn zu verstehen!» (v.6817f.)

Der theatralische Raum, in dem Goethes *Faust*-Drama das Böse zu einer eigenen Zeichensprache jenseits aller Formen der aufgeklärten Selbstreflexion hätte führen können, ist durch die später unterdrückten Szenen des Hexensabbats aus dem Walpurgisnacht-Intermezzo bezeichnet.[59] In der knappen Darstellung der schwarzen Messe, deren Skizze Goethe schon 1808 vorsorglich im berühmten «Walpurgissack»[60] verschloß, treten die subversiven, paradoxen und ordnungsstörenden Energien des Bösen, vermittelt durch das blasphemische Ritual, mit Macht zutage. Gier, Trieb und Zynismus feiern in den Entwürfen zur Satansmesse ein obszönes Fest der dunklen Lüste. Ihre ästhetischen Medien sind der Chor, der Tanz und die Zeremonie: Muster der Wiederholung, die mit rituellem Nachdruck ein naturhaftes Prinzip zur Anschauung bringen. Das Böse bindet sich hier nicht an Inhalte, sondern an Formen, die sich unter dem Gesetz des Blocksberg-Ritus permanent wiederholen.[61] Dem entspricht die Tatsache, daß auch Mephisto keine bestimmten Haltungen – Materialismus, Zynismus, Blasphemie – verkörpert, sondern im Sinne Kants Formen der Anschauung des Bösen, Prinzipien a priori, die als Gefäße bereitstehen, um unterschiedliche Inhalte in sich aufzunehmen.

Die knappen Regieanweisungen, die in den Paralipomena versammelt sind, deuten die Logik der Repetition an, die das Böse über das Immer-

MEPHISTOS PRINZIP ODER: SELBSTENTWÜRFE DES TEUFELS

gleiche des Rituals vorführt: «Gipfel Nacht Feuer Koloss. nächste Umgebung Massen, Gruppe. Rede.»[62] Über das Ende der schwarzen Messe heißt es: «Volckan. Unordentliches Auseinanderströmen. Brechen u. Stürmen.»[63] Arthur Schopenhauer wird – nur ein gutes Jahrzehnt nach dem Erscheinen des ersten Teils des *Faust* – den Willen des Menschen mit dem Mechanismus eines Kreislaufs vergleichen, der niemals zu einem Ende komme, und dabei die Struktur der Wiederholung als Prinzip einer unentrinnbaren (daher verderblichen) Determination beschreiben: «So liegt das Subjekt des Wollens beständig auf dem drehenden Rade des Ixion, schöpft immer im Siebe der Danaiden, ist der ewig schmachtende Tantalus.»[64] Dieses Signum der permanenten Wiederkehr, das Schopenhauer zum Kennzeichen menschlichen Affektlebens erklärt, bildet Goethes Szenenentwurf durch das Muster der rituellen Repetition ab, in dem das Böse seine eigenständige Form gefunden hat. Sowohl die schwarze Messe als auch die Zurüstungen des Zeremonienmeisters betonen das Moment der Wiederholung als Strukturmuster einer Vergegenwärtigung von Naturmächten, in denen nicht die gliedernde Funktion des Geistes, sondern die gleichförmige Energie des Triebs («Unordentliches Auseinanderströmen») zur Anschauung gelangt.[65]

Die Paralipomena der Satansmesse liefern in knappen Stichpunkten ein blasphemisches Gegenprogramm zum christlichen Ritus. Der dramaturgische Entwurf sollte in den, wie Albrecht Schöne formuliert, «Verheißungen der satanischen Bergpredigt» seinen düsteren Höhepunkt finden.[66] Die schwarze Messe bildet gleichsam eine Form der «häretischen Kontrafaktur des christlich-kirchlichen Kultus» und damit auch ein rituelles Gegengewicht zur Kosmologie des Prologs, der Mephisto als Diener Gottes ausweist.[67] Allein in diesen fragmentarischen Szenen gewinnt das Teuflische einen vielgestaltigen Bühnenkörper und mit ihm eine theatralische Dimension, die die Tragödie ihm sonst nur in der «Hexenküche» und den verbliebenen Walpurgisnacht-Sequenzen verschafft.[68] Es ist freilich bezeichnend, daß Goethe sich aus Gründen der Konvenienz dafür entschied, eine Darstellung, die derart auf die Vergegenwärtigung des Bösen zielte, dem zeitgenössischen Publikum vorzuenthalten.[69] So vermittelt sich die Welt des Teufels im *Faust* primär über die scharfsinnige Sprache, die das dunkle Prinzip zu zergliedern sucht, ohne es dabei anders als durch Paradoxien erfassen zu können. Die theatralische Macht des Bösen aber, die jenseits dieser Sprache zu greifen ist, bleibt in den Kellern des

4. DIE PARADOXIEN DES BÖSEN

Archivs eingesperrt, das Goethes Selbstzensur errichtet hat. In der Produktionsgeschichte des *Faust* spiegelt sich damit die Zuschreibungsmacht des Prologs, die den Teufel unter das «Gesinde» (v.274) des Herrn verbannt und in ein «Instrument des göttlichen Heilsplans»[70] verwandelt hatte: ein Akt der rhetorischen Einbindung des Bösen, der zugleich seine Vertreibung aus dem Theater bedeutet. Im rückblickenden Weimarer Maskenzug von 1818 findet sich Mephisto dann konsequenterweise zur Personifikation des Lebens geläutert, zum freundschaftlichen Begleiter Fausts, der einzig seine Wünsche erfüllt habe: «Das ist gewiß nicht schwarze Kunst.» (MA 11.1.1, 347)

Wenn der Teufel die Bühne verläßt, verändert sich das Repertoire, mit dessen Hilfe das Böse dargestellt wird. Der *Faust* bietet in der Domszene mit dem Auftritt des ‹bösen Geistes›, der Gretchens schlechtes Gewissen figuriert, ein Musterbeispiel für die Widersprüche, in die die Literatur am Ende des 18. Jahrhunderts gerät, wenn sie das Böse als Element des Inneren des Menschen vorführt. Die Sequenz, die das altkirchliche, von Thomas Celanus (13. Jh.) stammende *Dies irae* der Exequien durchzieht, fand sich in der *Frühen Fassung* vor der Szene *Nacht* (mit Valentins Tod), in der Tragödienfassung von 1808 nach dieser plaziert. In Ergänzung zu dem von Goethe zielbewußt verkürzten, jeglichen Trost aussparenden, allein apokalypische Hoffnungslosigkeit akzentuierenden Leitmotiv des *Dies irae* spricht der Geist die Botschaft der Verzweiflung aus: «Grimm faßt dich! / Die Posaune tönt! / Die Gräber beben!» v.3800) Der böse Geist, der knapp hinter Gretchen steht, ist das Paradoxon der verkörperten Unsichtbarkeit des Bösen, das sich im Gewissen des Menschen ansiedelt. Goethes Szene markiert diesen Widerspruch deutlich, insofern sie den Geist nur für Gretchen (und die Zuschauer) wahrnehmbar macht. Die Nachbarin, um deren «Fläschchen» (v.3834) sie bittet, ehe sie ohnmächtig hinsinkt, vermag den Dämon als Erscheinung des bösen Gewissens dagegen nicht zu sehen; er bleibt ihrem Blick entzogen, weil er eine Verbildlichung der persönlichen Schuldgefühle darstellt. Zur Verinnerlichung tritt in dieser Szene zugleich eine Verschiebung des Bösen aus dem metaphysischen in den sozialen Sektor. In ihm manifestiert sich das Böse nicht als zerstörerisches Prinzip, sondern das Bewußtsein des ‹schlechten› Handelns, das primär Abweichung von der (bürgerlichen) Normalität ist. Das Böse hat die Färbung des Regelbruchs angenommen, der sich in der Verletzung der Konventionen äußert. Es verliert damit seine anarchische Vitalität

MEPHISTOS PRINZIP ODER: SELBSTENTWÜRFE DES TEUFELS

und lebt als Prinzip des sittlich ‹Schlechten› fort, in dem Friedrich Nietzsche 80 Jahre später ein Produkt der christlichen ‹Sklavenmoral› erkennen wird. Der böse Geist, den die Exequienszene mit dezidiert religiösem Bedeutungsaufwand vorführt, wohnt bereits ‹jenseits von Gut und Böse›. Zur rhetorischen Paradoxie, in der das Böse gefangen ist, gesellt sich damit das moralische Exil, in dem es zum ‹Schlechten› verkommt, ohne selbstständig existieren zu dürfen.

Was bleibt im *Faust* vom Bösen, wenn der Teufel seinen Körper einbüßt und das Prinzip des Übels im Zeichen eines Bedeutungswandels sukzessive verinnerlicht wird? Bei Goethe verweist das Böse nicht mehr auf die Metaphysik, deren Systeme kollabiert sind, sondern auf Sinn-Konstruktionen ästhetischen Charakters. Dieses Böse bezeichnet nicht das Andere des Guten, keine dunkle Gegenwelt, in der die heimlichen Begierden des Gläubigen hausen. Die Hölle ist geschlossen, und auch das Theater öffnet ihre Tore nicht mehr. Mephisto ist ein Teufel, der die Exerzitien des aufgeklärten Exorzismus überlebt hat. Das heißt, daß er im *Faust* nicht als eine obsolet gewordene Verkörperung des Bösen, sondern als dessen rhetorische Figuration erscheint. Wo das Böse seinen Leib verloren hat, muß es auf neue Weise repräsentiert werden. Kleist, Tieck und E.T.A. Hoffmann werden es mit den Mitteln einer sezierenden Psychologie zu veranschaulichen trachten, die es als Teil des menschlichen Seelenlebens offenbart – auf dieser Bahn führt das, was Friedrich Schlegel 1798 die «langsamste und ausführlichste Zergliederung unnatürlicher Lüste» nennt, in eine Kunst «gräßlicher Marter, empörender Infamie, ekelhafter sinnlicher oder geistiger Impotenz».[71] Goethes Mephisto weist einen anderen Weg, den man als Rhetorisierung des Bösen bezeichnen kann. Jenseits einer theatralischen Dimension, die, wie erörtert, durch die Selbstzensur unterbunden wurde, siedelt sich ein solches Verfahren auf dem Terrain der Beobachtungstechnik an. Es stützt sich auf ein perspektivisches Prinzip, das die Rede Mephistos zum Medium wechselnder Positionen, Urteile und Rollenentwürfe werden läßt. Über die rhetorische Ebene dringt damit zugleich ein dramatisches Element in die Beobachtungskunst ein. Indem Mephisto den Widerspruch in seinem Doppelsinn – als Negation und Gegensatz – zur Wirksamkeit bringt, zerstört er jegliche Form des Eindeutigen. An diesem Punkt wird das Böse kenntlich, das Mephisto im Medium der perspektivischen Rede veranschaulicht. Sie ist das Werkzeug der Auflösung und Zerstreuung, der Paradoxierung und Rekombination, der

4. DIE PARADOXIEN DES BÖSEN

Sprengung und Neubildung aller Werteinheiten, die sich mit den Begriffen der Moral und Vernunft verbinden. Das Böse, das Mephistos Rhetorik reflektiert, bildet einen Treibsatz der Dekonstruktion, der die Verhältnisse zum Zerspringen bringt – nicht nur ein sprachliches, sondern zugleich ein dramatisches Prinzip.

Friedrich Schlegel hatte diese dekonstruierende Dimension vor Augen, als er 1797 in seinen *Kritischen Fragmenten* formulierte: «An die Stelle des Schicksals tritt in der modernen Tragödie zuweilen Gott der Vater, noch öfter aber der Teufel selbst. Wie kommts, daß dies noch keinen Kunstgelehrten zu einer Theorie der diabolischen Gedichtart veranlaßt hat?»[72] Goethe leistet zumindest einen praktischen Beitrag zu dieser Theorie, indem er das Diabolische als ein ästhetisches Moment jenseits der traditionellen Verkörperungen des Bösen sichtbar macht. Mephisto wird bei ihm zu einer Figur, die das Beobachtungsverfahren der Literatur selbst reflektiert.[73] Damit zeichnet er den Weg in die Moderne vor, die den Teufel im Rahmen ihrer nicht mehr schönen Künste zum ästhetischen Prinzip verwandelt. Mephisto erscheint vor diesem Hintergrund als Medium der Kunst-Erfahrung selbst, als Figur der Dekonstruktion, welche die Ordnungen der Moral, der Vernunft und der Begriffe zerstreut. Wer das nicht böse genug findet, hat von der Ästhetik des Bösen nichts verstanden.[74]

5

EINE BÜHNE FÜR
DIE SCHÖNE SEELE

Autonomie und
Androgynie der Frauen

In seiner schmalen Abhandlung *Antwort auf die Frage: was ist eine schöne Seele?* (1781) schildert Wieland drei aus Xenophons *Kyrupädie* stammende Beispiele vorbildhafter Menschlichkeit. Unter ihnen ist auch die Geschichte der Panthea, der Gemahlin des Königs Abradates von Susiane, die während des Krieges in die Gewalt des persischen Herrschers Kyros gerät, von diesem aber so edelmütig vor der Zudringlichkeit ihres Wächters geschützt wird, daß sie ihren Ehemann überredet, sich mit der Partei seines Gegners zu verbünden. Als Abradates später für Kyros in der Schlacht stirbt, folgt die trauernde Panthea ihm nach, indem sie sich unter den Augen ihrer Pflegemutter erdolcht.[1] Panthea ist eine schöne Seele, insofern sie als Friedensstifterin in gespannten Verhältnissen zu wirken und Gegensätze aufzuheben sucht, die unter den Bedingungen des Kriegs unüberwindlich scheinen.[2] Wielands Erzählung demonstriert, daß der Begriff der schönen Seele nichts mit den Anmutungen von Passivität und Kontemplation gemein hat. Vielmehr schließt er eine Fähigkeit zur Intervention ein, die im Ethos der selbstlosen Vermittlung gründet; Panthea, so heißt es, «genoß das Vergnügen die Stifterin eines schönen Bundes zu seyn (...)».[3] In seinem Lehrgedicht *Das Leben ein Traum* (1771) formuliert Wieland die Quintessenz der hier beschriebenen Haltung, indem er auf ihren Genuß an der Tugend verweist: «Und ohne Gleisnery, aus Neigung, nicht aus Pflicht, | Ist schöner Seelen Lust sie fröhlich auszuüben.»[4]

Für Goethes *Iphigenie auf Tauris* (1787) wird diese Bestimmung, die Schiller später zugespitzt hat, zentrale Bedeutung entfalten.[5] Anders als

5. EINE BÜHNE FÜR DIE SCHÖNE SEELE

die Iphigenie des Euripides, die ihre Rückkehr in die Heimat mit den Mitteln des Betrugs ins Werk setzt,[6] ist Goethes Protagonistin, wie der Taurer Arkas konstatiert, eine «schöne Seele» (v.1493): sensibel und mitleidsfähig, um Ausgleich und Verständigung bemüht, zu Lüge und Täuschung gänzlich unfähig («Ich habe nicht gelernt zu hinterhalten», v.1403).[7] Neben die empfindsamen Konturen der Titelheldin, die Goethe nach dem Vorbild von Claude Guymond de La Touches *Iphigénie en Tauride* (1758) herausarbeitet, treten aber zugleich die Züge des Stolzes und Selbstbehauptungswillens.[8] «Ich bin so frei geboren als ein Mann» (v.1858), erklärt Iphigenie dem vergebens um sie werbenden König Thoas, als dieser ihr Gewalt androht («du willst mich zwingen», v.1854). Mit «Festigkeit» (v.491) verteidigt sie ihren Status als unverheiratete Jungfrau, die sich ganz dem Dienst an der Göttin Artemis verschrieben hat, seit diese sie in Aulis vor dem Tod rettete. Ihre Tatkraft zeigt sie dadurch, daß sie sich, anders als die Heldin des Euripides, gegen den Ritus des Menschenopfers wehrt, mit dem die Taurer Artemis verehren: «Der mißversteht die Himmlischen, der sie | Blutgierig wähnt, er dichtet ihnen nur | Die eignen grausamen Begierden an.» (v.523 ff.)

Durch ihre Opposition gegen den barbarischen Opferritus und ihren Verzicht auf den Betrug gegenüber Thoas unterscheidet sich Goethes Protagonistin deutlich von ihren Vorgängerinnen.[9] In der euripideischen *Iphigenie bei den Tauern* ist es allein der Chor der gefangenen griechischen Frauen, der die Frage stellt, ob die grausame Menschenschlachtung von den Göttern überhaupt gewünscht werde; die Protagonistin selbst befolgt dagegen bereitwillig «des Landes Sitte», nach der sie «jeden | Hieher verirrten Griechen opfern muß.»[10] Die Bearbeitung des jungen Johann Elias Schlegel («Orest und Pylades», 1737) zeigt eine schwache Iphigenie, die den offenen Widerstand gegen das blutige Ritual nicht wagt («Zum Morden ausersehn bin ich der andern Tod»).[11] Bei de La Touche wiederum verwirft die Protagonistin zwar – ähnlich wie in der *Iphigenia* (1700) des John Dennis – den archaischen Brauch der Skythen, jedoch fehlt ihr zur Seelengröße, die sie bei Goethe offenbart, die letzte moralische Würde: wie ihre euripideische Vorgängerin zögert sie nicht, die Flucht der Griechen mit einer List zu unterstützen. Die Befreiung von der alten Schuld kann hier erst erfolgen, als Pylades Thoas erschlägt, der eben im Begriff steht, Orest zu opfern.[12] Auch in den Iphigenie-Dramen von François-Joseph de La Grange-Chancel (*Oreste et Pilade, ou Iphigénie en*

Tauride, 1698) und Christoph Friedrich von Derschau (*Pylades und Orestes oder Denckmaal der Freundschafft, 1747*) muß der Barbar Thoas wie zur Bestätigung der nicht ganz reinen Entsühnung sterben, ehe die durch Iphigenies List vorbereitete Flucht nach Griechenland gelingen kann.[13] Während die früheren Bearbeitungen eine Exkulpation zeigen, die paradoxerweise mit Betrug und Gewalt erkauft wird, sucht Goethes Iphigenie den tödlichen Kreislauf der Schuld durch ihr unbedingt wahrhaftiges Handeln – das freimütige Eingeständnis des geplanten Verrats gegenüber Thoas – zu unterbrechen.[14] Wesentliche Bedingung für dieses Verhalten, das den Akt der Entsühnung aus dem Bann der Göttermacht löst und in die Verantwortlichkeit des Menschen verschiebt, bildet eine Neubestimmung der weiblichen Rollenidentität, die Goethe bei keinem seiner Vorgänger finden konnte.

Bereits in der Exposition des Dramas erklärt Goethes Iphigenie, der «Zustand» der Frauen sei «beklagenswert» («der schlimmste vor allen Menschen», formuliert schroffer noch die Prosafassung von 1779; MA 2.1, 247); ein ‹Frauenschicksal› bedeute oft unnützes Leben – ein «arm Geschlecht» nennt sie die ‹Weiber› gegenüber Thoas (v.24, 116, 481). Zugleich aber begehrt sie gegen solche Rollenfixierungen heftig auf, wenn sie rhetorisch fragt: «Hat denn zur unerhörten Tat der Mann | Allein das Recht?» (v.1892f.). Thoas' Werben entzieht sie sich unter Berufung auf Artemis, deren Virginitätsgebot sie als ihre Priesterin verpflichtet ist (v.196ff.). Liebe sieht sie nach dem Vorbild der Göttin, deren Dienst sie verrichtet, nur im Rahmen geschwisterlicher Neigungen legitimiert: «Du liebst, Diane, deinen holden Bruder | Vor allem (...)» (v.1321f.). Wo Euripides' Heldin über die ihr auferlegte Kinderlosigkeit trauert, findet Goethes Iphigenie in der Botschaft der Götter, die sie durch das «Herz» (v. 437ff., 494) sprechen hört, einen Eheverzicht aus innerer Notwendigkeit begründet.[15] Goethe geht erheblich weiter als Euripides und seine klassizistischen Nachfolger, indem er Iphigenies Klage über ihre Exilsituation als unbedingte Infragestellung ihrer weiblichen Rolle und der daran gebundenen Selbstbeschränkung anlegt. Sogar engagierte Vertreter der Frauenrechte wie Theodor Gottlieb Hippel, der 1792 seine Schrift *Über die bürgerliche Verbesserung der Weiber* publiziert, zweifeln nicht mit derartiger Verve am ‹Nutzen› konventioneller Lebensentwürfe.[16]

Iphigenies kritische Reflexion über die Rollen der Gattin und Mutter mündet schließlich in eine neue Bestimmung des ‹Frauenschicksals›; zur

5. EINE BÜHNE FÜR DIE SCHÖNE SEELE

Lösung des alten – mythischen – Konflikts sucht sie einen Weg zu beschreiten, der es ihr erlaubt, als «zartes Weib» (v.1909) zu handeln, ohne sich dem männlichen Gesetz der Gewalt zu unterwerfen.[17] Statt «Wild gegen Wilde» aufzutreten und sich auf diese Weise «ihres angebornen Rechts» auf Friedfertigkeit zu entäußern, möchte Iphigenie den Zirkel aus Betrug und Verbrechen zum Stillstand bringen, indem sie Thoas die Wahrheit über das Täuschungsmanöver der Griechen offenbart (v.1909 ff.). Pylades, der Vertreter männlicher Denkkonventionen, hatte das Gerücht kolportiert, Iphigenie gehöre zum «Stamm der Amazonen (...)» (v.777). Es ist bezeichnend, daß Iphigenie selbst diese Rollenbindung entschieden negiert, wenn sie ihre Absichten erläutert. Sie möchte gerade nicht «wie Amazonen» das «Recht des Schwerts» (v.1910f.) vertreten, sondern unter Verzicht auf die kriegerischen Mittel der Gewalt und List die Last der Atridenschuld überwinden. Zwischen der Männerwelt des Krieges und der Frauenwelt der passiven Selbstbeschränkung stehend, will sie Lösungen aus ihrem ‹angebornen Recht› zur friedlichen Vermittlung ableiten – aus der vom *ius naturae* begründeten Lizenz zur ‹zarten› Verständigung im Raum einer idealen Interessenbalance. Während Euripides' Protagonistin als Kopf des gegen Thoas gerichteten Betrugs fungiert und mit ihrer Strategie die Flucht der Griechen ermöglicht, sind die «Waffen» (v.1866), die Goethes Iphigenie einsetzt, allein die Worte, mit denen sie bitten, plädieren, argumentieren und überzeugen kann.[18]

Als «reine Seele» (v.1874) ist Iphigenie das Medium jener Vernunft, die Humanität gegen Tötungsrituale, Verständigung gegen Schweigen und Sühne gegen Gewalt setzt. Iphigenie versucht den Mythos der Schuld – Adorno nennt ihn «Verstrickung in Natur»[19] – zum Stillstand zu bringen, indem sie den der Frau gesellschaftlich abverlangten Verzicht auf eigene Initiative in Frage stellt, ohne jedoch in der Rolle der Amazone männliche Verhaltensnormen zu reproduzieren. Die Aufgabe der Vermittlerin, die den Kreislauf der Schuld durchbricht, kann Iphigenie nur übernehmen, wenn sie ihre Identität als Frau und das Gesetz ihres Handelns neu deutet. Iphigenies Vorstoß markiert einen dritten Weg zwischen dem Leiden, wie es der passiven Frauenrolle zufällt, und der Gewalt, die dem männlichen Prinzip des Krieges innewohnt. Auf einer höheren Ebene steht diese Lösung nicht nur gegen die Konventionen der Geschlechterbilder, sondern auch gegen die ältere Autorität der Metaphysik. Euripides' Iphigenie benötigt noch die Intervention der Göttin Athene, welche die von

Poseidons Winden begünstigten Griechen vor dem rachlüsternen Thoas schützen muß.[20] Goethes Heldin sucht dagegen eine selbstbestimmte Rettung anzubahnen, indem sie sich dem Patronat der Olympischen und den Handlungskonventionen der Gesellschaft gleichermaßen entzieht.[21] Die Entsühnung des Atridenhauses ist hier weder die Sache männlicher (oder amazonenhafter) List noch das Produkt göttlicher Hilfe, sondern ein Resultat des naturrechtlich legitimierten Willens zur moralischen Eigenverantwortung.[22]

Der Raum, in dem sich dieser Wille auf durchaus spannungsreiche Weise entfaltet, ist die Sprache der Bitten, Aufforderungen, Ansinnen und Ermahnungen, die Iphigenie an König Thoas richtet («Versagen kannst du's nicht; gewähr es bald», v.2150).[23] Im Reden sucht die Protagonistin Räsonnement und Tat, moralische Reflexion und Entschlußkraft, sittliches Urteil und praktisches Ziel zu verbinden. Verdichtet wird solche Einheit von Gegensätzen im Paradoxon der an Thoas ergehenden Aufforderung: «Verdirb uns – wenn du darfst» (v.1936), nochmals variiert in der Formel: «Bedenke nicht; gewähre, wie du's fühlst.» (v.1992) Iphigenie figuriert hier als Medium eines unbedingten Wahrheitsanspruchs, dessen innere Ambivalenz allerdings darin liegt, daß er nicht zweckfrei bleibt, sondern sich als das bessere Mittel auf dem Weg zur Ablösung von der Schuld ausweisen möchte. Die Exkulpation, welche die Götter in Aussicht stellen, muß mit dem Postulat innerer Aufrichtigkeit verknüpft werden: «Laß mich mit reinem Herzen, reiner Hand, | Hinübergehn und unser Haus entsühnen.» (v.1968f.) Dieses Motiv, das erstmals in der *Iphigenie*-Fassung Johann Elias Schlegels anklingt,[24] wird bei Goethe von der Rhetorik der Überredung unterstützt, deren Scharfsinn nicht selten die Grenze zur Kasuistik überschreitet («Der Zweifel ist's, der Gutes böse macht.» [v.1991]). Wo Euripides' Iphigenie noch das Stummsein als Mittel zum Erfolg gepriesen hatte («Ein edel Ding ist ein verschwieg'ner Mund»),[25] praktiziert Goethes Heldin eine rhetorische Überzeugungsarbeit, die sämtliche Register der Beredsamkeit zieht. Das Schweigegebot, das in der euripideischen *Iphigenie* die List befördert, wird bei Goethe durch die Gewalt der Argumentationskunst ersetzt, vor der Thoas am Ende in einer zunehmend asymmetrischen Situation kapitulieren muß. Iphigenie gewinnt ihre neue Rolle im Geltungsbereich des Logos, der die Lösung des Konflikts auf der Basis der Sprache regelt («Ich habe nichts als Worte», v.1863). Mit dieser Funktion verinnerlicht sie aber auch die ambivalente Tendenz der Gewis-

5. EINE BÜHNE FÜR DIE SCHÖNE SEELE

sensethik, gleichzeitig Freiheit zu stiften und moralischen Druck aufzubauen. Die schöne Seele, deren Signum gerade die Zwanglosigkeit des Handelns war, wird ihrerseits von den Zwängen der Überredungskunst eingeholt.[26] Goethes Drama sucht nun dieser inneren Pression eine äußere Form der Balance entgegenzusetzen, in der die Anspannung der Zwecke aufgelöst werden soll. In der geschmeidig-gelenkigen Rede, die Goethes Heldin führt, tritt zutage, was Wielands *Musarion* (1768) ein «Kolorit von Wohlanständigkeit» nennt.[27] Der Wille zur Überwindung der mythischen Konflikte auf neuem Weg hat hier eine Schauseite, in der sein Ethos als schöne Form zutage tritt, wie es Wieland in *Das Leben ein Traum* beschreibt.[28] Iphigenies Sprache ist von Bildern «des reinigenden Flüssigen, des Löschenden» durchzogen, was ihre versöhnende Funktion verdeutlicht.[29] Zugleich aber bekundet sich in den Kaskaden von Flut-, Wasser- und Regenmetaphern eine Tendenz zur Entpersönlichung, die Goethes Protagonistin in ihrem diplomatischen Auftrag bestimmt: «Nur sie zu retten drang die Seele vorwärts.» (v.1519)[30] Reden die Götter durch das Herz, wie Iphigenie erklärt (v. 494), so heißt das auch, daß das Gefühl des Menschen zum Medium für den Willen der Himmlischen wird, seine Subjektivität mithin als Funktion ihrer (oft undurchschaubaren) Absichten erscheint.[31] Diese Konstellation macht erklärlich, aus welchem Grund Iphigenie als ‹schöne Seele›, der es mit einem Wort Hippels «nicht an großen Anlagen» fehlt,[32] primär eine Figur der Vermittlung ist, die ihre Identität in der Aufgabe aufgehen läßt, die vom Mythos gewährte Entschuldung mit den Instrumenten naturrechtlich begründeter Moralität als Gewissensakt formell nachzuvollziehen.[33]

Zwar zeigt Goethes Drama den prägnanten Moment der Überführung des Götterglaubens in den Bereich der sittlichen Individualität («Rettet mich, | Und rettet euer Bild in meiner Seele!», v.1716f.), doch bindet es den gesamten Vorgang an eine formalisierte Subjektivität, die Selbstbestimmung als Vermittlungs- und Transferleistung faßt. In diesem formalisierten Charakter, den das Schauspiel zur Bedingung seines Autonomieexperiments erhebt, hat Adorno zu Recht die Nähe zum aristokratischen «Takt»[34] erkannt; der Versuch der rhetorischen Überzeugung, der vom Vertrauen in die Suprematie des zivilisierten gegenüber dem barbarischen Leben getragen wird, erfolgt mit den Mitteln der aristokratischen Höflichkeit, die die individuelle Motivation einzig durch den Anstand zum

Ausdruck bringt.³⁵ Die Freiheit des Gewissens als «Gottesdienst in sich selbst» (Hegel)³⁶ verbindet sich hier mit einer Form, die im Reden Gegensätze balanciert und die «Ungebärdigkeit»³⁷ des rohen Stoffs – des barbarischen Ritus wie der unbedingten Liebe – derart abschleift, daß sie eine glänzende Oberfläche gewinnt. Der skythische Kultus, demzufolge Fremde geopfert werden durften, läßt sich auf diese Weise ebenso abmildern wie das drängende erotische Begehren des einsamen Thoas, der sich in die Geste des Verzichts schicken muß. Die Sprache der Versöhnung, die Iphigenie anstimmt, tilgt die Gewalt des Mythos in einer Ordnung der *contenance*, die auf das traditionelle höfische Verhaltensmuster der Selbstbeherrschung verweist. Ihr Ethos korrespondiert mit der Bestimmung des Anstands als ‹negatives›, durch Vermeidung von Extremen determiniertes Verhalten, wie es der Theatermann Serlo in den *Lehrjahren* während der Proben zu Lessings *Emilia Galotti* unter Rückgriff auf die französische Moralistik in der Nachfolge La Rochefoucaulds definiert (MA 5, 353).³⁸

Wenn Goethes Heldin als Artemis-Priesterin für Tugend, Moral und Wahrheit streitet, tut sie das unter dem Diktat der Affektdisziplinierung, frei von subjektiven Impulsen, als Gefäß und Medium einer Herzensbotschaft, die der Zweideutigkeit der Götter abgerungen wird.³⁹ Das soziale Modell für diese Aufgabe bleibt die höfische *actio*, die den persönlichen Einsatz in den Formen einer ‹gedämpften› Kommunikation zurücknimmt.⁴⁰ Es ist der Taurier Arkas, der den ihm fremden Hang zur Introversion an Iphigenie hervorheben darf: «Und wie mit Eisenbanden bleibt die Seele | Ins Innerste des Busens dir geschmiedet.» (v. 72 f.) Thoas wiederum kommentiert Iphigenies Beredsamkeit, die nach dem Muster höfischer Interaktion bittere Botschaften gefällig zu vermitteln sucht, mit den lakonischen Worten: «Man spricht vergebens viel, um zu versagen; | Der andre hört von allem nur das Nein.» (v. 450 f.) Hier ist der Punkt bezeichnet, an dem das Gebot der Aufrichtigkeit mit dem der Dezenz und Affektregulierung zusammentritt.⁴¹ Der sittliche Anspruch, äußerste Offenheit auf Kosten des eigenen Vorteils zu wagen, verwirklicht sich in einer Form des Takts, die ihrerseits zum aristokratischen Habitus gehört. Kaum zufällig greift Iphigenie auf dessen Sprachregister zurück, wenn sie Thoas um Aufmerksamkeit für ihre Argumente bittet: «(…) es ziemt | Dem edlen Mann, der Frauen Wort zu achten.» (v.1863 f.) Von diesen Versen führt kein weiter Weg zum Programm der aristokratischen Höflichkeit, wie es die Prinzessin im *Torquato Tasso* durch die bekannte Formel «Erlaubt ist

5. EINE BÜHNE FÜR DIE SCHÖNE SEELE

was sich ziemt» (v.1006) in Übereinstimmung mit den frühneuzeitlichen Verhaltenslehren Castigliones, Guazzos und della Casas zum Ausdruck bringt.[42] Iphigenie möchte die Lösung von der Schuld der Atriden als Naturprozeß denken, der sich selbst zwanglos einstellt: «Das beste Glück, des Lebens schönste Kraft | Ermattet endlich! Warum nicht der Fluch?» (v. 1697 f.) Adorno hat in diesen Versen die Sehnsucht nach einer Aufklärung erblickt, die sich der Tendenz zum starren Finalismus entzieht, indem sie sich als naturgegeben begreift.[43] In Goethes Drama bleibt das ein frommer Wunsch, weil die Emanzipation von der mythischen Notwendigkeit nur in den Ordnungen einer ambivalenten Sprache der moralischen Überredung erfolgen kann, die das Barbarische durch die gesellschaftliche Leistung der Form bezwingt. Den Mythos schlägt nicht das natürliche Leben, sondern der höfische Takt, der Selbstbestimmung allein in den Strukturen des rhetorischen Scheins erfahrbar macht. Iphigenie befreit sich auf diese Weise zwar vom ‹beklagenswerten› Zustand der Frauen, aber sie bleibt im Rahmen der aristokratischen *bienséance* als Subjekt nur über die Aufgabe der Vermittlung existent. Ihre Identität läßt sich vorrangig durch die Regularien der Rhetorik erfassen, die *persuasio* und Dezenz als Programm und Form zusammenführt. Die schöne Seele, die weder Frau noch Mann, weder passives Leiden noch amazonenhafte Tat verkörpert, ist in der kaskadenartigen Sprachbewegung des Dramas gegenwärtig.[44] Sie offenbart sich als Effekt einer rhetorischen Ordnung, die der Autonomie des weiblichen Weges zwischen Duldung und Gewalt mit den Mitteln des höfischen Takts auf spannungsvolle Weise Ausdruck verleiht. Die schöne Seele tritt im Schein zutage, welcher die Hoffnung auf Versöhnung, wie es Hegel notiert, in der äußeren Form – der Rede, des Anstands, der Pflichterfüllung – sichtbar macht, ohne die Schranken der äußeren Wirklichkeit dauerhaft überwinden zu können.[45]

Wie Goethes Iphigenie ist Schillers Johanna von Orleans das Medium eines Auftrags, der jedoch die Grenzen des vernünftig Faßbaren sprengt. Die am 11. September 1801 in Leipzig erstmals aufgeführte «romantische Tragödie»» exponiert ihre Protagonistin in der Rolle der Schweigenden. Den «stillen Reitz, der ohne Schimmer rührt»,[46] bezeichnet Wieland als das wesentliche Moment der schönen Seele, das Grazie entfaltet. Nicht als Subjekt, sondern als Objekt des Gesprächs erscheint Johanna im Prolog (dessen Grundstruktur Kleist einige Jahre später in den Eröffnungszenen des *Käthchen von Heilbronn* variieren wird). In ihrer somnambulen Entrücktheit wirkt sie auf Raimond, als stamme sie «aus andern Zeiten» (v.79).[47] Ihr Vater weiß über seine verschlossene Tochter zu berichten, sie liebe schauerliche Plätze und halte nachts «geheime Zweisprach mit der Luft des Berges» (v.89). Erst als Bertrand die Geschichte des Kriegshelmes erzählt, den ihm ein fremdes Marktweib in Vaucouleurs zugeschoben hat, erwacht sie aus der Haltung der stummen Tagträumerin. «Gebt mir den Helm!» (v.190), so lautet der erste Satz, den sie – bezeichnenderweise in Befehlsform – spricht.[48]

Wo immer Johanna fortan redet, redet eine affektive Gewalt aus ihr, die sie im Bann von Begeisterung, Glaube, Angst und Liebe unaufhaltsam mitreißt. Schillers Johanna ist ein Medium, in dem sich fremde Mächte über die Zeichen der Sprache, die Instrumente des Krieges und die Symbole des Glaubens manifestieren. In ihrer Rede existieren keine Übergänge und Abstufungen, ihre Worte erscheinen wie losgelöst von ihrer äußeren Erscheinung. Aus dem Schweigen bricht im Vorspiel der Monolog der Begeisterten, die den Helm als Sinnbild ihrer von göttlichen Instanzen – durch den himmlischen Geist und Maria – eingeschärften Mission auffaßt. Dabei spricht sie wie in Trance, getragen von der Bedeutung ihres spirituell vermittelten Auftrags; Bertrand kommentiert das irritiert: «Hört ihre Rede! Woher schöpfte sie | Die hohe Offenbarung –» (v.341 f.). Sie selbst bemerkt überrascht, daß sie mit spiritueller Hilfe nicht nur die Tatkraft der Heerführerin, sondern auch luzides Bewußtsein und rhetorische Fähigkeiten erworben hat: «Ich bin vor hohen Fürsten nie gestanden, | Die Kunst der Rede ist dem Munde fremd. | Doch jetzt, da ichs bedarf dich zu bewegen, | Besitz ich Einsicht, hoher Dinge Kunde, | der Länder und der Könige Geschick | Liegt sonnenhell vor meinem Kindesblick, | Und einen Donnerkeil führ ich im Munde.» (v.1792 ff.)

Dem mit den Franzosen verfeindeten Herzog von Burgund, der zunächst für England kämpft, erläutert Johanna ihre Rolle unter Hinweis auf ihre fremdgesteuerte Bestimmung: «Höret und verehrt | Den Geist, der mich ergreift, der aus mir redet!» (v.1722 f.) Als ‹Ergriffene› ist Johanna, wie sie erklärt, einzig das «Gefäß» (v.2248), das empfängt, was ihr zugetragen wird (eine Metapher, die aus Schriften der Mystik – etwa Taulers und Böhmes – vertraut ist). Damit verbindet sich die Pflicht zum unbedingten Gehorsam gegenüber dem spirituellen Prinzip, das sie lenkt: «Wer darf mir Halt gebieten | Wer dem Geist | Vorschreiben, der mich führt?»

5. EINE BÜHNE FÜR DIE SCHÖNE SEELE

(v.1516f.) Diese Funktion schließt jedoch ein, daß Johanna über die Kräfte, die sie in der Rolle der Prophetin und Heerführerin nutzt, nicht frei gebieten kann. Mit einem bezeichnenden Bild erklärt sie: «Der Pfeil muß fliegen, | Wohin die Hand ihn seines Schützen treibt. | Wo die Gefahr ist, muß Johanna sein.» (v.1517f.) Die Negation eines autonomen Ich bildet die Bedingung für den absoluten Gehorsam gegenüber den Geboten des von ihr als heilig erkannten Geistes: «Doch wenn die Zeit kommt, wird mir seine Stimme | Nicht schweigen, und gehorchen werd ich ihr.» (v.2216f.) Die Subordination unter die Gesetze des göttlichen Auftrags zwingt zu einer inneren Selbstdistanz, die zunächst mit dem Erstaunen über neue Fähigkeiten und Talente einhergeht. Die feurige Rednerin, die den kampfesmüden König und seinen skeptischen Hofstaat mitreißt, ist sich ebenso fremd wie die wütende Kämpferin, die mitleidslos den um sein Leben bittenden Montgomery tötet: «Schon vor des Eisens blanker Scheide schaudert mir, | Doch wenn es not tut, alsbald ist die Kraft mir da, | Und nimmer irrend in der zitternden Hand regiert | Das Schwert sich selbst, als wär es ein lebendger Geist.» (v.1683ff.) Schiller hat die Evidenz einer solchen Form der Ich-Entgrenzung ernstgenommen, indem er die Momente des historischen Aberglaubens psychologisch grundiert. Anders als Voltaire, dessen komisches Versepos *La Pucelle d'Orléans* (1762) die Figur der Johanna satirisch preisgibt, führt er seine Protagonistin als Enthusiasmierte vor, deren religiöse Erfahrung nicht zur Debatte steht, weil sie ihr Bewußtsein generell konstituiert. Hegel hat Jeanne d'Arc in der *Enzyklopädie des philosophischen Wissens* (1830) als Beispiel einer «Exaltation» gedeutet, die durch «patriotische Begeisterung» und «eine Art von magnetischem Zustande» ausgelöst worden sei, in dem die Seele von externen Einflüssen fremdgesteuert werde.[49] Diesem medizinischen Erklärungsmuster, das auf die zeittypische Theorie des Somnambulismus (Mesmer, Eschenmayer, Baader) rekurriert,[50] kommt Schillers Drama dort nahe, wo es Johanna als in Trance Handelnde zeigt, die ihre psychischen Zustände nicht aktiv lenken kann. «Erhabne Jungfrau», so konstatiert sie, «du wirkst Mächtiges in mir | Du rüstest den unkriegerischen Arm mit Kraft, | Dies Herz mit Unerbittlichkeit bewaffnest du.» (v.1676ff.).

Johannas Tun ist das Resultat einer von äußeren Instanzen gesteuerten inneren Kraft und entzieht sich folglich dem Zugriff des kontrollierenden Bewußtseins. Die damit verbundene Ambivalenz der Figur wird durch mythische Vergleichsbilder verdeutlicht, mit deren Hilfe hervortritt, was

AUTONOMIE UND ANDROGYNIE DER FRAUEN

Hegel die «Trennung des Seelenhaften vom geistigen Bewußtsein» nennt.[51] Als Kriegerin präsentiert sich Johanna, doppelt gespiegelt, in den Rollen Achills und der Pallas Athene. Wie Achill den wehrlosen Lykaon in Homers *Ilias* (XXI, v.34f.) tötet, so sticht Johanna den entwaffneten Montgomery nach «kurzem Gefechte» (NA 8, 231) nieder; der «strengen Pallas» gleicht sie gemäß dem Urteil Agnes Sorels durch ihre Gefühlsstarre und den Verzicht auf teilnehmende Empfindung («Dein Herz ist kalt», v.2632ff.).[52] Als antike Heldin mit militärischem Anspruch offenbart sie eine androgyne Grundanlage, in der sich anziehende und bedrohliche Merkmale mischen: «(...) eine Kriegesgöttin, schön zugleich | Und schrecklich anzusehn» (v.956). Wie die heidnischen neben christlichen Elementen stehen, so ist das Porträt der Amazone der Marienimitation kontrastiert, die durch das Fahnenbild der «Himmelskönigin» (v.1159) beschworen wird, welches sie auf purpurfarben gesäumtem weißem Banner ihren Feldzügen voranträgt. Das Titelkupfer der im Juni 1800 erschienenen Erstausgabe des Dramas zeigt einen oval geformten Pallaskopf in einer Zeichnung, die Goethes Freund Johann Heinrich Meyer nach dem Muster eines von Aspasios stammenden Steinschnitts entwarf. Als «mythisches Palimpsest»[53] offenbart sich nicht nur der Subtext der antikisierenden Anspielungen, der die christliche Bedeutungssprache des Missionsdramas grundiert; wie ein Palimpsest erscheint auch die jeweils komplementäre Identität Johannas: die männliche unter den empfindsamen Zügen der religiös ergriffenen Jungfrau, die weibliche unter den aggressiven Befehlen und militärischen Gewalttakten der Heerführerin. Findet sich das Patronat der christlichen Maria durch die mythischen Figurationen der Mitleidslosigkeit gebrochen, so der Selbstentwurf der Jungfrau durch die männliche Entschlußkraft der Kriegerin.

Winckelmann hatte die Androgynie in der Kunst der Antike als Kennzeichen ‹schöner junger Menschen› charakterisiert, in deren «Gesichte der Unterschied des Geschlechts fast zweifelhaft ist.»[54] Die androgynen Züge Johannas resultieren jedoch nicht aus äußerlichen Attributen, sondern aus einem grundsätzlichen Abstand gegenüber Identität und Sexus. «Nenne mich nicht Weib», so fordert sie von Montgomery: «Gleichwie die körperlosen Geister, die nicht frein | Auf irdsche Weise, schließ ich mich an kein Geschlecht | Der Menschen an (...)» (v.1608ff.). Den androgynen Charakter verschafft Schiller seiner Heldin nicht durch physische Merkmale, wie sie von Winckelmann als Signum der Doppelgeschlechtlichkeit

5. EINE BÜHNE FÜR DIE SCHÖNE SEELE

hervorgehoben werden (Goethe führt sie in den *Lehrjahren* als pathologische Disposition, im zweiten *Faust* als Form der Monstrosität vor).[55] Ebenso verzichtet er auf den Einsatz äußerer Requisiten, die Johannas Androgynie hätten unterstreichen können; weder die Männerkleidung noch den Knabenhaarschnitt, auf den schon die historischen Protokolle des später gegen Jeanne d'Arc angestrengten Gerichtsverfahrens verweisen, benutzt Schiller als Mittel der Figurencharakterisierung («Johanna mit der Fahne, im Helm und Brustharnisch, sonst aber weiblich gekleidet», lautet die Regieanweisung in der vierten Szene des zweiten Akts; NA 8, 224).[56] Nicht die äußere Erscheinung, sondern die psychische Verfassung in der besonderen Verbindung aus Handlungswille und Trancezustand ist es, die der Protagonistin die Kennzeichen der Geschlechtsambivalenz zueignet. Die *virgo militans*, die hier auf der Bühne erscheint, kann erst dort, wo sie weder Mann noch Frau ist, ihre Mission erfüllen. Johannas Androgynie, die im Somnambulismus ihrer Prophetien hervortritt, offenbart sich in der Rolle des Mediums, das keine subjektiven Antriebe kennt. Die von Hegel konstatierte ‹Trennung› zwischen Seele und Bewußtsein führt in Schillers Konstruktion zur Aufhebung eines einfachen Dualismus der Identitäten und Geschlechter.[57]

Zumindest in diesem Punkt nimmt Johanna Kleists Penthesilea vorweg, die als Amazone nicht das Männliche in der Frau, sondern eine Figur jener Ambivalenz verkörpert, deren Existenz das Weltbild des Griechen Odysseus sprengt: «Soviel ich weiß, gibt es in der Natur | Kraft bloß und ihren Widerstand, nichts Drittes.»[58] Mit Penthesilea teilt Schillers Johanna die Erfahrung der Unversöhnlichkeit von Gefühl und Rolle, Identität und sozialer Bindung. Dem Mitleidsverbot der christlichen Jungfrau entspricht das Gesetz der Amazonenkönigin, das zum Verzicht auf die konventionelle Geschlechterliebe zwingt. In beiden Fällen sind es unumstößliche Regeln, die eine selbstbestimmte Empfindung aus dem Bereich des Handelns ausschließen. «Denn dem Geisterreich, dem strengen, unverletzlichen», so erklärt Johanna Montgomery, «Verpflichtet mich der furchtbar bindende Vertrag, | Mit dem Schwert zu töten alles Lebende, das mir | Der Schlachten Gott verhängnisvoll entgegen schickt.» (v.1499)[59] Und Penthesilea erläutert Achill: «Es schickt sich nicht, daß eine Tochter Mars' | Sich ihren Gegner sucht, den soll sie wählen, | Den ihr der Gott im Kampf erscheinen läßt.»[60] Auch wenn sich die Zusammenhänge im Detail unterscheiden – Johanna spricht vom Töten, Penthesilea über den Liebeskrieg der Amazonen –, ist die Analogie der Begründungen evident: in beiden Fällen regieren verbindliche Normen, die das persönliche Gefühl einem göttlich begründeten Vertrag (Johanna) oder einem mythisch fundierten Gesetz (Penthesilea) unterordnen. Aus den Zwängen, die diese Konstellation erzeugt, leiten sich Katastrophen ab, die beide Autoren allerdings abweichend gestalten. Schiller wird am Ende eine ästhetisch überhöhte Lösung bieten, die den psychischen Konflikt in einer elegischen Oper aufhebt, während Kleist ein bizarres Fest des Schreckens in Szene setzt, das auch im Raum der Kunst keinen Ausweg aus den Gewaltverhältnissen einer kontingent wirkenden Geschichte aufzeigt.

Der dramatische Konflikt, den Johannas Begegnung mit Lionel in der Mitte des Dramas provoziert, ist zwangsläufig mit dem Problem der Identitätskonstitution verbunden. Nur vordergründig verstößt die Tatsache, daß Johanna Lionel absichtlich entkommen läßt, gegen den ihr zufallenden religiösen Auftrag; bedeutsamer ist die individuelle Empfindung, die ihr Blick auf ihn auslöst: «Ich sterbe, wenn du fällst von ihren Händen!» (v. 2502).[61] Wo das Auge Eindrücke transportiert, die Gefühle hervorrufen, gefährdet es Johannas Funktion, identitätsloses Gefäß für die göttliche Mission zu sein. Wie Johannas Geist allein die Botschaft des *spiritus sanctus* vermitteln muß, bleibt es ihrem Körper auferlegt, als Instrument für die Aufgabe des Krieges zu arbeiten, ohne durch eigenes Wollen geleitet zu werden. «Ein blindes Werkzeug fodert Gott», so weiß sie, «Mit blinden Augen mußtest dus vollbringen.» (v. 2577 f.) Wenn Johanna über ihre Wahrnehmung Identität beansprucht, verrät sie ihren Auftrag, der ihr ‹Blindheit› – Verzicht auf Empfindung und Reflexion – abverlangt. Der sehende Blick, der Leidenschaft und Nachdenken gleichermaßen entfacht, durchkreuzt daher Johannas Rolle als Botschafterin eines ‹heiligen Krieges› gegen die Fremdherrschaft. Es kennzeichnet die sentimentalische Grundkonstellation von Schillers Drama, daß die Protagonistin dieses Dilemma verständig zu reflektieren vermag: «Sobald du sahst, verließ dich Gottes Schild, | ergriffen dich der Hölle Schlingen!» (v. 2578) Die Fesseln der Hölle offenbaren sich dort, wo die Augen Johannas eine Realität erschließen, die nicht nur wahrgenommen, sondern auch autonom durchdacht und durchdrungen werden kann. Daß zu Johannas Sündenfall neben der sinnlichen Erfahrung deren bewußte Reflexion gehört, hat Goethe übersehen, als er unter dem 27. Mai 1807 in seinem Tagebuch notierte: «Der Hauptfehler in dem Motiv der Jungfrau von Orleans, wo sie von Lio-

5. EINE BÜHNE FÜR DIE SCHÖNE SEELE

nel ihr Herz getroffen fühlt, ist, daß sie sich dessen bewußt ist, und ihr Begehren ihr nicht aus einem Mißlingen oder sonst entgegen kommt.» (WA III,3, 215) Hebbel führt die Linie der Fehlinterpretationen fort, wenn er 1849 behauptet, Johanna hätte «unter keiner Bedingung über sich selbst reflektieren» dürfen.[62] Gerade die Ebene der bewußten Wahrnehmung der eigenen Rollenverletzung bildet jedoch ein zentrales Element des Konflikts, den Schillers Heldin durchleidet.[63] Der Verstoß gegen den Auftrag liegt dort, wo Johanna in doppelter Bedeutung sehend wird. Als Medium der göttlichen Botschaft muß sie Werkzeug ohne sinnliche und kognitive Autonomie bleiben; sobald mit ihrer Geschlechtsidentität der Anspruch auf Selbstreflexion erwacht, wird sie folglich ihrer höheren Aufgabe untreu. Bewußtes Wahrnehmen – als Bedingung der Ichkonstitution – ist der androgynen Johanna nicht gestattet: sie fällt in Ohnmacht, nachdem sie erkannt hat, daß es eine Identität jenseits der Nicht-Identität ihrer Funktion als Medium gibt.

Johannas «CharakterAnspruch auf die Prophetenrolle», den Schillers Brief an Goethe vom 3. April 1801 hervorhebt, begründet in den beiden Schlußakten einen tragischen Konflikt, dessen Überwindung undenkbar scheint (NA 31, 27). Die Spannung zwischen dem Gefühl für Lionel (Schiller redet von «Selbständigkeit», NA 31, 27) und den Verpflichtungen des Auftrags treibt keine Identitätskrise hervor, sondern zeigt die Unmöglichkeit, Funktion und Identität überhaupt zu harmonisieren: «Weh mir, wenn ich das Rachschwert meines Gottes | In Händen führte, und im eiteln Herzen | Die Neigung trüge zu dem irdschen Mann!» (v.2257ff.). Es ist bezeichnend, daß Schiller seine Protagonistin im vierten Akt nicht mehr als männlich anmutende Kriegerin, sondern als zerbrechlich wirkende junge Frau auftreten läßt. Nachdem Johanna in Reims bei der Krönungszeremonie unter den Fragen ihres Vaters zusammengebrochen ist und mit Bertrand die Flucht ergriffen hat, findet sie Aufnahme in einer Köhlerhütte – ein nachgerade barockes Sinnbild für den Fortunawechsel –, deren Bewohner ihren Gast irritiert betrachten: «Was will die zarte Jungfrau unter Waffen? | Doch freilich! Jetzt ist eine schwere Zeit, | Wo auch das Weib sich in den Panzer steckt!» (v.3081ff.) Während Johanna in den Mittelakten mit den Attributen des Heldenhaften (v.1524), Heiligen (v.1707, 2018, 2138), Erhabenen (v.2136), Unwiderstehlichen (v.2162) und Wunderbaren (v.1817) charakterisiert wurde, treten jetzt die Züge der Zartheit und Schwäche zutage (v.3089). Als «Gespenst» bezeichnet sie die zu den

Engländern übergelaufene Isabeau, als die Feinde sie aufgreifen und fesseln: «Tut sie nur Wunder, wo man Glauben hat, | Und wird zum Weib, wenn ihr ein Mann begegnet?» (v.3026 f.) Die Dynamik des Glücks, die vergleichbar Ludwig Tiecks Trauerspiel *Leben und Tod der heiligen Genoveva* (1799) beleuchtet, führt dazu, daß Johannas Androgynie ‹gespenstische› Züge gewinnt.[64] Nach dem Sturz aus der Rolle der Heiligen hat das Air der mannweiblichen Kämpferin für die triumphierenden Feinde den Charakter des Monströs-Grotesken und zugleich Scheinhaften angenommen.

Einzig Lionel, dem die gefangene Johanna mit entschiedenen Worten den Verzicht auf jedes irdische Liebesglück erklärt, hält am Lob ihrer Einzigartigkeit fest, wenn er sie als «Heldenmädchen» (v.3380) apostrophiert. In diesem Kompositum sind die Spannungen, die die Figur trägt, auf kunstvolle Weise balanciert, denn männlicher Heroismus und weibliche Jugend bilden darin eine Einheit. Auf der Ebene der Aktion kann freilich, was die Sprache verknüpft, nicht zusammengefügt werden. Zwar kehrt Johanna im Schlußakt nach wundersamer Befreiung aus den englischen Fesseln zu ihrer Mission zurück, indem sie die Franzosen zum letzten Gefecht führt, doch bleibt in ihr die ungelöste Spannung zwischen Rolle und Identität erhalten. Als Liebende muß sie verzichten, weil der Affekt dem Auftrag widerstreitet, den sie zu vollenden hat. Die Selbstgenügsamkeit der Retterin täuscht über die Gewaltsamkeit hinweg, mit der ihr Gefühlsanspruch beseitigt wird.[65] Am Ende lassen sich Glaube und Affekt nur in der «Wort-Oper» (Thomas Mann)[66] harmonisieren, bei der Schillers Tragödienschluß deutliche Anleihen nimmt. Das theaterwirksame Finale entführt die sterbende Heldin in einen leuchtenden Himmel, unter dem sich die französischen Schlachtenbanner neben der Marienfahne als Zeichen für die Versöhnung von Religion und Patriotismus breiten (Germaine de Staël fand diese poetische Überhöhung der historischen Faktizität störend).[67] In der Imagination – einer Art eschatologischer Phantasie – erscheint Johanna der Tod als Vereinigung mit der Gottesmutter: «Der Himmel öffnet seine goldnen Tore, | Im Chor der Engel steht sie glänzend da, | Sie hält den ewgen Sohn an ihrer Brust, | Die Arme streckt sie lächelnd mir entgegen.» (v.3537 ff.) Durch die schöne Verklärung der sterbenden Johanna schließt sich freilich der Abgrund, den das dramatische Geschehen aufriß, nicht.[68] Der Hiatus, der Ich und Rolle trennt, läßt sich auch in der ästhetisch gestalteten Apotheose der Heldin unter dem «rosigten Schein» des Himmels schwerlich überwinden (NA 9, 315). Die Ergrif-

5. EINE BÜHNE FÜR DIE SCHÖNE SEELE

fenheit der trauernden Menge kann diesen Gegensatz so wenig aufheben wie die patriotische Inszenierung («Das sind Frankreichs Fahnen»; v.3529), in der sich das Aufkommen der nationalen Leidenschaften spiegelt, die am Vorabend der napoleonischen Kriege in Deutschland entstehen werden. Es bleibt der «Dichtkunst» vorbehalten, wie Schiller später formuliert, der Figur der Johanna ihr «Götterecht» zu verleihen und sie unsterblich zu machen (NA 2/I, 129).[69] Jenseits der literarischen Verklärung, die der Schluß bereithält, liegt jedoch eine Psychologie der Entzweiung, deren beunruhigende Wirkung die theatralische Macht des Finales überdauert. So ist die *Jungfrau von Orleans* als Schauspiel des religiös gelenkten Befreiungskrieges zugleich eine Tragödie der Identität – ‹romantisch› in einem Sinn, der das Zerwürfnis zwischen Gefühl und Verstand nicht heilt, sondern mit ästhetischen Mitteln reflektiert.[70]

Eine schwarze Kontrafaktur zu Schillers opernhaftem Finale bietet der Schluß von Kleists Trauerspiel *Die Familie Schroffenstein* (1801). Die junge Agnes aus dem Haus Warwand verkörpert hier eine androgyne «Maria», die am Ende des Dramas von ihrem Geliebten Ottokar nicht deshalb entkleidet wird, weil er sie verführen möchte, sondern weil er ihre Natur in der Gestalt eines Knaben ‹wiederherzustellen› sucht.[71] Die Erscheinung der zum Jungen verwandelten Agnes bekräftigt auf den ersten Blick eine vermeintlich idyllische Einheit der Natur, die den Gegensatz der Geschlechter überwindet: «Wer würde glauben, daß der grobe Mantel | So Zartes deckte, als ein [!] Mädchenleib!»[72] Unter den Bedingungen einer zerrüttenden Zivilisation aber wird gerade diese Einheit zur Gefahr, weil sie Identitäten verwischt, die Schutzvorrichtungen gegen das Gift des Mißtrauens bedeuten. Agnes' Tod durch die Hand des eigenen Vaters bezeichnet als Resultat tragischer Verwechslung das Opfer für eine Perversion der Schöpfung, die im permanenten Argwohn der Menschen ihre entfesselte Zerstörungsgewalt bloßlegt. Während Schillers Johanna in der Doppelgeschlechtlichkeit ihres Erscheinungsbildes den Unterschied von Identität und Rolle zum Ausdruck bringt, steht die Androgynie der Kleistschen Agnes im scharfen Kontrast zu einer unfriedlich gewordenen Menschennatur, deren gärende Kräfte kaum mehr gezähmt werden können («Wenn ihr euch totschlagt, so ists ein Versehen»).[73]

Am Ende von Bertolt Brechts Drama *Die heilige Johanna der Schlachthöfe* (1932) bezeichnet der Chor der Fleischfabrikanten die innere Zerrissenheit des Menschen heuchlerisch als *conditio sine qua non* seiner kreatürlichen Beschaffenheit. Bei Brecht ist die Rede von den zwei Seelen, die die Brust des Menschen verschließt, nur noch Maskerade im Zeichen professioneller Doppelmoral: «Bleibe stets mit dir im Streite | Bleibe der Eine, stets Entzweite.»[74] Wenn Goethes *Iphigenie auf Tauris* und Schillers *Jungfrau von Orleans* die Zerrüttungen der Identität und des Geschlechts darstellen, folgen sie dagegen einem tragischen Dualismus, der um 1800 noch nicht topisch geworden ist. Modern an ihnen bleibt die dialektische Grundlage eines Gegensatzes, der die Konstruktion der Identität einzig im Moment ihrer Negation sichtbar macht. Iphigenies Suche nach dem autonomen Ausweg aus den Verstrickungen einer alten Schuld und Johannas Konfrontation mit den Zwängen ihrer Rolle führen das Subjekt im Stadium elementarer Spaltungserfahrungen vor. Die Schwierigkeit, ein Ich gegen die Zwänge der Geschichte zu behaupten, zeigen Goethes *Iphigenie* und Schillers *Jungfrau* auch dort, wo sie die ‹Versöhnung mitten im Streit› in Aussicht stellen.[75] Genau darin sind sie von einer Dialektik bestimmt, die keine beruhigenden und dauerhaften Lösungen, sondern nur Provisorien kennt.

6

HÖFISCHE AMBIVALENZ

Schaustücke der Aristokratie bei Goethe

Die traditionelle Aufgabe höfischer Interaktion bestand seit dem Spätmittelalter darin, über zeremoniale Akte Abstand zu schaffen, Rangstufen zu symbolisieren und Rollenidentität durch Abgrenzung auszubilden. Für die höfischen Verhaltenslehren der Frühen Neuzeit, wie sie mit Castigliones *Il libro del cortegiano* (1528) und Della Casas *Il Galateo* (1558) aufkamen, spielte die Balance von sozialer Ordnung und Selbstinszenierung, Anerkennung und Geltungsstreben: von *alter* und *ego* die entscheidende Rolle. Ritterethos und Adelsehre waren gebunden an Formen öffentlicher Schaustellung, die gesellschaftliche Positionen festigten, indem sie Tugend, Charakterstärke und Ausdauer demonstrierten. Die höfische Kommunikation stützte sich auf Hierarchien, in denen Redeakte den genau fixierten Rang der Sprechenden zu bestätigen hatten. Eine zentrale Funktion der Etikette lag darin, die Stellung des jeweils Höherstehenden auf rituelle Weise zu bekräftigen und Grenzüberschreitungen innerhalb der geltenden Ordnung zu verhindern. Für eine soziale Struktur, in der Anerkennung erworben und entzogen, Macht gewonnen und verloren werden konnte, war dieser Vorgang bedeutsam, weil er Stabilität begründete, indem er die – generell mögliche – Veränderung gesellschaftlicher Hierarchien durch die öffentliche Symbolisierung (und damit Objektivierung) von Herrschaft ausschloß. Die spätmittelalterliche Gesellschaft verlangte folgerichtig eine sichtbare Huldigung des Herrschers, deren Zeichen- und Gebärdensprache aus einer relativ beschränkten Zahl von normativ festliegenden Handlungselementen bestehen mußte.

SCHAUSTÜCKE DER ARISTOKRATIE BEI GOETHE

Neben diese zeremonielle Ordnung rückte bereits in der Renaissance ein Katalog von Verhaltensempfehlungen, der darauf abzielte, Hofleuten den Erwerb von Prestige zu ermöglichen oder deren Verlust zu verhindern. Die Kommunikation mit dem Fürsten sollte nicht nur dessen Macht bestätigen, sondern auch dem Zeitvertreib und der Unterhaltung dienen. Castigliones *Cortegiano* rät dem Hofmann, er müsse das seinem Herrn Gefällige «mit Scharfsinn erkennen» und das Gespräch erfreulich und überraschend, niemals aber dominierend und insistierend gestalten; noch Wilhelm Meister muß in einem aristokratischen Zirkel lernen, daß es unstatthaft ist, einen «Diskurs» um jeden Preis «fortsetzen und eine Materie erschöpfen zu wollen» (MA 5, 178).¹ In den *Wahlverwandtschaften* notiert Ottilie: «Man darf der Gesellschaft alles aufdringen, nur nicht was eine Folge hat.» (MA 9, 437) Zwang und Nachdruck, beharrliches Argumentieren und Kasuistik sind im adligen Milieu deplaziert. An ihre Stelle tritt das Air einer Eleganz, die weder Anstrengung noch Ehrgeiz verraten darf. Sprache und Auftreten des Höflings betrügen über den Aufwand, der in den Anschein der Leichtigkeit investiert wurde.

Mit der Entfaltung einer ständigen, aus Mitgliedern des Adels zusammengesetzten Hofgesellschaft, wie sie zuerst im Frankreich des 16. Jahrhunderts erfolgte, gewann die Etikette eine zusätzliche Bedeutung.² Sie diente nicht nur der äußeren Schaustellung herrscherlicher Autorität, die das Analogon zur öffentlichen Präsentation ritterlicher Tapferkeit im Turnier bildete, sondern auch der internen Verständigung über Statusdifferenzen, Rollengrenzen, Aufgaben und Verpflichtungen. In seiner mehrbändigen *Geschichte des weiblichen Geschlechts* (1789–1800) beschreibt der Göttinger Philosoph Christoph Meiners die Entwicklung des höfischen Kommunikationsstils von der älteren Huldigungsrhetorik zur repräsentativ-dekorativ geprägten Interaktion im Königssalon des absolutistischen Zeitalters als Zeichen für die Intimisierung der aristokratischen Umgangsformen.³ Zwar blieb das Hofleben weiterhin durch öffentliche Beobachtungsriten geprägt, jedoch diente das Verhalten des Einzelnen weniger der Stabilisierung der Hierarchie als der Bestätigung der eigenen Rolle und ihrer Bedeutung.⁴ Kommunikation bildete nicht mehr den Reflex objektiv gegebener Herrschaftsstrukturen, sondern das Element selbstbezüglicher Strategien, in denen die Beteiligten auf mehr oder weniger offensichtliche Weise die eigene gesellschaftliche Position inszenierten. Parallel zu dieser Funktionsveränderung wuchs insbesondere in Frank-

6. HÖFISCHE AMBIVALENZ

reich und Italien der Repräsentationsaufwand, der Herrschaft visuell ausweisen und öffentlich vorführen sollte. Der Fürstenhof wurde damit zum «Symbol der Einheit von Glanz und Gefährdung»:[5] zum Ort, an dem sich eine latent bedrohte Macht in rituellem Pomp ausstellte.

Je differenzierter sich die Methoden der höfischen Kommunikation ausbildeten, desto feiner und vielfältiger fielen auch die Muster des persönlichen Selbstentwurfs aus. Es war folgerichtig, daß sie im Lauf der Zeit ein reiches Ensemble von Rollenangeboten entwickelten, die sich über die Interaktion in Salons und Assembléen zur Geltung bringen ließen. Der höfische Mensch bleibt auch im 18. Jahrhundert ‹persona› im Sinne der etruskischen Wortbedeutung, an die bereits Thomas Hobbes' *Leviathan* erinnert, wenn er die Vertretung einer Rolle im Raum des öffentlichen Handelns mit dem Darstellungsakt des Schauspielers vergleicht.[6] Als ‹persona› muß der Höfling dort, wo er kommuniziert, Gefallen durch Abwechslung und Überraschung wecken. Zugleich hat er – analog zum Theater – die eigenen Absichten zu verhüllen, weil sein Ego hinter der Rolle nicht sichtbar werden darf. Allein wer unberechenbar bleibt und seinem Gegenüber Rätsel aufgibt, kann auf dem glatten Parkett des Hofes reüssieren, so weiß Balthasar Graciáns *Oráculo manual* (1647).[7] Strategische Vorsicht und Affektkontrolle bilden zentrale Elemente eines Verhaltensregisters, das stets die notwendige Balance von Anziehung und Distanz bewahren muß. Zu den Verfahrensweisen, die in diesem Rahmen eingesetzt werden, zählt Luhmann «Schmeichelei, Verbergung von Mängeln und Schwächen, Geheimnisse und Geheimnisverrat, Verleumdung, Behutsamkeit und Zurückhaltung beim Reden schlechthin, Bedingungen des Gewinnens und Haltens von Aufmerksamkeit, Vermeidung von Tadel und Vorsicht beim Loben im Hinblick auf Implikationen und Rückschlüsse, Zurückhaltung beim Scherzen».[8]

Das differenzierte Programm der strategischen Selbstmodellierung, das die höfische Kommunikation der Frühen Neuzeit unter der Maske des Persona-Konzepts ermöglicht, unterliegt jedoch seinerseits einem Wandel, der durch den gesellschaftlichen Umbau im 18. Jahrhundert vorangetrieben wird. Die Verfeinerung des aristokratischen Verhaltensrepertoires diente zunächst der Verbesserung von Erfolgschancen im Wettstreit um Prestige und Karriereperspektiven. Innerhalb eines engmaschigen Interaktionsnetzes, das primär die Pflege von Rang und Reputation unterstützte, bestand zugleich die Möglichkeit, persönliche Botschaften – und damit Varianten der Selbstausarbeitung – hinter den normierten Techniken des sozialen Austauschs aufscheinen zu lassen. Im Verlauf des 18. Jahrhunderts ändern sich aber unter dem Druck neu aufkommender bürgerlicher Wertvorstellungen die Ansprüche und Erwartungen, von denen der einzelne Akteur sein höfisches Rollenverhalten abhängig macht. Erste Vorzeichen eines solchen Wandels hatte bereits die – von Aristokraten wie Montaigne oder La Rochefoucauld formulierte – Hofkritik der Frühen Neuzeit geliefert, die wesentlich eine Kritik amoralischen Verhaltens war.[9] Das daraus ableitbare Gebot der Tugend wird jetzt durch die Wertbegriffe des persönlichen Nutzens und der Gerechtigkeit ergänzt, wie sie die aufgeklärte Sozialanthropologie unter Rückgriff auf naturrechtliche Denkmodelle seit Lockes *Essay concerning Human Understanding* (1690) reflektiert.[10] Gesellschaftliche Ordnungen mißt die Staatsphilosophie des 18. Jahrhunderts – exemplarisch Montesquieus *De l'esprit des lois* (1748) und Rousseaus *Contrat social* (1761) – an der Fähigkeit, ihren Mitgliedern Spielräume für die Entfaltung eigener Interessen zu eröffnen, Aussichten auf Erfüllung eines individuellen Lebensplans zu bieten und Kriterien der moralischen Zuverlässigkeit als verbindliche Normen des Verhaltens zu etablieren.[11] Kants *Metaphysik der Sitten* (1797) ergänzt diese Postulate durch eine Bestimmung der Gesetzgebung, die dem Rechtssystem das Ziel vorschreibt, die innere Ethik des Menschen in äußerlich geltende Prinzipien zu überführen.[12]

Man könnte hier von einem Vorgang der Selbstreflexion sprechen, der den gesamten Katalog menschlicher Handlungsantriebe erfaßt und dafür sorgt, daß die soziale Ordnung nicht mehr durch rituelle Akte, sondern durch individuelle Absichten bestimmt wird. Reinhart Koselleck hat diese Neubewertung als Ausgangspunkt für einen Prozeß der wachsenden Interferenz von moralischem Denken und politischem Handeln beschrieben, an dessen Ende die Auflösung des absolutistischen Herrschaftssystems stand.[13] Richtet man den Blick nicht nur auf den Höhenkamm der europäischen Staatengeschichte, sondern auch auf die mikrologischen Strukturen gesellschaftlicher Veränderung, so wird allerdings sichtbar, daß bürgerliche und adlige Verhaltensgebote in sehr subtiler Weise miteinander in Berührung kommen können. Der Fürstenhof des späten 18. Jahrhunderts, wie ihn Goethe in Weimar kennenlernte, bot Anschauungsmaterial für eine Verbürgerlichung aristokratischer Rollenerwartungen, die sich im Schatten der alten Verhaltenskonventionen zutrug. Besonderes Inter-

6. HÖFISCHE AMBIVALENZ

esse verdienen dabei Kontaminationen von Handlungsmodellen und Wertvorstellungen, die anzeigen, daß sich in der Adelsgesellschaft bisher unbekannte Formen bürgerlicher Selbstentwürfe geltend machen können. Die «Maximierung von Glück», die Ausrichtung am Ideal nützlicher Tätigkeit und die sittliche Selbstverpflichtung bilden neue Determinanten des gesellschaftlichen Rollenhandelns, die seit der Mitte des 18. Jahrhunderts auch den Bereich höfischer Interaktion zu bestimmen beginnen.[14] Diese Entwicklung vollzieht sich allerdings nicht konfliktfrei, sondern unter erheblichen Spannungen, die aus der divergierenden Konzeption der hier relevanten Leitbegriffe resultieren. Vereinfacht läßt sich sagen, daß die gestufte Gesellschaftsordnung Verhaltenskonzepte grundsätzlich auf den Zweck der Stabilisierung von Hierarchien zurückführt. Persönliche Motive des Handelns haben hinter solchen Stabilisierungsleistungen zurückzustehen und dürfen nur über Umwege – Intrige, Verstellung – verfolgt werden (selbst das höfische Amt ist offiziell nur Dienst am Glanz des Systems).[15] Die Kategorien des Glücks, des Nutzens und der Moral besitzen folglich für die aristokratische Oberschicht innerhalb ihres Sozialsystems eine andere Bedeutung als im bürgerlichen Wertdenken, weil sie sich auf die Ordnung, nicht auf das Individuum beziehen.[16] Die eigentliche Umstrukturierung ereignet sich am Ende des 18. Jahrhunderts dort, wo Glück, Nutzen und Moral allein noch formell mit rituellen Handlungen und höfischen Verpflichtungen verbunden sind, im Rahmen alter Interaktionsmodelle aber als Leitkategorien für individuelles Handeln verfügbar gemacht werden.[17]

Goethes *Torquato Tasso* (1790) ist ein für den hier skizzierten Prozeß höchst signifikanter Text, weil er Rollen- und Deutungsmuster beleuchtet, in denen sich die für das 18. Jahrhundert typischen Umstellungen im höfischen Wertsystem auf konflikträchtige Weise abzeichnen. Die Welt der italienischen Renaissance wird dabei nicht historisch objektiv charakterisiert, sondern als Modell für die Darstellung der aristokratischen Oberschicht im Zeitalter der Französischen Revolution genutzt.[18] Der *Torquato Tasso* ist, so die These, ein Drama, das den Wettstreit zwischen der Selbstreflexion der Gesellschaft und der Selbstreflexion des Subjekts über die Opposition von Form und Personalität darstellt. In der Hofwelt, die es vorführt, gèlten zwar die alten Gesetze der Hierarchie, jedoch treten diese in Konkurrenz zu neuen Rollenbestimmungen und Zwecksetzungen des Individuums. Im *Torquato Tasso* spiegelt sich ein Prozeß der eigentümlichen Verbindung und Vermischung aristokratischer und bürgerlicher Verhaltensstile wider, der auf die soziale Evolution am Ende des 18. Jahrhunderts hindeutet. Unabhängig von der Frage, ob das Herzogtum Ferrara des *Tasso* in allen Punkten dem Weimarer Fürstenhof entspricht, läßt sich konstatieren, daß das Drama die Antinomien von aristokratischen und bürgerlich-subjektiven Selbstentwürfen darstellt, die Goethe selbst erfahren hatte, nachdem er 1775 der Einladung Carl Augusts in die thüringische Residenz gefolgt war.[19] Den befremdenden Eindruck, den er als Neuankömmling am Hof machte («Verwunderung erregend»), gibt er im 1810 fixierten Schema zur Fortsetzung von *Dichtung und Wahrheit* mit der Formel «Art von voltärischem Huronen» wieder – eine Anspielung auf Voltaires Novelle *L'ingenu* (1767), die den Typus des *bon sauvage*, des edlen Wilden ins Zentrum ihrer Erzählung stellt (WA I, 53, 383).[20] Die Diskrepanz zwischen bürgerlicher Naivität und höfischer Politesse tritt primär über Formen auf, die durch Sprache und Gestik erzeugt werden. Ähnlich wie der Indianer inmitten der Zivilisation ist der Bürger am Hof ein Fremder, der die symbolischen Zeichen nicht versteht, die seine Welt konstituieren. Zumindest in diesem Sinne lagen die Verhältnisse, so Goethe am 6. Mai 1827 gegenüber Eckermann, «in Weimar wie in Ferrara» (MA 19, 571).

Der *Torquato Tasso* zeigt soziale Antinomien durch die Technik der szenischen Konfiguration, die bürgerliche und aristokratische Welt in ein Verhältnis von latenter Spannung setzt. Bemerkenswert ist dabei, daß soziale Verhaltensmuster zumeist verknüpft, in spezifischer Mischung und Kombination, zutagetreten.[21] Die Wertsphäre des Adels wird in der Exposition durch die Prinzessin Leonore von Este repräsentiert, die mit sentenzenhaft zugespitzten Wendungen die Gebote des Anstands, der Angemessenheit des Auftretens und der Gefühlsabdämpfung verteidigt. Die Prinzessin, die Richard Wagner gegenüber Mathilde Wesendonck als eigentliche Antipodin des Dichters bezeichnet hat, steht für die strenge Form und das Regelwerk der feudalen Etikette.[22] Sie, die Goethe mit einem Wort aus Wielands Singspiel *Alceste* (1773) als «Zierde ihres Geschlechts»[23] darstellt, formuliert die erste und wichtigste Maxime des Hofes, indem sie Tassos leichtfertige Verklärung des hedonistischen Genusses mit dem Hinweis auf die Haltung der *bienséance* beantwortet: «erlaubt ist was sich ziemt.» (v. 1006) Das sich Ziemende bildet das Kernelement einer geregelten Sozialordnung, die ihren Mitgliedern Affekt-

6. HÖFISCHE AMBIVALENZ

disziplinierung, Selbstkontrolle und kluges – also abgewogenes – Verhalten abverlangt. In der *Vorschule der Ästhetik* erklärt Jean Paul 1804: «Große Welt ist Gesellschaft in höchster Potenz. Ihre hohe Schule ist der Hof, der das gesellige Leben, das ihm nicht Erholung, sondern Zweck und fortgehendes Leben ist, um so mehr entfalten und verfeinern muß, da er gleichsam die höchsten Gegensätze von Macht und Unterordnung, von eigner Achtung und von fremder ins freundliche Gleichgewicht eines schönen Scheins aufzulösen hat.»[24]

Das leitende Prinzip der hier beschriebenen Gesellschaft stützt sich auf die Wirkung des äußeren Scheins, der Differenzen beseitigt und Harmonie zwischen verschiedenen Interessen herstellt. Die Prinzessin beleuchtet das Gebot des *decorum* als Regel, die gegen die Willkür des rein Subjektiven und die Zwänge gewaltsamer Ordnungsanmaßung das Postulat der Balance setzt. Seine zentrale Funktion besteht darin, dem gesellschaftlichen Verkehr – mit ihm auch den durch Theater, Dichtung oder Ballett vermittelten ästhetischen Genüssen – eine Form zu verleihen, die Affekte dämpft, Extreme mildert und Gegensätze entspannt. Vor diesem Hintergrund hat Novalis den Hof mit einer geschliffen paradoxen Wendung «als das klassische Privatleben im Großen» definiert.[25] In Caroline von Wolzogens Roman *Agnes von Lilien* (1797) heißt es über das Zusammenwirken von ästhetischer und sozialer Ordnung: «Mit welchem Flitter umkleidet der Gang der Gesellschaft unter den höhern Ständen, die einfache Wahrheit des Lebens! Das Gewebe kleiner mechanischer Beschäftigungen umstrickt den Geist und schläfert das rege Herz ein. Jeder lernt endlich so, neben dem was ihm am heterogensten ist, aushalten.»[26]

In Goethes Drama ist jedoch auch die höfische Wertschätzung der Kunst bereits von subjektiven Momenten bestimmt, die über den kontrollierten Geltungsrahmen des *decorum* hinausgehen können. Während Herzog Alfons von Ferrara, den Goethe wesentlich nach Pierantonio Serassis Tasso-Biographie (1785) zeichnet,[27] aristokratische Glätte an den Tag legt, wenn er Tassos Dichtung routiniert lobt («Erfreue dich des Beifalls jedes Guten»; v.441), zeigen die Prinzessin und ihre Freundin Leonore Sanvitale ein persönlich gefärbtes Verhältnis zur Poesie. Die Exposition bietet uns eine bukolische Idylle, in der die beiden als Schäferinnen gekleideten Damen – Hinweis auf das vom historischen Tasso verfaßte Pastoraldrama *Aminta* (1573) – im Stil anakreontischer Verse über die Kunst, die Liebe und die Natur plaudern. «Mein Bruder ist gefällig», so erklärt die Prinzessin resümierend, «daß er uns | In diesen Tagen schon aufs Land gebracht, | Wir können unser sein und stundenlang | Uns in die goldne Zeit der Dichter träumen.» (v.20ff.) Der renaissancetypische Topos vom Goldenen Zeitalter, der auf die Vorstellung einer arkadischen Frühwelt antiker Provenienz verweist, siedelt sich zunächst nur im Bereich des Konventionellen an. Jedoch zeigt die Art und Weise, wie die beiden Frauen ihre Sehnsüchte artikulieren, daß die Literatur hier zum Medium einer Glücksverheißung wird, die das standardisierte Programm höfischer Kunstverehrung überschreitet. So behauptet Leonore: «Ich halte mich am liebsten auf der Insel | Der Poesie in Lorbeerhainen auf.» (v.140f.) Auch die sonst vernünftig beherrschte Prinzessin preist das ‹schöne Land› der Dichtkunst, in dem die «Myrte» wächst, die den Musen und Künstlern zugedacht ist (v.142ff.). Was die beiden Frauen über das Leben der ästhetischen Phantasie sagen, ist durch die topische Rede vom poetischen Ingenium nicht mehr gedeckt. Das fürstliche Mäzenatentum, unter dessen Schutz Tasso steht, spendet der Kunst Anerkennung, indem sie ihr materielle Freiheiten verschafft; die sich an arkadischen Phantasiebildern entzündende Sehnsucht der Damen führt jedoch, auch wenn sie stets die Formen des Hoftons wahrt, zu einer Verklärung des Schönen, die jenseits solcher Konventionen liegt. Hier ist die Kunst mit einer Glücksverheißung verbunden, die hinter den geregelten Mustern der poetischen Tradition – von Bukolik und Epik – persönliche Ansprüche zu befriedigen verheißt. Anders als bei Tasso ist dieser Subjektivismus allerdings in die Formen der höfischen Affektkontrolle eingearbeitet, so daß er die Regel des *decorum* niemals verletzt: «Noch treffen sich verwandte Herzen an | Und teilen den Genuß der schönen Welt» (v.1003f.).

Die besondere Mischung aus individueller Glückserwartung und Hofkultur tritt dort zutage, wo sich Leonore der Vorstellung hingibt, daß sie in den Gedichten Tassos als Person ähnlich wie die Laura in den Sonetten Petrarcas überdauern werde: «Das, was vergänglich ist, bewahrt sein Lied. | Du bist noch schön, noch glücklich, wenn schon lange | Der Kreis der Dinge dich mit fortgerissen.» (v.1950ff.) Hier äußert sich ein Bewußtsein, das, um ein von Hegel auf Hamlet gemünztes Wort zu variieren, nicht mit der «Sandbank der Endlichkeit» zufrieden ist.[28] Die Sehnsucht nach Selbstverklärung wird freilich kontrolliert durch die Dezenz des Monologs, dem Leonore anvertraut, was sie ihrer Freundin zu sagen sich verbietet. Indem sie ihre Sehnsüchte allein der Ich-Aussprache vorbehält,

6. HÖFISCHE AMBIVALENZ

wahrt sie das *decorum* und mit ihm die Gesetze der höfischen Kommunikation. Die Subjektivität, die in die aristokratische Welt eingedrungen ist, wird mit dem höfischen Ideal der Delikatesse (‹Zartgefühl›) verknüpft, so daß sie sich maßvoll – so schon die Forderung Castigliones und Montaignes – kommunizieren läßt.[29] Die für die adlige Gesprächskultur verbindliche Maxime der Verschlossenheit transportiert hier keine Karriereabsichten (wie es die Verhaltenslehre Graciáns exemplarisch fordert), sondern subjektive Wünsche und Erwartungen jenseits pragmatischer Zwecke. Die Grenzen der persönlichen Affizierung liegen freilich dort, wo die Kunst am Fürstenhof auf die Funktion des anregenden Unterhaltungsmediums beschränkt bleibt. Gegen Tassos Trauer über den Verlust der arkadischen Epoche setzt die Prinzessin daher mit ausgeprägter Nüchternheit die Einsicht in deren Illusionscharakter: «Und soll ich dir gestehen wie ich denke, I Die goldne Zeit, womit der Dichter uns I Zu schmeicheln pflegt, die schöne Zeit, sie war I So scheint es mir, so wenig, als sie ist (...)» (v.997ff.). Die Arbeit des Künstlers gewährt zwar subjektiven Genuß («Wie reizend ist's, in seinem schönen Geiste I Sich selber zu bespiegeln!», v.1928f.), doch unterliegt sie durch diesen Effekt auch klaren Limitierungen, die Leonore und die Prinzessin gleichermaßen beachten. Das aristokratische Publikum verhält sich zur Poesie wie die flüchtige Gestalt des Quecksilbers, mit dessen steigenden und fallenden Bewegungen Goethe in einem Brief an Charlotte von Stein im März 1781 das Wesen der höfischen Kommunikation vergleicht (WA IV,5, 76). In Jean Pauls *Titan* (1800–03) heißt es ironisch über die dilettantische Kunst- und Naturliebe der Aristokraten: «(...) nicht daß sie die Langeweile flöhen, sondern sie begehren nur eine andere, da ihre Kurzweile eben in der Abkürzung und Abwechslung ihrer Langweile besteht.»[30]

Wo Tassos Arbeit Illusionen produziert, hat der Scheincharakter des höfischen Rollenspiels eine eigene Realitätsmacht, weil er der Absicherung der gesellschaftlichen Ordnung dient (zu der wiederum die Kunst als Dekor zählt). Aus dieser Differenz leitet sich ein fundamentales Mißverhältnis zwischen Tassos Rollenerwartung und der höfischen Wirklichkeit ab. «Wie sehr ich lang», so erklärt der gekränkte Dichter, «hier I Schon überflüssig bin, das weiß ich wohl.» (v.2357f.) Während der Poet auf den Eigenwert seiner Arbeit setzt, gilt seine Tätigkeit in Ferrara allein als Element eines übergreifenden sozialen Systems; dem Autonomiepostulat, mit dem Tasso auftritt («was dieser Dichtung I Den innren Wert und ihre

Würde gibt», v.402 f.), ist eine gesellschaftskonstitutive Funktion der Kunst im Rahmen der Hofwelt kontrastiert. Der Mechanismus, der hier sichtbar wird, trennt den Selbstbezug des ästhetischen Geltungsanspruchs vom Fremdbezug der aristokratischen Kommunikation, die in letzter Instanz auch die Kunst in den Dienst des Fürstenlobs stellt. Während für Tasso Subjektivität die Form ist, der er seine Arbeit subordiniert, darf Subjektivität am Hof nur dann gelten, wenn sie als Reflexionsmodus des Sozialen auftritt, indem sie sich ihrerseits der Form des *decorum* unterwirft.[31] Yaak Karsunkes pointierte Formulierung, Tasso verkörpere für Ferrara einen «hohen clown», signalisiert, daß diese Differenz den Narzißmus des Künstlers in ein groteskes Erscheinungsbild zu verkehren droht.[32]

Daß der Adlige sein Handeln wie ein Schauspieler auf Schein, nicht auf Sein abstelle, betont später auch Wilhelm Meister im Bildungsbrief der *Lehrjahre* (MA 5, 289 f.). Zwar ist dieser Befund keineswegs kritisch gemeint, doch wird er von einem ähnlichen Mißverständnis gesteuert wie Tassos Selbstentwurf. In beiden Fällen kommt es zum Versuch, die eigene künstlerische Identität unter Rückgriff auf den vermeintlich künstlerischen Charakter des aristokratischen Rollenverhaltens zu legitimieren. Wenn Wilhelm erklärt, der «Edelmann» sei es gewohnt, «durch die Darstellung seiner Person» zu wirken, so nutzt er diese – in der Sache durch die französische und italienische Hofliteratur gedeckte – Diagnose, um mit ihrer Hilfe seine eigenen Ambitionen als Schauspieler und Theaterdichter zu rechtfertigen. Seinen Versuch, Leib, «Sprache und Stimme» auszubilden, das Streben nach öffentlicher Wirkung und der Trieb, einem größeren Kreis von Menschen «zu gefallen», begreift Wilhelm als Bemühung, den Rollenentwurf des Adligen nachzuahmen, um auf dem Theater zu reüssieren (MA 5, 290). In ähnlicher Weise verfiel auch Tasso, wie er sich im Gespräch mit der Prinzessin erinnert, dem Illusionscharakter des höfischen Lebens; die erste Begegnung mit der Welt der Feste und Turniere in Ferrara verschaffte ihm einen ‹schönen Augenblick›, der die Feier ritterlicher Ehre als ‹helles Schauspiel› erscheinen ließ (v.839 f.). Das Ritual des Turnierkampfs wird vom jungen Tasso als künstlerisches Ereignis wahrgenommen, dessen Glanz ihm zunächst auf bedrückende Weise den eigenen «Unwert» verdeutlicht, ihn aber schließlich – so die Worte der Prinzessin – «zu Müh' und Streben» antreibt (v.841 ff.).

Wie Wilhelm Meister nimmt auch Tasso die höfische Welt zum Maßstab, an dem er die eigene ästhetische Praxis orientiert. In beiden Fällen

6. HÖFISCHE AMBIVALENZ

beruht diese Perspektive jedoch auf einer Verwechslung von künstlerischer und sozialer Sphäre. Das Spiel mit dem Schein, das der höfischen Interaktion innewohnt, ist nämlich nicht durch eine ästhetische, sondern durch eine gesellschaftliche Funktion bestimmt, die der Stabilisierung fürstlicher Macht oder dem Nachweis ritterlicher Ehre dient. Wer diese Funktion übersieht, verkennt die Regeln des Hoflebens, insofern er den Motor seiner Selbstreflexion falsch lokalisiert.[33] Während die Prinzessin und Leonore ihren ästhetischen Subjektivismus ohne Risiko ausleben dürfen, weil er letzthin in den Formen der aristokratischen Affektbeherrschung und damit im Bereich gesellschaftlicher Prinzipien verbleibt, läuft der Künstler Tasso Gefahr, den sozialen Schein als ästhetisches Sein mißzuverstehen.[34]

In der *Phänomenologie des Geistes* bemerkt Hegel über den Prozeß, der von der ritterlichen zur höfischen Gesellschaft führt, daß sich der «Heroismus des stummen Dienstes (...) zum Heroismus der Schmeichelei» verwandle.[35] Von der Sprache solcher ‹Schmeichelei› sagt Hegel jedoch auch, daß sie die Macht des Souveräns «in ihre geläuterte Allgemeinheit» überführe.[36] Der Schein, der dem höfischen als Spätform des ritterlichen Dienstes innewohnt, birgt keine ästhetische Bedeutung, sondern erfüllt eine soziale Distinktionsleistung. Im schönen Schein des höfischen Rituals findet der Herrscher das Gesetz seiner politischen Gewalt auf symbolische Weise gespiegelt. Er verschafft ihm über die Wahrnehmung im öffentlichen Raum die Identität einer Rolle, die aus der Übereinstimmung von Amt und Person resultiert («gereinigte Sichselbstgleichheit»).[37] Wenn Tasso den Dienst des Höflings allein für den Ausdruck subjektiven Spielcharakters hält, unterschätzt er dessen gesellschaftliche Funktion, wie sie Hegel im Zusammenwirken von Symbolik, Sprache und Schaustellung der Macht als Kennzeichen aristokratischer Kommunikationsformen analysieren wird.

Anders als die Damen verkörpert der Hofmann Antonio eine Welt des nützlichen Handelns, die, wie Goethe laut Eckermann erklärt hat, einen «prosaischen Kontrast» zur Verklärung der Kunst bildet (MA 19, 571). Die Priorität der *vita activa*, die Antonio am Amtsverständnis des Papstes Gregor XIII. rühmt, ist für ihn selbst leitend: «Was gelten soll, muß wirken und muß dienen.» (v.671) Das Lob des Utilitarismus richtet sich nicht zuletzt gegen Tasso, in dem Antonio einen Kostgänger des Hofes und Vertreter luxurierender Selbstliebe sieht. «Es ist wohl angenehm», so erklärt der Höfling, «sich mit sich selbst | Beschäft'gen, wenn es nur so nützlich wäre.» (v.1237f.) Der Einzelne schule sich nicht durch Rückzug, sondern durch die gesellschaftliche Realität: «Der Mensch erkennt sich nur im Menschen, nur | Das Leben lehret jedem was er sei.» (v.1242f.) Angelehnt an den Stil der Reflexionen La Rochefoucaulds darf Serlo im *Wilhelm-Meister*-Roman diese beiden Prinzipien – das Ethos nützlicher Tätigkeit und das Gebot des Weltkontakts – näher erläutern: «(…) man soll sich nie vergessen, immer auf sich und andere acht haben, sich nichts vergeben, andern nicht zu viel, nicht zu wenig tun, durch nichts gerührt scheinen, durch nichts bewegt werden, sich niemals übereilen, sich in jedem Moment zu fassen wissen, und so ein äußeres Gleichgewicht erhalten, innerlich mag es stürmen wie es will.» (MA 5, 353) Wilhelm Meister selbst erinnert daran, daß der Begriff des Nützlichen im Ensemble bürgerlicher Werte seinen eigenen Stellenwert hat. Der Bürger, so hören wir, «soll leisten und schaffen; er soll einzelne Fähigkeiten ausbilden, um brauchbar zu werden, und es wird schon voraus gesetzt, daß in seinem Wesen keine Harmonie sei, noch sein dürfe, weil er, um sich auf Eine Weise brauchbar zu machen, alles übrige vernachlässigen muß.» (MA 5, 290)

Auch die Figur des Antonio zeigt, daß der *Tasso* ein Drama ist, in dem bürgerliche und aristokratische Wertvorstellungen ineinander verschlungen sind. Erneut wirkt hier das Prinzip der Transformation: ähnlich wie der ästhetische Schein im höfischen Kommunikationsstil zum Agens der gesellschaftlichen Ordnung wird, gewinnt der Nutzen eine höfische Funktion. Nützlichkeit, wie Antonio sie versteht, bedeutet primär Dienst am Fürsten und Kontrolle persönlichen Ehrgeizes, der nur als Funktion des übernommenen Amtes gelten darf: «Es ist nicht mein Betragen, meine Kunst, | Durch die ich deinen Willen, Herr, vollbracht.» (v.598f.) Die Effizienz des Handelns hat ihre Grundlage in der Beherrschung des Ich, der *maîtrise de soi*; die «Obhut seiner selbst», formuliert Gracián, sei «der Thron der Vernunft, die Grundlage der Vorsicht, und durch sie gelingt alles leicht.»[38] Indem Antonio die Kategorie der Nützlichkeit über sein Rollenverständnis als Hofmann definiert, stellt er sie in den Dienst der gesellschaftlichen Hierarchie («Liebe» für den Fürsten verlangt Castiglione vom *cortegiano*).[39] Was Wilhelm Meister als genuin bürgerlich betrachten wird, trägt in Antonios Welt den Charakter aristokratischer Pflicht. Erneut unterscheidet der Sozialbezug über die Differenz der Funktionen: Wilhelms ‹Nutzen› ist ein Element der Selbstausarbeitung, weil das Individuum sich

6. HÖFISCHE AMBIVALENZ

einzig über ihn bestimmt, während Antonios ‹Verdienst› gerade durch das Verschwinden der persönlichen Antriebe definiert wird («Es ist nicht mein Betragen, meine Kunst»).

Reklamiert Antonio für sich die dienende Funktion des tätigen Diplomaten und weltkundigen Politikers, so verkörpert Tasso das persönliche Streben nach Glück, die subjektive Unmittelbarkeit des Genusses («erlaubt ist was gefällt», v.994) und die narzißtische, zuweilen melancholische Egozentrik des Genies.[40] Weil er als Künstler mit hochfliegendem Enthusiasmus stets vom eigenen Ich ausgeht, verletzt er wiederholt die Prinzipien des aristokratischen Verhaltenskodex, der Selbstverbergung und Affektkontrolle verlangt. Schon seine begeisterte Begrüßung Antonios («Dir biet' ich ohne Zögern Herz und Hand», v.1200) verfehlt den gängigen Hofton durch unangemessene Vertraulichkeit. Nahezu gleitend wechselt er in eine aggressive Tonlage, wenn er seine Verdienste gegenüber dem Politiker Antonio hervorzuheben sucht: «Verschwende nicht | Die Pfeile deiner Augen, deiner Zunge! | Du richtest sie vergebens nach dem Kranze, | Dem unverwelklichen, auf meinem Haupt. | Sei erst so groß, mir ihn nicht zu beneiden.» (v.1319ff.) Unter dem Eindruck extremer Gemütsschwankungen verstößt Tassos erregte Rede dezidiert gegen das höfische *decorum*, so daß die Sprache zum Spiegel der Regelverletzung wird. Antonio warnt er mit einer befremdlichen Formulierung, er solle die Verehrung, die ihm die Prinzessin erweise, weder «bezweifeln noch begrinsen» (v.1343). Mit selbstzerstörerischer Verve fordert er den Hofmann auf: «Zieh' am Pfeile nur, | Daß ich den Widerhaken grimmig fühle, | Der mich zerfleischt!» (v.3299f.) Wenig später heißt es mit einem Chiasmus, dessen rhetorische Eleganz die Heftigkeit der Wortwahl nicht dämpft, sondern steigert: «Ich fühle mir das innerste Gebein | Zerschmettert, und ich leb' um es zu fühlen.» (v.3370f.). Solche Eruptionen bestätigen das wenig freundliche Urteil, das Antonio über Tasso formuliert hatte: «Die Mine zündet, sei es Freude, Leid, | Zorn oder Grille, heftig bricht er aus.» (v.2125)

Die unstatthafte Umarmung, mit der Tasso im letzten Akt der Prinzessin seine Neigung zeigt («Ist's Raserei?»; v.3255), bezeichnet nur die Konsequenz eines Enthusiasmus, der in Wort und Tat die Grenzen dessen überschreitet, was ‹sich ziemt›.[41] Wo die Prinzessin und Leonore Sanvitale Formen der höfischen Kommunikation finden, in denen die Hitze der subjektiven Begeisterung ausgekühlt wird, drängt Tassos explosive Sprache zum unzensierten Ausdruck wechselnder Stimmungen. Der Unterschied der sozialen Verhaltensmuster wird erneut als Differenz von Fremd- und Selbstreferenz sichtbar. Tassos Rede konstituiert ein schwankendes Ich, die Rede der Damen erzeugt Geselligkeit und damit Gesellschaft; im ersten Fall ist Sprache ein Modus der subjektiven, im zweiten Fall ein Modus der sozialen Selbstreflexion.[42] Die Kontrolle des eigenen Affekthaushalts schließt nach höfischem Verständnis eine Regulierung der Rhetorik ein, die Tasso für sich nicht gelten läßt. Gerade im permanenten Rekurs auf die formelle Allgemeinheit von Ritual und Rolle, die Goethes Held verfehlt, findet die aristokratische Öffentlichkeit ihren Rechtsgrund. «Denn die höhere Gesellschaft», formuliert Jean Paul, «vergisset sich oder das Ich, sie sagt wie Pascal *man* statt *ich* (...)».[43] Die Selbstbeobachtung des höfischen Lebens hat folglich nichts gemein mit dem Gedanken der Selbstreflexion, wie ihn Friedrich Schlegel in seinen *Athenäums*-Fragmenten formulieren wird: «Sinn der sich selbst sieht, wird Geist; Geist ist innre Geselligkeit (...)»[44] Eine ‹innere Geselligkeit› existiert im Bereich der aristokratischen Verhaltenskultur nicht, weil die Selbstbeobachtung keineswegs Verständigung des Ich mit dem Ich, sondern dessen Kontrolle durch Anpassung an vorgeordnete Normen und externe Maßstäbe bedeutet.

Das Bild vom Schiffer, der am Felsen zerschellt (v.3452f.), vollendet zum Schluß die Steigerungsbewegung, die Tassos Affekt-Rede durchläuft.[45] In ihrer emotionalen Impulsivität verstößt sie gegen die Ordnung der Angemessenheit, die der französische Klassizismus in seiner Rhetorik und Dialogregie noch streng befolgt. Während die Figuren Racines und Corneilles auch in affektiver Not stets die *Contenance* bewahren, darf Tasso aufbegehren, wüten, rasen, höhnen und spotten. Goethe setzt die sprachlichen Ausbrüche des Protagonisten in ein spannungsvolles Verhältnis zur höfischen Ordnung und macht sie so als problematische Formen narzißtischer Ich-Überschätzung kenntlich. «Es ziemt», so erklärt ihm Antonio, «der hohe Ton, die rasche Glut | Nicht dir zu mir, noch dir an diesem Orte.» (v.1344f.) Anders als im Fall des Prometheus – aus der Hymne von 1773 – bildet die Rhetorik der hohen Begeisterung, des Protests und der Selbstliebe für Goethe jedoch keinen Gegenstand der unbedingten Identifikation. Gerade ihre Konfrontation mit dem Gebot der *bienséance* rückt sie in einen sozialen Zusammenhang, der ihre zweifelhaften Motive sichtbar macht. Manifest wird solche Ambivalenz in der

6. HÖFISCHE AMBIVALENZ

Szene, da Tasso, nachdem ihn Antonio im Auftrag des Fürsten zu versöhnen suchte, die Adelsgesellschaft empört als Raum von Intrige und Betrug apostrophiert: «Deutlich seh' ich nun | Die ganze Kunst des höfischen Gewebes!» (v. 2748 f.). Fraglos ist Tassos Diagnose von der Selbstüberschätzung des narzißtisch gekränkten Subjekts bestimmt, dessen rhetorischer Furor sich relativiert, wenn man seine subjektive Konditionierung durchschaut. Goethes dramaturgische Technik erzeugt Konfigurationen, die dem Zuschauer die Möglichkeit bieten, Meinungen und Motive stets im Gegenlicht unterschiedlicher Positionen zu bewerten. Hugo von Hofmannsthal hat diesen Kunstgriff durch die Formel charakterisiert, im *Tasso* werde das Entscheidende nicht «gesagt», sondern «gezeigt».[46]

Im *Torquato Tasso* ist es kein Abgrund, der Hof und Künstlertum, Adel und Bürgertum trennt, sondern ein feiner Riß, der freilich im Fortgang des Geschehens – mit Tassos wachsender Isolation – größer wird. Aufgehoben bleibt die Struktur der Gegensätze in einer literarischen Form, die an die metaphorischen Techniken der Rhetorik erinnert.[47] Mehrfach kommt es im Drama zu Verschiebungen und Spiegelungen, so am Beginn, als der Lorbeer Vergils von der Herme auf das Haupt Tassos wandert, oder im zweiten Aufzug, als Tasso seinen Dichterschmuck mit dem Degen wieder ablegt. Der Blumenkranz, den Leonore Sanvitale für die Herme Ariosts bereithält, verweist auf die Ariost-Eloge, die Antonio später anstimmen wird. Tassos Lob dessen, was gefällt, findet sich negiert durch das Lob des Geziemenden, das die Prinzessin formuliert. Tasso ist eifersüchtig auf Antonios Rom-Reise, der Hofmann hört mit Neid von der Lorbeerbekränzung, die dem Dichter zuteil wurde. Tasso soll sich auf Geheiß der Prinzessin gegenüber Antonio öffnen, Antonio auf Rat des Herzogs mit Tasso versöhnen – in beiden Fällen scheitern die Missionen im ersten Versuch. Daß «in diesem Ganzen Gewicht gegen Gewicht» wirke und zugleich das «Treibende» der Konflikte den «Strom eines unaufhaltsamen Geschehens» aktiviere, betont der luzide *Tasso*-Kommentar Hofmannsthals.[48]

Die strukturellen Korrespondenzen des Dramas werden durch ein Verfahren erzeugt, das Goethe literarisch immer wieder erprobt hat – besonders auffallend in den *Wahlverwandtschaften*. Im Essay *Winckelmann und sein Jahrhundert* (1805) beschreibt er unter dem Stichwort der «antwortenden Gegenbilder» eine Form der Kunstrezeption, die durch die Begegnung mit den Gemälden der Vergangenheit das Innere des Betrachters produktiv macht (MA 6.2, 349). Im Drama entfaltet sich eine ähnliche Form der Korrespondenz, die komplementäre Motive und Topoi wie interne und externe Welt miteinander verbindet. Auf der Ebene der textuellen Ordnung wiederholt dieses Verfahren die höfische Aneignung bürgerlicher Wertvorstellungen durch die Adaption über die Form. Indem der *Tasso* Antinomien in Konfigurationen überführt, strukturiert er die Gegensätze zwischen bürgerlicher und aristokratischer Welt auf eine Weise, die den Grundmustern der höfischen Interaktion entspricht. Unterstützt wird diese Strategie der Balance, die eine soziale Funktion auf das ästhetische Feld transferiert, durch die Gattungswahl. Für die Bearbeitung seines Renaissance-Stoffs hat Goethe nicht das Genre der Tragödie, sondern den Typus des Schauspiels genutzt, mit dessen Hilfe er die unterschiedlichen Wertvorstellungen in ihrer Interdependenz vorführt, um am Ende eine Lösung zu zeigen, die, wie schon Hegel vermerkt hat, aus der freien Einsicht der Antagonisten geboren wird.[49] So ist der *Torquato Tasso* als Drama über höfische Form und bürgerliche Subjektivität ein Tableau der Antinomien im Sinne der Goetheschen Konzeption des Theaters, die, gemäß dem *Proserpina*-Essay von 1815, Momentaufnahmen mit hoher symbolischer Verdichtung ermöglichen soll (MA 11.2, 197).[50]

Das Modell des Hofes, das der *Tasso* entwirft, spiegelt sich nicht zuletzt in der Dezenz der raren Szenenanweisungen, die im Drama auftreten. Auch sie demonstrieren das Ideal der Balance, das Sprache und Körper, Reden und Schweigen, Stimme und Leib harmonisch aufeinander bezogen sehen möchte. An die Stelle der ausführlichen Szenenbeschreibungen und Spielanweisungen, mit denen die frühen Dramen Goethes aufwarteten – man denke an *Clavigo* und *Stella* – tritt nun eine äußerst ökonomische Form der Regiebemerkungen, die keine Details, sondern nur die großen Züge der Bewegung umreißt.[51] Solche Knappheit korrespondiert der exemplarischen Qualität der Gebärden, die den Körper zum Medium des ästhetischen Ausdrucks machen. Typisch ist hier eine Szene, die mit dem ebenso dezenten wie prägnanten Hinweis auf eine herrscherliche Geste beschlossen wird: «Auf des Fürsten Wink, hebt ein Page den Degen mit dem Kranze auf und trägt ihn weg.» (MA 3.1, 469) Das Zeichen des Herzogs darf knapp bleiben, weil es eindeutig ist; die Sparsamkeit der theatralischen Gestik gleicht der Ökonomie, die den Körper im höfischen Milieu zur Sprache bringt. Ähnlich symbolischen Charakter tragen die Anmerkungen in Szene I,3, die Tassos Dichterkrönung schildern. Faßt

6. HÖFISCHE AMBIVALENZ

man sie zusammen, so erkennt man, daß der private Vorgang wie eine öffentliche Zeremonie im Sinne eines höfischen Ritus gestaltet ist: «Alfons winkt seiner Schwester, sie nimmt den Kranz von der Büste Virgils und nähert sich Tasso. Er tritt zurück.» – «Er kniet nieder, die Prinzessin setzt ihm den Kranz auf.» – «Tasso steht auf.» (MA 3.1, 439) Eine auf das Wesentliche konzentrierte Zurückhaltung bestimmt im klassischen Theater nicht nur den physischen Ausdruck, sondern auch die Frequenz, mit der er eingesetzt wird.[52] Im gesamten *Tasso*-Drama findet sich kaum mehr als ein Dutzend Hinweise auf Gebärden und Gänge; die meisten Regiebemerkungen stehen in der genannten Szene, die den Akt der Huldigung durch die Prinzessin zeigt.

Die Schauspielkunst, die aus derart ökonomischer Beschränkung hervorgeht, soll sich auf eine Auswahl ästhetischer Mittel konzentrieren, indem sie naturalistische Fülle durch repräsentative Ordnung ersetzt. Das korrespondiert dem Muster höfischer Verhaltensformen, in denen die materielle Dimension der Zeichen – der Gebärde, der Körperhaltung, der Mimik – hinter ihrer öffentlichen (durch Selbstbeherrschung diktierten) Demonstrationsfunktion zu verschwinden hat.[53] Jean Paul hat – nicht unironisch – von der Verknappung der Mittel gesprochen, die ein Merkmal der aristokratischen Außendarstellung sei: «Denn je mehr Höflichkeit und Bildung, desto mehr Allgemeinheit, die teils gern zu erraten schenkt, teils poetischer und angenehmer wird, weil sie nur das feine Rosenöl ohne die Blätter und Dornen absondert, wie eben die höheren Stände selber.»[54] Das Rollenrepertoire des Höflings entspricht der theatralischen Technik der Auswahl signifikanter Gesten, insofern es nur die Außenwirkung kennt. Interaktion erfolgt hier mit Hilfe des funktional beschränkten Ausdrucks, der komplexere psychische Zustände im Typischen einer auf symbolische Formen reduzierten Körpersprache versteckt. Kaum zufällig sind es gerade die Gebärden der Hofwelt, die im *Tasso* eindrucksvoll nachwirken: die Zeichen der Macht, der eingeübten Rituale, der dezenten Irritation. Das aristokratische Gebot der *justesse de l'esprit* lebt hier in der abgezirkelten Form der rituellen Gesten fort, die eine harmonische Einheit von Theater und Hof suggerieren. Es bedurfte freilich der Kunst, um den Gegensatz von sozialer und subjektiver Selbstreflexion zu entspannen, der im Zentrum des Dramas steht. Daß die literarische Figur Tasso durchleidet, was Goethe vermied – die zugespitzte Konfrontation des Künstlers mit dem Hof –, demonstriert den Vorrang des ästhetischen

SCHAUSTÜCKE DER ARISTOKRATIE BEI GOETHE

Scheins gegenüber seiner gesellschaftlichen Geltung im aristokratischen Milieu. Am Ende steht hier die Fiktion, die den Gegensatz von narzißtischer Subjektivität und aristokratischer Form in der Illusionswelt des Dramas aufhebt.

Auch in Goethes Trauerspiel *Die natürliche Tochter*, das am 2. April 1803 in Weimar uraufgeführt wurde,[55] ist das Verhältnis zwischen adliger und bürgerlicher Sphäre mit einer Subtilität dargestellt, die sich der Logik binärer Oppositionen entzieht. Weder die regierende Aristokratie und die höfische Fronde noch die Welt des Bürgertums und die im Hintergrund erahnbaren Volksmengen bieten ein erfreuliches Bild. Das Drama spiegelt Goethes Auffassung, daß der Französischen Revolution eine innere Zerrüttung sämtlicher Gesellschaftsschichten vorausgegangen sei, auf ebenso subtile wie diskrete Weise wider. Der König, dessen politisch schwaches Profil an Ludwig XVI. erinnert, besitzt keine wahre Souveränität; als Überforderter scheint er «auf zu hohen Platz hinaufgestellt», seine «Milde zeugt Verwegenheit» und verschafft seinen Gegnern Stärke (v. 434 ff.). Der Hof ist, ähnlich wie im Cagliostro-Drama *Der Gross-Cophta* (1791), ein Ort permanenter Intrigen («ein heimlich Labyrinth | Verschmitzten Wirkens»; v. 1782 f.), der von Ehrgeizlingen und falschen Ratgebern beherrscht wird («Mißtrauen atmet man in dieser Luft», v. 468). Der Herzog formuliert das Gebot klandestiner Vorsicht als Grundsatz des Erfolgs, der für integere und verwerfliche Projekte gleichermaßen gilt: «Das Große wie das Niedre nötigt uns | Geheimnisvoll zu handeln und zu wirken.» (v. 82 f.) Die Hofopposition wiederum verfolgt eigennützige Ziele, ohne mit ihnen politische Gestaltungsvorstellungen zu verbinden («Der Neid verhetzt ein fieberhaftes Blut», v. 469). Das durch den Gerichtsrat vertretene Bürgertum erscheint trotz ausgeprägten Standesbewußtseins mediokrer, weil es seine alltäglichen Lebensprinzipien nur unter den Bedingungen der radikalen Selbstbeschränkung verwirklicht («In abgeschloss'nen Kreisen lenken wir, | Gesetzlich streng, das in der Mittelhöhe | Des Lebens wiederkehrend Schwebende», v. 2009 ff.); die moralische Unzulänglichkeit der Herrschenden entschuldigt der Rat, opportunistisch und ängstlich, mit dem Hinweis auf äußere Zwänge: «Sie wirken selten | Aus freier Überzeugung. Sorge, Furcht | Vor größerm Übel nötiget Regenten | Die nützlich ungerechten Taten ab.» (v. 1797 ff.) Die breite Volksmasse schließlich, die in Goethes Tragödie keinen handlungsmächtigen Faktor bildet, mutet schon aus der Distanz verdächtig an: von ‹rohem Drang› getrieben,

6. HÖFISCHE AMBIVALENZ

zeigt sie sich durch «Missgunst, grimmige Verleumdung, | Verhallendes, parteiisches Bestreben» beherrscht (v.2177 ff.). So ist die soziale Realität des Dramas von Egoismus, Opportunismus und moralischer Insuffizienz durchsetzt. Die Gesellschaft trägt in sich eine schleichende Krankheit, die sämtliche ihrer Glieder und Schichten erfaßt hat. In diesem Sinne heißt es schon in *Hermann und Dorothea* (1797): «Und es praßten bei uns die Obern, und raubten im Großen, | Und es raubten und praßten bis zu dem Kleinsten die Kleinen (...)» (MA 4.1, 593; *Klio*, v.44 f.). Im zweiten Teil des *Faust* charakterisiert Mephisto den Zustand des allgemeinen Ordnungsverlusts mit ähnlichen Worten: «Indes zerfiel das Reich in Anarchie, | Wo groß und klein sich kreuz und quer befehdeten, | Und Brüder sich vertrieben, töteten.» (v.10261 ff.)

Die natürliche Tochter, die ursprünglich als erster Teil einer Trilogie über die Gesellschaftserosionen des ausgehenden 18. Jahrhunderts geplant war, setzt eine relativ überschaubare Geschichte in Szene. Ihre wichtigste Quelle bildeten die 1798 im Pariser Selbstverlag erschienenen Memoiren der Stéphanie Louise de Bourbon Conti, einer unehelich geborenen Halbschwester eines mit Ludwig XV. verwandten Prinzen. Der Text, auf den Goethe im Herbst 1799 durch Schiller aufmerksam gemacht wurde (NA 30, 120), liefert die wesentlichen Zutaten für eine Intrigenhandlung, die sich am Vorabend der Französischen Revolution zuträgt: illegitime Geburt, höfische Kabalen, politische Rancüne, Wechsel von feudalem Glanz und bürgerlicher Ehe.[56] Eugenie, die Protagonistin des Dramas (die Paralipomena nennen sie noch «Stefanie» [MA 6.1, 942]), ist die uneheliche Tochter des Herzogs und einer eben verstorbenen Fürstin; im Rahmen einer Jagdgesellschaft, bei der sie einen Sturz vom Pferd glücklich übersteht (in ihren Memoiren erwähnt die Bourbon-Conti große Leidenschaft für die Reiterei),[57] erkennt der König sie offiziell an und lädt sie zu einem Fest, auf dem man ihre Rangerhöhung glanzvoll feiern möchte. Durch Befehl des erbberechtigten Sohns des Herzogs, dessen Motive nur schemenhaft ans Licht treten, wird Eugenie in eine entfernte Hafenstadt entführt und dort festgehalten. Während der heimtückische Weltgeistliche dem Herzog von ihrem vermeintlichen Tod berichtet, plant man, sie auf die Fieberinseln zu verschleppen, um sie von jeglichem Einfluß auf die Hofwelt abzuschneiden. Das Drama endet mit Eugenies erzwungenem Verzicht auf die Rangerhöhung, der durch die Einwilligung in eine platonische Ehe mit einem bürgerlichen Gerichtsrat als Akt der *resignatio* auch den Rückzug in eine beschränkte Privatsphäre jenseits der höfischen Welt bedeutet.

Zum Symbol der Lebensdynamik, in deren Strudel die Protagonistin stürzt, wird der Schmuck, den sie freudig von ihrem Vater erbittet, nachdem dieser ihr die soziale Anerkennung in Aussicht gestellt hat. «Das einfach Schöne soll der Kenner schätzen; | Verziertes aber spricht der Menge zu», so erklärt sie in der stolzen Erwartung des zu ihren Ehren veranstalteten Festes gegenüber ihrer Hofmeisterin und fügt hinzu: «Nun leihe mir der Perlen sanftes Licht | Auch der Juwelen leuchtende Gewalt.» (v. 1060 ff.) Die über die Intrige des Halbbruders informierte Vertraute aber weiß, daß der Schmuck als «Ordensband der ersten Fürstentöchter» im Fall Eugenies ein ‹unwiderrufliches Schicksal› bezeichnet, das die Protagonistin in den Abgrund reißen wird (v. 1129 ff.). So gerät das Geschmeide zum Sinnbild des raschen Wechsels von Aufstieg und Sturz, wie er sich auch schon im Motiv des Jagdunfalls spiegelt, den Eugenie, durch eigene Tollkühnheit provoziert, am Beginn des Dramas erleidet: «Des Frevels Glück betrachten wir erstaunt (...)» (v. 172).[58] Das Gegenbild zum fatalen Schmuck Eugenies liefert Goethes Singspiel *Claudine von Villa Bella* (nach der zweiten Fassung von 1787/88), wo Alonzo seiner Tochter am Hochzeitsmorgen mit kostbaren Geschenken gegenübertritt: «Nimm diese Kleider, | Nimm die Gefäße, | Nimm die Juwelen, | Und bleibe mein.» (MA 3.1, 363) Zwar gerät auch hier die geplante Inszenierung aus dem Gleis, jedoch nimmt das Drama am Ende eine positive Wendung, so daß der Schmuck kein Vorzeichen drohender Katastrophen, sondern das Symbol des Glücks ist.

Das Drama des Fortunawandels spielt sich in der *Natürlichen Tochter* vor dem Horizont einer politischen Welt ab, die durch Willkür und Intrigen bestimmt wird. Der König, so erklärt der Herzog, sei zur «Häuslichkeit, zum Regimente nicht» geboren (v. 438). Bei Goethe erscheint er in der Rolle des milden Vaters, der als Privatier auftritt, ohne herrscherliche Souveränität zu gewinnen. Schon 1790 hatte Edmund Burke, einer der profiliertesten Kritiker der Revolution, empört über die Reformentwürfe der Pariser Nationalversammlung bemerkt: «In dieser neuen Ordnung der Dinge ist ein König nichts weiter als ein Mann; eine Königin nichts anderes als ein Weib (...)».[59] Was Burke für ein verwerfliches Postulat der Revolution hält, zeigt Goethes Trauerspiel bereits als Moment des zerfallenden *ancien régime*, das den König zum dekadenten Schwächling («Die Kraft entgeht vielleicht dem späten Zweige», v. 440) und empfindsamen

6. HÖFISCHE AMBIVALENZ

Familienmenschen macht («Dir, edle Nichte, geb' ich einen Vater», v.313). Die Figur offenbart eine Tendenz zur Verbiederung, wie sie gemeinhin auch Ludwig XVI. attestiert und spätestens seit der Halsbandaffaire (1785) zum Gegenstand klandestiner Spottverse über seine häusliche Einfalt wurde: «Louis, si tu veux voir | Bâtard, cocu, putain, | Regarde ton miroir, | La Reine et le Dauphin.»[60] Positiv gewendet, aber gleichwohl exemplarisch für die verbreitete Einschätzung, daß der König nur ein Talent zum Privatmann besessen habe, ist das Bild, das Ernst Carl Ludwig Ysenburg von Buris Trauerspiel *Ludwig Capet, oder Der Königsmord* (1793) von ihm zeichnet. Bei Buri, einem ehemaligen Mitglied des Illuminatenordens (Geheimname: «Crates»),[61] trägt der König die Züge des gerechten, sein Volk liebenden Hausvaters, der ohne moralische, politische oder juristische Legitimität angeklagt wird.[62] Buris gefangener Herrscher ist kein Märtyrer der Politik, sondern ein Privatier, der am Ende das über ihn verhängte Todesurteil klaglos hinnimmt.[63] Den Zug zur Passivität weist vergleichbar auch Goethes Herrscher auf, der unter den Intrigen des Hofes leidet, ohne ihnen wirksamen Widerstand entgegensetzen zu können: «O träte doch in diese Regionen, | Zum Rate dieser hohen Wächter, nie | Vermummte Zwietracht, leisewirkend ein!» (v.310ff.) Die Lethargie des Regenten ist das Symptom seiner fehlenden Souveränität und damit das Vorzeichen des Verfalls, der das institutionelle Königtum bedroht.

Die inneraristokratische Opposition wirkt im Unsichtbaren – der Sohn des Herzogs, der seine Schwester Eugenie nach deren Anerkennung durch den König entführen läßt, tritt als Person bezeichnenderweise nie auf.[64] Der Gerichtsrat verwirft die höfische Intrige aus der Perspektive bürgerlichen Wertdenkens im Zeichen eines erklärten Legalismus: «Nicht ist von Recht noch von Gericht die Rede; | Hier ist Gewalt! entsetzliche Gewalt, | Selbst wenn sie klug, selbst wenn sie weise handelt.» (v.1747ff.) Eugenie fügt anklagend hinzu, daß die Frondeure ihr Vertrauen in die juristischen Fundamente des Staates erschüttert hätten: «Was ist Gesetz und Ordnung? Können sie | Der Unschuld Kindertage nicht beschützen?» (v.2005f.) Die Opposition verfolgt kein politisches Programm, sondern eigene Machtinteressen, die auf willkürliche und skrupellose Weise umgesetzt werden. Das Trauerspiel zeigt in ihr den zum gesellschaftlichen Verfall führenden sozialen Egoismus, dessen Ausbreitung Goethe, wie er im Bericht über die *Kampagne in Frankreich 1792* schreibt, für die unheilvollste Tendenz der Ägide Ludwigs XVI. hielt (MA 14, 511f.). In den Paralipomena zur *Natürli-*

chen Tochter heißt es gnomisch: «Nach seinem Sinne leben ist gemein, | Der Edle strebt nach Ordnung und Gesetz.» (MA 6.1, 942)

Das Opfer des höfischen Interessenkriegs ist Eugenie, die ihr persönliches Glück verliert, weil die Anerkennung ihrer Erbberechtigung den Einfluß des Herzogssohns verringert – eine Konstellation, wie sie ähnlich die Bourbon-Conti-Memoiren beschreiben.[65] Am Beginn steht als traditionelles Tragödienmotiv die Hybris der Heldin, die sich in Erwartung ihrer festlichen Gesellschaftseinführung den vom Vater versprochenen kostbaren Schmuck anlegt: «Laß sehen, wie es kleidet? Es gehört | Zum ganzen Prunk; so sei auch das versucht!» (v.1131f.).[66] Die Sehnsucht nach einem pompösen öffentlichen Auftritt, der ihre neue gesellschaftliche Position dokumentieren soll, trägt vermessene Züge und wandelt sich im Fortgang des Geschehens zum Zeichen des Glückswechsels; aus der Imagination des fürstlichen Festes wird am Ende die Wirklichkeit des bürgerlichen Exils, in der Eugenie als Entsagende überlebt. Eine vergleichbare Dialektik hebt Goethe in seiner Erinnerung an die Feierlichkeiten zu Ehren der jungen Marie-Antoinette aus Anlaß ihrer Vermählung mit dem Dauphin hervor, deren Zeuge er Ende Mai 1770 in Straßburg geworden war. Die Wände des Gartengebäudes, in dem man auf der Rheininsel die Braut empfing, waren durch Gemälde geschmückt, die berühmte Paare der Antike zeigten. Unter den Bildmotiven fand sich auch eine Darstellung von Jason und Medea, mithin, wie Goethe rückblickend in *Dichtung und Wahrheit* schreibt, «ein Beispiel der unglücklichsten Heirat» (MA 16, 393). Aus der Perspektive der späteren historischen Entwicklung geriet das prachtvolle Fest somit zur Illustration von «Ahndungen», die das düstere Schicksal der jungen Königin bereits andeuteten (MA 16, 394). Auch Eugenies Phantasie eines glänzenden öffentlichen Auftritts wandelt sich zum Objekt der Dialektik von Aufstieg und Fall. Die Apologie des Scheins – «Das Wesen wär' es, wenn es nicht erschiene?» (v.1067) – wird ihrerseits Spielball der Täuschung, auf die sich der Wunsch nach gesellschaftlicher Anerkennung reduziert. Die imaginär wirkende Szene der zeremoniellen Erhöhung durch den König beleuchtet wiederum die Unzuverlässigkeit von Eugenies Glück über eine künstliche Stimmung, die auf den Illusionscharakter der höfischen Huldigung hindeutet. Ihre Frage, «ob, | Was mir begegnet, nicht ein Traumbild sei» (v.257f.), läßt hinter der rhetorischen Glätte der topischen Formel die Gefahr des schreckhaften Erwachens in einer unfreundlichen Wirklichkeit erahnen.[67]

6. HÖFISCHE AMBIVALENZ

Eugenies Rolle als Opfer der höfischen Intrige wird durch ihren Verzicht auf die eigenen Rechte idealisiert und damit erst tragisch. Die sozialpsychologische Dimension ihrer Entsagung läßt sich dort erkennen, wo die bürgerliche Wirklichkeit, die der Gerichtsrat der verzweifelten Eugenie eröffnet, ähnlich befremdende Züge wie die feudale Sphäre trägt. Die Ehe erweist sich keineswegs als Hort des Friedens, sondern als Ort der Einsperrung und des Kontrollzwangs. Der Gerichtsrat – ein Nachfolger des biederen Vaters aus der Idylle *Herrmann und Dorothea* – sieht sich selbst als Beschützer, der weder feudales Heroentum («Heldenfaust») noch dynastisch-traditionale Herkunft («Heldenstamm») aufbieten kann, seine Familie jedoch vor äußeren Gefährdungen bewahrt, indem er sie von der Welt fernhält (v.2203). Eugenie betrachtet diese Form der sozialen Stabilität («des Bürgers hohen Sicherstand», v.2205) als Ausdruck extremer Beschränkung: «Der Gatte zieht sein Weib unwiderstehlich | In seines Kreises abgeschloss'ne Bahn. | Dorthin ist sie gebannt, sie kann sich nicht, | Aus eigner Kraft besondre Wege wählen (...)» (v.2295ff.).[68] Die Aussicht auf eine Ehe mit dem Gerichtsrat bedeutet zwar Rettung vor der drohenden Verbannung, doch zugleich Verlust jeglicher Freiheit in der Enge einer immobilen Privatwelt.[69]

Die Analogie von Hof und Bürgersphäre dokumentiert sich in der Tendenz zur Einschließung als Prinzip der gesellschaftlichen Identitätsbildung.[70] In beiden Fällen wird die soziale Ordnung durch interne Regeln begründet, die nur innerhalb des spezifischen Systems gelten, für das sie erdacht wurden. Das erklärt die fehlende Durchlässigkeit dieser Systeme, aber auch ihre Anfälligkeit für innere Störungen. Intrigen auf dem Terrain des Hofes oder Praktiken des patriarchalischen Machtmißbrauchs in der bürgerlichen Familie deregulieren die jeweiligen Gesellschaftsbereiche, indem sie deren Prinzipien aufgreifen und zu egoistischen Zwecken nutzen. Die feinen Risse, die sich hier zeigen, entstehen durch Zerfallsprozesse, deren Ursprung das Innere der Gesellschaftsordnungen selbst ist. So wie der König seine politische Souveränität durch Entscheidungsschwäche einbüßt, verliert der moralische Anspruch der bürgerlichen Familie seine Legitimität, wenn ein Haustyrann Schutz mit Überwachung verwechselt. Goethes Drama schließt an die psychologisch fundierten Gesellschaftsdiagnosen an, wie sie schon Lessing in der *Emilia Galotti* mit Blick auf die doppelte Erosion von adliger und bürgerlich gefärbter Identität vermittelt hatte. Der geplante zweite Teil des Trauerspiels sollte die unabwendbare

Konsequenz dieses Prozesses im Motiv der sich selbst vernichtenden Revolution darstellen, die rasch auf «Streit», Anarchie und Chaos zuläuft.[71] Es ist die Symbolik des Textes, die Brüche und innere Widersprüche im Gefüge der sozialen Lebenswelt sichtbar macht. Indem Goethe die entscheidenden Momente der Handlung – die Intrige des herzoglichen Sohnes, den Plan der Entführung, die Verschleppung Eugenies – ausspart und statt dessen Sinnbilder – die Jagd, die Landschaft, den Schmuck – ins Zentrum rückt, akzentuiert er die innere Logik des Geschehens, ohne dessen gesellschaftliche Bedeutung zu negieren. Gerade die Ambivalenz der dominanten Motive legt die sozialen Spannungen und die Insuffizienz der herrschenden Ordnungen frei. Die Dialektik des Prunks offenbart sich in der Zweideutigkeit, die Eugenies Liebe für das kostbare Geschmeide anhaftet; ihr Sturz vom Pferd, von dem die Expositionsszene berichtet, ist das Vorzeichen einer Fall-Dramaturgie, die sich im Fortgang des Textes vollziehen wird; die schroffe Gebirgsnatur wäre als Hinweis auf die Bedrohung der Lebenssicherheit zu lesen, in der sich die Protagonistin durch ihre in Aussicht stehende gesellschaftliche Anerkennung wähnt. Die Sinnbilder des Textes schließen «eine gewisse Totalität» in sich, wie es Goethe am 16. August 1797 in seinem Frankfurter Brief an Schiller als Merkmal ‹symbolischer Gegenstände› hervorhob (NA 37 I, 101).[72]

Was die *Natürliche Tochter* auf der Ebene der bildhaften Darstellung leistet, wird deutlicher, wenn man sich die poetologische Grundlage der häufig diskutierten Goetheschen Symboltheorie vergegenwärtigt. Der Frankfurter Brief beschreibt die Szenerie des Wirtschaftstreibens auf dem Roßmarkt vor dem Fenster seines großväterlichen Hauses. Der Anblick des Platzes macht dem Beobachter klar, in welchem Tempo die alten patriachalischen Lebensverhältnisse sich unter dem Einfluß der neuen wirtschaftlichen Tendenzen verwandelt haben; er wird ihm zum «Symbol vieler tausend» vergleichbarer Fälle, in denen das moderne Handels- und Gewerbewesen den Alltag der Menschen veränderte (NA 37/I, 102). Aus der Beobachtung des Frankfurter Briefes leitet Goethe in der im Oktober 1797 verfaßten Skizze *Ueber die Gegenstände der bildenden Kunst* eine Unterscheidung zwischen Symbol und Allegorie ab, die zwei verschiedene poetische Verfahren kenntlich macht. Während das Symbol, so erklärt der Essay, die Objekte der Darstellung «für sich» stehen lasse, so daß sie aus der eigenen ‹Tiefe› wirken könnten, strebe die Allegorie ihren Effekt nicht durch Versenkung in die Sache, sondern über «Verstand, Witz, Ga-

6. HÖFISCHE AMBIVALENZ

lanterie» an (MA 4.2, 123 f.).[73] Knapp dreißig Jahre später ergänzt Goethe seine Unterscheidung durch die Formel, die symbolisch verfahrende Poesie ‹schaue› im Besonderen das Allgemeine, ihre allegorische Variante dagegen ‹suche› im Allgemeinen das Besondere (MA 17, 767). Schiller hat die Bedeutung, welche diese Differenzierung für Goethe besaß, bereits in seinem Antwortschreiben vom 7./8. September 1797 durch den lakonischen Hinweis relativiert, daß es letzthin immer um die «Behandlung» des Stoffs in der Form gehe, weil eine a priori bedeutende Bildlichkeit nicht existiere (NA 29, 127). Schillers Replik, die Goethes naturphilosophische Begründung der poetischen Symbolik ignoriert, weist die Unterscheidung zwischen spontanen und rationalen Formen literarischer Visualisierung als irrelevant zurück und betont statt dessen den konstruktiven Charakter des Übertragungsverfahrens selbst. Wo immer ein Begriff, eine Idee oder ein theoretisches Vorverständnis literarisch bezeichnet werden, erfolgt die Transposition als Produkt bewußter künstlerischer Steuerung. Sie ist das Resultat der ‹Behandlung›, die das gewählte Objekt zum Träger einer zweiten Bedeutung macht.

Wendet man Schillers Einsicht auf die *Natürliche Tochter* an, so wird sichtbar, daß die Totalität der hier auftretenden Symbolik ihrerseits das Ergebnis einer Einbettung der zufälligen Erscheinung in den Raum sozialer Beziehungen ist, mithin auch Züge der Verstandesorientierung trägt, die Goethes Aufsatz *Ueber die Gegenstände der bildenden Kunst* der Allegorie zuschreibt.[74] Unterstützt wird die Wirkung der Totalität durch das Verfahren der poetischen Allusion, das über den beschränkten Moment des prägnant Dargestellten auf künftige Ereignisse vorausweist – eine Technik, die aus der antiken Tragödie ebenso wie aus der französischen *tragédie classique* vertraut war.[75] Das dichte Geflecht der Andeutungen und Vorwegnahmen läßt das Trauerspiel zum Medium werden, das private Konflikte als Zeichen gesellschaftlicher Verhältnisse lesbar macht. Es steht außer Frage, daß das poetische Verfahren des Textes damit auf die Bestimmungen des Frankfurter Briefes vom August 1797 zurückweist, ohne jedoch die Poetik der intuitiven Wahrnehmung zu bestätigen, die Goethe hier beschwört. Die Visualisierungsleistung des Trauerspiels besteht in einer programmatischen Erzeugung von Korrespondenzen zwischen Bildern und sozialen Verhältnissen, die das Resultat jener poetischen ‹Behandlung› ist, wie sie Schiller für ein Kennzeichen der literarischen Imagination schlechthin hält. Durch eine solche Strategie der Visualisierung sucht Goethe gemäß einer Formulierung aus den *Annalen* zum Jahr 1799 in seinem Drama alles, was er «über die Französische Revolution und deren Folgen geschrieben und gedacht» habe, «mit geziemendem Ernste niederzulegen» (MA 14, 60).[76] Die Verbindung zwischen «Tiefe» und «Simplicität», die Fichte in einem Brief an Schiller an der *Natürlichen Tochter* rühmt, entspringt der Doppelfunktion von totalisierender und medialer Leistung der bildlichen Darstellung (NA 40 I, 104). Sie erst ermöglicht es, eine Einheit von konkretem Bühnengeschehen und übergeordneter zeitgeschichtlicher Perspektive zu stiften, die den gescheiterten Revolutionskomödien der 1790er Jahre (*Die Aufgeregten, Der Bürgergeneral*) noch fehlt. Sie wird gleichermaßen getragen von der Verdichtungsleistung des Symbols, wie ihn der Frankfurter Brief skizziert, und der allegorischen Struktur der Korrespondenzen, die Bild und Begriff zusammenführt. Die Kombination dieser beiden Verfahrensweisen erzeugt eine Tragödienform, die, nach einer treffenden Bemerkung Benjamins, «weit entfernt ist, von der weltgeschichtlichen Gewalt des revolutionären Vorgangs, welchen sie umspielt, bewegt zu werden».[77]

In einem Gespräch mit Eckermann vom 26. Juli 1826 hat Goethe sein szenisches Symbol-Konzept markant charakterisiert, indem er erklärt, die ‹bedeutende› Dramenhandlung müsse «‹auf eine noch wichtigere hinzielen.›» (MA 19, 162) Im Fall der *Natürlichen Tochter* wird eine derartige Dimension dort sichtbar, wo das dichte Geflecht poetischer Bilder nicht nur die private Katastrophe, sondern auch den politischen Horizont der Ereignisse anschaulich macht.[78] «O diese Zeit hat fürchterliche Zeichen», so erklärt der König, «Das Niedre schwillt, das Hohe senkt sich nieder | Als könnte Jeder nur am Platz des Andern | Befriedigung verworrner Wünsche finden (...)» (v.362 ff.) Die Bildkunst des Dramas zeigt die zur Auflösung sozialer Hierarchien führende Erosion, indem sie hinter den ‹fürchterlichen Zeichen› eine von Egoismus und moralischer Unzulänglichkeit provozierte Entgrenzung gesellschaftlicher Ordnungen durchscheinen läßt. In der Einleitung zu seiner Erzählung *Die Majorats-Herren* (1820) erklärt Achim von Arnim im Rückblick auf das *Ancien régime*: «Wie reich erfüllt war damals die Welt, ehe die allgemeine Revolution, welche von Frankreich den Namen erhielt, alle Formen zusammenstürzte; wie gleichförmig arm ist sie geworden!»[79] Solche Priorität der Formen, die Arnim als Merkmal der alten Aristokratie bezeichnet, bestimmt auch die Struktur von Goethes Tragödie. Die Paradoxie, die sie trägt, besteht

6. HÖFISCHE AMBIVALENZ

darin, daß sie eine verfallende Gesellschaftswelt mittels einer Kultur der Dezenz, der Delikatesse und symbolischen Totalität darstellt, die diese selbst bereits eingebüßt hat. Ihre elegische Tendenz resultiert aus dem Gegensatz von ästhetischer Form und historischem Formverlust, in dem sich die besondere Spannung zwischen literarischem Gedächtnis und sozialer Gegenwart manifestiert.

Wie der *Torquato Tasso* offenbart *Die natürliche Tochter* durch ihre poetische Struktur die Risse, die in den gesellschaftlichen Systemen des ausgehenden 18. Jahrhunderts auftreten. Der Unterschied zwischen aristokratischer und bürgerlicher Welt ist dabei aus Goethes Sicht weniger bedeutsam als die gefährliche Tendenz zum Verlust jener Formen, die soziale Identität stiften. Die Rede des Mönches läßt am Ende des Trauerspiels bereits ahnen, daß aus dem scheinbar geregelten Treiben einer noch intakten Wirtschafts- und Sozialordnung bald das Chaos hervortritt: «Der feste Boden wankt, die Türme schwanken | Gefugte Steine lösen sich herab | Und so zerfällt in ungeformtem Schutt | Die Prachterscheinung.» (v. 2799 ff.) In den Paralipomena zur geplanten Fortführung des Trauerspiels heißt es prägnant: «Aufgelöste Bande | der letzten Form | die Masse wird absolut» (MA 6.1, 942). Der 1826 entstandene Expositionsakt des zweiten *Faust* zeigt im politischen Panorama der Thronsaal-Szene ein vergleichbares Bild inneren Verfalls und sozialer Unordnung. *Dichtung und Wahrheit* erinnert an einen Vers der *Goldenen Bulle* Kaiser Karls IV. (1356), der jegliche Auflösung des Staatswesens aus der moralischen Unzulänglichkeit seiner Oberhäupter erklärt: «omne regnum in se divisum desolabitur; nam principes ejus facti sunt socii furum». (MA 16, 177)[80] *Die natürliche Tochter* macht in diesem Sinn die Erosion der alten Gesellschaft als Prozeß des Formverlusts sichtbar, der sämtliche Gesellschaftsbereiche auf unheimliche Weise bestimmt. «Im Dunklen drängt das Künft'ge sich heran» (v. 2783), so weiß der Mönch, der dem *ancien régime* die bevorstehende Apokalypse prophezeit.

In einer entgrenzten Wirklichkeit, die aus der Destruktion des alten Gesellschaftskörpers und seiner strikten Hierarchien hervorgeht, sorgt bei Goethe die Kunst allein für Ordnung. So findet das Theater seine Aufgabe in einer elegischen Aufbewahrung verbindlicher Formen, deren kritischen Tenor unterschätzt, wer sie nur als Apologie der Vergangenheit deutet. Der zweite *Faust* wird demonstrieren, wie sich die poetische Reflexion der wirtschaftlichen, politischen und sozialen Krise zur allegorischen Darstellung der Moderne verdichten kann. 1823 bemerkt Goethe, daß er «noch immer an die Fortsetzung der *Natürlichen Tochter* denke», weil das Drama seinem Versuch entsprungen sei, die Französische Revolution – «dieses schrecklichste aller Ereignisse» – künstlerisch zu bewältigen (MA 12, 308).[81] Auch das ist ein Indiz dafür, daß sein Endspiel über den Verfall von Königtum und Aristokratie mehr als die Trauer angesichts des Verlusts sozialer Formen in Szene setzen sollte. Durch seine symbolische Ordnung vermittelt es zugleich den Auftrag, die Dynamik, die zur Auflösung der alten Gesellschaft geführt hatte, zu erklären und damit im historischen Bewußtsein aufzuheben.

7

DIE TEUREN TOTEN Geopferte Königinnen in Schillers Tragödien

Schillers Elisabeth von Valois ist eine Figur aus den Arsenalen der Literatur. Der Autor des *Don Karlos* (1787) entwarf ihr Porträt durchgehend nach einem Roman des Abbé Saint-Réal, den er im Dezember 1782 auf Anraten des Mannheimer Theaterintendanten Dalberg im Bauerbacher Exil gelesen hatte. Saint-Réals *Histoire de Dom Carlos*, die erstmals 1672 veröffentlicht worden war, zeigte die Königin als hilfloses Objekt kaltsinniger Heiratspolitik. Ihr früher Tod – sie starb 23jährig im Oktober 1568 – wurde von Saint-Réal aus antispanischer Sicht auf eine durch die Inquisition gelenkte Verschwörung zurückgeführt. Im Roman trifft die Königin auf einen Madrider Hof, der ihrer jugendlichen Schönheit mit Mißtrauen und Neid begegnet: «La Cour d'Espagne, qui avoit écouté les merveilles, qu'on disoit, de la beauté de la Reine, comme les exagérations ordinaires en faveur des Princes, fut étonée de voir que tout ce qu'on en disoit étoit aus dessous de la verité.»[1] Bei Saint-Réal verbindet die Königin mit dem nahezu gleichaltrigen Infanten Don Carlos ein leidenschaftliches Liebesverhältnis, das der rasend eifersüchtige Monarch Philipp II. durchkreuzt, indem er zunächst den eigenen Sohn, danach seine Ehefrau töten läßt. Die historische Wahrheit wich freilich von Saint-Réals sentimentaler Schauergroteske, die den spanischen Hof zum Schauplatz des Schreckens machte, an entscheidenden Punkten ab. Der nach einem Treppensturz offenbar hirngeschädigte Infant, der nach mehreren Akten der öffentlichen Gehorsamsverweigerung gegenüber seinem Vater unter strenger Bewachung stand, erlitt im Juli 1568 einen schweren Magenkatarrh, dem er nach wenigen Tagen erlag;

die Königin wiederum starb einen für die Frühe Neuzeit typischen Frauentod: sie verschied am 3. Oktober 1568 an den Folgen einer Fehlgeburt.

Wenn Saint-Réal Elisabeth von Valois als tragische Figur zeichnete, so entsprach das seiner spanienfeindlichen Einstellung, kaum aber den historischen Fakten. Die am 2. April 1545 geborene Elisabeth, die Tochter Heinrichs II. und Katharinas von Medici, wurde knapp 15jährig aus politischen Gründen mit dem 18 Jahre älteren Philipp verheiratet, der zweifach verwitwet war (Maria von Portugal starb 1545 nach der Geburt des Infanten im Kindbett, Maria von England folgte ihr 1558 ins Grab). Anders als es Saint-Réal erzählt, dürfte Elisabeth in Spanien jedoch nicht wie eine Gefangene gelebt haben. Dafür sorgte schon die Übernahme ihres französischen Hofstaates mit mehr als 50 Bediensteten, die es ihr erlaubte, den ihr vertrauten Alltagsluxus weitgehend unabhängig von der strengen spanischen Etikette fortzusetzen.[2] Während der über fünf Jahre währenden Niederschrift des *Don Karlos* hat sich Schiller Zug um Zug vom geschichtlich zweifelhaften Spanienbild Saint-Réals gelöst und an dessen Platz zumal die ausgewogenere Darstellung Robert Watsons treten lassen (*The History of the Reign of Philip the Second, King of Spain*; 1777; 1778 deutsch: *Geschichte der Regierung Philipps des Zweyten, Königs von Spanien*); das politische Drama rückte damit in eine Beleuchtung, die demonstrative Schwarz-Weiß-Kontraste ausschloß, was in den beiden letzten Akten zu einer ambivalenteren Darstellung Philipps II. führte.[3]

Die Charakteristik der Königin blieb jedoch auch in der späteren Arbeitsphase stark von Saint-Réals Vorgaben beeinflußt, wobei das Drama das im Roman gezeichnete Portrait punktuell nuanciert. Schillers Elisabeth ist in Spanien eine Exilierte, die, umstellt von argwöhnischen Spähern und Spitzeln, unter obsessiv gesteigertem Mißtrauen, nicht zuletzt unter einem von Staatsgeschäften okkupierten, wenig liebenswürdigen Ehemann leidet.[4] Das Trauerspiel zeigt die Valois, literarisch überformt, in der Rolle der empfindsamen Königin, die von der Sehnsucht nach einer privaten Intimität gesteuert wird, welche der Hof durch strenge Etikette unterbindet. Daß man ihr den spontanen Kontakt zu ihrer Tochter verweigert, beklagt sie ebenso wie die frostige Kälte im Austausch mit Philipp (v.525; v.955) – Motive, die fraglos in den Bereich freier poetischer Erfindung, kaum aber in die politische Welt der Frühen Neuzeit gehören, deren Geschöpf auch Elisabeth von Valois als Tochter der machtbewußten Katharina von Medici war.[5]

7. DIE TEUREN TOTEN

Charakteristisch bleibt hier die erste Szene, in der Prinzessin Eboli der Königin gesteht, daß sie den ihr als künftigen Ehemann zugedachten Grafen Gomez nicht lieben könne.[6] Elisabeths Replik schließt in das Verständnis für die abweisende Haltung der Eboli spürbares Selbstmitleid ein, wenn sie erklärt: «Es ist | ein hartes Schicksal, aufgeopfert werden. | Ich glaube Ihnen. Stehn Sie auf.» (v.512ff.) Was der Prinzessin droht, ist Elisabeth bereits widerfahren. Sie erscheint als Opfer politischer Winkelzüge, bildet doch ihre Ehe mit Philipp das Produkt rein machtstrategischen Kalküls im Rahmen jener europäischen Heiratsdiplomatie, die für die Frühe Neuzeit verbindlich war. Da sie den König nicht «lieben» kann, sucht sie ihn, wie sie Karlos erklärt, zu «ehren» (v.815ff.). Der Leitbegriff, der sie zur Duldsamkeit anhält, ist jener der «Pflicht» (v.826), mit dem sie den drängenden Infanten zurückzuweisen sucht, auch wenn ihr «Herz» sich ihm zuneigt (v.823). So agiert Schillers Königin in einem Ideenkontext, der den Begriff der Aufopferung notwendig einschließt, insofern sie der politisch erforderlichen Vernunft ihren individuellen Willen subordiniert.[7]

Schiller verknüpft nun im Fall Elisabeths das unbedingte Pflichtdenken, das zur Vernichtung persönlicher Neigungen führt, auf höchst spannungsvolle Weise mit einer zweiten Ebene des Politischen. Während sich die Königin offiziell der Staatsräson unterwirft, indem sie einen Mann ehelicht, den sie nicht liebt, opfert sie sich heimlich für eine revolutionäre Idee, indem sie dem Mann, den sie begehrt, entsagt. Im Fortgang des Geschehens wird deutlich, daß Elisabeth eine Sympathisantin der niederländischen Rebellen ist, die sich nichts sehnlicher wünscht als einen Infanten, der, wie es Posa plant, deren Erhebung praktisch unterstützt. Die Aufopferung für Philipp und die spanische Staatsräson findet hier ihr eigentümliches Gegenstück in der Bereitschaft zum Hochverrat. Den Plan des Marquis, daß sich Karlos «heimlich» in die niederländische Provinz begeben und dort «dem König ungehorsam» werden solle (v.4158f.), findet Elisabeth unter aufsteigender Begeisterung «dreist», «kühn», «groß» und «schön» (v.4167ff.). Der politische Wille der Königin, so wird hier offenbar, zielt auf Umsturz. Sie selbst beschreibt sich jetzt bezeichnenderweise nicht mehr als Opfer, sondern als verhinderte Rebellin, die unter der Inaktivität des Infanten stellvertretend leide: «Die Rolle, | die man hier in Madrid ihn spielen sieht, | drückt mich an seiner Statt zu Boden (...)» (v.4196). Gekrönt wird dieses Selbstbild durch eine (auf Karlos' Zukunft bezogene) Äußerung, die nach dem Machtverständnis der Frühen Neuzeit

GEOPFERTE KÖNIGINNEN IN SCHILLERS TRAGÖDIEN

für eine allein mit repräsentativen Befugnissen ausgestattete Königin anmaßend klingen mußte: «Frankreich | versprech ich ihm; Savoyen auch.» (v.4196f.) In ihrer Gedankenwelt schwingt sich Elisabeth zur souveränen Monarchin auf, die über politische Allianzen und Kronen freimütig entscheiden darf (ein Beispiel für jene Kunst der Imagination herrscherlicher Macht, die Schiller in der Psychologie Sulzers beschrieben fand).[8]

Am Ende des Trauerspiels wird aber auch sichtbar, daß die Königin ihre politische Mission für die niederländische Freiheit mit dem für sie bestimmenden Leitmotiv der Aufopferung verknüpft. Gegenüber dem Infanten spricht sie zunächst vom Opfer Posas, der sein Leben preisgab, um Karlos zu schützen: «Er hat sich geopfert | für Sie!» (v.6183 f.) Im nächsten Schritt erklärt sie, nun nachdrücklicher: «Mich wählte er zu seines letzten Willens | Vollstreckerinn. Ich mahne Sie. Ich werde | auf die Erfüllung dieses Eides halten.» (v.6197 ff.) Wenn Karlos seinerseits den Auftrag des Freundes annimmt, der Liebe zur Königin entsagt und sich zu einer politischen Mission bekennt («Ich eile, mein bedrängtes Volk | zu retten von Tyrannenhand.» [V, 11, v.6254 f.]), dann weist er bemerkenswerterweise den Begriff des Opfers zurück: «Es ist kein Opfer, hat mir [!] keinen Kampf | gekostet (...)» (v. 6226 f.). Wer hier das eigentliche Opfer bringt, enthüllt sich spätestens an dem Punkt, da der Infant der Königin ihren Platz in seinem Szenario anweist. Indes er die Rebellion im Ausland schüren möchte, soll sie ihren Part als Ehefrau Philipps stumm duldend erfüllen: «Sein Sie | ihm wieder Gattinn. Er hat einen Sohn | verloren. Treten Sie in Ihre Pflichten | zurück –» (v. 6251 ff.). Die Rollenlogik des ihr abverlangten Opfers bringt Elisabeth aufs prägnanteste zum Ausdruck, wenn sie erklärt: «O Karl! was machen Sie | aus mir? – Ich kann – ich darf mich nicht empor zu dieser Männergröße wagen; doch fassen und bewundern kann ich Sie.» (v. 6258 ff.) Die Ambivalenz dieser Sätze entspricht der Zweideutigkeit der Situation, in die Schiller die Königin am Ende stellt. Elisabeth, die im Vergleich zu Karlos über politische Weitsicht verfügt, muß sich auf den Bereich der Herrschaftsrepräsentation beschränken, wo ihr nach den Verhaltensregeln der Frühen Neuzeit einzig die frauenspezifische Rolle der stummen Beobachterin zufällt, die ‹Männergröße› bewundern, aber nicht selbst handeln darf.[9]

In der während der letzten Karlsschulzeit entstandenen *Theosophie des Julius*, dem ältesten Text-Element der *Philosophischen Briefe* (1786), umreißt Schiller den Begriff der Aufopferung aus der Sicht eines hochmeta-

7. DIE TEUREN TOTEN

physischen Denksystems (NA 20, 122 f.).[10] Aufopferung bedeutet hier die bis zur Vernichtung des eigenen Lebens gehende Selbstpreisgabe für einen höheren Zweck. Ausdrücklich betont die *Theosophie*, daß als Motiv dieser Selbstpreisgabe weder die «Aussicht einer Märtyrerkrone» noch der «Genuß des nächstfolgenden Augenblicks», sondern einzig die Liebe zu einer Idee oder einer Person in Frage komme (NA 20, 123). «Egoismus», so heißt es dort, «errichtet seinen Mittelpunkt in sich selber; Liebe pflanzt ihn außerhalb ihrer in die Achse des ewigen Ganzen.» (NA 20, 123) Im *Don Karlos*, der Positionen der *Philosophischen Briefe* reflektiert (aber nicht umstandslos reproduziert), verbindet Elisabeth die Bedeutungen der Personen- und der Ideenliebe miteinander. Indem sie als Liebende und zugleich als Vertreterin einer politischen Vision auf ihre Selbsterfüllung verzichtet, wird sie zur Schattenkönigin der Freiheit, die dem Gesetz der Aufopferung unterliegt. Daß Schiller freilich zur Opferlehre der *Theosophie* bereits skeptischen Abstand hält, zeigt sich in der tragischen Brechung, die das Modell der Selbstpreisgabe im Drama gewinnt. Wo die *Theosophie* den Altruismus der Aufopferung und Liebe als «Bürgerin eines blühenden Freistaats» feiert, zeigt der *Don Karlos* die Kosten, die für die Konsequenz des sittlich schönen Handelns zu entrichten sind (NA 20, 123).

Hegel hat in der *Phänomenologie des Geistes* den Willen zur Aufopferung als Indiz einer problematischen Wertsetzung bezeichnet, welche die freie Selbstbestimmung ersticke, weil sie das Besondere dem Allgemeinen unterwerfe.[11] Der unbedingte Tugendrigorismus erzeuge, so heißt es, eine «verkehrte Gestalt und Bewegung des Allgemeinen», die den historischen Prozeß dem Diktat eines starren, unmenschlichen Prinzips preisgebe.[12] Hegel erklärt diesen Vorgang aus der fehlgeleiteten Anlage eines Verhaltensprogramms, das den ‹Weltlauf› zu verändern sucht, weil es in ihm das schlechthin Falsche verwirklicht findet, dabei aber zum wesenlos Abstrakten erstarrt, insofern es mit der eigenen Individualität die Grundlage jeder Verbesserung zertrümmert. Die Aufopferung kann nicht zur positiven Korrektur der Geschichte führen, da sie die Vernichtung von Individualität einschließt, durch die allein die Umgestaltung der Verhältnisse – als «Verwirklichung des Ansichseienden»[13] – ermöglicht werde. Von der entgegengesetzten Seite hat Walter Benjamin, der ein schlechter Hegel-Kenner war, das hier aufscheinende Problem der mythischen Gefährdung der Vernunft beleuchtet, wenn er schreibt: «Wo Schicksal ist, da ist ein Stück Geschichte Natur geworden.»[14]

GEOPFERTE KÖNIGINNEN IN SCHILLERS TRAGÖDIEN

Die Dialektik der Aufopferung besteht für Hegel darin, daß sie die wahre Freiheit durch den inneren Zwang eines abstrakten Prinzips ersetzt; an die Stelle des ‹Ansichseienden› tritt im moralischen Rigorismus das formelle Gesetz des ‹schlechten Allgemeinen›.[15] Die Subordination des Individuellen unter das Prinzip kann keine Autonomie erzeugen, da diese nur in der Besonderung denkbar ist. Das Opfer löscht die freie Individualität als Trägerin der Selbstbestimmung auf, um das höhere Prinzip zu heiligen, beseitigt jedoch damit alle Mittel, die der Freiheit in der Geschichte zum Sieg verhelfen können. In seiner Abhandlung *Ueber das Pathetische* verweist Schiller auf eine ähnliche Dialektik, wenn er – gegen Kants Pflichtethik – erklärt, daß die unbedingte Erfüllung eines Sittengesetzes in der individuellen Handlung unsere persönliche Bereitschaft zur Nachahmung des moralischen Ideals nicht fördere, sondern hemme (NA 20, 216). Das beleuchtet bereits den Mechanismus der Zerstörung des Guten durch die Opferung subjektiver Freiheit, den Hegel sehr genau erfaßt hat.[16] In seinen 1788 veröffentlichten *Briefen über Don Karlos*, dem großen Rechenschaftsbericht über die politische Brisanz der Figur des Marquis Posa, beschreibt Schiller unter dem unmittelbaren Eindruck seines Stoffs das Problem des schlechten Allgemeinen, das aus der Opferung hervorgeht, mit einer Formel, die den Vorrang der individuellen Erfahrung gegenüber dem moralischen Prinzip betont: «(…) denn nichts führt zum Guten, was nicht natürlich ist.» (NA 22, 172) Im Blick auf die Selbstpreisgabe Posas ist wenig später ausdrücklich von «Aufopferung» die Rede, wobei Schiller den Entschluß des Marquis, für Karlos zu sterben, grundlegend rechtfertigt, ohne ihn vollends zu billigen, da er von «Schwärmerei» geprägt sei: «Er hüllt sich in die Größe seiner Tat, um keine Reue darüber zu empfinden.» (NA 22, 177) Jedes Selbstopfer droht im Sinne Hegels zu einem ‹schlechten Allgemeinen› umzuschlagen, indem es das Individuelle zugunsten der Idee auslöscht.

Am Ende siegt in Schillers Trauerspiel weder das alte Regime Spaniens, das Philipp verkörpert, noch der von Elisabeth reklamierte Freiheitswille, sondern die Inquisition, der es zufällt, den abtrünnigen Infanten zu richten. Politisch ist das eine reaktionäre, strukturgeschichtlich betrachtet allerdings eine moderne Lösung: die unsichtbare Effizienz der Institution bezwingt die Aura der Person.[17] Schillers wirkungssicher inszeniertes Schlußtableau beleuchtet Herrschaftsverhältnisse, in denen der Apparat die Menschen determiniert.[18] Der König liefert den eigenen Sohn dem si-

7. DIE TEUREN TOTEN

cheren Tod aus, die Königin liegt ohnmächtig am Boden, der Großinquisitor empfängt den Infanten als Kopfgeld. Das entspricht Hegels Auffassung, derzufolge das Opfer das schlechte Allgemeine stärke, weil es sein Kostbarstes, die Individualität, preisgebe. Im Tod siegt die heteronome Natur über die Freiheit: eine tragische Konfiguration, die erst Nietzsche sentimentalisch umwerten und als Akt der Erneuerung des Lebens interpretieren wird.[19] Es existiert jedoch auch bei Schiller und Hegel bereits eine Perspektive, die es erlaubt, das im Opfer Bezeichnete positiv, als Offenbarung einer unvordenklichen Individualität zu betrachten, an die zu erinnern einzig der Kunst aufgetragen bleibt. Von dieser Perspektive ist nun zu sprechen – und zwar im Blick auf den Zusammenhang von privater und öffentlicher Rolle der Königin.

Über die Frage, wie man im Drama Regenten darzustellen habe, herrscht in den poetologischen Theorien der zweiten Hälfte des 18. Jahrhunderts das einhellige Urteil, daß nicht das Staatsoberhaupt, sondern der Mensch im Vordergrund der Bühnenhandlung stehen müsse. Christian Heinrich Schmid erklärt 1768: «Nicht das Diadem, nicht das Ordensband macht den Helden. Im heroischen Trauerspiel selbst interessieren wir uns für die Großen meistens nur als für Menschen, und eben dadurch ist es die Schule derselben, daß es sie lehrt, daß sie Menschen sind.»[20] Christian Garve räsoniert 1771 über die Tragödie: «Was soll also hier der Name des Fürsten tun, wenn er nur als Mensch handelt oder leidet?»[21] In Lessings *Hamburgischer Dramaturgie* (1767–69) heißt es: «Das Unglück derjenigen, deren Umstände den unsrigen am nächsten kommen, muß natürlicher Weise am tiefsten in unsere Seele dringen; und wenn wir mit Königen Mitleiden haben, so haben wir es mit ihnen als Menschen, und nicht als mit Königen.»[22] In der Abhandlung *Ueber das Pathetische* spricht Schiller 1793 abfällig von den Königen der klassizistischen Tragödie, die – wie die Monarchen aus «den alten Bilderbüchern» – mit ihrer Krone zu Bett gehen (NA 20, 197). Die Epoche der ungebrochenen Repräsentation der Macht, die sich in den Symbolen der traditionalen Herrschaft zur Schau stellte, ist spätestens 1793 mit der Hinrichtung Ludwigs XVI. vorüber. Was hier für das Bild des Regenten reklamiert wird, betrifft in noch stärkerem Maße die Darstellung der Königin, die sich in der dramatischen Praxis der Spätaufklärung zumeist auf die Beleuchtung privater Details beschränkt. Daß jedoch in der Ordnung der Herrschaft auch dieses Private stets eine politische Dimension

GEOPFERTE KÖNIGINNEN IN SCHILLERS TRAGÖDIEN

besitzt, zeigt gerade Schillers Werk sehr deutlich – exemplarisch die *Maria Stuart*.

Schillers tastende, am Modell der attischen Tragödie orientierte Reflexionen über die Bearbeitung des Stuart-Sujets lassen im Frühjahr 1799 von solchen Potenzen noch nichts ahnen. Er suche nach «der Euripidischen Methode» den «ganzen Gerichtsgang zugleich mit allem politischen auf die Seite zu bringen», heißt es am 26. April 1799 in der Phase der ersten Planung (NA 30, 45). Zwei Monate später erklärt er, nicht die Königin stehe für ihn im Vordergrund, sondern die leidende Privatperson als «physisches Wesen», das geeignet sei, «heftige Paßionen» auszulösen (NA 30, 61). Der «Zweck der Repræsentation» erfordere, so schreibt er am 16. August 1799, eine theatralische Effektivität, die nur erzielt werde, wenn man die zu Maria Stuarts Verurteilung und Hinrichtung führende Haupt- und Staatsaktion im Modell des Kammerspiels zusammenziehe (NA 30, 85); am 28. Juli 1800 ist rückblickend vom «engen Schnürleib» die Rede, der den Stoff in einer klassizistischen Form konzentriert habe (NA 30, 181). Solche Wendungen verdecken den auch von der Forschung zumeist ignorierten Umstand, daß die *Maria Stuart* ein politisches Drama mit verborgenen (aber durchaus evidenten) Bezügen zur Zeitgeschichte des späten 18. Jahrhunderts ist.[23]

Das Trauerspiel beginnt bekanntlich mit einer peinlichen Zimmervisitation, die Sir Paulet und sein schweigender Gehilfe Drugeon Drury in Schloß Fotheringhay durchführen, um Marias geheime Papiere und den von ihr zur Seite gelegten Schmuck an sich zu bringen. «Was macht Ihr, Sir? Welch neue Dreistigkeit! / Zurück von diesem Schrank» ruft die alte Amme Marias empört aus (v. 1 f.).[24] Zeitgenössische Leser dürften geahnt haben, daß Schiller mit dieser (den historischen Details entsprechenden) Exposition nicht nur auf den Fall Maria Stuarts, sondern auch auf das Schicksal einer anderen Königin anspielte, das im Sommer 1800, als das Drama in Weimar seine Uraufführung erlebte, noch frisch im Gedächtnis der Zuschauer war: auf die Geschichte der Marie-Antoinette, die am 13. August 1792 im Temple, später in der Conciergerie inhaftiert, im Herbst 1793 vor Gericht gestellt und am 16. Oktober 1793, neun Monate nach der Exekution ihres Gemahls Ludwig XVI., öffentlich hingerichtet wurde.[25] Rosalie Lamorlière, die Kammerzofe der Königin während ihrer letzten Lebensmonate in der Conciergerie, erzählt von «gründlichen Haussuchungen», die «zu jeder Tages- und Nachtzeit» stattfanden (ein Detail,

7. DIE TEUREN TOTEN

das von der anfänglich mit ihrer Mutter inhaftierten Prinzessin Marie-Thérèse Charlotte rückblickend bestätigt wurde).[26] Auch an anderen Punkten liegen die Parallelen zwischen Schillers Maria und dem Schicksal Marie-Antoinettes offen zutage. Der Kerkermeister Lebeau, oberster Gefängniswärter von La Force, findet sich in Lamorlières Bericht so beschrieben, daß die Ähnlichkeit mit Schillers Porträt des (historischen) Paulet sichtbar wird: er sei «rauh und streng», aber eigentlich «kein schlechter Mensch».[27] Heißt es über das dürftige Gefängnis, in dem die französische Monarchin die letzten Monate ihres Lebens zubringen mußte, es habe sich durch «entsetzliche Kahlheit»[28] ausgezeichnet, so erklärt die Amme Kennedy bei Schiller: «Wer sieht es diesen kahlen Wänden an, | Daß eine Königin hier wohnt? Wo ist | Die Himmeldecke über ihrem Sitz?» (v.30ff.) In beiden Fällen scheint die Konfiskation des königlichen Schmucks als Bestechungsmittel gängige Praxis («Noch Kostbarkeiten, noch geheime Schätze!» [Schiller, v.7]; «Als die Königin vom Temple kam, besaß sie noch zwei hübsche Diamantringe und ihren Ehereif.» [Lamorlière])[29] Der Verdacht, die Gefangene hege Fluchtpläne, veranlaßt jeweils eine lückenlose Bewachung. Schillers Maria klagt: «Gebrochen ist in langer Kerkerschmach | Der edle Mut» (v.2383f.); über Marie-Antoinette heißt es, daß sie unter dem Druck des Gefängnisalltags ihre frühere Zuversicht verloren habe: der «Kummer» und die «Schrekken des 6. Oktober» (gemeint ist die von der Nationalversammlung erzwungene Übersiedlung nach Paris) hätten ihr Haar an den Schläfen weiß werden lassen.[30]

Die Erinnerungen Rosalie Lamorlières wurden erst 1897 postum gedruckt,[31] jedoch kannte Schiller die Berichte des *Moniteur universel*, der über das Schicksal der königlichen Familie im *Temple* informierte; er las diese Zeitschrift, die 1789 gegründet worden war, regelmäßig bis zum Winter 1793 («Man hat darinn alle Verhandlungen in der NationalConvention im Detail vor sich und lernt die Franzosen in ihrer Stärke und Schwäche kennen.» [NA 26, 170]). Durch den *Moniteur* dürfte Schiller, auch wenn er später detaillierte Kenntnisse über die Revolution in Paris aus strategischen Gründen bestritt (NA 28, 17f.), Einblick in die näheren Lebensumstände der eingekerkerten Königin gewonnen haben. Die äußeren Daten provozierten förmlich den Vergleich mit dem Stoff der *Maria Stuart*, den er im Frühling 1799, fünfeinhalb Jahre nach Marie-Antoinettes Tod, dramatisch zu bearbeiten begann: Verlust des Königtums, Gefängnishaft, Anklage wegen vermeintlichen Hochverrats und Hinrichtung bildeten in beiden Fällen die Stationen eines tragischen Sturzes aus den Höhen des monarchischen Glanzes. Noch ein weiteres Motiv kommt hinzu, in dem Schiller Maria Stuart und Marie-Antoinette aufeinander bezieht: das Bild der Verführerin, die ihre Liebhaber, wie die jeweiligen Zeitgenossen behaupteten, wahllos gesucht und verbraucht habe. Gegen Ende der rhetorisch ausschwingenden Streitszene in der Mitte des Dramas erklärt Elisabeth hämisch über die vermeintliche Promiskuität Marias: «Es kostet nichts, die allgemeine Schönheit | Zu sein, als die gemeine sein für alle!» (v. 2417 f.) Maria erscheint in Elisabeths Rede als lasterhafte Hure, die ihren königlichen Körper jedem, der ihn begehrte, preisgab. Vergleichbare Vorwürfe richteten sich, zunächst klandestin, später öffentlich, gegen die angebliche Sexualgier der französischen Königin. Die Arbeiten der amerikanischen Kulturwissenschaftlerin Lynn Hunt haben die pornographische Kampagne dokumentiert, die seit der Mitte der 1770er Jahre in Paris gegen die Königin geführt wurde.[32] Am Beginn standen Diffamierungen durch obszöne Zeichnungen und anonym publizierte erotische Erzählungen – so das Epos *Les amours de Charlot et Toinette* (1784) –, am Ende polemische Attacken, die die Tochter Maria Theresias als verderbliche Ratgeberin des schwachen Königs, untreue Ehefrau und ihren Sohn zum Inzest verführende Perverse desavouieren. In Ernst Carl Ludwig Ysenburg von Buris 1794 veröffentlichtem Trauerspiel über die letzten Tage der Königin beklagt die Gefangene die infame Anklage, die ihr Blutschande und Promiskuität vorwirft: «Nicht genug, daß sie mich zur Messaline herabwürdigten; ich mußte eine neue Agrippine seyn!»[33] Als ‹neue Agrippina›, die den Dauphin zu masturbatorischen Praktiken verführt und auf diese Weise dem künftigen Königtum die Kraft geraubt habe, charakterisiert der *Moniteur universel* die abgesetzte Monarchin noch in seiner Ausgabe vom 16. Oktober 1793, dem Tag ihrer Hinrichtung.[34] Gudrun Gersmann spricht von einer «radikalen Gegenöffentlichkeit», die seit der Mitte der 1780er Jahre Marie-Antoinette pornographisch verunglimpfte und auf diese Weise die revolutionäre Stimmung spiegelte, die sich schon am Vorabend des Sturms auf die Bastille spannungsvoll aufbaute.[35] Wenn Schillers Elisabeth ihre Widersacherin als eine ‹gemeine Schönheit› beschimpft, die für jedermann wohlfeil sei, so spielt diese Denunziation eindeutig auf die öffentlichen Spekulationen über die angeblich promiskuösen Neigungen der französischen Königin an.

7. DIE TEUREN TOTEN

In einem anonym veröffentlichten Essay vom August 1793 bemerkt Germaine de Staël, die Tochter Jacques Neckers, des letzten Finanzministers des Königs, der Prozeß gegen Marie-Antoinette sei der Ausdruck des öffentlichen Neides angesichts einer Herrscherin, die Eleganz, Geschmack und Schönheit vereint habe.[36] De Staël, die seit 1792 mit ihrem Vater im Genfer Exil lebt, lehnt eine juristische Bewertung der Anklage ausdrücklich ab, da sie dem Verfahren eine Legalität zuschreibe, die es nicht besitze.[37] Aus denselben Gründen – unter Hinweis auf formale Verstöße und den unrechtmäßigen Charakter des Prozesses – verweigert Schillers Maria Stuart im Streit mit Burleigh, dem ‹Falken› unter Elisabeths Ratgebern, eine inhaltliche Diskussion über das gegen sie verhängte Urteil (v. 789 ff.). Wenn Germaine de Staël Marie-Antoinette durchgängig als Opfer der Revolution apostrophiert («une nouvelle victime», «une malheureuse victime», «cette interessante victime» bzw. – unter Einschluß ihrer Kinder – «victimes illustres»),[38] gleichzeitig aber – gegen den juristischen *Status quo* vom August 1793 – als Königin (‹reine›) bezeichnet, so unterstützt das ihre Argumentation, derzufolge der gesamte Prozeß einer Verdammung von Natur, Himmel und Zivilisation gleichkomme.[39] Auch Schillers Protagonistin legt die eigene Identität doppelt aus, indem sie sich in den Rollen der Königin und des Opfers darstellt. Schon gegenüber Burleigh formuliert sie: «Wehe I Dem armen Opfer, wenn derselbe Mund, I Der das Gesetz gab, auch das Urteil spricht!» (v. 858 ff.) Wenig später heißt es im Blick auf das Gefälle, das sie im Zeichen ihrer Gefangenschaft von Elisabeth trennt: «Ich bin die Schwache, sie die Mächtge – Wohl I Sie brauche die Gewalt, sie töte mich, I Sie bringe ihrer Sicherheit das Opfer. I Doch sie gestehe, daß sie die Macht I Allein, nicht die Gerechtigkeit ausgeübt.» (v. 961 ff.)

Neben das Leiden an der Rolle des Opfers tritt bei Maria das Bewußtsein für ihren Status als Monarchin. Zunächst heißt es noch in konsequenter Unterscheidung: «Ich bin nicht dieses Reiches Bürgerin, I Bin eine freie Königin des Auslands.» (v. 726 f.) Im Streitgespräch mit Elisabeth wird daraus eine anmaßendere Bewertung: «Regierte Recht, so läget Ihr vor mir I Im Staube jetzt, denn ich bin Euer König.» (v. 2451)[40] Die männliche Form (sie erinnert an das «ich bin euer gnäd'ger König», mit dem Philipp II. den Grafen Lerma in die Schranken weist [v. 3030]), bezeichnet eine dynastische Legitimität, die Elisabeth nur eingeschränkt für sich geltend machen konnte. Zwar sah das englische Recht der Tudor-Epoche (seit 1485) anders als die französische und die habsburgische Monarchie die Rolle der Königin nicht prinzipiell auf die Funktion der Mutter von Königssöhnen beschränkt, doch litt Elisabeth darunter, daß sie als von ihrem Vater Heinrich VIII. verstoßene, später auf zweideutige Weise rehabilitierte Tochter Anne Boleyns nur über eine fragile juristische Herrschaftsbasis verfügte. Wenn Maria sich als ‹euer König› apostrophiert, dann beansprucht sie damit die Rolle eines *de lege et natura* gesicherten Monarchen. Das Possesivpronomen ‹euer› verweist auf ihre eigene Legitimität (*de lege*), die sie als Nichte Heinrichs VIII. mit der Forderung, Regentin von Schottland und England zu sein, für sich reklamiert. Die maskuline Form ‹König› markiert die natürliche (*de natura*) gestützte Funktion des männlichen Monarchen, der, wie es die wegweisende Untersuchung von Ernst Kantorowicz über *The King's two bodies* (1957) gezeigt hat, anders als die (nur in Ausnahmefällen zur Regierung befugte) Königin über einen doppelten Körper verfügt: einen ‹body natural›, der den Gesetzen der Sterblichkeit unterliegt, und einen ‹body politic›, der unvergänglich ist, insofern er die Dauerhaftigkeit der institutionellen Macht des Königtums repräsentiert.[41] ‹Le roi ne meurt jamais›, lautet bekanntlich die französische Formel für den politischen Körper des Königs, welcher im Fall des Todes des Herrschers in den Leib seines Nachfolgers wandert.[42] Maria fordert für sich jene Dauerhaftigkeit des Amtes (‹dignitas semper est›), die Kantorowicz als Signum der Kontinuität der Königsmacht im Wechsel der Herrscherpersönlichkeiten beschrieben hat.[43] Sie tritt damit als der natürliche Regent auf, neben dem Elisabeth als Usurpatorin ohne juristisch stabilen Herrschaftsanspruch erscheint.[44] Elisabeth sieht sich durch den grammatischen Duktus des Verses (‹ich bin Euer König›) aus dem Machtzentrum vertrieben und in die Rolle der Frau ohne Souveränität gedrängt, der ein männlicher Herrscher mit zwei Körpern gegenübersteht.[45]

Anders als Schiller führt Buris Trauerspiel Marie-Antoinette als entsagende, gedemütigte Gefangene vor, die keinen Anspruch auf ihr früheres Amt erhebt und deshalb als Opfer einer politischen Verschwörung erscheint. Im Monolog beurteilt die Inhaftierte ihre frühere Würde als Indiz theatralischer Täuschung: «Antonie! du mußt nicht mehr zurück blicken in deine vorige Herrlichkeit. Sie ist verschwunden. Sie war Flittergold auf dem Gewande der Schauspielerin. Warst du etwas mehr als eine Operköniginn?»[46] Buris Marie-Antoinette muß am Ende sterben, weil ihr Blut als

7. DIE TEUREN TOTEN

symbolisches Zeichen gilt, das der Republik zum Leben verhilft. Ihre öffentliche Rolle aber hat die Opernkönigin längst in der Haltung passiver Entsagung preisgegeben, die den Verzicht auf die rituelle Selbstinszenierung zugunsten des Rückzugs auf private Intimität impliziert (empört weist daher Marie-Antoinette die Formulierung des Gerichtspräsidenten zurück, der letzte Besuch bei ihren Kindern sei eine «Ceremonie»).[47] Buris Trauerspiel präsentiert eine bürgerliche Heldin, die im Gegensatz zu Schillers Maria Stuart mit der Welt der Macht innerlich abgeschlossen hat.[48] Gerade der Verzicht auf eine politische Auslegung der eigenen Person bildet die Prämisse für die rührende Wirkung, die das Drama aus der Darstellung des unglücklichen Schicksals der Königin abzuleiten sucht.

Schillers Maria inszeniert sich dagegen in der Rolle der gekrönten Majestät, deren Thronanspruch unabhängig von allen Rechtsdeutungen außer Frage steht. Die hypertrophe Selbstdarstellung, die sie im Gespräch mit ihrer Widersacherin an den Tag legt, verfeinert sich am Ende in der Identität der Leidenden, deren Weg nur noch in den Tod führt. Als Opfer der Staatsräson erträgt Maria, die sich ihrer früheren Verfehlungen bewußt ist, ihr Schicksal mit einer Haltung, die an den Begriff der Würde gemahnt, wie ihn Schiller in seiner *Thalia*-Abhandlung von 1793 als Komplement der Anmut definiert hatte. Würde, ließe sich mit den Bestimmungen des Essays verknappt zusammenfassen, ist die unter den Bedingungen des Zwangs behauptete Anmut. In Situationen der Heteronomie, da die Natur die Freiheit des Gemüts bedroht, muß die Vernunft ihre unbedingte – also situationsunabhängige – Geltung befestigen und den Trieb, den sie niemals dauerhaft besiegen kann, zumindest zu «*entwaffnen*» suchen (NA 20, 293). «Beherrschung der Triebe durch die moralische Kraft», so definiert Schiller, «ist *Geistesfreiheit*, und *Würde* heißt ihr Ausdruck in der Erscheinung.» (NA 20, 294) Würdig auch unter «physischen Bedingungen» (NA 20, 289) zu handeln, die – mit einer an Kant angelehnten Formulierung – der «Gesetzgebung der Vernunft» (NA 20, 291)[49] zuwiderlaufen, bezeugt eine Haltung, welche einer ähnlichen Geistesökonomie wie das Moment des Erhabenen entspringt, das Schiller als Ausdruck «der moralischen Selbständigkeit im Leiden» bestimmt hatte (NA 20, 195). Während Anmut die organische Balance zwischen Pflicht und Neigung darstellt, repräsentiert Würde das Ertragen der Differenz, die beide trennt; Anmut erscheint als entspannter, Würde als ausgehaltener Widerspruch von Natur und Vernunft.[50]

Würde zeigt Maria in dem Maße, in dem sie erkennt, daß sie die Freiheit des Handelns eingebüßt hat. Besonders sinnfällig spiegelt sich das in der Kleidung der auf das Beil des Henkers wartenden Delinquentin wider, bei deren Beschreibung Schiller vornehmlich auf seinen Quellenautor William Robertson zurückgreift, dessen *History of Scotland* (1759) er in der 1762 erschienenen deutschen Übersetzung gelesen hat. Bei Robertson heißt es über die zum Schafott geführte Königin: «Ihr Anzug war ein nettes und prächtiges Trauerkleid, welches sie, einige wenige Festtage ausgenommen, schon lange nicht getragen hatte. Ein Agnus Dei hieng an einer Kette von Bisamäpfeln um ihren Hals herab; der Rosenkranz an ihrem Gürtel; in der Hand hielt sie ein Crucifix von Elfenbein.»[51] Schillers Maria ist der Regieanweisung zufolge «weiß und festlich gekleidet, am Halse trägt sie an einer Kette von kleinen Kugeln ein Agnus Dei, ein Rosenkranz hängt am Gürtel herab, sie hat ein Kruzifix in der Hand, und ein Diadem in den Haaren, ihr großer schwarzer Schleier ist zurück geschlagen.» (NA 9, 141) Die äußere Erscheinung der zum Tode verurteilten Königin ist das Zeichen für die Würde, mit der sie ihr Schicksal trägt. Zugleich aber verrät sich im Habitus der überlegen auf den Richtplatz schreitenden Maria eine politische Symbolik, die wiederum auf die zeitkritische Bedeutung der Tragödie hinweist.

Sämtliche Elemente von Schillers Beschreibung, die für die Bühnenanweisung eines klassizistischen Dramas ungewöhnlich detailliert ausfällt, finden sich, wie zu erkennen war, bereits bei Robertson dargestellt – mit Ausnahme des schwarzen Schleiers. Sucht man nach einer Erklärung für diese Ergänzung, so führt die Spur zur Zeitgeschichte. Rosalie Lamorlière erzählt, daß sich Marie-Antoinette während ihrer Gefängniszeit selbst einen ‹Kopfputz› aus schwarzem «Kreppflor» und «Trauerbändern» angefertigt habe[52] – ein Zeichen der Witwenschaft, das sich bei Schiller zu jenem schwarzen Schleier abgewandelt findet, für dessen Verwendung als Requisit man bisher keine plausible Quelle erschließen konnte.[53] Auch andere Elemente von Marias Aufzug korrespondieren, unabhängig von ihrer Erwähnung bei Robertson, mit dem Äußeren der dem Tod geweihten französischen Königin. In seiner Zeitschrift *Les révolutions de Paris* berichtet der Journalist Louis-Marie Prudhomme über die Verurteilte am Morgen ihrer Exekution: «Sie war schon fertig, das heißt, in Weiß gekleidet, genau wie ihr verstorbener Mann am Tag seiner Hinrichtung. Diese Ziererei fiel auf und machte das Volk lächeln; die symbolische Farbe der

7. DIE TEUREN TOTEN

Unschuld stand Marie-Antoinette schlecht an.»[54] Im *Moniteur universel* hieß es am 27. Oktober 1793: «Um elf Uhr wurde Marie-Antoinette, verwitwete Capet, in einem Morgenkleid aus weißem Pikee, auf dieselbe Art wie die übrigen Verbrecher zur Hinrichtung geführt, begleitet von einem konstitutionellen Priester im Laienkleid und eskortiert von zahlreichen Gendarmerieabteilungen zu Fuß und zu Pferde.»[55] In Buris Trauerspiel erklärt der preußische General seinen Truppen über den Akt der Hinrichtung: «Marie Antonie von Oesterreich ist ermordet. Man hat sie zur Richtstätte geschleppt wie die niedrigste Verbrecherin.»[56]

An einem markanten Punkt unterscheiden sich jedoch Zeitgeschichte und Drama. Während Marie-Antoinette – die «Königin der Moden», wie sie Meiners im Jahr 1800 nennt[57] – zwar in weißem Kleid, aber sonst ‹wie die übrigen Verbrecher› zum Schafott geführt wird, inszeniert Schiller das Präludium der Hinrichtung als Akt der Investitur, als Wiedereinsetzung der Herrscherin, die im Tod eine neue Form der Souveränität – die Freiheit durch moralische Würde – gewinnt. Wo Marie-Antoinette mit dem aus der römischen Rechtslehre entlehnten Begriff Giorgio Agambens zum *Homo sacer* gerät, der das nackte (‹heilige›) Leben verkörpert, das man nicht opfern kann, weil es nur auf sich selbst verweist,[58] geht Schillers Maria im Zeichen der Wiederherstellung ihrer königlichen Dignität in den Tod. Agambens *Homo sacer* ist der rechtlose Mensch, der – als Sklave, Verbrecher oder Ausgestoßener – getötet, aber nicht geopfert wird und damit zur Figuration des reinen, heiligen Lebens ohne transzendenten Sinn gerät.[59] Seine Bedeutung bleibt auf die bloße Immanenz beschränkt, die nichts ausstellen möchte als einen geschundenen Leib, der seine Heiligkeit durch eine auf sich selbst bezügliche Verweiskraft vor und neben aller Transzendenz empfängt. Die Gewalt, die den *Homo sacer* tötet, beschreibt Agamben mit Denkmustern Foucaults als Spielart der politischen Souveränität, welche des Lebens (‹bios›) bedarf, um sich selbst zu erproben und zu behaupten.[60] Der rechtlose Mensch, der zu ihrem Opfer wird, repräsentiert laut Agamben die Sakralität des Lebens im Augenblick seiner Zerstörung. Die junge Republik beansprucht folglich mit der Tötung der ehemaligen Königin – wie schon mit der Hinrichtung Ludwigs XVI. – jenes absolute Befehlsrecht über Leben und Tod, das Signum der Souveränität ist.[61]

Schillers Maria Stuart stirbt dagegen, wie die Hinweise auf ihre Kleidung andeuten, nicht als *Homo sacer*. Ihr Tod beleuchtet das Moment einer Verklärung der gefangenen Königin, das sich mit der Restitution ihrer früheren Rolle verbindet. Die gefaßt zur Hinrichtung schreitende Heldin inszeniert sich in einem Ensemble von Bildern, die ihrem Sterben eine symbolische Dimension zueignen. Maria ist erst im letzten Moment vor der Exekution eine wahre Regentin, wenn sie unter dem Vorzeichen des Verzichts erklärt: «Die Krone fühl ich wieder auf dem Haupt, | Den würdgen Stolz in meiner edeln Seele.» (v.3494) Es ist die Krone der Märtyrerin als Zeichen der Macht moralischer Superiorität, die Maria ‹auf dem Haupt fühlt›. Das Motiv der spätmittelalterlichen Kronentrias, mit der – exemplarisch – Andreas Gryphius in seinem Drama *Carolus Stuardus* (1657/63) spielt, taucht hier in seiner konsekutiven Bedeutungslogik erneut auf: der weltlichen Krone, die der abgesetzte Regent ablegen muß, folgt die Dornenkrone des unrechtmäßig Leidenden, der schließlich, nach der Wiederholung der passio Christi, im Himmelreich die Ehrenkrone des zu ewigem Leben Erlösten empfangen darf.[62] Das Symbol der diesseitigen Herrschermacht, das Maria Stuart ziert, steht unter dem Diktat der Eschatologie, denn nur als Sterbende kann die Königin das Zeichen der Monarchin tragen. Erst der Tod eignet ihr Amt und Würde zu, deren Einheit im Doppelsinn des lateinischen Wortes ‹dignitas› erfaßt ist.[63]

Die Hinrichtungsszene hebt die Parallele zwischen Maria Stuart und Marie-Antoinette endgültig auf. Marias Tod, den bereits Schillers Quellenautor Robertson ‹tragisch› nennt,[64] vergegenwärtigt die Ästhetik eines Opfers, in dessen Vollzug das Leben auf ein Höheres, die Würde, verweist. Maria muß außerhalb der Bühne sterben, wie es das aristotelische Gräßlichkeitsverdikt verlangt, während Leicester, der versagende Retter, zum Ohrenzeugen der Exekution wird. Er steht vor der verschlossenen Tür, die ihn vom Schauplatz der Hinrichtung trennt, und beschreibt, gestützt auf die akustischen Eindrücke, was das Auge des Zuschauers nicht sehen darf: «Laut betet sie – | Mit fester Stimme – es wird still – Ganz still! | Nur schluchzen hör ich, und die Weiber weinen – | Sie wird entkleidet – Horch! Der Schemel wird | gerückt – Sie kniet aufs Kissen – legt das Haupt –» (v.3871ff.). Die Devestitur der Königin, die Robertsons *Geschichte von Schottland* detailliert beschrieben hatte,[65] erfolgt bei Schiller in einem entfernten Außenbezirk der Szene, zu dem der Blick des Publikums nicht dringen kann. Die klassizistische Dezenz ist kaum zu überbieten: die entblößte Königin wird unserer visuellen Imagination entzogen, weil Leicester nicht sieht, sondern einzig hört, wie sie sich entkleidet. Nicht die kreatürliche Nacktheit der getöteten Heldin hält Schillers Inszenierung fest, vielmehr die Würde der gefaßt Sterbenden; statt der Präsenz einer gräßlichen Exekution vermittelt sich dem Zuschauer die von Leicesters Bericht evozierte Erinnerung an jenen «Ausdruck des Widerstandes», den – mit einer Wendung aus *Ueber Anmuth und Würde* – der «selbständige Geist dem Naturtriebe» entgegenstellt (NA 20, 297).[66] Walter Burkert hat im Blick auf die Riten der griechischen Antike bemerkt, die «Opferstruktur» bestehe in der Verknüpfung von «Verschuldung und Restitution».[67] Diese Wendung läßt sich – jenseits ihrer für die altgriechische Tradition gültigen symbolischen Bedeutung – unmittelbar auf Schillers Protagonistin anwenden. Deren ‹Verschuldung›, wie sie durch ihr unmoralisches Vorleben bezeichnet ist, wird im Akt des Opfers getilgt, so daß am Ende die ‹Restitution› der Rolle der Königin stehen kann, die Maria Stuart als in Würde Sterbende für sich beanspruchen darf. Mit der Doppelformel von ‹Verschuldung und Restitution› ist zugleich der Umstand erfaßt, daß Maria den ‹politischen Körper› des Königtums, den sie durch ihre Verstrickung in Laster und Verbrechen einbüßte, im Moment ihrer Tötung auf paradoxe Weise wiedergewinnt, wenn sie die Krone auf ihrem Haupt sitzen fühlt.

Schillers Königin endet nicht wie Marie-Antoinette als *Homo sacer*, sondern als Opfer, dessen Tod ihr eine Würde zuschreibt, die sie selbst durch ihr Vorleben in Frage gestellt hatte. Der historische Prozeß nimmt sie in ein dauerhaftes Gedächtnis auf, für das das Theater die passenden Bilder findet. Robertsons *Geschichte von Schottland* liefert dieser Ästhetik der Erinnerung die Stichworte, wenn es heißt: «Die Leiden der Maria überstiegen sowohl in der Größe als in der Dauer diejenigen tragischen Begebenheiten, welche die Einbildungskraft erdichtet hat, Betrübniß und Mitleiden zu erregen; und indem wir auf dies schauen; so sind wir geneigt, ihre Mängel ganz aus den Augen zu lassen: wir werden über ihre Fehler nicht mehr so unwillig, und billigen unsre Thränen, als wenn wir sie für eine Person vergossen hätten, welche den Gränzen einer reinen Tugend weit näher gekommen wäre.»[68] Dieses Resümee, dessen typologische Zuschreibung von Schuld und Würde, Verfehlung und Größe einer antithetischen Struktur gehorcht, hätte fraglos auch aus Schillers Feder stammen können.

Abweichend von seiner Kritik des schlechten Allgemeinen erklärt Hegel an einer späteren Stelle der *Phänomenologie des Geistes*, das Opfer schaffe die Realpräsenz des Göttlichen, denn es bilde ein «Zeichen» der höheren Mächte, denen es im Akt der persönlichen «Verzichtleistung» (als Subjekt) oder in der heiligen Handlung (als Objekt) anheimfalle.[69] Hegel bezieht diese Rehabilitierung ausdrücklich auf den antiken Kultus und sein religiöses Bedeutungspotential, jedoch scheint es legitim, seine Bestimmung auch für den Bereich des tragischen Opfers, wie es Schillers *Maria Stuart* inszeniert, zu überprüfen. Unter Bezug auf Hegel wäre festzuhalten, daß das Opfer kein heiliges Leben, sondern die «höhere» Wirklichkeit des sich Opfernden und damit ein Göttliches jenseits des Lebens zur Anschauung bringe.[70] In diesem Sinn hat Walter Benjamin – ohne Bezug auf Hegel – betont, das «tragische Opfer» sei «ein erstes und letztes zugleich»: die Wiederholung des alten Rechts, durch die Versöhnung der Götter in eine eschatologisch gedachte Geschichte einzutreten; und der Ursprung einer Tathandlung, die eine – freilich paradoxe – Form der Autonomie des Menschen im Angesicht des selbstgewählten Todes begründe.[71] Das Schicksal von Schillers Königinnen, die aus unterschiedlichen Gründen (eigenständig bzw. unter Zwang) Freiheit oder Leben preisgeben, demonstriert die Logik dieses Opfers, reflektiert aber zugleich die Problematik des Autonomiebegriffs, der ihm zugrunde liegt. Mit Hegel läßt sich formulieren, daß für Schiller zwar «das Tun und Treiben der Individualität Zweck an sich» ist, jedoch erst durch die Bekräftigung im Opfer die ‹höhere Wirklichkeit› des Wesens «seiner selbst» zu erlangen vermag.[72] Damit wird die Geschichte bei Schiller, wie es in der letzten seiner tragödienästhetischen Abhandlungen heißt, ein «erhabenes Object» (NA 21, 49) im Sinne der gleichsam natürlichen Immanenz des Leidens und der im Opfer hervortretenden Würde ihrer tragischen Akteure: Freiheitsermöglichung unter den Bedingungen der äußersten Unfreiheit. Die von Hegel analysierte Dialektik des Opfers, in der das schlechte Allgemeine und die Präsenz eines Göttlichen gleichermaßen aufscheinen, überführt Schiller in eine Perspektive, die es erlaubt, die durch das Leiden symbolisierte Dignität des Individuums aufzubewahren und im Moment der Zerstörung zum Zeichen der Freiheit zu verklären. Schiller arbeitet hier an einer ästhetischen Mythologie des Schmerzes, deren Bauplan Nietzsches Tragödienschrift siebzig Jahre später unter veränderten Bedingungen aufgreifen wird, indem sie, was als Beitrag zur Rettung menschlicher Autonomie gedacht war, zu einer Kunst des Schmerzes im Zeichen sich regenerierenden Lebens verwandelt.[73]

7. DIE TEUREN TOTEN

Schillers Geschichtsdramen sind Spiele mit katastrophischem Ausgang, in deren Mittelpunkt die Opfer, «die teuren Toten» (Durs Grünbein) stehen. Die Leiche wird im Theater Schillers zum Emblem des Erhabenen, zum Zeichen einer Freiheit, die erst aus dem tragischen Agon hervortritt.[74] Damit gebiert das Drama seine eigene ästhetische Mythologie, die die Vorstellung vermittelt, daß menschliche Autonomie und Schönheit einzig in den (poetischen) Magazinen der Erinnerung überdauern. Man hat das – in Zeiten bürgerlicher Revolutionsbegeisterung – als resignative Botschaft bezeichnet und dahinter eine Aufforderung zum Überwintern in einem letzthin apolitischen Humanismus erblickt. Die ästhetische Konzeption des Opfers läßt sich im Rahmen moderner kultureller Erfahrungen mit Formen der Erinnerung jedoch neu bewerten. Die literarische Reflexion der Trauer verbindet sich mit der Erkenntnis, daß die Geschichte das Individuum wie ein reißender Fluß überspült, aus dessen Mahlstrom es einzig das postume Gedächtnis der Kunst rettet. Das Opfer wird so – jenseits seiner offenkundigen historisch-politischen Fragwürdigkeit – zu einer Figur der Aufbewahrung, die, wie es Hegel genannt hat, «die unmittelbare Wirklichkeit des Wesens durch die höhere, nämlich die seiner selbst»[75] zu ersetzen vermag. Im Opfer offenbart sich, von der Tragödie festgehalten, die Selbstreflexion der Freiheit unter der Bedingung ihrer erzwungenen Preisgabe. «Aber nicht das Leben, das sich vor dem Tode scheut und von der Verwüstung rein bewahrt, sondern das ihn erträgt und in ihm sich erhält», schreibt Hegel, «ist das Leben des Geistes. Er gewinnt seine Wahrheit nur, indem er in der absoluten Zerrissenheit sich selbst findet.»[76]

Die Toten des Trauerspiels sind die stummen Zeugen für einen Individualitätsanspruch, der sich im historischen Prozeß allein paradox, im Moment seiner Selbstzerstörung, als Möglichkeit behaupten und zur Geltung bringen kann.[77] Zwar läßt Schiller keinen Zweifel daran, daß die heteronomen Kräfte der Geschichte vom Menschen (und nicht von der Providenz) produziert werden, jedoch verabschiedet er als Dramatiker die in seinen frühen historiographischen Schriften noch weitgehend bewahrte Vorstellung einer teleologischen Entwicklungsdynamik, die den Strom der Ereignisse künftig in die Bahnen der Freiheit zu lenken vermag. Der Bühnenautor Schiller macht Geschichte als katastrophischen Prozeß agonaler Konflikte in der Spur des Schmerzes und der Figur des Opfers ästhetisch erfahrbar. Die Würde, mit der Elisabeth von Valois und

GEOPFERTE KÖNIGINNEN IN SCHILLERS TRAGÖDIEN

Maria Stuart sich dem Gesetz des Zwangs unterwerfen, ist das äußere Zeichen für einen Akt der Selbstpreisgabe, in dem sich – gemäß Hegels zwiespältiger Deutung – sowohl die Auslöschung von Individualität als auch der paradoxe Vorschein einer höheren Idee der Freiheit bekunden können. Schillers leidende Königinnen spiegeln vor diesem Hintergrund die Trauer wider, welche die Einsicht in den intellektuellen Selbstbetrug einer auf die immanenten Heilungskräfte der Geschichte vertrauenden Aufklärung freisetzt.[78] In der dialektischen Bindung an diesen Selbstbetrug, den erkennen, aber nicht überwinden kann, wer von menschlicher Autonomie träumt, ist Schiller seinerseits ein Vorläufer – aber kein Vertreter – der ästhetischen Moderne.

8

AUGENBLICK UND
ENTSCHEIDUNG

Funktionen der Zeit
im historischen Drama

Wie jede Zukunft schließt auch die Zukunft der Geschichte zuverlässige Aussagen über ihren Verlauf aus. Seit der Spätantike wurden daher Interpretationssysteme erarbeitet, die den Anspruch erhoben, der Kontingenz der Geschichtszeit den Entwurf einer geregelten Zeiterwartung entgegenzusetzen. Der «hierarchischen Weltarchitektur des Mittelalters»[1] war es aufgegeben, Voraussehbarkeit durch die Vorstellung einer spirituell erfüllten – apokalyptischen bzw. eschatologischen – Zukunft zu gewähren. In ihr existierte eine weltliche Zeit, die der Zirkulation von Werden und Verfall gehorchte, und eine Heilszeit, welche deren Stillstellung ermöglichte, indem sie Ewigkeit als dauerhafte Gegenwart faßbar machte. Wie Reinhart Koselleck zeigen konnte, verlor dieses spirituelle Erklärungsmodell im Ausgang des Mittelalters seine Deutungshoheit, weil es die Handlungsspielräume weltlicher Politik einschränkte. «Die Genese des absoluten Staates ist begleitet von einem anhaltenden Kampf gegen religiöse und politische Weissagungen aller Art. Der Staat erzwingt sich ein Monopol der Zukunftsbeherrschung, indem er die apokalyptischen und astrologischen Zukunftdeutungen unterdrückt.»[2] Das Prognoseverbot, das der frühneuzeitliche Souverän aussprach, führte dazu, daß Zeit verstärkt unter den Einfluß des Zufalls geriet. Wo keine Heils- oder Endzeit mehr existierte, ließ sich die Gegenwart als unabschließbares Kontinuum denken, das durch den Handelnden gestaltet werden konnte.[3] Zugleich bedeutete diese Freisetzung auch eine Öffnung gegenwärtiger Zeit, die eine strukturierende, durch Planung, Reflexion und Bilanzierung zu schaffende Ordnung verlangte. Wenn die Gegenwart sich nicht mehr nach den Modellen der Eschatologie als Vorzeichen auf eine verbindlich bestimmte Zukunft bezog, mußte das Verhältnis der Zeitebenen neu definiert werden. Der in der Gegenwart handelnde Mensch besetzte fortan die Position des Beobachters, der Vergangenheit und Zukunft von außen in den Blick nahm.[4] Indem er seinen aktuellen Standpunkt als Resultat vergangener Entscheidungen und zugleich als Chance zur Beeinflussung künftiger Ereignisse begriff, beschränkte er die Kontingenz-Risiken eines prinzipiell offenen Zeitkonzepts. Die ebenso komplexe wie zufällige Ereignisdichte der Gegenwart wurde kontrollierbarer, indem man sie in einen inneren Zusammenhang mit Vergangenheit und Zukunft brachte. Die Ablösung von spirituellen Zeitvorstellungen beschränkte die Gegenwart auf einen Status, der sie als Produkt vorausgehender Ursachen oder als Relaisstation nachfolgender Wirkungen erscheinen ließ. Diese Bestimmung hatte zur Konsequenz, daß die Jetztzeit je nach Standpunkt als erinnerte Vergangenheit oder erwartete Zukunft interpretiert wurde – als Raum, den zurückliegende oder projektierte Geschehnisse gliederten.

Die Umstellung des Zeitdenkens, die sich seit dem Zerfall prognostischer Deutungssysteme vollzog, führte nicht nur zur Einführung des Konzepts der Kausalität in die Zeitlogik, sondern schuf auch neue Formen der Verlaufskonstruktion, die ihrerseits in Zusammenhang mit dem Umbau der Sozialordnungen im Übergang zur Moderne stehen. Niklas Luhmann hat stringent beschrieben, in welcher Weise das Paradigma der Dauer, das Geschichtszeit als providentiell veranlaßte Heilszeit faßte, am Ende des 18. Jahrhunderts in das Prinzip der Sukzession überführt wurde, das die interne Ordnung einer funktional organisierten, nicht mehr schichtenspezifisch strukturierten Gesellschaft spiegelte.[5] An den Platz einer hierarchischen Beziehung zwischen endlicher Gegenwart und unendlicher – von Heilszeit bestimmter – Zukunft, die der Schichtenhierarchie der alteuropäischen Gesellschaft entsprach, trat damit eine relativ mobile, in sich bewegliche, auf Funktionen und Kausalitäten abgestellte Bedeutung der Zeit. Die Differenz zwischen Vergangenheit und Zukunft mußte innerhalb einer funktional differenzierten Gesellschaft auf die neue Dynamik abgestimmt werden, in der sich ihre selbständigen Teilsysteme entwickelten; die «Allianz von Zeitdimension und Sozialdimension» erfüllte die Aufgabe, die Entscheidungsstrukturen, die das Handeln der Menschen prägten, über ihre temporale Logik im Sinne der Sukzession einzelner Schritte zu erfassen.[6]

8. AUGENBLICK UND ENTSCHEIDUNG

Planung und Zeitdenken gewannen gleichermaßen einen dynamischen Charakter, der die Statik der alteuropäischen Gesellschaft mit ihren unbeweglichen Hierarchien, verbindlichen Karrierenormen und extramundanen Bestimmungen der *conditio humana* ersetzte. Während die gestufte Sozialordnung der Frühen Neuzeit Stabilität durch festliegende Erwartungsperspektiven erzeugte, entstand nun ein System mit offenen Horizonten und Möglichkeiten: eine Welt unterschiedlicher Handlungsoptionen, Deutungsfonds und Denkmodelle. Wo die Zukunft im Mittelalter spirituell – qua Aussicht auf Himmel und Hölle – geregelt war, kam jetzt ein Zukunftskonzept auf, das die willkürliche Vielfalt von Ereignisversionen nicht mehr im Sinne der christlich gedachten Heilsgeschichte prinzipiell beschränkte, sondern eine Pluralität von Geschehensvarianten programmatisch zuließ.[7] Zukunft war nicht nur offen im Sinne der Dualität von Himmel und Hölle, sondern offen im Sinne einer Unmöglichkeit, ihren Verlauf eindeutig zu antizipieren. Das barg Freiheitsspielräume, schloß aber auch Risiken ein – die Gefahren der prognostischen Unsicherheit und der Unzuverlässigkeit von Krisenszenarien oder Problemlösungsmustern. Am Ende der *Kampagne in Frankreich* schreibt Goethe 1822 im Rückblick auf die Erfahrung der Französischen Revolution über derartige Unwägbarkeiten historischer Erwartung: «Wer hatte seit seiner Jugend sich nicht vor der Geschichte des Jahrs 1649 entsetzt, wer nicht vor der Hinrichtung Carl I geschaudert, und zu einigem Troste gehofft, daß dergleichen Szenen der Parteiwut sich nicht abermals ereignen könnten. Nun aber wiederholte sich das alles, greulicher und grimmiger, bei dem gebildetsten Nachbarvolke, wie vor unsern Augen; Tag für Tag, Schritt vor Schritt.» (MA 14, 515) Eine Geschichte, deren Zukunft nicht mehr spirituell verbürgt wird, steht unter dem Diktat der Unberechenbarkeit und Willkür. Ihren besonderen Charakter erfaßt Goethes Reminiszenz sehr genau, wenn es in Bezug auf die napoleonischen Kriege heißt: «Und mit welchem Zyklus von Tragödien sahen wir uns von der tosenden Weltbewegung bedroht.» (MA 14, 515)

Die Ersetzung eines statisch gedachten Modells spirituell begründeter Zeitgarantie durch das Prinzip der Prozessualität schuf notwendig das Problem, wie im Rahmen historischer Denkmodelle mit den Phänomenen der Beschleunigung und des Wandels umzugehen war. Nach dem Verbindlichkeitsverlust theologischer Ordnungsmuster sah sich die Geschichtszeit auf eine interne Dynamik von Ereignissen festgelegt, die willkürlich und zufällig zu erscheinen drohte, sofern sie nicht von festen Beschreibungsmodellen systematisch erschlossen und kontrolliert wurde. Das ausgehende 18. Jahrhundert arbeitete mit methodisch konkurrierenden, im Ansatz aber ähnlichen Zielsetzungen, um das Problem der Zeit-Dynamik zu bewältigen: zunächst mit dem Paradigma der teleologischen Universalhistorie, die Geschehnisse zu Aggregaten innerhalb eines linearen Prozesses zusammenschließt, später mit dem Entwicklungskonzept der Naturgeschichte, das Sukzession als organologischen Vorgang kennzeichnet, und schließlich mit der Geschichtsphilosophie, die Sequenzierungen herbeiführt, indem sie Zukunftserwartungen aus der Analyse von Vergangenheit und Gegenwart ableitet.[8] Wolf Lepenies spricht in diesem Rahmen unter Bezug auf Überlegungen Kosellecks von einer «Historisierung der Zeit» und meint damit die Ablösung der Heilsgeschichte durch eine Temporalisierung der geschichtlichen Komplexität, die nach dem Zusammenbrechen der Theodizee-Argumentation innerweltlich geregelt und beherrscht werden mußte.[9] Als wesentliche Komponente der Umstellung auf eine neue Bedeutung der Zeit galt dabei die Modifikation des Begriffs der Zukunft, der sich von seiner Bestimmung als Produkt göttlicher Entelechie (im Sinne der Folgerichtigkeit des Jüngsten Gerichts) zum Element einer diesseitigen Erwartungszeit wandelte, mit deren Hilfe das kommende Geschehen der Geschichte anhand der systematischen Untersuchung gegenwärtiger und vergangener Ereignissequenzen stimmig prognostiziert werden sollte. Der für die aufgeklärte Universalhistorie charakteristische Entwurf der Teleologie war kaum denkbar ohne die Bestimmung solcher Erwartungszeit, in der sich ein bisher unbekanntes Interesse an einer innerweltlich gelenkten Zukunft bekundete. Parallel dazu vollzog sich eine Neubestimmung der Kategorie der Vergangenheit, die nicht mehr als Sammelpunkt bereits erfolgter Ereignisse galt, sondern «als noch offene Alternative» zum Gegenstand der wissenschaftlichen Rekonstruktion wurde.[10] Der Verzicht auf eine spirituelle Zeitkonstruktion bedeutete die Öffnung von Vergangenheit und Zukunft im Hinblick auf den gegenwärtigen Standpunkt des Beobachters und die Interessen, aus deren Blickwinkel er geschichtliches Geschehen interpretierte bzw. prognostizierte.

Die Frage, wie sich der je aktuelle Augenblick zu Vergangenheit und Zukunft verhält, wird in Goethes und Schillers historischen Dramen immer wieder reflektiert. In ihr spiegelt sich die Verunsicherung angesichts

8. AUGENBLICK UND ENTSCHEIDUNG

des Verlusts verbindlicher Zeitkonstruktionen, welche die christliche Sichtweise des Mittelalters geboten hatte, aber auch die Suche nach einer systematisierbaren Erfassung der geschichtlichen Zukunft, wie sie die Ordnungsentwürfe des aufgeklärten Geschichtsdenkens betrieben. Goethes *Egmont* (1788) beleuchtet das Problem der Planbarkeit von Zeit, das Risiko der Kontingenz und die damit verbundenen Schwierigkeiten politischer Entscheidung aus verschiedenen Perspektiven. Der Titelheld sieht sein gesamtes Leben, so gesteht er seinem Sekretär, unter dem Diktat des Zufalls: «Wie von unsichtbaren Geistern gepeitscht, gehen die Sonnenpferde der Zeit mit unsers Schicksals leichtem Wagen durch, und uns bleibt nichts als mutig gefaßt die Zügel zu erhalten, und bald rechts, bald links vom Steine hier, vom Sturze da die Räder wegzulenken.» (MA 3.1, 276 f.) Das Bild von den ‹Sonnenpferden der Zeit› verweist auf die Geschichte des Phaeton, des Helios-Sohns; er wurde von den Pferden des Sonnenwagens, die er auf eigenen Wunsch für einen Tag steuern durfte, fortgerissen, löste damit einen furchtbaren Brand im Weltgebäude aus und mußte zur Strafe für seine Unachtsamkeit durch einen von Zeus gesendeten Blitz sterben. Das Motiv der Sonnenpferde illustriert nicht nur Egmonts intuitiv-naive Weltsicht, sondern auch das Schicksal, das ihm unmittelbar bevorsteht – den Absturz aus der Höhe des Ruhms in Gefangenschaft und Tod.[11]

Während Egmont als spontanes Kind des Zufalls erscheint, zeigt sich sein Gefährte Wilhelm von Oranien in der Rolle des kalkuliert Planenden. Vergebens versucht er Egmont im zweiten Aufzug zu überreden, Brüssel so rasch wie möglich zu verlassen, da ihm durch das Nahen Albas Unheil drohe. Seine Warnung begründet er mit dem Hinweis auf seine Gewohnheit, die Verhältnisse genau zu berechnen: «Egmont, ich trage viele Jahre her alle unsre Verhältnisse am Herzen, ich stehe immer wie über einem Schachspiele und halte keinen Zug des Gegners für unbedeutend; und wie müßige Menschen mit der größten Sorgfalt sich um die Geheimnisse der Natur bekümmern; so halt ich es für Pflicht für Beruf eines Fürsten die Gesinnungen, die Ratschläge aller Parteien zu kennen.» (MA 3.1, 279) Als Schachspieler ist Oranien ein Beobachter, der die Zeitkonstellationen wie Zeichen liest und daraus weiterführende Schlüsse zieht; der Zufall wird hier durch das Prinzip der Kausalität überwunden, das es gestattet, das eigene Handeln aus der Berechnung des günstigsten Moments abzuleiten. Solche Formen des strategischen Managements gehören bereits zum Arsenal frühneuzeitlicher Verhaltenstechniken. Graciáns *Oráculo manual* (1647) schärft als Maxime ein, daß man Geduld üben müsse, um die eigenen Handlungsoptionen genau ermitteln zu können: «Nur durch die weiten Räume der Zeit gelangt man zum Mittelpunkte der Gelegenheit.»[12] Anders als der Schachspieler Oranien hält Egmont den Sog seines Leben für unbeherrschbar; sein Selbstbild des Wagenlenkers, der das von den Mächten des Zufalls gewaltsam fortgerissene Gefährt bestenfalls an Hindernissen vorbeizusteuern vermag, offenbart die Vorstellung einer radikalen Kontingenz geschichtlichen Geschehens. Zeit ist hier dynamisch und willkürlich, ohne daß der Mensch in der Lage ist, ihre Entwicklung durch Planung zu antizipieren.

Nach der Unterredung mit Oranien erfaßt Egmont eine dunkle Ahnung der bevorstehenden Ereignisse: «Daß andrer Menschen Gedanken solchen Einfluß auf uns haben! Mir wäre es nie eingekommen, und dieser Mann trägt seine Sorglichkeit in mich herüber.» (MA 3.1, 282) Der Schlüsselbegriff der Sorge bedeutet jedoch keine umfassende Änderung der von Egmont für sich reklamierten Zeitauffassung. Zwar impliziert er eine Auseinandersetzung mit der ferneren Zukunft, die der Wagenlenker, der seinen Blick nur auf das unmittelbar bevorstehende Hindernis richtete, niemals im Kalkül hatte; allerdings schließt der irrationale Charakter der ‹Sorge› als Grundgefühl der Angst gerade die Planbarkeit dieser Zukunft aus. Nach der Verhaftung formuliert Egmont im ersten seiner zwei Gefängnismonologe, das Motiv aufgreifend: «O Sorge! Sorge! die du vor der Zeit den Mord beginnst, laß ab –» (MA 3.1, 314). Auch Faust wird später mit diesem Begriff operieren, wenn er in der Szene «Nacht» verzweifelt den Freitod durch Gift erwägt: «Die Sorge nistet gleich im tiefen Herzen, | Dort wirkt sie geheime Schmerzen, | Unruhig wiegt sie sich und störet Lust und Ruh; | Sie deckt sich stets mit neuen Masken zu, | Sie mag als Haus und Hof, als Weib und Kind erscheinen, | Als Feuer, Wasser, Dolch und Gift; | Du bebst vor allem was nicht trifft, | Und was du nie verlierst das mußt du stets beweinen.» (v.644ff.)[13] Im Schlußakt des zweiten Tragödienteils ist die Sorge für Faust «Ewig ängstlicher Geselle, | Stets gefunden nie gesucht | So geschmeichelt wie verflucht.» (v.11429f.) In einem knappen Kommentar formuliert Goethe Ende 1826 nach Abschluß des Helena-Akts, Faust sei ein Charakter, der, gleichgültig, wohin er sich wende, «immer unglücklicher zurückkehrt.» (WA I, 41.2, 290) In den zitierten Versen wird das Problem der Ungewißheit als Kern des Sorgegefühls sichtbar. Seine Ten-

8. AUGENBLICK UND ENTSCHEIDUNG

denz liegt darin, daß es die Zukunft gleichzeitig als unbestimmt und bedrohlich, als undeutbar und spezifisch negativ erfaßt. In der Sorge verkehrt sich Egmonts Erfahrung der Nichtplanbarkeit von Zeit, wie sie das Sinnbild des Schicksalswagens umreißt, in eine destruktive Qualität; aus der naiven Lebensfreude wird hier die dunkel-melancholische Lebensangst, die auch Faust im nächtlichen Studierzimmer ergreift. Zeitwahrnehmung bindet sich in Goethes *Egmont* an die Kategorie des Augenblicks. Als ‹prägnanter Moment› kann der Augenblick Erfahrung und Einsicht, aber auch den Zwang zur Entscheidung und die Heteronomie einer unbeherrschbaren Situation vermitteln. Wenn Margarete von Parma die bilderstürmerischen Aktionen der Geusen beschreibt, die sich gegen den Dom, die Kirchen und Bibliotheken richten, betont sie den plötzlichen, schockhaften Gewaltcharakter kollektiven Handelns: «Wie eine große Menge Volks, von gleichem Unsinn ergriffen sich über Menin, Comines, Verwich, Lille verbreitet, nirgends Widerstand findet, und wie fast durch ganz Flandern in einem Augenblicke die ungeheure Verschwörung sich erklärt und ausgeführt ist.» (MA 3.1, 254) Zeit ist hier identisch mit der unbezwingbaren Dynamik des Hervorbrechens archaischer Kräfte, die wie Naturgewalten erscheinen. Gerade ihre zerstörerische Kraft sorgt dafür, daß das Kontinuum der Zeit aufgelöst und die Ereignisfolge ‹wie in einem Augenblicke› verdichtet erscheint.[14] Die Zeit der kollektiven Zerstörung offenbart eine unbedingte Willkür, weil sie unbeherrschbar und durch Planung nicht kontrollierbar ist. In den Schlußsätzen der *Belagerung von Maynz* (1824) hat Goethe zur Charakteristik dieser Konstellation die bildhafte Wendung gefunden, daß die Ereignisse des napoleonischen Zeitalters die Menschen wie Fluten «überschwemmt, wo nicht verschlungen» hätten (MA 14, 557). Die Energien des Meeres sind wie die Gewalten eines Vulkans gleichermaßen expansiv und eruptiv. In ihrer Bewegung findet Goethe die unüberwindbare Macht einer zum Naturereignis gesteigerten Zeitverdichtung katastrophischen Charakters. Revolution und napoleonische Kriege zerstören die Kontinuität der Zeit, an deren Stelle der Ausbruch gärender Kräfte tritt, wie es ähnlich Hölderlins *Empedokles*-Tragödie (1797–99) reflektiert hat.[15]

Eine zweite Ansicht des prägnanten Moments bietet Alba, des «Fanatismus rauher Henkersknecht» (so Schillers Marquis Posa [NA 6, v.174]), der Egmont nach einem scheinbar vertrauensvollen Gespräch verhaften, einkerkern und hinrichten lassen wird. Ehe Egmont ihm in die Hände läuft, erkennt Alba «im Augenblicke des Entscheidens» die ambivalente Konstellation, die ihm einen definitiven Entschluß abverlangt: «Es rückt die Uhr! Noch einen kleinen Weg des Seigers [= Zeigers] und ein großes Werk ist getan oder versäumt, unwiederbringlich versäumt, denn es ist weder nachzuholen noch zu verheimlichen.» (MA 3.1, 301) Selbst Alba, der wie Oranien ein kühler Planer ist, zeigt sich hier als Opfer der Sorge («daß nicht das für und wieder mir aufs neue durch die Seele schwankt –»; MA 3.1, 301). Sie gilt der Gefahr, daß Egmont sich ihm ähnlich wie Oranien durch Flucht entziehen könnte. Der Moment der Entscheidung bildet den Auslöser der Sorge, weil in ihm Zeit zu unbeherrschbarer Komplexität verdichtet ist. Albas Zeitreflexion entspricht es, wenn die wenig später erfolgende Verhaftung Egmonts unter künstlicher Verlangsamung stattfindet. Die Regieanweisungen Goethes zerlegen den Vorgang in Einzelbilder, so daß er aus unverbunden wirkenden Momenten besteht. Albas ‹Augenblick des Entscheidens› korrespondiert hier die Dissoziation des Zeitablaufs in szenische Standbilder. Die Regieanweisung umfaßt sechs Elemente, die sich im Kopf des Zuschauers zur dramatischen Sequenz zusammenschließen müssen: das Sich-Öffnen der Mitteltür, der Anblick der unbeweglichen Wache, das Eintreten der Soldaten, die Ablieferung des Degens, Egmonts Abgang mit den Bewaffneten, das Zurückbleiben Albas. Um das Erstarren der Zeit im Moment der tödlichen Entscheidung zu zeigen, bedient sich Goethe einer genuin bildkünstlerischen Technik. Die Verhaftung Egmonts zerfällt in prägnante Momente, die unterschiedliche Stufen seines Untergangs von der Androhung der Gefahr (Sichtbarwerden der Wache) über die Kapitulation (Abgabe des Degens) bis zur Resignation (Abgang) bezeichnen. In seinem Aufsatz *Über Laokoon* bemerkt Goethe 1798: «Wenn ein Werk der bildenden Kunst sich wirklich vor dem Auge bewegen soll, so muß ein vorübergehender Moment gewählt sein (...)» (MA 4.2, 81). Erfaßt das Trauerspiel Egmonts Festsetzung durch die Soldaten Albas in Einzelbildern, dann operiert es mit einem aus der Plastik und der Malerei vertrauten Verfahren, das hier der Darstellung des dramatisch gesteigerten Augenblicks dient.

Die Kategorie des prägnanten Moments zeigt in Goethes Essay eine bildästhetische Dimension, auf die bereits Lessings *Laokoon*-Aufsatz von 1766 hinwies. Die Kunst schafft auratische Augenblicke, indem sie Ereignisse festhält, die im Strom der historischen Zeit untergehen würden. Malerei und Plastik überwinden den flüchtigen Charakter geschichtlicher

8. AUGENBLICK UND ENTSCHEIDUNG

Begebenheiten, wenn sie ihnen den Charakter des Fortwährenden verleihen, der das Vorläufige im Bild stillstellt. Lessing bemerkt diesbezüglich: «Erhält dieser einzige Augenblick durch die Kunst eine unveränderliche Dauer: so muß er nichts ausdrücken, was sich nicht anders als transitorisch denken läßt.»[16] In einem Nachlaß-Text aus der *Laokoon*-Periode heißt es weniger umständlich: «Die Malerei kann in ihren koexistierenden Kompositionen nur einen einzigen Augenblick der Handlung nutzen, und muß daher den prägnantesten nutzen, aus welchem das vorhergehende und folgende am begreiflichsten wird.»[17] Schiller überträgt Lessings Terminus auf das Drama, wenn er in einem Brief an Goethe vom 2. Oktober 1797 mit Blick auf die Arbeit am *Wallenstein* den prägnanten Moment als das Zusammentreten der theatralischen Konfigurationen zu einem Gipfelpunkt der Spannung beschreibt (NA 29, 141).

Schon die Gefängnisszenen des zehn Jahre zuvor entstandenen *Egmont* enthüllen diese dramaturgische Funktion des von Lessing ursprünglich auf die Bildkunst bezogenen Konzepts des ‹prägnanten Moments› mit großer Klarheit. Die erste größere Gefängnis-Sequenz zeigt Egmont im Selbstgespräch, verstrickt in die Reminiszenz vergangener Gemütsruhe und Sicherheit. Die Sorge, so weiß er, hat ihm das Vertrauen in die eigene Unanfechtbarkeit geraubt. Dem Gefangenen bleibt einzig die *memoria*, die erfüllte Momente kurzfristig in der Imagination aufscheinen läßt. «Du bist nur ein Bild, Erinnrungstraum des Glücks, das ich so lang besessen – wo hat dich das Geschick verräterisch hingeführt?» (MA 3.1, 314) Die elegische Einsicht, daß das Vollkommene verloren ist, findet eine Art Trost in ihrer ästhetischen Vermittlung.[18] Zwar ist das Glück für den Inhaftierten ‹nur› ein Bild, damit aber auch ein sinnlich – über die *vis imaginativa* – wahrnehmbares Objekt der Erfahrung. Das Verlorene läßt sich zumindest in Erinnerung und Einbildung vorübergehend festhalten, wie es Schillers Elegie *Die Götter Griechenlandes* für die Vorstellung der antiken Gestalten formuliert: «Aus der Zeitfluth weggerissen schweben | Sie gerettet auf des Pindus Höhn, | Was unsterblich im Gesang soll leben | Muß im Leben untergehn.» (NA 2/I, 367, v.124 ff.)[19]

Noch detaillierter offenbart sich die Dialektik von verlorener Zeit und gewonnenem Schein in der Traum-Szene am Ende des Trauerspiels, die dem schlafenden Helden die Personifikation der Freiheit in Gestalt seiner Geliebten Klärchen zeigt. Über die Figur heißt es: «Sie druckt eine bedauerende Empfindung aus, sie scheint ihn zu beklagen. Bald faßt sie sich, und mit aufmunternder Gebärde zeigt sie ihm das Bündel Pfeile, dann den Stab mit dem Hute. Sie heißt ihn froh sein und indem sie ihm bedeutet, daß sein Tod den Provinzen die Freiheit verschaffen werde, erkennt sie ihn als Sieger und reicht ihm einen Lorbeerkranz.» (MA 3.1, 328) Die Funktion des Traums wird erkennbar, wenn man sich verdeutlicht, welche Zeitvorstellung er vermittelt. Der gefangene Egmont sieht die Zukunft als unberechenbaren Raum, denn den Grad seiner Bestrafung und den Moment ihrer Vollstreckung kann er nicht bestimmen. Im Traum wird dagegen mit allegorischen Mitteln die Freiheit vom Zwang als autonome Verfügung über die Zeit vorgeführt. Die logisch kaum nachvollziehbare Anmerkung, der gemäß die stumm agierende Personifikation dem Helden mit ihren Gebärden signalisiert, daß die niederländischen Provinzen nach der Erhebung gegen die spanische Zentralgewalt zur Selbstbestimmung gelangen, besitzt für die Zeitsemantik des Trauerspiels entscheidende Bedeutung. Während Egmont auf sein Todesurteil wartet, entwirft der Traum das Bild einer frohen Zukunft; gegen die Zufälle der Zeit steht damit die erfüllte Zeit der Imagination, die wiederum modellhaft die Möglichkeiten der poetischen Phantasie bezeichnet.[20]

Die Traumsequenz des *Egmont* zeigt, wie Zeitsinn in ästhetische Anschauung verwandelt werden kann.[21] Die literarische Funktion der im Traum gebotenen Zeit-Darstellung liegt darin, daß sie die Willkür historischer Ereignisse besiegt, indem sie Prognosen über die Zukunft möglich macht. Auch die Freiheitsallegorie der Schlußszene, die Schillers Rezension des Dramas als «Salto mortale in eine Opernwelt» abqualifiziert (NA 22, 208), stiftet damit einen ‹prägnanten Moment›, indem sie die von Lessing für die bildende Kunst geltend gemachte ‹Dauer im Augenblick› herbeiführt.[22] Die historischen Ereignisse sind – wiederum in Lessings Terminologie – ‹transitorisch› und unterstehen einer Zeitlogik, die nach der Suspension heilsgeschichtlicher Erklärungsmodelle von Willkür bestimmt bleibt.[23] Allein die Kunst schafft im Gegenzug zur Beliebigkeit einer profanen Geschichtszeit Momente der Autonomie, die im Raum der ästhetischen Erfahrung zugänglich werden.

Auf welche Weise Bild und Geschichte unter den Bedingungen der Unwägbarkeit historischer Zukunft funktional zusammenwirken können, demonstriert Goethes Reaktion auf die Gemälde von Jason und Medea, die man 1770 in einem festlich geschmückten Straßburger Gartenhaus zu Ehren der frisch vermählten Marie-Antoinette zeigte. Die psychologische

8. AUGENBLICK UND ENTSCHEIDUNG

Diagnose, in die er sein Entsetzen über die taktlose Anspielung auf den Mythos einer unglücklichen Ehe kleidet, schließt das Bewußtsein ein, wie stark Kunst die Erfahrung von Zeit formen kann: «Gibt es denn unter den französischen Architekten, Dekorateuren, Tapezierern gar keinen Menschen, der begreift, daß Bilder etwas vorstellen, daß Bilder auf Sinn und Gefühl wirken, daß sie Eindrücke machen, daß sie Ahndungen erregen!» (MA 16, 394) Das Gemälde ist das subjektive Zeichen mit Vorbedeutung, nicht das Medium einer künftigen Geschichte. Dennoch fällt ihm auch eine objektive Funktion zu, die nichts mit Orakelkunst und irrationaler Prognostik gemein hat. Indem die ästhetische Erfahrung der Zeit Erwartungen und Erinnerungen in sich aufnimmt, verschafft sie ihnen Dauer im Moment und Gegenständlichkeit durch Form. Sie vermag den Fluß der Ereignisse, dessen Verlauf offen ist, in einem sinnlichen Augenblick festzuhalten und damit aus der inneren Konsequenz einer nicht beherrschbaren Dynamik zu befreien.[24] Genau in diesem Sinn funktioniert die Ästhetisierung der Zeit im *Egmont* als Element einer Objektivierung subjektiver Geschichtserfahrung durch Kunst.

Der prägnante Moment des *Egmont*-Finales ist elegisch, insofern er Augenblicke vergangenen Glücks und idealer Existenz im Medium des Scheins veranschaulicht.[25] Präsenz erscheint hier, ähnlich wie in den römischen Elegien Goethes, nur unter Bezug auf das Vergangene, das wiederum in einem ästhetischen Erinnerungsprozeß organisiert und literarisch zugänglich gemacht wird. Die Lösung, die das klassische Zeitkonzept Goethes für diese doppelte Unsicherheit einer nur imaginär und elegisch verfügbaren Gegenwart bereithält, ist die der Verklärung. Im Konzept des gesteigerten, prägnanten Augenblicks gerät die literarisch vermittelte Präsenz zum Produkt einer Entgrenzung, die alle Zeit stillstellt. Die Evidenz des schönen Scheins, der die Gegenwart stiftet, erzeugt die Illusion der Dauer im Moment. Die *Wanderjahre* enthalten das Gedicht *Vermächtnis*, das im Blick auf diese Konsequenz formuliert: «Dann ist Vergangenheit beständig, das Künftige voraus lebendig, | Der Augenblick ist Ewigkeit.» (MA 17, 540) Der gegenwärtige Moment konzentriert sich im literarischen Text als Zeitpunkt, der sämtliche temporären Stufen subjektiver Erfahrung zusammenführt.[26] Er schafft jene absolute Identität, die – wie die Ewigkeit – die Beruhigung der prozessualen Zeit ermöglicht. Das Finale des *Egmont* führt den Versuch vor, die Risiken einer Beliebigkeit schaffenden Zeitkonstruktion im Medium des Scheins aufzulösen. In der

Kunst, die historische Zeit zum Objekt ästhetischer Erfahrung macht, ist die Kontingenz der Ereignisse aufgehoben, nämlich in Form verwandelt. Somit repräsentiert Goethes *Egmont* kein Drama, das systematischen historischen Denkmodellen folgt (wie später die Tragödien Grillparzers und Hebbels), sondern ein Trauerspiel, das in der literarisch strukturierten Zeit die Willkür der Geschichte überwinden soll.[27]

Modernes Zeitdenken ist Entwicklungsdenken und grenzt sich damit von den zirkulären Verlaufsmustern ab, in denen der antike Mythos Geschichte faßt. Bei Schiller führt das Paradigma der Entwicklungsdynamik zu einem gewandelten Politikkonzept, das weder den machttechnologischen Diskursen der Frühen Neuzeit noch den Denkmustern eines aufgeklärten Absolutismus folgt. Politisches Handeln gewinnt im linearen Zeitkontinuum den Charakter einer heteronomen Notwendigkeit, in der sich, wie es in der Studie *Ueber das Erhabene* heißt, «der Konflikt der Naturkräfte unter einander selbst und mit der Freyheit des Menschen» (NA 21, 49) spiegelt. Der Politikbegriff, mit dem Schiller seit der Mitte der 1790er Jahre operiert, sammelt jene Bedeutungsaspekte, die zuvor im Terminus der Natur enthalten waren; als Synonym für die Kontingenz der Welt und die Unberechenbarkeit ihrer Handlungszwänge bezeichnet er Chaos, Zufall und Willkür. Im historischen Prozeß fällt der Politik die Funktion einer naturhaften Kraft zu, die wiederum die Dynamisierung der Geschichte bedingt; in der Elegie *Der Spaziergang* (1795/1800) ist es bezeichnenderweise die Metapher vom Tigersprung, mit der Schiller die gespannte Gewaltsamkeit beschleunigter historischer Ereignisfolgen illustriert (NA 1, 265, v.179).[28] Bereits die Studie zur *Geschichte des Dreyßigjährigen Kriegs* (1790–92) arbeitet mit einem vergleichbaren Deutungsmodell, wenn sie politische und militärische Konfrontationen durch ein reiches Register von Naturmetaphern illustriert (NA 18, 10, 97, 249f.). Der historische Prozeß erweist sich hier als Produkt willkürlicher Kräfte, die der Mensch in keiner Phase dauerhaft zu kontrollieren vermag. Diese Konstellation einer nicht planbaren Zukunft, die den gegenwärtigen Moment zum Augenblick der Entscheidung über unsichere Horizonte werden läßt, beleuchtet die *Wallenstein*-Trilogie.[29]

Insbesondere *Die Piccolomini* und *Wallensteins Tod* werden durchzogen von Reflexionen über die bedrohlich verrinnende Zeit. Sie spiegeln das Bewußtsein der *dramatis personae*, daß der Ausnahmezustand des Krieges an einen nochmals zugespitzten Punkt der Entscheidungszwänge

8. AUGENBLICK UND ENTSCHEIDUNG

gelangt sei. Schon in *Wallensteins Lager* taucht eine Ahnung davon auf, wenn der Wachtmeister über seinen Herrn, den Herzog von Friedland sagt: «Ist nach dem Kaiser der nächste Mann, | Und wer weiß was er noch erreicht und ermißt, | Denn noch nicht aller Tage Abend ist.» (L v. 435 ff.)[30] Illos berühmter Eröffnungsvers: «Spät kommt Ihr – Doch Ihr kommt» (P v. 1) illuminiert am Beginn der *Piccolomini* bereits das Moment der subjektiv empfundenen Zeitverknappung, das auf der Ebene der Dramenhandlung sein objektives Pendant in der von Octavio vorbereiteten Intrige findet.[31] Immer wieder verweisen die Akteure auf die Notwendigkeit zügigen Handelns und die Gefahr, den richtigen Augenblick für Entscheidungen zu verpassen (P v. 808, v. 1737). Die vorherrschende Unruhe, die Terzky und Illo ebenso wie Octavio befällt, bezeichnet auf dem Feld der psychischen Disposition die Spannungen des politischen Konflikts, der sich sukzessive zuspitzt und auf eine offene Agonie zuläuft. Die antagonistischen Parteien – Kaisertreue und Verräter – warten in dieser spannungsreichen Konstellation, die die *Piccolomini* umreißen, auf den günstigsten Moment, der ihnen die Gelegenheit zum entscheidenden Schritt bietet. Der drückenden Erwartung einer unmittelbar bevorstehenden Konfrontation entsprechen zahlreiche Andeutungen und Vorahnungen, die die Akteure aus dem Blickwinkel ihrer unterschiedlichen Interessen formulieren. Buttlers «Ich fürchte, | Wir gehn nicht von hier, wie wir kamen» (P v. 81 f.), Wallensteins Prognose, es werde alles «zu Trümmern» (P v. 1276) stürzen, was mühsam erbaut worden sei, und Theklas Prophetie vom «finstre(n) Geist», der «durch unser Haus» zieht (P v. 1899), artikulieren die Furcht vor einer sich nähernden Katastrophe.[32]

Daß der Stratege Wallenstein die folgenreiche Annäherung an die Schweden «planlos» (T v. 171) vollzieht, gehört zu den befremdlichsten Seiten der ihn bestimmenden Handlungspsychologie. Gegen sein selbstverliebtes Spiel mit taktischen Optionen («In dem Gedanken bloß gefiel ich mir», T v. 148) setzen seine Mitstreiter Illo und Terzky gemäß den Mustern der politischen Klugheitslehre den Hinweis auf die passende ‹Gelegenheit›; nur wer seine Chance energisch nutze, könne erfolgreich sein (P v. 928, T v. 626).[33] Die wankelmütige Fortuna, so weiß Machiavellis *Il principe* (1532) – das Grundbuch für die Verhaltensprinzipien des frühneuzeitlichen Staatsmanns –, läßt sich allein durch denjenigen bezwingen, der mit Willen und Entscheidungskraft zu Werke geht, während sie dem Zögernden abhold ist.[34] «O! nimm die Stunde wahr, eh sie entschlüpft», mahnt Illo den zaudernden Herzog: «So selten kommt der Augenblick im Leben, | der wahrhaft wichtig ist und groß.» (P 928 ff.) In der Berliner Bühnenfassung des *Wallenstein* – Grundlage für Ifflands Inszenierung vom 18. Februar 1799 – sagt die Gräfin Terzky über die ‹occasio›, die Gunst der Stunde: «Jetzt ist sie da, sie naht mit schnellen Rossen. | Drum rasch dich in den Wagensitz geschwungen | Mit sichrer, fester Hand von Zaum und Zügel | Besitz genommen, eh der Gegner dir | Zuvorkommt und den leeren Sitz erobert.» (NA 8, 444) Andreas Alciatus' *Emblematum liber* (1531) stellt die Göttin Gelegenheit mit wehendem Stirnhaar und kahlem Hinterhaupt dar – ein Zeichen dafür, daß man sie verfehlen kann, wenn man sie, die schnell vorüberzieht, nicht energisch am Schopf ergreift.[35] Die Gelegenheit ist eine Chiffre für die knapp zugemessene politische Entscheidungszeit, die dem Zauderer Wallenstein aus den Händen rinnt.

Wallensteins Temporieren bildet das Ergebnis der Konkurrenz zweier Entscheidungssysteme, die sich wechselseitig blockieren. Auf der einen Seite verfolgt er eine strategische Linie, zu der die rationale Notwendigkeit der Beobachtung potentieller Gegner und die Analyse seiner Motive gehören: «Hab ich des Menschen Kern erst untersucht, | So weiß ich auch sein Wollen und sein Handeln.» (T v.959 f.). Hier befindet sich Wallenstein in Übereinstimmung mit den Prinzipen der *prudentia*, wie sie exemplarisch Justus Lipsius' neostoizistische *Politica* (1589), Diego Saavedra Fajardos emblematischer Fürstenspiegel *Idea de un principe politico christiano* (1640) und Graciáns *Oráculo manual* (1647) beschrieben haben. Über den idealen *homo politicus* heißt es bei Gracián, den der junge Schiller vermutlich durch Abels Unterricht über die Rezeption des Christian Thomasius kennenlernte: «Indem er einen Menschen sieht, versteht er ihn und beurteilt sein innerstes Wesen. Er macht feine Beobachtungen und versteht meisterhaft, das verborgene Innere zu entziffern.»[36] In diesem Sinne ist Wallenstein ein Vertreter der *prudentia*, der, verschlossen und argwöhnisch, seine eigenen Antriebe im Dunkeln läßt, die Motive seiner Gegenspieler aber scharfsinnig zu analysieren sucht. Den Zug des wortkargen Strategen betont bereits Schillers Wallenstein-Porträt aus der *Geschichte des Dreyßigjährigen Kriegs* (1790–92), das seinen «von großen Entwürfen» bewegten Verstand und seine Verschwiegenheit gleichermaßen hervorhebt: «Stumm, wie die Zugänge zu ihm, war auch sein Umgang.» (NA 18, 134)

8. AUGENBLICK UND ENTSCHEIDUNG

Dem Bild des kalten Taktikers widerspricht jedoch die Tatsache, daß Wallenstein sein Handeln in letzter Konsequenz an den Sternen und ihren Konstellationen ausrichtet. Überzeugt zeigt er sich von der Priorität eines Schicksals, das man durch Zeichen lesen und deuten müsse: «Es gibt keinen Zufall; I Und was uns blindes Ohngefähr nur dünkt, I Gerade das steigt aus den tiefsten Quellen.» (T v.943 ff.) Der Orientierung an der *prudentia*, die souveräne Lagebeherrschung durch rationale Analyse gewähren soll, ist der Glaube an eine metaphysische Dimension entgegengesetzt, die das Handeln des Menschen als externe Instanz steuert. Wallensteins Versuch, mit Hilfe der Astrologie auf prognostische Deutungsmethoden zurückzugreifen, entspringt dem Widerwillen, sich der willkürlichen Geschichtszeit der Moderne zu unterwerfen.[37] Sein Vertrauen in die Astrologie bekundet aber zugleich die Ohnmacht vor der Möglichkeit der freien Entscheidung, wie es Goethes Rezension des Trauerspiels pointiert erläutert: «Wer die Sterne fragt was er tun soll? ist gewiß nicht klar über das was zu tun ist.» (MA 6.2, 684) Noch prägnanter heißt es in Goethes opulentem *Maskenzug* von 1818 über die Problematik des Astrologieglaubens und Wallensteins Kalkül: «Da soll nun Stern zum Sterne deutend winken. I Ob dieses oder jenes wohlgetan; I Dem Irrtum leuchten, zur verworrnen Bahn, I Gestirne falsch die noch so herrlich blinken.» (MA 11.1.1, 349)

Goethes ausführliche Rezension der Trilogie beschreibt treffend den Handlungskonflikt, in den Wallenstein gerät. Das Trauerspiel führe einen Protagonisten vor, «der das wichtigste seiner Unternehmungen kennt, vorbereitet und doch den Augenblick, der sein Schicksal entscheidet, selbst nicht bestimmen kann und mag.» (MA 6.2, 684) Die Formulierung ‹kann und mag› erfaßt die dramatische Konstellation, indem sie andeutet, daß Wallenstein auf selbstbestimmtes Handeln verzichtet, wenn er den Entschluß zur Tat von den Sternen abhängig macht: sein ‹Nicht-Können›, das Heteronomie erzeugt, ist zugleich ein ‹Nicht-Mögen›, das aus der Mißachtung der Autonomie hervorgeht. Die Notlage, in die der Held auf diese Weise treibt, wird durch den Gegensatz von Kontingenz und Providenz erzeugt. Indem Wallenstein irrtümlich die Deutbarkeit der Zukunft und die Wirksamkeit einer aus den Sternen abzulesenden Vorsehung annimmt, liefert er sich der Willkür der Geschichte aus, der er gerade zu entkommen glaubte. Die Freisetzung von den Fesseln der Metaphysik, die sich in der Neubestimmung der historischen Zeit als profane Ereigniszeit am Beginn der Moderne vollzog, wird von Wallenstein nicht angemessen

FUNKTIONEN DER ZEIT IM HISTORISCHEN DRAMA

genutzt. Seine prudentistischen Reflexionen über Menschenkenntnis und Strategie, die ihn als «Rechenkünstler» (T 2853) erscheinen lassen, täuschen autonomes Handeln nur vor. «In deiner Brust sind deines Schicksals Sterne», so erklärt ihm Illo drängend: «Vertrauen zu dir selbst, Entschlossenheit | Ist deine Venus!» (P v.962 ff.) Der Appell des Verbündeten geht jedoch ins Leere, denn der «Zweifel», den Illo als eigentlichen ‹Unstern› in Wallensteins Himmel ausmacht, lähmt alle Entscheidungskraft (P v.965). Wahre politische Klugheit, so betont Lipsius, verlange neben der Einsicht in die fremde Psyche auch die Selbsterkenntnis («Sed duplicam prudentiam esse: A se, et ab aliis»).[38] Gerade diese Komponente der *prudentia* fehlt Wallenstein; seine spätere Agonie resultiert daraus, daß ihm das Wissen über die eigenen Grenzen abgeht, das ein zentrales Element der politischen Vernunft ist.

Schillers Trauerspiel führt Geschichtszeit als dramatische Entscheidungszeit vor, die sich in der Konkurrenz von traditioneller Prognostik und okkasionellem Zufall offenbart. Mit der Modellstruktur des Dramas verbindet sich aber auch ein spezifisches Bild des Staates, das durchaus moderne Züge trägt. In einem bemerkenswerten Akt des ‹misreading› erklärte Friedrich Dürrenmatt 1954: «Die Macht Wallensteins ist eine noch sichtbare Macht, die heutige Macht ist nur zum kleinsten Teil sichtbar, wie bei einem Eisberg ist der größte Teil im Gesichtslosen, Abstrakten versunken. Das Drama Schillers setzt eine sichtbare Welt voraus, die echte Staatsaktion, wie ja auch die griechische Tragödie.»[39] Dürrenmatts Hinweis auf den altmodischen Politikbegriff des Dramas, der in der Vorstellung individueller Verantwortung wurzele, verfehlt den zeitgeschichtlichen Gehalt des *Wallenstein*. Schillers Tragödie präsentiert eine abgeschattete Ordnung der Macht, zu der die Autorität der Verwaltungsstäbe, der Einfluß der höfischen Bürokratie, die Anonymisierung von Entscheidungsprozessen und die wachsende Bedeutsamkeit des Nachrichtenverkehrs gehören. In diesem Sinne geht sie, anders als Dürrenmatt suggeriert, von einem modernen Verständnis staatlicher Strukturen aus.

Die Tatsache, daß Informationen über Leben und Tod entscheiden, bildet ein zentrales Element der von der Trilogie vorgeführten politischen Herrschaft.[40] Ähnlich wie im *Don Karlos* präsentiert Schiller hier ein kunstvolles Netz geheimer Kommunikation, das immer wieder durch Intrigen und Verrat zerrissen wird. An einem Knotenpunkt des Geschehens berichtet Terzky dem erschrockenen Wallenstein («zurückfahrend», ver-

8. AUGENBLICK UND ENTSCHEIDUNG

merkt die Regieanweisung), daß die Kaiserlichen den Gesandten Sesina, der mit vertraulichen Papieren ins gegnerische Lager aufgebrochen war, abgefangen haben: «Grad auf dem Weg nach Regenspurg zum Schweden | Ergriffen ihn des Gallas Abgeschickte, | Der ihm schon lang die Fährte abgelauert.» (T v.47 ff.) Aber nicht nur Illo, sondern auch der schwedische Oberst Wrangel weiß von der Gefangennahme Sesinas, die Wallensteins strategische Situation zu seinen Ungunsten verändert, weil sie ihn zwingt, mit offenen Karten zu spielen. Boten vermitteln bei Schiller arkane Informationen, die eine Sachlage wandeln und Allianzen in neues Licht tauchen können. Sie bilden die variablen Elemente eines politischen Machtsystems, das weniger an Personen – wie Dürrenmatt behauptet – als an Funktionen gebunden ist.

Zu diesem System gehört auch der bürokratische Apparat, der die Macht in eine Zone der Unsichtbarkeit verschiebt (ein großer Fehler des modernen Staates sei es, so schreibt Novalis 1798, daß man ihn «zu wenig sieht»).[41] Von der Selbstherrlichkeit der Bürokraten am Wiener Hof berichten Buttler und Isolani in der *Piccolomini*-Exposition mit bitterem Ton. Die «Landschmarutzer», die sich am «Tisch des Kaisers» niedergelassen haben, und die «Schranzen», die die «Anticamera» bevölkern, bestimmen die Entscheidungsprozesse in Wien (P v.161 ff.). Geschichte, wie Schillers Trilogie sie präsentiert, verdichtet sich in anonymen Strukturen der Administration, die das Geschäft der Politik beherrschen. Das entspricht sehr genau dem Anfang des 17. Jahrhunderts zuerst in England und Frankreich anlaufenden Prozeß der funktionalen Ausdifferenzierung des Staates, in dem sich erste «Ansätze zu einer Ministerialbürokratie» und Tendenzen fachlicher Spezialisierung der Beraterstäbe abzeichnen.[42] Die Räte, bemerkt Gundacker Fürst von Liechtenstein um 1650, seien das «Medium» der erfolgreichen Herrschaftspraxis.[43] Veit Ludwig von Sekkendorff, der über eigene Erfahrungen auf dem Gebiet der politischen Verwaltung verfügte, beschreibt in seinem *Deutschen Fürstenstaat* (1656) den Typus des fürstlichen Beraters, ohne den der Herrscher im Interesse einer effizienten Regierung nicht auskommen könne.[44] Johann Sebastian Mitternacht läßt in seinem Schuldrama *Die Edle Regiments=Kunst* (1667) die Allegorie der Politik erklären, daß der Souverän in sämtlichen seiner Amtsgeschäfte angewiesen sei auf die Hilfe «vortreflicher in Goett= und Weltlichen Rechten wohlgeuebter und erfahrner Leute / die Raethe genennet werden».[45] Schiller erfaßt die Macht dieser modernen Funktionselite, indem er sie im Horizont des Bühnengeschehens präsent hält, ohne ihre Mitglieder jemals zu zeigen. Der bürokratische Apparat des kaiserlichen Hofs bleibt anonym, sein Einfluß steht jedoch außer Frage. Der politisch Handelnde wird nicht, wie Wallenstein glaubt, von einer übergeordneten Providenz determiniert, sondern von den Apparaten im Hintergrund, die ihrerseits Werkzeuge der Willkür sein können. Wie die Zufälle, die Nachrichten fehlgehen lassen, sind auch die bürokratischen Systeme letzthin unsteuerbar. Sie vertreten eine Kontingenz, die Regie über den historischen Verlauf führt: eine unbedingte Offenheit der Möglichkeiten, die auf der Basis funktionaler Rationalität genutzt, aber niemals vollständig beherrscht werden kann.[46]

Die zweckgebundene Aufrüstung der Administration hat auch zur Folge, daß sich im frühneuzeitlichen Staat eine Verzeitlichung der ihm eingeschriebenen Machtstrukturen vollzieht, die ihn als Element des Modernisierungsprozesses von mittelalterlichen Herrschaftsordnungen unterscheidet. Seit dem Hochmittelalter war das Königtum bestimmt durch die Vorstellung der *gratia Dei*, die Funktion des Gottesgnadentums, die den Regenten als Stellvertreter des Schöpfers auf Erden deutete. Die der Institution inkorporierte Macht verschaffte ihm eine über das Ende des natürlichen Lebens hinausreichende Dauer und Beständigkeit, die es erlaubte, den Herrscherwechsel als Prozeß des Austauschs organischen Lebens im Dienst eines stets identischen Königtums zu deuten. Diese Perspektive, deren Rechtsstrukturen Kantorowicz' *The King's Two Bodies* (1957) in faszinierender Quellendichte erschlossen hat, unterstellt den Staat einer heilszeitlichen Ordnung jenseits irdischer Vergänglichkeit.[47] Herrschaft bedeutet ein Hineintreten in die spirituelle Zeit des Gottesgnadentums, für die keine Entwicklung, Kausalität und Folgelogik, sondern nur der einheitliche Moment der spirituell erfüllten Dauer existiert. In diesem System werden Beschlüsse nicht über langwierige Vorlauf- und Beratungsprozeduren abgesichert, sondern als Ausdruck einer von Gott verliehenen Weisheit in Vollzug gesetzt. «Die Einheit des Souveräns», so erläutert Luhmann, «wird als sakraler Körper, nicht als Summe von Entscheidungsleistungen begriffen (...)».[48] Dagegen gewinnt der frühneuzeitliche Staat seine innere Struktur durch einen Verwaltungsstab, der den Herrscher unterrichtet, berät und mit jenen Kenntnissen ausstattet, die Grundlage seiner Urteile und Anweisungen sind.[49] An den Platz einer unbeweglichen Ordnung repräsentativer Macht, die sich in symbolischen

8. AUGENBLICK UND ENTSCHEIDUNG

Akten der Schaustellung zur Geltung bringt, tritt die dynamische Ordnung des neuen Verwaltungssystems, das politische Souveränität durch die Vermittlung von Daten und Informationen erzeugt. Verlangsamung und Beschleunigung bilden Elemente eines staatlichen Entscheidungsdenkens, das den Herrscher in eine variable Zeitstruktur mit wechselnden Strategieoptionen einrückt. Diese Struktur gehorcht nicht mehr dem Gesetz der Dauer (das der frühneuzeitliche Regent als Souverän gleichwohl für sich reklamiert), sondern der Sequenzierung eines Prozesses, zu dem das Abwägen von Kausalitäten, Folgerelationen und Wirkungen politischen Handelns gehören.

Solche Aspekte der Verzeitlichung spielen in den zeitgenössischen Verhaltenslehren von Machiavelli über Saavedra Fajardo bis zu Gracián und Seckendorff eine entscheidende Rolle. Lipsius' *Politica* beschreibt Vorsicht und Langsamkeit als Bedingung für erfolgreiches Agieren im Raum der Macht: «Caute igitur age et lente.»[50] Im *Oraculo manual* heißt es über die Zeitabhängigkeit der politischen Entscheidung: «Was sich auf der Stelle macht, kann auch auf der Stelle wieder zunichte werden: aber was eine Ewigkeit dauern soll, braucht auch eine, um zustande zu kommen. Nur die Vollkommenheit gilt, und nur das Gelungene hat Dauer. Verstand und Gründlichkeit schaffen unsterbliche Werke.»[51] In dieser Aussage bündelt sich die Überzeugung, daß der politische Erfolg nicht an die Launen des Glücks, sondern an die Beharrlichkeit der vernünftigen Situationsanalyse zu knüpfen sei, wie es Lipsius' Formel «nec quidam potest esse diuturnum, cui non subsit ratio» umreißt.[52] Die Zeitfunktion der *prudentia* resultiert aus dem Versuch, das Handeln des Staatsmanns auf technische Kriterien jenseits metaphysischer Instanzen zu stützen, um seinen Erfolg berechenbar zu machen.

Die temporale Struktur politischer Entscheidungsabläufe, die ein Merkmal frühmoderner Herrschaftsordnungen ist, tritt nun im *Wallenstein* als Movens der Tragödienlogik zutage. Ihre innere Rationalität bietet hier keinen Schutz gegen die Störfeuer der Kontingenz oder die Unwägbarkeiten der Vorsehung, sondern stiftet selbst Verwirrung und Unheil. Ein dramaturgisch äußerst effektiver Zeitsinn bestimmt den Spannungsbogen der Trilogie und die einzelnen Stufen ihres Fortgangs. Das Abwarten und Taktieren Wallensteins, das Drängen seiner Getreuen, die kühle Lagebeobachtung Octavios, die Suche nach der passenden Gelegenheit zum entscheidenden Vorstoß, die heimliche Vorbereitung des Treffens mit Wran-

FUNKTIONEN DER ZEIT IM HISTORISCHEN DRAMA

gel, die Bewegung der Truppen, die Anwerbung von Attentätern, Wallensteins Einzug in Eger und die Vorbereitung des tödlichen Schlags durch Buttler zeigen, daß das szenische Geschehen durch eine gewaltige Zeitdynamik getragen wird, die alle Figuren mit sich reißt. Während der Arbeit am Drama hatte Schiller die – später im Licht seiner Aristoteles-Lektüre erneuerte – Forderung aufgestellt, daß Wallenstein nicht allein durch die Fehlspekulationen seines taktischen Kalküls, sondern auch durch die Zwänge der äußeren Umstände zu Fall kommen sollte (NA 29, 15, 74); die Ökonomie des Trauerspiels und die Logik der Verzeitlichung greifen hier ineinander.[53] 1822 wird Goethe in Bezug auf die Epoche der Revolutionskriege wie erinnerlich von der «tosenden Weltbewegung» sprechen, die einen «Zyklus von Tragödien» ausbilde (MA 14, 515). Die topische Formulierung führt Tragödie und Geschichtszeit als Form und Inhalt zusammen; sie vollzieht metaphorisch nach, was Schillers Text durch die Annäherung von Wirkungsästhetik und Zeitreflexion leistet.

Der Verlust der Autonomie äußert sich im *Wallenstein* primär über die Einbuße der Entscheidungsfreiheit, die der Protagonist im Fortlauf der Ereignisse erleidet. Weil seine Rechnungen nicht aufgehen, muß er permanent neu Beschlüsse fassen und seine Lageeinschätzung ändern. Die Zeit der Tragödie bildet sich im Verlust der Entscheidungskompetenz ab, der Wallenstein am Ende in die Enge der tödlichen Falle in Eger treibt. Die Nachricht von der Gefangennahme Sesins (T v.40 ff.), der überraschende Abzug Octavios (T v.1557 ff., 1665 ff.), die Vereitelung der diplomatischen Unterredung mit den Pappenheimern durch Buttlers gezielte Intervention (T v.1994 ff.), Max' Tod im Moment neuer Hoffnung (T v.2673 ff.) bilden Stationen auf der abschüssigen Bahn, die Wallenstein durchläuft. Die Zeitstruktur, die sich hier entwickelt, umreißt Schiller in einem Brief an Goethe vom 2. Oktober 1797 mit dem Begriff der ‹Praecipitation›. Er bezeichnet die unaufhörlich fortschreitende Logik einer Tragödienzeit, die am Schluß unweigerlich «in steetiger und beschleunigter Bewegung» auf die Katastrophe zusteuern muß (NA 29, 141). Die Verzeitlichung der politischen Entscheidung, die sich im frühmodernen Staat vollzieht, findet in diesem Konzept ihr wirkungsästhetisches Pendant. Sehr genau hat Wilhelm von Humboldt die temporale Dynamik der Trilogie in seinem mehr als 25 Seiten umfassenden Würdigungsbrief vom September 1800 beschrieben. «In Ihrer Einbildungskraft ist das beflügelte Forteilen der Zeit hervorstechend vor der Rückwirkung des erzeugten Stoffs. In jedem Au-

8. AUGENBLICK UND ENTSCHEIDUNG

genblick taucht Ein Gegenstand auf, in ihn ist das Vorige, das, als vergangen, schlechterdings hinter uns liegt, verschmolzen, und in dem Dunkel, das ihn noch drückt, das Folgende verhüllt.» (NA 38/I, 331) Als Wallenstein in Eger eintrifft, erklärt sein späterer Mörder Buttler dem Kommandanten Gordon: «Er ist herein. Ihn führte sein Verhängnis. | Der Rechen ist gefallen hinter ihm, | Und wie die Brücke, die ihn trug, beweglich | Sich niederließ und schwebend wieder hob, | Ist jeder Rettungsweg ihm abgeschnitten.» (T 2428 ff.) In diesen Versen verdichtet sich die Bewegung, die Humboldt als Merkmal der im *Wallenstein* inszenierten Tragödienzeit beschrieb, zum Bild der tödlichen Gefangenschaft. Wallensteins Zögern führt nicht zur Vermeidung, sondern zur Auslösung der Katastrophe. Die agonale Entscheidung, die der fünfte Akt zeigt, wird durch Gegenkräfte herbeigeführt, die sich der Beobachtung des Protagonisten entziehen. Statt mit den Mitteln der *prudentia* auf die Lage Einfluß zu nehmen, beherrscht die Lage den Helden. Die Unfreiheit, die sich aus dieser Verkehrung des prudentistischen Verhaltensideals ableitet, beschreibt Schiller in seinem Brief vom 2. Oktober 1797 aus wirkungsästhetischer Sicht: «Da der Hauptcharakter eigentlich retardierend ist, so thun die Umstände eigentlich alles zur Crise und dieß wird, wie ich denke, den tragischen Eindruck sehr erhöhen.» (NA 29, 141)

Wallensteins Agonie ist das Resultat aus Selbstüberschätzung und Zufall, nicht aber das Produkt providentieller Fügung.[54] Die innere Folgerichtigkeit seines Untergangs entsteht durch die wechselseitige Determination dieser beiden Komponenten, auf deren Zusammenwirken Schiller, wie seine Arbeitsberichte an Goethe und Körner verraten, im Rahmen der szenischen Strukturierung des Stoffs sehr genau achtete. Der Leitbegriff, der die Interdependenz von Hybris und Bestrafung umreißt, ist jener der Nemesis.[55] Im Sommer 1786 hatte sich Schiller intensiv mit Herders Aufsatz *Nemesis* beschäftigt, der eben in den *Zerstreuten Blättern* erschienen war (NA 24, 124). Herder faßt die Kategorie der Nemesis, die seit Hesiods *Theogonia* (8. Jh. v. Chr.) strafende Gerechtigkeit und Rache bezeichnet, entschieden psychologisch auf. Zum einen beschreibt er sie als «hohe Rechtvertheilerin», welche die historische oder gesellschaftliche Realität mit einer inneren Disziplinierungslogik auflädt, in deren Folge hybride Ansprüche des Individuums bestraft werden.[56] Neben diese Form der richtenden Entelechie, die eine objektive Instanz im Inneren sozialer Ereigniszusammenhänge verkörpert, tritt jedoch als subjektives Element die «Selbstzerstörungskraft des Bösen»,⁵⁷ die dafür sorgt, daß «wachsame, bescheidene Klugheit schützet», während «jeder Unverstand und Uebermuth» in die Katastrophe führt.⁵⁸ Herder entwirft hier ein System der Balance, das persönliche Interessen (politischer oder privater Observanz) und faktische Wirkungen menschlichen Tuns als kausale Einheit betrachtet, deren Bestandteile nicht gegeneinander ausgespielt werden dürfen. Der handelnde Mensch ist keiner übergeordneten Macht, sondern allein dem Gesetz der Zeit unterworfen, das ihn dazu zwingt, seine Absichten und Pläne auf mögliche, durch äußere Umstände begründete Wirkungen abzustimmen. In seinem für die *Horen* verfaßten Aufsatz *Das eigene Schicksal* (1795) hat Herder die psychologische Deutung der Providenz nochmals zugespitzt, indem er erklärt, die Vorsehung sei eine «natürliche Folge unsrer Handlungen, unsrer Art zu denken, zu sehen, zu wirken.»⁵⁹

Auch im *Wallenstein* gewinnt die Kategorie des Schicksals den Charakter eines in der Immanenz der Zeit verankerten Reaktionsmusters ohne transzendente Bedeutung. Der Protagonist erahnt die Konsequenzen seines Verrats mit illusionsloser Nüchternheit: «Nicht hoffe, wer des Drachen Zähne sät | Erfreuliches zu ernten. Jede Untat | Trägt ihren eignen Rache-Engel schon, | Die böse Hoffnung, unter ihrem Herzen.» (T v.649ff) Sehr genau reflektieren diese Verse die Disziplinierungsfunktion des Nemesis-Begriffs, die Herder hervorhob. Die Sanktionslogik der Geschichte beginnt dort, wo das Individuum die eigenen Handlungsspielräume überschätzt, die ihm verliehene Autonomie mißbraucht und die Grenzen seiner Möglichkeiten überschreitet. Zwar ist die Nemesis ein historisches Ordnungsprinzip von ‹erhabener› Folgerichtigkeit, wie es Schiller exemplarisch in Shakespeares *Richard III* entwickelt sieht (NA 29, 162), doch bestätigt sie durch die ihr innewohnende Kausalität zugleich die Vorstellung, daß der Mensch nach Maßgabe seiner Klugheit und Vernunft zu handeln habe.⁶⁰ Die politischen Aktionen, die Schillers Trauerspiel vorführt, vollziehen sich in einem sozialen Raum, wo die «Sachen» hart zusammenstoßen und «nur die Stärke siegt» (T v.789ff.). Was der Einzelne tut, ruft Reaktionen hervor (Hegels *Wallenstein*-Rezension spricht von «Gegenwirkung»),⁶¹ die er selbst antizipieren muß, um sie in ihrer Konsequenz abschätzen zu können. Nicht die Metaphysik, sondern eine auf Kausalitätsgesetzen beruhende Vorstellung von Zeit ist die Triebfeder der Politik und der sie vollstreckenden Entscheidungen.⁶²

8. AUGENBLICK UND ENTSCHEIDUNG

Die Konzeption der *prudentia* erzeugte eine eigene Zeit-Dramaturgie, indem sie Entschlüsse nicht als unmittelbaren Ausdruck göttlicher Weisheit (wie in der mittelalterlichen Herrschaftsordnung), sondern als Ergebnis von Zielbestimmung, Lageeinschätzung und Abwägen bestehender Handlungsmöglichkeiten definierte.[63] Schillers *Wallenstein*-Trilogie überführt die Ökonomie solcher Verzeitlichungsstrukturen in das Gebiet der Wirkungsästhetik, indem sie deren Ablauf an die Gesetze der Tragödie anpaßt. Die Ästhetisierung der Zeit ist hier nicht wie im Fall des *Egmont* mit der Verdichtungsleistung des prägnanten Moments verbunden; vielmehr ergibt sie sich aus der dramaturgischen Beanspruchung ihrer immanenten Dynamik im Dienst jener ‹abschüssigen› Linie der ‹Praecipitation›, die den zur Entscheidung gezwungenen Helden in die Katastrophe führt. Wenn Zeit im Rahmen des prudentistischen Herrscherkonzepts nicht spirituell geordnete «Systemzeit», sondern von Willkür beherrschte «Naturzeit» ist,[64] dann verlangt das vom klug Handelnden eine genaue Berechnung ihrer möglichen – also: kontingenten Verlaufsformen, ohne daß, wie im Fall der astrologischen Prognostik, externe Faktoren bemüht werden. Den Anforderungen der *prudentia* entzieht sich Wallenstein, indem er eine Konkurrenz von Interpretationsmustern zuläßt, die zwischen rationaler Analyse und irrationaler Weissagung keine klare Beschlußfassung zulassen. Gerade diese labile Konstellation führt in Schillers Drama zu einem im Begriff der Nemesis bezeichneten Entscheidungsnotstand, den der zaudernde Protagonist durch seine Entschlußunfähigkeit nochmals zuspitzt.

Wallensteins Langsamkeit hat tödliche Konsequenzen, weil sie eine Gegenaktion in Gang setzt, die ihrerseits mit gesteigertem Entscheidungstempo («Die Sachen liegen der Entwicklung nah»; P v.2593) operiert. «Der bürgerliche Krieg entbrennt», so ahnt Octavio, «Wenn wir nicht, schleunig rettend, ihm begegnen.» (P v.2364 ff.) Schillers Trauerspiel spiegelt an diesem Punkt die Neubestimmung wider, die die politische Bedeutung der Zeit um 1800 durchläuft. Unter dem Einfluß der Revolution in Frankreich gewinnt die Verzeitlichung des Staates, wie sie sich im Ausbau administrativer Funktioneliten am Beginn des absolutistischen Zeitalters vollzogen hatte, eine neue Dimension. Der Staat selbst erscheint im Licht der Pariser Ereignisse als ein veränderliches Gebilde, dessen führende Repräsentanten, Strukturen und Rechtsformen man auswechseln konnte.[65] «Verfassungen, Stände und Reiche» seien, schreibt Herder 1795, wie «ein

FUNKTIONEN DER ZEIT IM HISTORISCHEN DRAMA

mechanisches Gerüst», eine «Treppe» oder ein «Dach» nicht auf Dauer gebaut, so daß es zu ihrem Schicksal gehöre, im Prozeß der Zeit zu verfallen.[66] Was Herder hier aus der Sicht seines organologischen Denkens diagnostiziert, wird wesentlich durch die frühmodernen Strukturen des verwalteten Staates gefördert. Die Dynamik des Entscheidungsdenkens, die eine wesentliche Grundlage des Konzepts der Herrschaftsadministration bildete, macht die Möglichkeit der Umgestaltung und Veränderung staatlicher Strukturen denkbar. Die Verzeitlichung des Staates, die über die Ausbildung bürokratischer Funktionseliten anlief, schafft die Voraussetzung für die revolutionäre Infragestellung seiner alten, traditionalen Form. Indem Schillers *Wallenstein* den Zwangscharakter politischer Entscheidungen als Tragödie der verpaßten Gelegenheiten vorführt, reflektiert er zugleich die Erosion des alten Staates und den Zerfall des *ancien régime*.

Max Piccolomini darf am Ende der Unterredung mit Octavio die Ahnung formulieren, daß der Sturz Wallensteins der Auslöser für eine allgemeine Erosion der staatlichen Ordnung werden könne. Diese Prognose ist nicht durch die historische Wirklichkeit des Dreißigjährigen Krieges gedeckt, dessen Verlauf von der Ermordung des Herzogs relativ unberührt bleiben sollte; sie gewinnt ihre innere Folgerichtigkeit allein durch den Bezug auf die Epoche der Französischen Revolution und die von ihr beschleunigte Aushöhlung des Staatsgedankens: «Denn dieser Königliche, wenn er fällt, | Wird eine Welt im Sturze mit sich reißen, | Und wie ein Schiff, das mitten auf dem Weltmeer | In Brand gerät mit einem Mal, und berstend | Auffliegt, und alle Mannschaft, die es trug, | Ausschüttet plötzlich zwischen Meer und Himmel, | Wird er uns alle, die wir an sein Glück | Befestigt sind, in seinen Fall hinabziehn.» (P v. 2639ff.) Die traditionell anmutende Schiffsmetaphorik dieses Passus zeigt, daß Max' düstere Erwartung dem Zerfall der staatlichen Ordnung gilt. Wenn hier die Gefahr eines Sturzes in die Anarchie beschworen wird, so gemahnt das deutlich an die Zeitgeschichte der Revolutionsära und Schillers kritischen Blick auf die Pariser Ereignisse nach der Hinrichtung Ludwigs XVI. im Januar 1793.[67] In der Einleitung seiner Schrift über die niederländische Rebellion bemerkt er schon 1788: «Der Mensch verarbeitet, glättet und bildet den rohen Stein, den die Zeiten herbeitragen; ihm gehört der Augenblick und der Punkt, aber die Weltgeschichte rollt der Zufall.» (NA 17, 21) Daß sich dieser ‹Zufall› in Perioden geschichtlicher Prägnanz zudem über eine gewaltige Dynamisierung der Ereignisse vermitteln kann, de-

8. AUGENBLICK UND ENTSCHEIDUNG

monstriert der *Wallenstein* durch das stetig gesteigerte Tempo seiner Handlung.[68] Die Französische Revolution bringt veränderte Formen des Zeitbewußtseins und der Beschleunigungserfahrung mit sich, die von der Literatur reflektiert werden.[69] In seinem Essay *Über die Unverständlichkeit*, der im letzten Heft des *Athenäum* erscheint, schreibt Friedrich Schlegel: «Die neue Zeit kündigt sich an als eine schnellfüßige, sohlenbeflügelte; die Morgenröte hat Siebenmeilenstiefel angezogen.»[70] Bei Schlegel fällt es der Poesie zu, die Konsequenzen der Revolution zu Ende zu denken, weil nur sie die Dynamik der Ereignisse zu erfassen vermag.[71] Was sich seit 1789 auf der Weltbühne der Politik zuträgt, kann die Sprache der Dichtung besser als die Ordnung des Begriffs beschreiben.[72] Die ‹neue Zeit›, deren «gärende Kraft» Schlegel in den *Ideen*-Fragmenten preist, wird in literarischen Metaphern, nicht aber in den Systementwürfen der Geschichtsphilosophie ansichtig.[73] Klopstocks Formel vom «Morgenschauer», Herders Metapher des ‹göttlich heiligen Festes›, Campes Diktum über den ‹Adlerflug im Völkerfrühling›, Jean Pauls eschatologische Chiffre ‹Jerusalem der Freiheit›, Schlegels Hinweis auf die ‹moralische Chemie› des Umsturzes und Novalis' Wort von der Revolution als «Krise der eintretenden Pubertät» demonstrieren das exemplarisch.[74] Hölderlins Hymne *Wie wenn am Feiertage* (1799) bietet mit ihrer pathetischen Steigerung von Lichtmotiven ein typisches Beispiel für die ästhetische Reflexion der revolutionären Zeitwahrnehmung: «Und wie im Aug' ein Feuer dem Manne glänzt, | Wenn hohes er entwarf; so ist | Von neuem an den Zeichen, den Thaten der Welt jezt, | Ein Feuer angezündet in Seelen der Dichter.»[75]

Bei Hölderlin setzen die ‹Taten› der neuen Politik erst die Inspiration der Poesie in Gang. Dichtung und Revolution verschmelzen zur Metapher einer Zeit, die veränderte Verhältnisse gebiert (in den *Anmerkungen zur Antigonae* wird Hölderlin diesen Vorgang der Umwälzung als «vaterländische Umkehr aller Vorstellungsarten und Formen» bezeichnen).[76] Von größter Bedeutung ist dabei die Schnelligkeit, in der die einzelnen Phasen des Umsturzes sich abwechseln. Die neue Qualität einer revolutionären Zeit bekundet sich in den Bildern des Blitzes, des Feuers, der chemischen Umwandlung, des eschatologischen Jerusalem. Mit dem Modell des prägnanten Moments, das Schiller im Rückgriff auf Lessing entwickkelte, teilen diese Chiffren der Revolution die Voraussetzung, daß sie einen Vorgang beschreiben, der sich nur noch ästhetisch, nicht mehr systematisch-geschichtsphilosophisch erfassen läßt.[77] In den Metaphern der neuen Epoche wird jedoch der prägnante Moment zur Plötzlichkeit einer revolutionären Epiphanie gesteigert, mit der weder Goethe noch Schiller sympathisieren konnten.[78] Die Krise des verzeitlichten Staates, wie sie der *Wallenstein* vor Augen führt, kulminiert in seiner politischen Destruktion. Zu ihr gehört eine neue Rhetorik, die in den Bildern der Eruption und Explosion eine veränderte Form der Wahrnehmung historischer Ereignisse zum Ausdruck bringt. Der klassische Augenblick ist Revolutionszeit geworden.

9

KEINE WIEDERKEHR   Schillers Konstruktion
DER GÖTTER   der Antike

Am Ende des 18. Jahrhunderts waren zwei Bilder im Bewußtsein deutscher Intellektueller gegenwärtig, die einen zerstörten Körper zeigten: der archaische Torso des Herkules und der Leib des hingerichteten Königs Ludwig XVI. Den Herkules-Torso aus dem römischen Belvedere, von dem seit 1769 ein Abguß im Mannheimer Antikensaal stand, kannte das lesende Publikum durch Winckelmanns einläßliche Schilderung in der *Bibliothek der schönen Wissenschaften und der freyen Künste* (1759) und deren abgewandelte Fassung in der *Geschichte der Kunst des Alterthums* (1764)[1]; die Szenerie der Exekution wiederum erschloß sich der deutschen Öffentlichkeit über die auf Sammeltassen und Tellern zahlreich reproduzierte Radierung von Isaak Cruikshank (1793), die den Henker in dem Moment darstellt, da er den dicht gedrängten Pariser Zuschauern den abgeschlagenen Kopf des Königs präsentiert.[2] Diese Ikonen physischer Fragmentierung riefen zwei Deutungsmuster hervor, deren Gemeinsamkeit darin lag, daß sie im körperlichen Torso nicht ausschließlich die Spuren von Verfall und Zerstörung erblickten. Während die Herkules-Figur als Sinnbild für eine ästhetische Ganzheit ausgelegt wurde, die sich auch im Bruchstück zeigte («einer höheren Zeit der Kunst näher»,[3] bemerkt Winckelmann), fand man in Cruikshanks Radierung den Tod der Monarchie bezeichnet, die den Weg in eine (freilich je verschieden bewertete) neue Zeit politischer Reorganisation eröffnete («Segen aus deinem Blute für die ganze Menschheit keimen zu sehen», heißt es bei Gotthold Friedrich Stäudlin über Ludwigs Hinrichtung[4]).

Beide Darstellungen scheinen auf den ersten Blick nichts miteinander gemein zu haben, gehören aber durch die Dialektik von Verfall und Neuordnung dennoch zusammen. Diese Dialektik wiederum ist für Schillers Beitrag zur Debatte über den Vorbildcharakter antiker Kunst und deren Verhältnis zur Moderne von außerordentlicher Bedeutung. Über Umwege weist sie zurück auf das sozialkritische Selbstverständnis des ambivalenten Klassizismus, den Schiller mit Beginn der Jenaer Zeit vertrat. Es gehört zu den von der Forschung vernachlässigten Aspekten seiner ab 1790 entwickelten Antike-Auffassung, daß sie sich nicht nur im Kontext einer die Positionen Winckelmanns bereits überbietenden Autonomieästhetik bewegt, sondern in starkem Maße auch durch die Auseinandersetzung mit gesellschaftlichen Konfigurationen bestimmt wird.[5] Die nachfolgenden Überlegungen suchen daher das schwierige Verhältnis zur Moderne, das Schillers Klassizismus prägt, anhand des zeitkritischen Gehalts kenntlich zu machen, der ihn fundiert; als Sinnbild für Schillers ästhetisches Glaubensbekenntnis wird der archaische Torso des Herkules erst durch das Gegenbild des enthaupteten Königs vollends begreifbar. Die Argumentation beginnt mit einem Rückblick auf Schillers theoretische Positionen und stützt sich anschließend auf eine genaue Analyse der *Braut von Messina*, die die attische Tragödie aus psychologischer Perspektive erneuert.

Schillers Antike-Auffassung durchläuft seit der Mitte der 1780er Jahre verschiedene Phasen innerhalb eines evolutionär zu nennenden, von innerer Folgerichtigkeit gekennzeichneten Prozesses. An seinem Beginn steht die elegische Gegenwartsverdrossenheit des Aufsatzes über den Mannheimer Antikensaal (1785) und der *Götter Griechenlandes* (1788), die durch einen von Winckelmann angeregten, in einigen Punkten polemisch überzeichneten Klassizismus bestimmt ist. Sie mündet unter dem Einfluß der Geschichtsstudien, die Schiller ab 1787 in Weimar und Jena treibt, in eine konkretere Betrachtung zeithistorischer Konfigurationen; umgesetzt wird deren Pensum im rechtsgeschichtlichen Essay *Ueber die Gesetzgebung des Lykurgus und Solon* (1790), begleitet von den zivilisationshistorischen Bogenführungen des allegorischen Lehrgedichts *Die Künstler* (1789). In der durch Kant bestimmten Periode nach dem Ausbruch der Krankheit, ab 1791, begreift Schiller die Antike vorwiegend als Denkmodell, anhand dessen er seine eigene Theorie der ästhetischen Erziehung exponieren und ihr Verhältnis zur Moderne beispielhaft erläutern kann; sie findet ihren programmatischen Höhepunkt in der Abhand-

9. KEINE WIEDERKEHR DER GÖTTER

lung *Ueber naive und sentimentalische Dichtung*, die den Versuch einer kulturhistorisch fundierten Poetik vorlegt und in der literarisch-ästhetischen Bindung ihrer Geschichtsphilosophie ein methodisches Nervenzentrum findet. Beendet wird diese Phase, die durch die Annahme einer relativ harmonischen Koexistenz von Antike und Neuzeit geprägt ist, im Experiment der *Braut von Messina* (1803), das die Moderne über die Hintertür auf die Bühne eines ambivalenten Klassizismus ruft und damit dessen innere Grundspannung zu Bewußtsein bringt. Der Einschnitt, der die ersten beiden von der hier vornehmlich interessierenden dritten und vierten Periode trennt, ist die Erfahrung der Französischen Revolution. Unter ihrem Einfluß gewinnt Schillers Antike-Bild ein theoretisches Zentrum, das wiederum zeitkritisch perspektiviert ist.[6]

Der Aufsatz *Ueber naive und sentimentalische Dichtung* (1795/96) erörtert sein zentrales Begriffspaar auf den Feldern der Epochensystematik, der Poetik und der Anthropologie; für unsere Fragestellung ist hier nur der erste Sektor relevant, während Schillers geschichtsphilosophische Gattungslehre und die Konstruktion naiver bzw. sentimentalischer Charaktermerkmale in den Hintergrund treten dürfen. Die epochensystematische Argumentation des Essays ist dort sichtbar, wo er Naives und Sentimentalisches auf den Gegensatz von Antike und Moderne überträgt. Freilich verzichtet Schiller auf eine eindeutige Zuordnung seiner Kategorien, wie sie die Forschung – symptomatisch hier noch Hans Robert Jauß[7] – lange Zeit unterstellte. Zwar dominieren Hinweise, die das Naive dem Altertum, das Sentimentalische der Moderne zurechnen (NA 20, 430f.), jedoch wird ausdrücklich erklärt, daß schon die Antike sentimentalische Dichter – Horaz, Properz, Vergil – gekannt habe, während umgekehrt das Naive auch bei modernen Autoren – etwa Dante, Cervantes, Shakespeare und Sterne – auftrete (NA 20, 432, 437f., 425). Die innere Verschränkung der Systemglieder bedeutet folgerichtig die Abkehr von einem statischen Klassizismus: «Denn freylich, wenn man den Gattungsbegriff der Poesie zuvor einseitig aus den alten Poeten abstrahirt hat, so ist nichts leichter, aber auch nichts trivialer, als die modernen gegen sie herabzusetzen.» (NA 20, 439)

Seit Peter Szondis wegweisender Untersuchung gilt es als *opinio communis*, daß der Essay keine klare Trennung seiner Leitbegriffe vornimmt, sondern in deren geschichtsphilosophischer Fundierung eine dialektische Beziehung zwischen ihnen herstellt.[8] Diese Operation erlaubt es Schiller, so könnte man über Szondi hinausgehend argumentieren, seine kulturphilosophische Auffassung von der Antike aus dem Blickwinkel der Moderne zu kontrollieren und denklogisch zu ordnen. Als tragender Bestandteil einer selbstreflexiven Strategie ist die berühmte Wendung zu lesen, in der Schiller die Differenz zwischen den Antiken und den Modernen als gleichsam geschichtstypologische Spannung zwischen Andeutung und Erfüllung festhält: «Sie sind, was wir waren; sie sind, was wir wieder werden sollen. Wir waren Natur, wie sie, und unsere Kultur soll uns, auf dem Wege der Vernunft und der Freyheit, zur Natur zurückführen.» (NA 20, 414) Schiller arbeitet hier mit einem Naturbegriff, der selbst ästhetisch perspektiviert ist, insofern er die schöpferische Seite der Erscheinungen – mit Spinoza: *natura naturans* – in den Vordergrund rückt.[9] Die schönen, produktiven, nicht aber die willkürlichen, zerstörerischen Züge der Natur sind es, welche die Griechen derart vorbildhaft ausprägen, daß sie zum Gegenstand einer kulturellen *restitutio in integrum* werden. Am Verhältnis zur Natur dokumentiert sich, was Antike und Moderne trennt; während das Altertum in einer Beziehung gelassener Selbstverständlichkeit zu ihr lebt, gewinnt sie für die Neuzeit den Status eines elegisch besetzten Sehnsuchtsobjekts; dieser Unterschied entspricht dem Gefälle von Natur-Identität und Natur-Differenz, in dem sich aus Schillers Sicht die Essenz der *Querelle*-Debatte als Gegensatz nicht der Erfahrung, sondern ihrer Aneignungsformen manifestiert. Er schafft jene «Alpenwand des Jahrhunderts», die, nach einer Wendung des Gedichts *Die Antike* aus dem ersten *Horen*-Jahrgang (1795), zwischen nordischer Neuzeit und südlicher Antike «finster und traurig sich thürmt.» (NA 1, 257) Schillers Essay geht über solche Befunde jedoch hinaus, indem er erläutert, daß er nicht von objektiven historischen Relationen, sondern von kulturellen Entwürfen spricht: «Das Gefühl, von dem hier die Rede ist, ist also nicht das, was die Alten hatten; es ist vielmehr einerley mit demjenigen, welches wir für die Alten haben. Sie empfanden natürlich; wir empfinden das natürliche.» (NA 20, 431)[10]

Damit erweist sich, daß Schillers Bild der Antike an die Perspektive gebunden bleibt, aus der es entworfen wird – ein Umstand, den man mit Szondi als Indiz seiner sentimentalischen Verfaßtheit betrachten kann.[11] Die seit dem französischen Klassizismus geführte *Querelle*-Debatte erfährt an diesem Punkt eine methodische Entspannung, die es erlaubt, ihre Leitbegriffe als Resultate kulturphilosophischer Konstruktionen wahrzu-

9. KEINE WIEDERKEHR DER GÖTTER

nehmen. 1798 bemerkt Novalis in seinem unpublizierten Porträt *Über Goethe*, die Haltung Schillers pointierend: «Natur und Natureinsicht entstehn zugleich, wie Antike, und Antikenkenntniß; denn man irrt sehr, wenn man glaubt, daß es Antiken giebt. Erst jezt fängt die Antike an zu entstehen. Sie wird unter den Augen und der Seele des Künstlers. Die Reste des Alterthums sind nur die spezifischen Reitze zur Bildung der Antike.»[12] Im Entwurf der Antike denkt sich auch Schiller als moderner Autor selbst, indem er seine Identität über eine historische und ästhetische Differenz begründet. Die Antike wird zum Ursprungsmythos einer Geschichte, deren Elemente ihrerseits kulturell konstruiert scheinen. Die ‹Alpenwand des Jahrhunderts›, die die Epochen scheidet, bedeutet nicht nur eine Trennlinie, sondern auch eine Perspektive, aus der das in der Ferne liegende griechische Mittagslicht zum Reflexionsgrund der eigenen Situation wird. Für die Antike gilt damit, was ein Distichon Schillers 1796 über die erhabene Schönheit des Petersdoms sagt: «Meine Größe ist die, größer zu machen dich selbst.» (NA 1, 382)

Schillers Antikebild erfüllt eine klar umrissene Funktion beim Aufbau des modernen Autorbewußtseins, indem sie ihm eine relationale Form der Selbstbestimmung verschafft. Daß die Antike im ästhetischen System um 1800 auch auf andere Weise erfaßt werden konnte, demonstriert Friedrich Schlegels *Studium*-Aufsatz, der 1795 noch ohne Kenntnis von Schillers Essay entstand. In ihm wird das Ideal der griechischen Literatur mit der gegenständlichen Kraft ihrer Werke und der Objektivität ihres Schönheitsideals scharf vom «ästhetischen Kriminalkodex»[13] der Gegenwart und deren Phänomenologie des Interessanten abgegrenzt. Schlegels Griechenbild, das maßgeblich durch die kunsttheoretischen Kategorien Winckelmanns determiniert ist, besitzt einen prototypischen Charakter, insofern es dem Prinzip der Temporalität entzogen und dergestalt von der Moderne getrennt bleibt. Wo die Kunst der Antike Dauer repräsentiert, sind die Werke der Jetztzeit, wie ein bezeichnender Vergleich nahelegt, von begrenzter Wirksamkeit: «Immer aber hat das Interessante in der Poesie nur eine provisorische Gültigkeit, wie die despotische Regierung.»[14] Für erforderlich hält Schlegel jedoch eine «ästhetische Revolution»,[15] die den Zugang zur Objektivität der Griechen wiederherstellt, indem sie die «künstliche» Bildung des Menschen fördert und gegen die «Herrschaft des Interessanten» als Form der «Heteronomie» jene höhere «Moralität»[16] ausfalten hilft, die nach Schlegel Voraussetzung des Schönen ist.

«Der Augenblick», so heißt es, «scheint in der Tat für eine ästhetische Revolution reif zu sein, durch welche das Objektive in der ästhetischen Bildung der Moderne herrschend werden könnte.»[17] Äußerlich hält Schlegel im *Studium*-Aufsatz am Gedanken eines bildungsgeschichtlichen Perfektibilismus fest, der die Erziehung des Publikums zum griechischen Geschmack als über Stufen verlaufenden organischen Prozeß denkt. Jedoch unterbricht er seine Argumentation immer wieder durch Hinweise auf eine chiliastische Jetzterwartung, derzufolge die Vermittlung von Antike und Moderne in einem revolutionären Punkt gesteigerter Annäherungsbeschleunigung erfolgt. Das ist ein Konzept, das bereits auf den programmatischen Entwurf der Moderne hindeutet, wie ihn der Schlegel der Athenäumsphase in seinen Modellen der progressiven Universalpoesie und der ‹Neuen Mythologie› vorlegt. Die Zeitperspektive, die hier aufscheint, dürfte jedoch für Schiller nicht akzeptabel gewesen sein; die Idee der im Handstreich zu vollziehenden ästhetischen Revolution entstammt einem Geschichtsdenken, das funktional der Naturlogik des Politischen entspricht, die Schillers zweite Studie zum Erhabenen nachdrücklich perhorreszierte. Sie stand quer zu seinem Ideal der in der Erfahrung des Schönen konzentrierten Zeit, die nichts mit dem Überwältigungscharakter ästhetischer Wahrnehmung gemein hatte, den der *Studium*-Aufsatz im Gegenzug zu seiner Rhetorik des Perfektibilismus umreißt. Während der Schlegelsche Begriff des Augenblicks, wie Karl Heinz Bohrer gezeigt hat, durch die Erfahrung der Revolution die Züge des Plötzlichen, Schockartigen gewinnt, erfüllt er bei Schiller die Funktion, die innere Balance von sinnlicher und geistiger Erfahrung zu bezeichnen, die in der Begegnung mit der Kunst den zufälligen Charakter lebensweltlicher Wirkungszusammenhänge suspendiert.[18] Die moderne Ansicht einer kulturphilosophisch beanspruchten Antike offenbart sich bei Schlegel im revolutionär gesteigerten Chiliasmus der Wiedergeburt des Objektiven unter den Bedingungen des Interessanten, bei Schiller in der Selbstreflexion der Gegenwart durch den Spiegel eines von ihr erfundenen Griechenland.

Wenn die Antike-Auffassung Schlegels mit Schillers Position im Essay *Ueber naive und sentimentalische Dichtung* nicht zur Deckung kommt, so ist das symptomatisch für die programmatischen Differenzen, die das Modernekonzept beider Autoren und die mit ihm verknüpfte Modellierung des Zeitbegriffs trennen.[19] Die Zeit der Moderne ist bei Schlegel die

9. KEINE WIEDERKEHR DER GÖTTER

aus sich selbst hervorgetriebene Zeit der revolutionären Offenbarung, die keine Transformation der Antike, sondern deren handstreichartige Aneignung ermöglichen soll. Die Mythologie-Rede aus dem *Gespräch über Poesie* macht fünf Jahre später deutlich, daß diese Aneignung mit geringfügigen Modifikationen zu einem Akt der ästhetischen Selbstkonstitution der Moderne werden soll. Als «Kunstwerk der Natur», das «sich nur aus der innersten Tiefe des Geistes wie durch sich selbst herausarbeiten» kann, tritt die neue Mythologie an die Stelle der griechischen Götterwelt;[20] die ‹ästhetische Revolution›, die der *Studium*-Aufsatz noch als explosiv ablaufende Aneignung antiker Objektivität durch die Kunst der Gegenwart beschrieben hatte, meint jetzt einen Erzeugungsakt, der nicht mehr an fremden Vorbildern Maß nehmen muß. Während sich die Moderne bei Schiller über die imaginäre Antike reflektierend ihrer Identität versichert, löst sie sich bei Schlegel aus dem Bann eines sie fesselnden Verhältnisses und wird mit Hilfe einer leichten Drehung des im *Studium*-Aufsatz bereitgestellten Argumentationssystems als autonom gedacht.[21]

In seinem Essay *Über die Unverständlichkeit* (1800) beschreibt Schlegel das Grundmuster einer ästhetischen Zeit, die den Ausnahmezustand der plötzlichen Offenbarung erfahrbar macht: «Lange hat es gewetterleuchtet am Horizont der Poesie; in eine mächtige Wolke war alle Gewitterkraft des Himmels zusammengedrängt; jetzt donnerte sie mächtig, jetzt schien sie sich zu verziehen und blitzte nur aus der Ferne, um bald desto schrecklicher wiederzukehren: bald aber wird nicht mehr von einem einzelnen Gewitter die Rede sein, sondern es wird der ganze Himmel in einer Flamme brennen und dann werden euch alle eure kleinen Blitzableiter nicht mehr helfen. Dann nimmt das 19. Jahrhundert in der Tat seinen Anfang (...).»[22] Die Poesie verdichtet die herrschende Spannung der Zeit in Blitz und Donner, den Sinnbildern der Revolution. Sie sind gesteigerte Versionen des von Lessing (mit Blick auf die Malerei) und Schiller (unter Bezug auf die Tragödie) so genannten ‹prägnanten Moments›: überschießende Formen jener *evidentia*, die den *Briefen* zufolge ein Merkmal der ästhetischen Erfahrung bleibt.[23] Die Explosion der Zeit findet ihren Reflex in der dichterischen Konzentration des Ereignisses zum Symbol, das nicht mehr systematisch-geschichtsphilosophisch aufzuwiegen und jenseits einer von Bohrer noch reklamierten ‹Semantik› mit einem Lieblingswort Goethes ‹inkommensurabel› ist.[24] Damit wird das Medium, das die Annäherung von Antike und Moderne zu ermöglichen hätte, zum seinerseits autonomen Rechtsgrund der Poesie.

Die Ästhetik der Zeit, von der Schlegels letzter Athenäumsbeitrag spricht, überlagert den Aneignungsprozeß, der im *Studium*-Aufsatz noch zur Wiedergeburt der Antike führen sollte. Der Transportvorgang wird damit jener Kraft unterworfen, die der junge Schlegel kriminalisiert hatte: der Moderne in der Spielart des ‹Interessanten›. Schillers selbstreflexive Antike-Beobachtung, die von der Einsicht in den Verhältnischarakter ihres Begriffs geleitet wird, findet sich an diesem Punkt durch eine Perspektive ersetzt, die eine radikale Trennung der Kategorien fördert. Wo Schillers Griechenland den Grund des modernen Selbstbewußtseins bildet, ist die Gräkomanie des *Studium*-Aufsatzes die Schauseite des ästhetischen Absolutismus, dessen radikale Modernität 1798 in Schlegels Athenäumsfragmenten hervortreten wird.[25]

Im Juli 1799 beklagt Schiller in einem Brief an Goethe unter dem Eindruck seiner Lektüre des *Lucinde*-Romans, daß Schlegel nach dem *Studium*-Aufsatz nicht zur wahren «Simplicität und Naivetät der Alten» (NA 30, 73) gefunden, sondern einzig die Exzentrität eines Stils gepflegt habe, der subjektiv-überspannte Züge trage. In ihm begegnet Schiller den Strukturen einer Formkultur, die sich von der Antike löst und ihren Identitätsgrund jenseits der Beziehungsfelder verankert, welche der Essay *Ueber naive und sentimentalische Dichtung* zum Zweck der geschichtlichen Bestimmung seiner poetologischen Kategorien erschließt. Die grenzüberschreitenden Entwürfe der frühromantischen Kunsttheorie betrachtet Schiller daher als «Gipfel moderner Unform und Unnatur» – als Reflex eines Bewußtseins der Unbedingtheit, dem er seine historische Fundierung der Moderne aus der Differenz gegenüber der Antike entgegensetzt (NA 30, 73).

Der Essay *Ueber naive und sentimentalische Dichtung* findet sieben Jahre nach seiner Veröffentlichung ein nochmaliges Echo in der Tragödie *Die Braut von Messina*, die nun Anlaß bietet, die poetisch-theatralischen Manifestationen von Schillers Antike-Reflexion genauer zu überprüfen. Allein durch seine ethnographisch-kulturelle Vielschichtigkeit ist das mittelalterliche Sizilien als Ort des Bühnengeschehens das Sinnbild für eine unorthodoxe Adaption griechischer Mythen. In der bunten Welt, die das Drama vorführt, koexistieren griechische Mythologie, christliche Morallehre und arabische Orakelkunde. In einem Brief an Körner bemerkt

9. KEINE WIEDERKEHR DER GÖTTER

Schiller am 10. März 1803 kurz nach Abschluß des Manuskripts, daß er die historisch verbürgte Synthese unterschiedlichster Glaubens- und Kulturtraditionen im Sizilien des 11./12. Jahrhunderts als attraktives Element seines Stoffs aufgefaßt habe: «Das Christenthum war zwar die Basis und die herrschende Religion, aber das griechische Fabelwesen wirkte noch in der Sprache, in den alten Denkmälern, in dem Anblick der Städte, welche von Griechen gegründet waren, lebendig fort; und der Mährchenglaube so wie das Zauberwesen schloß sich an die Maurische Religion an.» (NA 32, 20) Die «Vermischung» der «Mythologien» (NA 32, 20), wie sie für das mittelalterliche Sizilien prägend blieb, bildet jedoch kein bloß äußerliches Merkmal des Sujets, sondern überträgt sich auch auf die Form der Tragödie.

Ein genaueres Verständnis dieser Form erschließt sich über die schwierige Stellung des Chors, den Schiller gegen den zeitgenössischen Theatergeschmack in sein Drama einführt. Nachdem die Weimarer Premiere im März 1803 Vorbehalte ausgelöst hatte, die dem antikisierenden Arrangement des Textes galten, sah sich der Autor veranlaßt, die Funktion des Chors für die Buchedition durch eine programmatische Vorrede zu erläutern. Der Chor der attischen Tragödie erfüllte, wie es rückblickend heißt, einen gleichsam organischen Zweck, der außerhalb seiner kulturellen Funktion anzusiedeln war: «Die alte Tragödie, welche sich ursprünglich nur mit Göttern, Helden und Königen abgab, brauchte den Chor als eine nothwendige Begleitung, sie fand ihn in der Natur und brauchte ihn, weil sie ihn fand. Die Handlungen und Schicksale der Helden und Könige sind schon an sich selbst öffentlich, und waren es in der einfachen Urzeit noch mehr. Der Chor war folglich in der alten Tragödie mehr ein natürliches Organ, er folgte schon aus der poetischen Gestalt des wirklichen Lebens.» (NA 10, 11)[26] Dagegen sieht Schiller die Leistung des neueren Chors darin, daß er als «Kunstorgan» dazu beiträgt, die dargestellte Wirklichkeit zum Zeichen zu verwandeln und poetisch zu überhöhen (NA 10, 11); Schelling erklärt 1803 in seiner *Philosophie der Kunst*, der Chor vollbringe diese Leistung, weil er selbst eine «symbolische Person» sei.[27] Der Begriff ‹Kunstorgan› verrät, daß der Chor als Repräsentant einer modernen Form in die Tragödie der Jetztzeit einrückt und aufgrund seiner ‹symbolisierenden› Aufgabe mit seinem attischen Vorgänger nichts gemein hat. «Der neuere Dichter», so erklärt Schiller, «findet den Chor nicht mehr in der Natur, er muß ihn poetisch erschaffen und einführen, das ist, er muß mit der Fabel, die er behandelt, eine solche Veränderung vornehmen, wodurch sie in jene kindliche Zeit und in jene einfache Form des Lebens zurück versezt wird.» (NA 10, 11) Anders als im Drama der Antike, dessen Chorpartien an den Ursprung des Theaters aus dem Ritual erinnern, ist die moderne Tragödie gehalten, die engen Grenzen einer in sich dispersen, unüberschaubar gewordenen Lebenswelt aufzuheben.[28] Während der Chor der attischen Tragödie das natürliche Element einer Kultureinheit bildet, die Wirklichkeit und Metaphysik organisch verbindet, kann sich sein moderner Nachfolger nicht mehr über rituelle Aufgaben legitimieren. Sein Zweck, wie Schillers Vorrede ihn faßt, besteht in der Überbietung einer profanen Realität, die der Poesie keine sublimen Stoffe mehr liefert und daher im ästhetischen Symbol aufgehoben werden muß: «Der Pallast der Könige ist jetzt geschlossen, die Gerichte haben sich von den Thoren der Städte in das Innere der Häuser zurückgezogen, die Schrift ist durch das lebendige Wort verdrängt, das Volk selbst, die sinnlich lebendige Masse ist, wo sie nicht als rohe Gewalt wirkt, zum Staat, folglich zu einem abgezogenen Begriff geworden, die Götter sind in die Brust des Menschen zurückgekehrt. Der Dichter muß die Palläste wieder aufthun, er muß die Gerichte unter freien Himmel herausführen, er muß die Götter wieder aufstellen, er muß alles Unmittelbare, das durch die künstliche Einrichtung des wirklichen Lebens aufgehoben ist, wieder herstellen, und alles künstliche Machwerk an dem Menschen und um denselben, das die Erscheinung seiner innern Natur und seines ursprünglichen Charakters hindert, wie der Bildhauer die modernen Gewänder, abwerfen, und von allen äussern Umgebungen desselben nichts aufnehmen, als was die Höchste der Formen, die menschliche, sichtbar macht.» (NA 10, 12)

Schiller erstrebt hier keine Erneuerung der antiken Metaphysik, sondern beschreibt das Aufgabenprofil einer Kunst, die, gegen den im Zeitstil vorherrschenden Realismus, «das Materielle durch Ideen» (NA 10, 9) zu beherrschen hat. Die Programmatik des Chors entzieht sich klassizistischen Zwecksetzungen, weil sie sich vom Modell der reinen Nachahmung löst. Die Öffnung der Paläste und die Berufung der Götter trägt keinen restaurativen Charakter, vielmehr die Züge der Idealisierungsarbeit, wie sie sich über die strenge Struktur der Tragödie vermittelt. Der Chor soll als Organ eines artistischen Anspruchs wirken, indem er die absolute ästhetische Form repräsentiert; seine Ordnungsleistung, die sensuelle An-

9. KEINE WIEDERKEHR DER GÖTTER

schauung und intellektuelle Reflexion verbindet, spiegelt das wider, was Schillers Erziehungsschrift 1795 als mediatisierenden Effekt des Schönen beschrieb. Gegen die Epigonalität eines imitatorischen Klassizismus steht die im Chor sinnfällig werdende Autonomie der Kunst, die sich über die Exerzitien der Form zur Geltung bringt.

Blickt man von der Vorrede auf den dramatischen Text selbst, so muß man überrascht konstatieren, daß er ihre theoretischen Bestimmungen kaum umsetzt.[29] Der Chor der *Braut von Messina* weist als Kunstorgan die von Schiller geforderte Souveränität nicht auf, da er nervös und zerrissen agiert. Er ist punktuell zweigeteilt, jeweils den Antipoden Don Caesar und Don Manuel zugeordnet, gelegentlich aber auch zur Ganzheit geschlossen, zumal im Dialog mit Beatrice, der Schwester der Protagonisten. Die Einzelchöre operieren nicht als objektive Instanzen, sondern unterliegen, wie Schillers Vorrede selbst einräumt, subjektiven Interessen (NA 10, 15).[30] Beschränkt sich der Don Manuel zugeordnete Chor auf die Rolle des Anklägers, so begnügt sich der Anhang Don Cesars mit dem diplomatischen Part des Ratgebers, der seinen Herrn, nachdem dieser seinen Bruder ermordet hat, vom Suizid abhalten und an die ihm zugedachten Regierungsaufgaben erinnern möchte. Aber auch der in den letzten Szenen vereinte Chor, der Schiller zufolge eine «ideale Person» (NA 10, 15) sein sollte, bezieht keine verbindliche Urteilsperspektive, weil ihm bis zum Schluß Irrtümer und Fehldeutungen unterlaufen, die das Geschehen des mythischen Inzestdramas nicht angemessen erfassen.[31] Zwar kennt schon Aischylos einen ratlosen, in seinem Bewertungsvermögen eingeschränkten Chor (man denke an die *Eumeniden*),[32] jedoch scheint dieser Umstand bei Schiller zu einem Grad der Verunsicherung gesteigert, der klare Orientierungen ausschließt.[33] Die Ambivalenz des Chors verrät sich im enormen Tempo seiner Meinungswechsel, die von einem ständigen Schwanken der Wahrnehmungsperspektive begleitet werden. Nahezu jedes Ereignis findet sich abwägend aus zwei unterschiedlichen Positionen gedeutet. «Krieg oder Frieden», heißt es schon zu Beginn: «Wir sind bereit und gerüstet zu beiden.» (v.324ff.)[34] «Laßt es genug seyn und endet die Fehde», vernimmt man wenig später, «Oder gefällts euch, so setzet sie fort.» (v.435f.) «Schön ist der Friede!», lautet die befriedigte Bilanz nach der Versöhnung der Brüder: «Aber der Krieg auch hat seine Ehre (...)» (v.871ff.). Symptomatisch wirkt das Bekenntnis zum Wandel, das wie ein Motto über den oszillierenden Verlautbarungen des Chors stehen könnte: «Mir gefällt ein lebendiges Leben, | Mir ein ewiges Schwanken und Schwingen und Schweben | Auf der steigenden, fallenden Welle des Glücks.» (v.881 ff.)[35] Es drängt sich der Eindruck auf, als durchkreuze die Tragödie mit ihren zweideutigen Sentenzen konsequent das Programm der Vorrede.[36] Diese Unstimmigkeit läßt sich jedoch klären, wenn man sich vergegenwärtigt, daß der Chor in der neuzeitlichen Tragödie nach Schiller andere Aufgaben als im antiken Drama zu erfüllen hat. Der attische Chor sollte, wie es in Schellings *Philosophie der Kunst* heißt, die «objektivirte und repräsentirte Reflexion» der Handlung gewährleisten; über den Chor der sophokleischen *Antigone* schreibt Hölderlin 1803/04, er sei «reinste Allgemeinheit» und «eigentlichster Gesichtspunkt, wo das Ganze angefaßt werden muß.»[37] Im Einleitungsessay zur *Braut von Messina* weist Schiller darauf hin, daß solche Funktionen für die Dramatik der Gegenwart nicht mehr in Frage kämen; der moderne Autor müsse den Chor neu «erschaffen», weil er ihn nicht mehr in einer geregelten Welt des Ritus vorfinde (NA 10, 11). Aus dieser Diagnose leitet sich eine wesentliche Funktionsdifferenz ab, die Schillers Tragödie durch die Form ihrer Chorpartien reflektiert. Als ästhetische Instanz stellt der Chor ein Medium der modernen Selbsterforschung, nicht aber das rituell verbindliche Organ der Polis dar.[38] Die Götter, die er namhaft macht, entstammen einer künstlerischen Imagination, die den Denkkreis des antiken Pantheismus substituiert; sie ‹wieder aufzustellen›, wie die Vorrede verlangt, bedeutet, sie in den Ordnungen der Poesie neu zu inszenieren, statt ihre religiöse Funktion wiederzubeleben. In Schillers Tragödie ist der Chor daher nicht das Produkt eines sterilen Klassizismus, sondern das Ausdrucksmedium einer spannungsvollen Modernität, die das Inventar antiker Kulturmuster in Strukturen der subjektiven Selbstreflexion überführt. Auch so vermag die Antike in die Neuzeit zurückzukehren: als Resultat einer Transformation, die in einer nervösen Suchbewegung endet und über ihre spannungsvolle Form eine Ordnung der Differenz ohne innere Harmonie festhält.[39] An den Platz der Ganzheit, die den attischen Chor beherrscht, tritt folglich die Partikularität, deren Zerstreuungseffekte nach dem (kritischen) Befund von Hegels Ästhetik ein Kennzeichen der modernen Kunst und ihrer überspannten Kultur der Emotionen bilden.[40]

Die moderne Umgestaltung des antiken Tragödienmodells vollzieht sich auf dem Boden der Psychologie. Sie wird nicht nur an der schwankenden

9. KEINE WIEDERKEHR DER GÖTTER

Rolle des Chors, sondern auch an den Funktionen der Metaphysik und des Erhabenen sichtbar. Schillers Drama stellt seine Protagonisten in eine heteronome Geschichte, deren Wirkungen sie nicht mehr selbst steuern können. Auf dem Höhepunkt ihres Leidens an den Konsequenzen der furchtbaren Familienkatastrophe erklärt Donna Isabella, die Mutter Cesars und Manuels: «Was kümmerts Mich noch, ob die Götter sich | Als Lügner zeigen, oder sich als wahr | Bestätigen? Mir haben sie das Aergste | Gethan – Trotz biet ich ihnen, mich noch härter | zu treffen als sie trafen – Wer für nichts mehr | Zu zittern hat, der fürchtet sie nicht mehr.» (v. 2490 ff.) Isabellas Ausbruch offenbart ein ganzes Spektrum von Nuancen affektiver Verzweiflung. In seiner Mischung aus Hoffnungslosigkeit, Raserei, Selbstbestrafungslust und Zynismus offenbart er einen vielschichtigen Charakter, der sich im Unglück aufgerieben hat. Auch die attische Tragödie kennt Situationen, in denen die Protagonisten an den Olympischen leiden; ein typisches Beispiel bietet Euripides' *Iphigenie bei den Taurern*, wenn die Titelheldin angesichts der von ihr verlangten Opferhandlung räsoniert: «Ach, der Götter Rat | Ist unerforschlich. Niemand weiß, was kommt. | Der Zufall führt abseits auf dunkle Wege.»[41] Über solche okkasionell bedingten Zweifel geht die Klage der Donna Isabella deutlich hinaus, denn sie trifft das Zentrum des Glaubens an die Olympischen: das Vertrauen in die zuweilen undurchschaubare, aber stets folgerichtige Vorsehung. Wenn die Götter ‹lügen›, darf der Mensch sie nicht mehr ehren; wenn er in seinem Leid alles verloren hat, muß er sie nicht mehr fürchten, weil sie ihm keine Sanktionen anzudrohen vermögen. Weiter als hier kann die Entmachtung der Himmlischen nicht getrieben werden: Schillers Protagonistin erreicht in ihrem Verzweiflungsmonolog die letzte Stufe einer metaphysischen Obdachlosigkeit, die den antiken Götterglauben als Schimäre ausweist.

Angesichts dieser Entzauberung transzendenter Autoritäten steht zu fragen, ob dem Individuum in Schillers Tragödie Handlungsspielräume erschlossen werden, die ihm nach dem Verlust der Götter neue Orientierung verschaffen. Auf den ersten Blick scheint es, als ob Don Cesar die Möglichkeit moralisch gegründeter Autonomie aufzeige, übernimmt er doch die Verantwortung für die Schuld, die er mit der Ermordung seines Bruders auf sich lud. Den Selbstmord, zu dem er sich im Licht dieser Verantwortung entschließt, hält er für eine Form der erhabenen Selbstbehauptung, mit deren Hilfe er seine persönliche Freiheit als allgemeines

Gesetz verteidigt.[42] In seiner Abhandlung *Ueber das Pathetische* (1793) hatte Schiller die Erhabenheit der Handlung aus der inneren Verknüpfung von Heteronomie und Autonomie abgeleitet: «Zum Erhabenen der Handlung wird erfodert, daß das Leiden eines Menschen auf seine moralische Beschaffenheit nicht nur keinen Einfluß habe, sondern vielmehr umgekehrt das Werk seines moralischen Charakters sey.» (NA 20, 212) Wenn Don Cesars Entschluß zum Freitod die Kriterien des Erhabenen erfüllen soll, muß er folglich das Resultat eines Konflikts bilden, in den er aufgrund der sittlichen Dignität seines Tuns geriet. Davon kann aber im Hinblick auf die Vorgeschichte nicht die Rede sein: Don Cesars innere Notlage entspringt der unverzeihlichen Schuld eines Brudermords, den er aus niederen Beweggründen beging.

Nicht nur die äußere Voraussetzung des Suizids, sondern auch der Habitus, in dem er geplant wird, stellen seine moralische Motivierung in Frage. Gegenüber Donna Isabella erklärt Don Cesar sein Verhältnis zum toten Bruder: «Ich kann | nicht leben Mutter mit gebrochnem Herzen. | Aufblicken muß ich freudig zu den Frühen, | Und in den Aether greifen über mir | Mit freiem Geist – Der Neid vergiftete mein Leben, | Da wir noch deine Liebe gleich getheilt. | Denkst du, daß ich den Vorzug werde tragen, | Den ihm dein Schmerz gegeben über mich?» (v.2727 ff.)[43] Germaine de Staël hat die «Eifersucht, die ein Toter inspiriert», mit diplomatischer Zurückhaltung als «ein ebenso wahres wie delikates Gefühl» bezeichnet.[44] Der Suizid Don Cesars ist vor diesem Hintergrund kein Akt der freien Bestimmung über das eigene Leben, sondern das Indiz einer affektiven Abhängigkeit, die den Bruderkonflikt bis ins Jenseits fortführt. An die Stelle eines moralischen Antriebs tritt das Motiv des Neides, der in der Sehnsucht nach dem Tod den Wunsch der Selbstverklärung nährt: «Weit wie die Sterne abstehn von der Erde, | Wird Er erhaben stehen über mir, | Und hat der alte Neid uns in dem Leben | Getrennt, da wir noch gleiche Brüder waren, | So wird er rastlos mir das Herz zernagen, | Nun Er das Ewige mir abgewann, | Und jenseits alles Wettstreits wie ein Gott | In der Erinnerung der Menschen wandelt.» (v.2736 ff.)

Was als moralische Selbstbestrafung inszeniert wird, ist in Wahrheit der Ausdruck narzißtischer Ich-Überschätzung und subjektiver Eitelkeit.[45] Die Imagination des Opfers mündet folgerichtig in die Glorifizierung eines Sterbens, das als ästhetischer Akt erscheint: «Und friedlich werden wir zusammen ruhn, | Versöhnt auf ewig in dem Hauß des Todes.» (v.2752 f.)

9. KEINE WIEDERKEHR DER GÖTTER

In solchen zweifelhaften Mustern der Selbstinszenierung kritisiert Schillers Text eine Spielart des romantischen Zeitgeists, wie ihn August Wilhelm Schlegels *Ion* und Friedrich Schlegels *Alarcos* an den Tag legten. Die beiden Tragödien, die 1802 erfolglos in Weimar aufgeführt worden waren, demonstrieren jene exzentrischen Formen moderner Subjektivität, in denen Schiller die Ursachen eines ästhetischen Absolutismus ohne Realitätssinn erblickte. An Wilhelm von Humboldt schreibt er am 17. Februar 1803, zwei Wochen nach dem Abschluß der *Braut von Messina*: «Die Schlegel- und Tiekische Schule erscheint immer hohler und fratzenhafter, während daß sich ihre Antipoden immer platter und erbärmlicher zeigen, und zwischen diesen beiden Formen schwankt nun das Publicum.» (NA 32, 11 f.)

Don Cesars Handeln steht bis zum Ende im Bann einer reinen Subjektivität, die moralische Normen als Elemente der Selbstinszenierung nutzt. Die Fragwürdigkeit des nur äußerlich motivierten Selbstmordes hat bereits Friedrich Heinrich Jacobi beleuchtet, als er den Schluß des Dramas – ähnlich wie Hegel das *Wallenstein*-Finale – hoffnungslos nannte. «Alle Personen in diesem Stück», so schreibt er Elise Reimarus am 10. Oktober 1803, «handeln nicht, sondern werden gehandelt (...)» (NA 10, 359). Im Fall von Don Cesars Selbstmord tritt eine übergreifende Problematik hinzu, die die hier angedeutete Form der Heteronomie unterstreicht. Cesar behauptet zwar den Gestus des erhabenen Helden, der sich «Mit freiem Geist» (v.2727) selbst beherrscht, jedoch besitzt sein Tod keine rettende Funktion, weil er den Kreislauf der Gewalt, der die Familienkatastrophe aus Inzest und Mord erzeugt hatte, nicht unterbricht, sondern fortzeugt.[46] Die destruktive Logik der mythisch grundierten Schuld, die das Drama vorführt, läßt sich durch den Akt der Selbstzerstörung schwerlich überwinden. Cesar behauptet hier eine moralische Freiheit, die nicht nur aus psychologischen, sondern auch aus sozialen Gründen fraglich bleibt («denn nichts führt zum Guten, was nicht natürlich ist», hatte Schiller 1788 im Blick auf die scheiternde Revolte des Marquis Posa geschrieben [NA 22, 172]).

Jacobi fand in den Demonstrationen einer scheinhaften Autonomie letzthin ein «grauses Schicksal» bestätigt, das den Menschen determiniere, ohne daß er sich ihm entziehen könne (NA 10, 359). Noch Benjamins Trauerspielbuch erblickt in Schillers Tragödie das Muster des «romantischen Schicksalsdrama[s]», das poetische Formbeherrschung und Fatalismus verbinde.[47] Solche Einschätzungen verfehlen jedoch die Tatsache, daß die Kategorie der Vorsehung bei Schiller relativiert wird, wie es schon Herders *Horen*-Aufsatz *Das eigene Schicksal* 1795) vorführte.[48] Wesentlich ist hier die Frage, auf welche Weise der Protagonist versucht, den Schuldzusammenhang zu unterbrechen, der sein Geschlecht über zwei Generationen bestimmt. Im Gegensatz zu Goethes Iphigenie verfolgt Don Cesar keine autonome Lösung, mit deren Hilfe der Kreislauf der Gewalt, der wie ein Fluch über der Familie liegt, aufgehalten werden kann. Der Selbstmord bedeutet tendenziell eine Wiederholung, kaum aber die Sühnung des alten Verbrechens. In ihm spiegelt sich die Macht einer Affektwelt, die einflußreicher als alle metaphysischen Instanzen ist. Verantwortlich für den Irrsinn von Inzest, Lüge und Brutalität sind allein die Menschen, die die Zeichen der Orakel deuten, wie es ihnen gefällt, um sich selbst zu exkulpieren. Die Tragödie inszeniert keinen Fatalismus, sondern eine subtile Psychologie der Schuld, die den Einzelnen in die Notzwänge einer selbstveranlaßten Unmündigkeit treibt, ohne daß die Götter dafür verantwortlich wären. Die Katastrophe, die das Drama in Szene setzt, trägt sich unter einem Himmel zu, der längst entvölkert ist.

Die Weimarer Uraufführung der *Braut von Messina* stieß auf Unverständnis und Ratlosigkeit. Neben Jacobi nahmen auch Henriette von Knebel, Herder, Solger und Brentano an der formalen Glätte und der vermeintlich fatalistischen Tendenz des Textes Anstoß (NA 10, 358f.). Den «Wettstreit mit den alten Tragikern», den er hier angestrebt habe, werde er nicht nochmals wiederholen, schreibt Schiller im April 1803 an Iffland nach Berlin (NA 32, 32). Der resignativ anmutende Ton dieser Erklärung mag durch den Eindruck provoziert worden sein, daß die Tore der Paläste sich nicht mehr öffneten, auch wenn die Kunst sie aufzustoßen suchte. Was blieb, war ein Theater der heftigen Affekte: ein zerissener Chor, lastendes Pathos, elegischer Schmerz, selbstzerstörerische Verzweiflung und ein dramatisch effektvoller Selbstmord ohne wahre Erhabenheit. Der Versuch, die attische Tragödie unter den Bedingungen moderner Psychologie zu erneuern, ermöglichte ein ästhetisches Schauspiel, das den Götterhimmel auf einen Bühnenhorizont beschränkte. Wo das attische Theater von den Ordnungen der *Polis* und den Mustern des Ritus getragen war, bewegt sich Schillers Text in einem traditionsfreien Raum ohne feste soziokulturelle Regeln. Die einzige Verbindlichkeit, die er kennt, liegt jenseits von Moral und Gesellschaft im Bereich der Kunst; es ist die Form, die

9. KEINE WIEDERKEHR DER GÖTTER

dem Stoff Konturen gibt und die Sprache des Leidens theatralisch erfahrbar macht.

In ihrer psychologisch kunstvollen Dekonstruktion der metaphysischen Welt und des sie dolmetschenden Chors offenbart die *Braut von Messina* die zentralen Linien des Antike-Bildes, das Schiller seit Beginn der 1790er Jahre entworfen hatte. Schiller denkt die Antike unter drei Gesichtspunkten: geschichtsphilosophisch im Spannungsfeld des historischen Prozesses und der Konstruktion von Zukunft (1); anthropologisch im Blick auf ein ideales Modell des Menschen (2); ästhetisch im Kontakt mit der Idee der Kunst als Medium der Vermittlung (3). Sämtliche dieser drei Elemente stehen unter dem Eindruck der ersten Modernisierungskrise, die sich mit dem Prozeß der Revolution in Frankreich verbindet. Für Schiller ist die Kunst ein Mittel, die Schäden der gesellschaftlichen Zersplitterung in mittelpunktbezogenen, Balance und Totalität schaffenden Erfahrungsräumen zu beseitigen, wobei der Antike die Funktion eines Modells zufällt, das die harmonisierende Leistung solcher ästhetischen Offerten veranschaulicht. An diesem Punkt unterscheidet sich Schillers Position maßgeblich von jenen frühromantischen Denkmustern, die, wie das Beispiel Schlegels zeigte, das Schöne als Schauplatz fassen, auf dem die Antike zum Identitätsgrund der von ihr abweichenden Moderne verwandelt wird.

Bei Schiller bedeutet ästhetische Modernität Arbeit an der von Moritz als Indikator der Selbständigkeit des Schönen beschworenen ‹inneren Zweckmäßigkeit› der Form;[49] diese Arbeit wird durch das Modell der antiken Kunst angeleitet, die Autonomie nicht aus externen Ideen oder Programmen, sondern aus der bildenden Strukturierung ihrer Objekte gewinnt. Schiller ersetzt damit die Funktionsmoderne der theoretischen Aufklärung durch eine Kulturmoderne, in der historische Zeit, soziale Ordnung und anthropologische Entwürfe über Formen, wie sie die Erfahrung des Schönen erschließt, gedacht und gestaltet werden. Der antike Herkules-Torso und das Bild des enthaupteten Königskörpers offenbaren vor solchem Hintergrund zwei verschiedene Konsequenzen neuzeitlicher Selbstorganisation, die den Begriff der Moderne aus Schillers Sicht *in bonam et malam partem* spalten: in jenen, der über die unbedingte Form zur ästhetischen Erfahrung, und jenen, der über die Zerstörung des *ancien régime* in die soziale Ausdifferenzierung führt. Wo Schiller den Anspruch auf die künstlerische Überwindung einer dissoziierten Moderne an deren Fähigkeit zur Wahrnehmung der eigenen Identität bindet, zeigt er sich in der Rolle eines Autors, der sich seiner Zeit entzieht und ihr denklogisch dennoch verpflichtet bleibt. Beide Einstellungen sind in seinem Konzept der Antike enthalten, das die Reflexion kultureller Selbstentwürfe als Bedingung der Moderne und als Möglichkeit zur Rettung vor ihren Zumutungen beleuchtet. Gegenüber Antike und Neuzeit positioniert sich Schiller damit in je gleicher Haltung, indem er das Bewußtsein der Differenz zum Grund seiner ästhetischen Identität erhebt.

WELTTHEATER ZWISCHEN HIMMEL UND HÖLLE

Das Vorspiel als Endspiel

Goethes *Faust*-Prolog, der vermutlich in den Jahren 1797/98 entstand, weist die Funktionen des Modells, des Spiels und des Kommentars auf.[1] Modell ist der Himmelsprolog, weil er die Tragödie durch die von Mephisto vorgeschlagene Wette motiviert und die genaueren Bedingungen festlegt, denen das künftige Geschehen gehorcht. Als Spiel steckt er den Welttheater-Rahmen ab, der die Bogenführung des Dramas bis zum Ende des zweiten Teils in den «Bergschluchten» unter der Regie der *Mater dolorosa* bestimmt. Zur kommentierenden Summe avanciert der Prolog, wo er die ästhetischen und intellektuellen Leitaspekte des tragischen Streits reflektiert, der Gott und Teufel im Antagonismus von Himmel und Hölle zusammenführt. Die drei Stufen, die Goethe dem Beginn der Tragödie vorgeschaltet hat, versehen dabei getrennte, innerlich jedoch über die literarische Ebene kommunizierende Aufgaben. Der Widmungstext der «Zueignung» beleuchtet die eigentümliche Erfahrung des Künstlers, daß ihm das, was er durch die Leistung seiner Imagination schuf, als Besitz entgleitet, wenn es an die Öffentlichkeit dringt («Mein Lied ertönt der unbekannten Menge», v.21). Das Theatervorspiel offenbart die handfeste Bühnendimension, die das *Faust*-Drama mit seinem wirkungsästhetischen Anspruch beherrscht («So kommandiert die Poesie», v.221). Dagegen entfaltet, wie zu zeigen ist, der Himmelsprolog durch seine Jenseits-Referenz die Dimensionen eines *Theatrum mundi*, das den religiösen Ernst der nach Goethes eigener Auskunft an die Hiobsgeschichte (Hiob 1, 6–12) angelehnten Wette zwischen Gott und Teufel mit der säkularisierten Dimension des Spiels verknüpft.[2] In seiner Mischung aus Modell, Präludium und Kommentar schafft der Prolog eine Verbindung von antiker Tragödie, mittelalterlichem Welttheater und modernem Trauerspiel. Die antike Tragödie fußt auf dem Wettstreit (Agon) konkurrierender Prinzipien, der in einem Dritten – der medizinischen oder der moralischen Zweckmäßigkeit der Katharsis – aufgehoben werden kann; das geistliche Drama des Mittelalters liefert in der allegorischen Darstellung von Himmel, Erde und Hölle ein Bild der Welt *sub specie aeternitatis*; die moderne Tragödie vereint wiederum Agon und Allegorie im Spiel, das Medium ihrer poetischen Selbstdarstellung und zugleich Zeichen ihrer Theatralität ist.[3] Der Himmelsprolog deutet die dreifache Fundierung des *Faust*-Dramas an, indem er die hier genannten Ebenen miteinander verknüpft. Das Motiv der Wette, das zum Streit um Fausts Seele führt, verweist auf die Funktion des Agon im Kontext der antiken Tragödie. Das Arrangement des Welttheaters, das den Theodizee-Horizont des Geschehens sichtbar macht, offenbart eine metaphysische Perspektive, wie sie für das mittelalterliche Drama typisch ist. Durch seine komplexe Spielanordnung, die ihm einbeschriebene Ordnungsstruktur und die Spiegelung seines fiktionalen Charakters leistet der Prolog wiederum eine ästhetische Selbstreflexion, die ihn als Muster eines modernen literarischen Textes ausweist. Die Ebene des Spiels ermöglicht, so läßt sich zeigen, eine Balance der schwierigen Beziehung von Literatur und Spiritualität, die der *Faust* jenseits einer rein stofflichen Lösung herstellt. Goethes berühmtes Diktum aus einem Gespräch mit Eckermann vom 3. Januar 1830, es sei «vergeblich», seine *Faust*-Konzeption «dem Verstand näher zu bringen», verweist auf die Spielstruktur zurück, die bereits der Prolog im Wettstreit von Metaphysik und Kunst ausbildet (MA 19, 347).

Auf charakteristische Weise tritt die doppelte Prägung durch Metaphysik und Kunst im Himmelsprolog an der Gestalt des Herrn zutage. Der Herr figuriert als Beobachter in zentraler Position, dessen Macht außer Zweifel steht – Teufel und Mensch sind für ihn lediglich «Gesinde» und «Knecht» (v. 274, 299). Diese Konstellation verweist zurück auf das geistliche Spiel des Mittelalters und das spanische *auto sacramental*; in Calderóns *El gran teatro del mundo* (um 1635) betritt der Schöpfer mit einem Lob seines Werkes («Hermosa compostura») die Bühne und demonstriert

10. WELTTHEATER ZWISCHEN HIMMEL UND HÖLLE

auf diese Weise das Bewußtsein der eigenen Herrlichkeit.[4] In der Poetik des 17. Jahrhunderts bildete der universelle Anspruch des Theaters gerade die Bedingung für seine geistliche Rezeption. Sie schloß idealiter nicht nur ein menschliches, sondern auch ein himmlisches Publikum ein. Sigmund von Birken erklärt 1679 in seiner *Teutschen Rede- bind und Dicht-Kunst* den Einsatz allegorischer Figuren (mit Ausnahme des Teufels) zur Voraussetzung einer spirituellen Wirkung des Dramas: «Damit werden wir erlangen / daß auch Gott und seine Engel unsre Spielschauer seyen / und Wolgefallen daran haben (...)».[5] Calderóns Schöpfer wendet sich nach diesem Verständnis mit seiner Selbstpreisung nicht nur an das irdische Publikum, sondern ebenso an den Herrn im Himmel. Das Spiel, das Gott als Akteur vorführt, ist ein Spiel, das unter seinen Augen stattfindet. Theater und Metaphysik bleiben in solchem Sinne auch bei Goethe unentwirrbar ineinander verschlungen, denn der Schöpfer erscheint als Spielfigur und Beobachter gleichermaßen.

Im *Faust* übernehmen es bekanntlich die drei Erzengel, das Lob des Schöpfers mit eigenem Pathos anzustimmen.[6] Die allegorische Funktion des Prologs, die Gott als Himmelsherrscher vorführt, wird jedoch durch seine literarische Selbstreflexion gebrochen. Als Spiel ist der Prolog ein Sinnbild der Theodizee, unter deren Gesetz das nachfolgende Geschehen sich zuträgt, zugleich aber ein Modell, das die ästhetische Form der Tragödie beleuchtet.[7] Die a priori gegebene Vorherrschaft des Herrn rückt durch dieses Arrangement in neues Licht, denn das Präludium zeigt nicht nur die göttliche Autorität, sondern auch die Macht der Fiktion. Den theatralischen Charakter des Prologs hält das «Vorspiel auf dem Theater» gegenwärtig, wenn es am Ende in Aussicht stellt, daß «in dem engen Bretterhaus» der gesamte «Kreis der Schöpfung» ausgeschritten werde (v.239f.). Der spirituelle Ernst der Szene findet sich auf solche Weise ins Licht der literarischen Erfindung getaucht. Das Theater zeigt, daß sein Himmel Kunst ist, und bezieht daraus sein besonderes Selbstbewußtsein. Gegenüber Eckermann bemerkt Goethe am 6. Mai 1827 in diesem Sinne, die Schlußformel des Theatervorspiels bezeichne nicht die – ohnehin inexistente – «Idee» des *Faust*, sondern lediglich den «Gang der Handlung» (MA 19, 571).

Der Prolog ist ein Spiel im Sinne der Definition, die Schiller, angelehnt an Kant, in seinen Briefen *Ueber die ästhetische Erziehung* (1795) geboten hat. Das Spiel bildet bei Schiller das Resultat der Beziehung zwischen

Expansion und Introversion, zwischen Stoff- und Formtrieb. «Dem Stoff- und Formtrieb», so formuliert der fünfzehnte Brief, «ist es mit ihren Foderungen ernst, weil der eine sich, beym Erkennen, auf die Wirklichkeit, der andre auf die Nothwendigkeit der Dinge bezieht; weil, beym Handeln, der erste auf Erhaltung des Lebens, der zweyte auf Bewahrung der Würde, beyde also auf Wahrheit und Vollkommenheit gerichtet sind.» Die Leistung des Spiels beruht nun darauf, daß es den «Ernst» der Wirklichkeit mit dem Reich der Ideen und das «Nothwendige» des Prinzips mit der «Empfindung» konfrontiert (NA 20, 357).[8] Auf diese Weise kommt es zu einer Balance zwischen Realität und Regel, deren ursprünglicher Gegensatz im Spiel entspannt wird. Die Funktion des Spiels liegt darin, daß es die Zwänge des Begriffs und der Materie, der Form und des Realen, der Norm und der Erfahrung auflöst. Möglich wird das, weil das Spiel im Medium des Scheins wirkt, der die Unbedingtheit des Begriffs und der Materie aufhebt. Als ästhetisches Prinzip erfüllt das Spiel die Aufgabe, Freiheit in den Ordnungen der Illusion zu stiften.

Überträgt man diese Bestimmung auf Goethes Prolog, dann wird sichtbar, daß die Ebene des Spiels hier die Begriffe der Freiheit und des Scheins gleichermaßen betrifft. Im Alten Testament überläßt Gott dem Satan seinen Knecht Hiob zur Probe auf die Macht des Bösen: «Sihe / alles was er hat / sey in deiner hand / on alleine an jn selbs lege deine hand nicht.» (1 Hiob 12) Bei Goethe wird diese Überlassung durch eine wesentliche Bedingung eingeschränkt. «Du darfst auch da nur frei erscheinen» (v. 356), lautet die Formel, mit der Gott die Handlungsräume des Teufels auf Erden prinzipiell begrenzt (die erste Fassung hatte den Herrn noch vorsichtiger erklären lassen: «Du darfst auch künftig frey erscheinen»).[9] Die Freiheit, über die Mephisto verfügt, ist eine Schein-Freiheit, die durch Gottes Macht kontrolliert wird. Der Herr hat die Autorität, die Konsequenzen der teuflischen Interventionen rückgängig zu machen und die Lage nach seinem Belieben zu korrigieren. Weder ist die Lizenz zum Handeln, die er Mephisto zuerkennt, ein Mittel zur Realitätsdurchdringung (gemäß Schillers Stofftrieb) noch ein allgemeines Prinzip, aus dem grundsätzlich andere Freiheiten ableitbar wären (gemäß Schillers Formtrieb). Vielmehr handelt es sich um ein Resultat jener spielerischen Verfügung, die Gott trifft, um seine eigene Freiheit über die scheinbare Freiheit des Anderen – des Teufels – zu begründen. Erst im Spiel, das in der Festlegung von Rollen und Handlungsräumen statthat, gewinnt Gott seine Autorität als Regisseur eines Welttheaters, das seine Macht im Illusionscharakter fremder Autonomie spiegelt.[10] Gott steht damit zu seinem Werk wie ein Künstler zum Produkt seiner Wirksamkeit; mit der auf Shakespeare bezogenen Formulierung Herders bilden die Elemente des im *Faust*-Prolog vorgeführten *Theatrum mundi* «dunkle kleine Symbole zum Sonnenriß einer Theodicee Gottes».[11] Das Werk des Herrn ist nicht allein die Schöpfung, sondern auch das Spiel, das sie mit ästhetischen Mitteln beleuchtet.

Nur vor diesem Hintergrund wirkt es verständlich, wenn der Herr Mephisto als «Schalk» bezeichnet, der ihm am wenigsten «zur Last» falle (v. 339). Auf der hinteren Seite eines Notizzettels vermerkt Goethe Anfang November 1797 während der Rückreise aus der Schweiz unter dem Stichwort «Schalkheit»: «1.) Fragen ohne Andeuten 2.) Nichts loben 3.) Alles wo nicht tadeln doch nicht recht finden und das Gegenteil wünschen». Am Ende der Liste heißt es: «Böses Wesen, die Philosophen entfernen sich»; und: «Negative durch übel plazierte Tätigkeit.» (MA 4.2, 1206) Der Schalk ist ein Spieler, der sich allen Festlegungen entzieht und jegliche Form der Verbindlichkeit bekämpft. Das ‹böse Wesen› und die Negativität, die ihm eigentümlich sind, resultieren aus der schlangenartigen Gewandtheit, mit der er seine eigene Ungreifbarkeit verteidigt. Die Notiz des Reisezettels entsteht im unmittelbaren Vorfeld der Arbeit am Himmelsprolog. Man kann daher vermuten, daß ihre Bestimmungen auf die Charakteristik Mephistos als ‹Schalk› abgefärbt haben.

In der Erzählung *Die guten Frauen* findet sich 1801 eine Erläuterung, die an die vier Jahre älteren Definitionsversuche der knappen Reisenotiz anknüpft: «Freilich bedeutet das Wort Schalk im gewöhnlichen Sinne eine Person, die mit Heiterkeit und Schadenfreude jemand einen Possen spielt; hier aber bedeutet's ein Frauenzimmer, das einer Person, von der es abhängt, durch Gleichgültigkeit, Kälte und Zurückhaltung, die sich oft in eine Art von Krankheit verhüllen, das Leben sauer macht.» (MA 6.1, 841) Ein so verstandener Teufel darf als ‹Schalk› gelten, weil seine Wirksamkeit auf das Prinzip der Negation reduziert bleibt. Wenn der Teufel zum Hofnarren wird, verdeutlicht das erneut die ästhetische Dimension der im Prolog präsentierten Theodizee-Konstruktion. Im *Maskenzug* von 1818 betont Mephisto, er repräsentiere nicht den ‹bösen Geist›, sondern einzig das Prinzip der Verstellung, das «jeder andre» im großen Welttheater auch verkörpern könne (MA 11.1.1, 345). Die hier angedeutete Rollenbeschränkung des Teufels spiegelt sich wie die Macht Gottes in den

Handlungsoptionen, die das Bühnenspiel zur Verfügung stellt. Daß diese Konstellation eine teuflische Wirksamkeit auf Erden keineswegs begrenzt, gehört jedoch zu den ambivalenten Zügen, die Goethes Tragödie aufweist. Die verbindliche Machtordnung des Himmelsprologs schließt die Tatsache ein, daß sich Mephisto in der Menschenwelt mit verheerender Konsequenz entfalten darf. Die Möglichkeit des Eingriffs, über die Gott verfügt, setzt gerade die ‹Verwirrung› voraus, in die der Mensch unter dem Einfluß des Bösen jederzeit geraten kann. Auch in dieser Hinsicht ist der Prolog ein Spiel, das zwar die Priorität des Schöpfers, aber auch die Verlorenheit des Menschen spiegelt. Seine Gesetze sind gleichermaßen metaphysisch – im Willen des Schöpfers – und ästhetisch – in der Macht des Scheins – determiniert. Aus der Perspektive der Welt bleibt das Himmelsspiel ein Exempel für die Herrschaft der Illusion, die irdische Tragödien nicht verhindern kann.

Vor diesem Hintergrund läßt sich Goethes Prolog als Spiel beschreiben, das, wie angedeutet, verschiedene dramatische Konzepte verknüpft.[12] Die Wette, die Mephisto vorschlägt («Was wettet ihr? den sollt ihr noch verlieren»; v.312), verweist auf das Element des Agon, das nicht nur der Tragödie, sondern auch der Komödie innewohnen kann.[13] An die Komödie erinnern Züge des typenhaften Rollenspiels – der Mimikry – und die ironische Diktion, die es grundiert; für die Tragödie stehen das – vom Teufel verspottete – Pathos des hohen Tons und der Anspruch Mephistos, mit Gott ein Spiel auf Leben und Tod zu riskieren (Hölderlin hat den tragischen Agon «einem Kampfspiele von Läufern»[14] verglichen). Allerdings sind beide Gattungsformen nur unvollkommen repräsentiert, denn ihre Geltung wird durch ein jeweiliges Komplement eingeschränkt und in Frage gestellt. Ironie und Pathos relativieren sich wechselseitig; Welttheater und profanes Drama der Konkurrenz stehen im Widerspruch zueinander; Agon und Mimikry schließen sich als verschiedene Varianten des Spiels prinzipiell aus, bleiben aber im Prolog gleichermaßen präsent; die Wette hebt Gott im Rekurs auf die ihm zufallende Autorität so auf, daß sie weder als Element der Komödie noch als Element der Tragödie gelten kann. Der spezifische Spielcharakter des Prologs liegt jenseits eindeutiger Gattungsmerkmale in seiner Funktion als Modell für den Fortgang des Dramas begründet.

Die modellhafte – an Calderóns Welttheater gemahnende – Tendenz des Prologs offenbart sich exemplarisch in der Struktur der Wette. Hier lassen

10. WELTTHEATER ZWISCHEN HIMMEL UND HÖLLE

sich klare Analogien erkennen, die Vorspiel und Spiel in einer typologischen Relation von Andeutung und Erfüllung zusammenführen. Die wettähnliche Verabredung zwischen Gott und Mephisto steht im Zeichen eines Ungleichgewichts, das in der Tragödie noch signifikanter wiederkehren wird. Wenn Mephisto Gott um die «Erlaubnis» bittet, Faust die eigene «Straße sacht zu führen», dann bringt das eine Hierarchie zum Ausdruck, die auch für das Verhältnis von Herr und Teufel leitend bleibt. Gottes Antwort – «So lang' er auf der Erde lebt, | So lange sei dir's nicht verboten.» (v. 312 ff.) – markiert die entscheidenden Bedingungen, von denen die Freiheit des Teufels abhängt. Die Lizenz zur Verfügung über Fausts Weg fällt Mephisto einzig im Rahmen der diesseitigen Existenz zu (eine Bedingung, die in der Faust-*Historia* ebenso wie bei Marlowe und in den Faust-Bearbeitungen von Widmann/Pfitzer fehlt). Aufgehoben wird sie durch den von Gott formulierten Generalvorbehalt, dem gemäß er selbst jederzeit in das Arrangement eingreifen und die Verirrungen Fausts korrigieren darf. Am entscheidenden Punkt ist Gott die letzte Instanz, die das Geschehen steuert: «Wenn er mir jetzt auch nur verworren dient: | So werd' ich ihn bald in die Klarheit führen.» (v. 308 ff.)

Was Mephisto «Wette» (v. 331) nennt, ist folglich ein vorentschiedenes Spiel, in dem Gott nichts verlieren kann, weil ihm stets das Recht zufällt, die desorientierte Seele zur Einsicht zu bringen (hinter der Formulierung ‹Klarheit› steht die scholastische, von Descartes rationalistisch gedeutete Kategorie der *claritas*).[15] Die Erlösung Fausts, die später unter Verweis auf sein dauerhaftes Streben vollzogen wird, ist metaphysisch schon vorgezeichnet in der Lizenz des Regisseurs, der das Geschehen anhalten darf, wenn es für den Menschen gefährlich wird. Das Böse, das nach Auskunft des Herrn «reizt» und «wirkt» (v. 343), bildet nur ein stimulierendes Prinzip innerhalb einer stets zum Guten sich wendenden Welt.[16] Vor diesem Hintergrund repräsentiert die Wette, die Mephisto mit Gott abschließen möchte, ein Spiel mit festliegendem Ausgang, dessen Freiheit allein illusorischen Charakter trägt.[17] Mephisto greift das am Ende des zweiten *Faust* in der «Grablegung» aus seiner spezifischen Perspektive wieder auf, wenn er den Einzug des Verstorbenen in die Hölle als ‹letztes Spiel› bezeichnet (v. 11642). Das wirklich letzte Spiel ist jedoch, anders als der Teufel vermutet, in Goethes Welttheater die Erlösung des scheinbar Verdammten durch Gott: ein Akt, der die Tragödie gegen die Tradition der frühneuzeitlichen Faust-*Historia* zum kathartischen Ende bringt.

DAS VORSPIEL ALS ENDSPIEL

Der Prolog regelt die Beziehungen zwischen Gott und Teufel in einer dezenten, aber dennoch klaren Weise, indem er die Freiheit des Höllenvertreters durch die himmlische Autorität setzt, mithin relativiert. Eine ähnliche Konstellation bestimmt auch das Verhältnis zwischen Faust und Mephisto. Der formalen Beschränkung der ‹Wette› des Prologs aus dem Geist der Leibnizschen Theodizee entspricht das Arrangement, das Faust mit dem Teufel schließt. Als Vertrag kann dieses Arrangement schwerlich bezeichnet werden, weil Leistung und Gegenleistung nicht genau umrissen sind; Faust wird eine Gegenleistung – den Dienst Mephistos im Rollentausch nach seinem Tod in der Hölle zu verrichten – nur unter der Bedingung erbringen, daß er einen schönen Augenblick des Glücks dauerhaft festzuhalten wünscht (v. 1700 ff.).[18] Der Vertrag wirkt erst dann, wenn eine bestimmte Bedingung erfüllt ist, die seine Geltung aktiviert; andernfalls aber bleibt Mephistos Dienst an Faust ohne Belohnung. Wie unkonkret und unscharf die Verabredung der Paktpartner bei Goethe bleibt, zeigt der Vergleich mit der älteren Tradition des Faust-Mythos.

Die Faust-*Historia* (1587) beschreibt einen Vertrag zwischen Faust und dem Teufel, der Ansprüche und Leistungen, anders als Goethes Tragödie, präzis festlegt. Im Kontrakt heißt es aus der Perspektive Fausts: «So hab ich gegenwertigen gesandtem Geist / der sich Mephostophiles nennet / ein Diener deß Hellischen Printzen im Orient / mich vntergeben / auch denselbigen / mich solches zuberichten vnd zu lehren / mir erwehlet / der sich auch gegen mir versprochen / in allem vnderthenig vnnd gehorsam zu seyn. Dagegen aber ich mich hinwider gegen jhme verspricht vnd verlobe / daß so 24. Jahr / von Dato diß Brieffs an / herumb vnd fuervber gelauffen / er mit mir nach seine Art und weiß / seines Gefallens / zuschalten / walten / regieren / fuehren / gut macht haben solle / mit allem / es sey Leib / Seel / Fleisch / Blut vnd gut / vnd das in sein Ewigkeit. Hierauff absage ich allen denen / so da leben / allem Himmlischen Heer / vnd allen Menschen / vnd das muß seyn.»[19] Der Zeitraum der teuflischen Dienstpflichten – 24 Jahre – ist hier ebenso festgelegt wie die Art der Leistungen, die der Teufel und Faust jeweils zu erbringen haben. Der Vertrag regelt Recht und Aufgaben der Partner in verbindlicher Weise, indem er zusätzliche Erfüllungsbedingungen ausschließt. Somit ergibt sich eine feste Abhängigkeit Fausts, die nach der Unterzeichnung des Kontrakts nicht mehr durchbrochen werden kann. Der Vertrag gleicht der Uhr seines Lebens, welche im

10. WELTTHEATER ZWISCHEN HIMMEL UND HÖLLE

Verlauf der Romanerzählung abläuft; am Ende steht folgerichtig die Katastrophe des Höllensturzes.

Auch Georg Rudolf Widmanns Faustbuch von 1599, das Christoph Nikolaus Pfitzer 1674 mit ausführlichen Kommentaren ergänzte, bietet eine Szene, in der ein Kontrakt auf der Basis eines Tauschgeschäfts aufgesetzt wird. Mephostophiles verspricht Faust nie versiegende Genüsse, verlangt aber von ihm im Rahmen des Vertrags, er müsse Gott abschwören.[20] Zu dieser Forderung gehören genaue Festlegungen, die Fausts Verhältnis zu religiösen Fragen und auch seine näheren Lebensumstände betreffen. Der Vertrag führt eine Liste von Büchern an, deren Lektüre erlaubt ist; so sind aus der Bibel zwar Teile der Genesis, nicht aber das Evangelium und die Schriften des Apostel Paulus freigegeben.[21] Sowohl die *Historia* als auch die Bearbeitungen Widmanns bzw. Pfitzers schildern damit Vertragskonstruktionen, die Freiheiten und Pflichten der Partner ohne weitere Konditionen und Einschränkungen festschreiben. Die Konsequenz eines schrecklichen Strafgerichts in der Hölle resultiert folgerichtig aus der Verbindlichkeit einer Verpflichtungserklärung, die keine Deutungsspielräume mehr eröffnet.

Anders verhält es sich mit Goethes Paktszene, in der sich die Ambivalenz des Wettarrangements aus dem Himmelsprolog spiegelt. Während Mephisto die klar umrissene Aufgabe des ‹Knechts› versieht, der sich den Befehlen seines Herrn zu fügen hat, bleibt, im Gegensatz zur älteren Text-Tradition, völlig offen, ob Faust diese Rolle in der Hölle tatsächlich spielen muß. Nur unter der Bedingung, daß Faust den Augenblick des Glücks zu ergreifen wünscht, tritt die Verabredung der Partner in Kraft: «Dann magst du mich in Fesseln schlagen, | Dann mag die Totenglocke schallen, | Dann bist du deines Dienstes frei, | Die Uhr mag stehn, der Zeiger fallen, | Es sei die Zeit für mich vorbei!» (v. 1701 ff.) Fausts Pakt mit Mephisto ist kein Vertrag mit automatischer Festlegung von Pflicht und Leistung, Schuld und Gewinn. Vielmehr untersteht er einer *conditio sine qua non*, die erst in Kraft treten muß, damit es zum Vollzug des Tauschgeschäfts kommt. Mephistos Dienst kann unter Umständen, sofern Faust sich vom Augenblick nicht ‹betrügen› läßt, ohne Gegenleistung bleiben. In einer derartigen Anordnung wiederholt sich die ungleichgewichtige Konstellation des Prologs, die das Wettarrangement zur bloßen Fiktion im Zeichen von Mephistos Selbstüberschätzung bestimmt. Der Teufel ist sogar doppelt benachteiligt, denn selbst in dem Fall, da Faust verdammt wird, darf Gott, wie der Prolog verrät, ins Geschehen eingreifen und die verirrte Seele erlösen.

Die Geltungsbeschränkung des Pakts gehorcht bei Goethe keiner rationalistischen Logik, wie sie etwa der Aufklärer Georg Friedrich Meier reklamiert, der das Motiv des Teufelvertrags prinzipiell in Frage stellt, weil es in der Bibel nirgends erörtert wird: «Allein, von einem solchen förmlichen Bündnisse eines Menschen mit dem Teufel, haben wir nicht die geringste Anzeige in der heiligen Schrift.»[22] Vielmehr ist es die durch die Perspektive des Prologs vermittelte Ebene der Metaphysik, die das Paktgeschehen in Goethes Drama zu relativieren scheint. Der Prolog bekräftigt die Macht Gottes, indem er den Generalvorbehalt des Schöpfers zur Geltung bringt: wenn Faust die Grenze überschreitet und zum Diener Mephistos zu werden droht, kann er intervenieren und seinen ‹Knecht› auf die Straße der Klarheit führen. Zunächst scheint es, als ob der Ernstfall zum Zeichen für die Priorität Gottes avanciere – zu einem Element der Theodizee, deren Autorität der Prolog mit seiner spezifischen Deutung des Hiobsmotivs in nicht ganz ungebrochener Weise zitiert. Gott läßt Mephisto nur unter der Bedingung in die Rolle des Versuchers eintreten, daß er selbst den Ausgang des Geschehens festlegt. Der Hinweis auf Gottes Macht als Regisseur und Arrangeur, wie er zur Tradition des spanischen *auto sacramental* paßt, wirkt auf den ersten Blick als Bestätigung der aufklärerischen Theodizee-Konstellation, die der Prolog reflektiert. Betrachtet man die Verhältnisse genauer, dann erkennt man jedoch, daß die metaphysische Perspektive bei Goethe durch die ästhetische Illusionslogik des Spiels und die damit eng verbundene gesellschaftliche Bezugsebene wesentlich beeinflußt ist.

Wenn der Streit zwischen Gott und Mephisto sich als Spiel zeigt, dessen Regeln vom Herrn diktiert werden, dann bedeutet das auch, daß er eine hierarchische Ordnung bekräftigt, mithin sozialen Charakter trägt. Der Goethe-Kritiker Wolfgang Menzel betont 1833, daß Goethe im Prolog die metaphysische Perspektive durch eine weltliche Sichtweise verdrängt habe, die keine christliche Erlösungsverbindlichkeit mehr zulasse. Der Himmel erscheine, so heißt es, wie der «Hof der leutseligen Maria Antoinette. Wir sehen um sie nur Hofdamen und Pagen als größere und kleinere Engel.»[23] Weniger kritisch als Menzel, jedoch aus ähnlicher Perspektive hat Adolf Muschg den Prolog als Goethes ‹höfische Theodizee› apostrophiert und damit auf den sozialen Charakter seiner statischen Dramaturgie verwiesen.[24] In der Tat läßt sich nicht übersehen, daß der Prolog die Ordnung des Himmels mit der Hierarchie eines Fürstenhofs vergleicht. Höfischen Charakter trägt bereits das Lob des Herrn, das die drei Erzengel als Musterstück einer leicht ironisch gebrochenen Fürstenpanegyrik anlegen.[25] Im Stil topischer Rede werden die Gründe für seinen singulären Status angeführt: die Stärke, die das Werk des Herrn ausstrahlt, wirke, so heißt es, auch auf seine Diener ein; was immer er tue, sei frei von den Einflüssen der Zeit und Alterung; die Innenseite des Mächtigen bleibe unergründlich, tief, unerschöpfbar (v.243ff.).[26] Die panegyrische Rede läßt sich als Fürstenlob lesen, das einem weltlichen Herrscher und seinem strahlenden Ruhm gilt. Kaum zufällig tritt in der dramaturgischen Exposition des zweiten *Faust* der Kaiser an die Stelle Gottes, der Thronsaal in der Pfalz an den Platz des Himmels, der Bericht des Staatsrates (nun in ironischer Ersetzung der *laudatio* durch die Krisendiagnose) an jenen des jubelnden Engelschores.

Parallelen zwischen sozialer Welt und Himmelssphäre offenbaren sich noch an anderen Punkten. In einem Paralipomenon läßt Goethe Mephisto im Hinblick auf die himmlische Zusammenkunft mit Gott erklären: «Nun freu ich mich aufs grosse Fest | Wie sich der Herr vernehmen lässt».[27] Auch die Ebene des Festes zeigt an, daß Goethes Himmelsszene die spirituelle als weltliche Autorität präsentiert. Auf die Sphäre des höfischen Rollenverhaltens verweist nicht zuletzt der Part Mephistos, der im Bann des Scheins agiert und sein Handeln wie ein Höfling den strengen Regeln eines rituellen Repertoires unterwerfen muß. Das Lob der Trabanten und die Funktion des Teufels als ‹Schalk› mit begrenzter Aktionsfreiheit erschließt die gesellschaftliche Dimension des Prologs, der den Himmel als Hof mit genau umrissenen Hierarchien und Anweisungsprinzipien sichtbar macht. Die Szene der «Grablegung» spiegelt am Ende des zweiten *Faust* das Motiv der sozialen Hierarchie aus anderem Blickwinkel, wenn Mephisto darauf hinweist, daß der Rachen der Hölle die Verdammten «nach Standsgebühr und Würden» einschlinge (v.11641).[28] Die Logik des geistlichen Spiels, dessen dramaturgisch-theatralische Ordnungsstruktur das *Faust*-Finale wiederholt, offenbart an diesem Punkt eine Entsprechung zwischen Himmel und Hölle. Hier wie dort regiert die Macht der gesellschaftlichen Distinktion, die auf die Ordnung des Guten und des Bösen gleichermaßen einwirkt. Anfang und Ende des *Faust* führen ein *Theatrum mundi* vor, das ein Welt-Spiel im doppelten Sinn ist: als Drama über

DAS VORSPIEL ALS ENDSPIEL

Himmel und Hölle erschließt es die metaphysischen Horizonte der menschlichen Rolle, als Tragödie der diesseitigen Verstrickungen erweist es die Gewalt der sozialen Ordnungen noch in den Sphären des Jenseits.[29]

In den Jahren 1797/98, als der Prolog im Himmel entstand, plante Goethe einen Epilog, in dem Christus als Stellvertreter Gottes Mephisto im Himmel richtet.[30] Der Entwurf dieser Szene, deren Integration noch 1830 ernsthaft erwogen wurde, geht bis in die Zeit um 1770 zurück. Goethe lernte damals ein allegorisches Spiel Jakob Ayrers kennen, das den Streit zwischen guten und bösen Mächten als Gerichtsprozeß darstellte, welchen der vertriebene Ex-Engel Lucifer gegen den Gottessohn Christus und dessen Feldzug wider die Hölle anstrengte. Der *Belial*, der 1597 erstmals erschien, war eine freie Bearbeitung des *Processus Belial*, der aus der Feder des Jacobus de Theramo (ca. 1350–1417) stammte. Goethe bibliographierte Ayrers Text Anfang 1770 in seinen *Ephemerides* («Eintagsfliegen»);[31] er blieb ihm im Gedächtnis und regte ihn dazu an, einen Epilog zum *Faust* im Stil eines spirituellen Gerichtsverfahrens zu projektieren. Die erste Fassung sah vor, daß Christus die schon zur Hölle gefahrene Seele Fausts befreien und für die himmlische Ewigkeit bewahren sollte. Als Goethe 1797 den Prolog entwarf, veränderte er auch den Plan zum Nachspiel und gliederte dessen szenischen Verlauf in drei Phasen. Die Paralipomena 27–29 lassen die Epilog-Dramaturgie in Ansätzen erkennen; ihnen ist zu entnehmen, daß Faust nach seinem Tod aufgebahrt gezeigt werden sollte, indessen die Engel Gottes seine Seele in einem heftigen Kampf aus der Hölle retteten und das Reich Christi verkündeten. Nach diesem Entwurf sieht sich Mephisto am Ende vor das Gericht des Himmels zitiert («zur Appellation»[32]), wo er im Namen des Pakts die Rückgabe der Seele Fausts einfordert («Ich will doch sehen wer mir den nimmt»),[33] am Ende aber Christi Erlösungsspruch unterliegt. Das Paralipomenon 28 hält fest: «Jüngster Tag. Praeadamiten. Grausam wilde Menschen Ungethüm.»[34] Wenn das himmlische Gericht in eine Welt der vor-adamitischen Geschöpfe führen sollte, so umreißt das seine mythische Bedeutung. Die Begnadigung Fausts, die Christus vor Mephisto aussprach, bleibt in diesem Plan ein Akt mit archaischen Dimensionen – eine Rettung, die den Sturz in ein frühes Schöpfungsstadium voraussetzte.

Solche spekulativen Darstellungselemente verbinden sich jedoch, wie schon angedeutet, mit Tendenzen der Säkularisierung. Es fällt auf, daß

10. WELTTHEATER ZWISCHEN HIMMEL UND HÖLLE

auch der Epilog-Entwurf mehrfach Metaphern aus der sozialen Sphäre einsetzt, die den Himmel als absolutistischen Hof mit exakt gegliederten Stufungen erscheinen lassen. Charakteristisch ist hier eine Äußerung Mephistos, die ein um 1797 entstandenes Paralipomenon zum fünften Akt des *Faust II* fixiert: «Nein! diesmal gilt kein Weilen und kein Bleiben: | Der Reichsverweser herrscht vom Thron, | Ihn und die Seinen kenn' ich schon, | Sie wissen mich, wie ich die Ratten, zu vertreiben.»[35] Der ‹Reichsverweser›, der den Kaiser vertritt, ist niemand anderer als Christus, der an der Seite Gottes sitzt. In einer Ergänzung zum 28. Paralipomenon, das ursprünglich dem Konvolut des geplanten Epilogs zugehörte, jedoch nicht überliefert wurde, erklärt Mephisto über die Schar der Engel: «Das zierlich höfische Geschlecht | ist uns nur zum Verdruß gebohren | Und hat ein armer Teufel einmal Recht, | So kommts gewiß dem König nicht zu Ohren.»[36] Auch dieses Diktum stiftet einen Zusammenhang von Himmelsspiel und feudaler Gesellschaftsordnung, der Gott als Kaiser, Christus als Stellvertreter und die Engel als Höflinge kenntlich macht.[37] Es ist offenkundig, daß der spirituelle Ernst des Prologs durch solche Analogien relativiert wird; der Wettstreit des Himmels und der Hölle zeigt sich in den Hierarchien der politischen Welt gespiegelt.

Zur sozialen Stufenordnung tritt als zweites Moment, das die Theodizee-Perspektive beschränkt, die ästhetische Dimension des Spiels. Wie der Hof des Absolutismus verbindet der himmlische Hof des Herrn das strikte Prinzip der Stufung und Schichtung mit der Lust am Spiel im Bann des Scheins. Die vermeintliche Wette, auf die sich der Herr einläßt, ist ein Mittel zum Zeitvertreib. Das Spiel unterhält, indem es ablenkt; aus diesem Grund darf der Herr Mephisto als Schalk bezeichnen, den er «nie gehaßt» habe (v. 337). Der höfische Charakter der Wette als Medium der Unterhaltung offenbart die Grundzüge der literarischen Fiktion. Exemplarisch tritt sie im Gegenstand des Spiels selbst – der Anbahnung der Beziehung zwischen Mephisto und Faust – zutage. Wenn Gott davon spricht, daß der Teufel den Menschen durch seine Tätigkeit aus der ‹unbedingten Ruh› seiner Selbstgenügsamkeit treibe, indem er «reizt und wirkt» (v. 343), reflektiert er sehr genau die Leistung der Kunst, wie Schiller sie im 15. der Briefe *Ueber die ästhetische Erziehung* beschrieben hat (NA 20, 355 ff.). Im Gegenstand des Wettspiels verbinden sich Bestimmung und Bestimmungsfreiheit, Offenheit und Festlegung, Notwendigkeit und Zufall gemäß Schillers Analyse des Spiels als Instanz der Vermittlung durch «zwanglosen Selbstbezug».[38] Gottes Arrangement mit Mephisto trägt, aus seiner Perspektive, rein ästhetischen Charakter. Die Wette, die nur Schein bleibt, funktioniert wie ein Spiel der Kunst, das seine Realität in der Illusion findet. Deren Bedingung bildet bei Goethe jedoch die strenge Hierarchie, die im Himmel herrscht; weil Gott die Regeln festlegen kann, denen die Verständigung mit Mephisto gehorcht, darf er die Wette des Teufels zum Spiel verwandeln. Die Darstellung des Himmels als gesellschaftliche Sphäre mit klaren Abgrenzungen gewährleistet so die Realitätsmacht des Imaginären. Die Einheit von sozialer und ästhetischer Bedeutung, die an diesem Punkt hervortritt, ist ein wesentlicher Grund für die Relativierung der theologischen Sinndimension, die Goethes Prolog zum Objekt des Scheins erklärt.

Kant hat in seinem Essay *Idee zu einer allgemeinen Geschichte in weltbürgerlicher Absicht* (1784) zwei Perspektiven eröffnet, aus denen die Kategorie des Spiels für den im *Faust*-Prolog reflektierten Zusammenhang von Chaos und Ordnung fruchtbar zu machen wäre.[39] Bei Kant bedeutet Spiel zum einen ‹Kontingenz› im Sinne subjektiver Verfügung, zum anderen ‹Systematik› im Sinne übergreifender Strukturierung. Den ersten Fall beleuchtet die folgende Bestimmung: «Die Geschichte, welche sich mit der Erzählung dieser Erscheinungen beschäftigt, so tief auch deren Ursachen verborgen sein mögen, läßt dennoch von sich hoffen: daß, wenn sie das Spiel der Freiheit des menschlichen Willens im großen betrachtet, sie einen regelmäßigen Gang derselben entdecken könne (...).»[40] Hier erscheinen die Handlungen des Individuums regellos und willkürlich, während der historische Prozeß das Chaos der versprengt wirksamen Impulse, Aktivitäten und Initiativen des Menschen aus der Masse des Zufälligen in eine Ordnung des ‹regelmäßigen Gangs› überführt. Jedoch ist für Kant auch die umgekehrte Abfolge im Verhältnis zwischen individueller Tat und System denkbar: «Man kann sich eines gewissen Unwillens nicht erwehren, wenn man ihr Tun und Lassen auf der großen Weltbühne aufgestellt sieht; und, bei hin und wieder anscheinender Weisheit im einzelnen doch endlich alles im großen aus Torheit, kindischer Eitelkeit, oft auch aus kindischer Bosheit und Zerstörungssucht zusammengewebt findet: wobei man am Ende nicht weiß, was man sich von unserer auf ihre Vorzüge so eingebildeten Gattung für einen Begriff machen soll.»[41] Zunächst entsteht der Eindruck, als schlössen sich diese beiden Erklärungsmodelle gegenseitig aus. Im ersten Fall liegt die Kontingenz beim Individuum, die

Ordnung im System; im zweiten Fall ist die Ordnung den Handlungen des Einzelnen vorbehalten, während der Zusammenhang des Systems von Willkür und Chaos beherrscht wird. Offensichtlich resultiert der Antagonismus der Deutungen aus einer unterschiedlichen Verwendung des Spielbegriffs, der im ersten Fall die Freiheit des Einzelnen, im zweiten Fall die Freiheit des Ganzen bezeichnet. Kant löst diese Kalamität, indem er eine Theorie der teleologischen Naturabsicht entwickelt, die es ihm erlaubt, sowohl die Undurchschaubarkeit in den Manifestationen menschlicher Freiheit als auch die Kontingenz in den allgemeinen Verhältnissen des Systems als Bestandteil einer letzthin zur Vernunft fortschreitenden Weltgeschichte zu interpretieren. Die *ultima ratio*, die zur «Erklärung des so verworrenen Spiels menschlicher Dinge»[42] beiträgt, ist für Kant die Teleologie eines durchgreifenden Naturplans. Seine bedenkliche Konsequenz liegt darin, daß das Licht der Vernunft nur die großen Höhenzüge des historischen Gesamtgefüges, nicht aber die Ebenen der im Einzelnen katastrophischen Geschichte beleuchtet.[43] Mit der göttlichen Vorsehung der traditionellen Metaphysik stimmt die Kantsche Teleologie darin überein, daß sie für das Individuum unter ungünstigen Umständen dunkel bleiben kann.

Nach ähnlich widerspruchsvollem Muster hat Goethe die Konstellation seines Himmelsprologs gestaltet. Einerseits bedeutet die Ermächtigung Mephistos im Zeichen der ihm zugestandenen Lizenz zum Eingriff ins Welttreiben die Stärkung des chaotischen Prinzips; Freiheit impliziert hier Kontingenz, Willkür und Unberechenbarkeit. Andererseits ist Mephistos Autonomie nur scheinbar, weil Gott sie jederzeit in die Ordnung seines vernünftigen Naturplans zurückrufen und damit aufheben kann. Betrachtet man die vom Prolog ausgelöste Handlungsfolge aus anderer Perspektive, so ist wiederum die Rationalität einzelner Schritte und Motive gegeben («er nennt's Vernunft», v.285), der Zusammenhang ihrer Wirkungen aber okkasionell, nämlich der Beliebigkeit ausgeliefert («Der kleine Gott der Welt bleibt stets von gleichem Schlag, | Und ist so wunderlich als wie am ersten Tag.»; v.281f.). Ähnlich wie im Deutungsansatz Kants wirkt sich die höhere – hier: göttliche – Weisheit nur in letzter Konsequenz aus, nämlich dort, wo die Zufallselemente des Systems in einer übergreifenden Ordnung neu arrangiert und aus ihrer Kontingenz erlöst werden. Zu bedenken ist anderseits, daß Goethes Prolog durch seine theatralische Dimension eine besondere Form der Freiheit in der Imagi-

DAS VORSPIEL ALS ENDSPIEL

nation schafft, die das metaphysische Gebilde zum Objekt des Spiels macht. Die Kategorie des Spiels bezeichnet hier nicht, wie bei Kant, das widersprüchliche Erscheinen der menschlichen Freiheit, sondern die Ermöglichung ästhetischer Erfahrung. Aus diesem Blickwinkel läßt sich die ambivalente Beziehung zwischen Vernunft und Willkür, die der Prolog beleuchtet, als Reflex einer Idee menschlicher Autonomie verstehen, die durch die Kunst erzeugt wird.

Der Himmelsprolog holt die metaphysische Problematik der Theodizee in ein Spielarrangement ein, das die Welt im Bann der Fiktion zeigt.[44] Im Theater-Präludium heißt es abschließend: «So schreitet in dem engen Bretterhaus | Den ganzen Kreis der Schöpfung aus, | Und wandelt mit bedächt'ger Schnelle | Vom Himmel durch die Welt zur Hölle.» (v.239ff.) Die hier umrissene Abfolge, die die Dramaturgie von Dantes *Comedia* umkehrt, verweist auf die ursprüngliche Konzeption der Tragödie, die die Wanderung von Gottes Reich über die Erde zum Seelenkampf in der Unterwelt vorsah; «Epilog im Chaos auf dem Weg zur Hölle», hält ein um 1800 entstandenes Paralipomenon fest.[45] Die theatralische Dimension, die diese Reise im Rahmen des Bühnenvorspiels aufweist, rückt den metaphysischen Ernst des Dramas in eine ästhetische Ebene. Theaterpräludium und Himmelsprolog erschließen eine Form der Selbstreflexion des literarischen Textes, der seine Verfügungsmöglichkeiten im Wechsel unterschiedlicher Handlungs- und Darstellungsperspektiven entfaltet.[46] Insofern weisen beide zurück auf die «Zueignung», die den Vorgang der schöpferischen Erfindung als Erfahrung subjektiver Freiheit im ‹bloßen Spiel der Vorstellungen› (Kant) beleuchtet hatte.[47] Die «Zueignung» beschreibt den Prozeß der Entstehung des endlich fertigen Werkes, der auch persönliche Erinnerungen freisetzt («Mein Busen fühlt sich jugendlich erschüttert | Vom Zauberhauch, der euren Zug umwittert.» v.7f.). Wie der Prolog zeigt die Widmung die Tendenz, die Welt zum Objekt ihrer Verfügung zu bestimmen und «Des Lebens labyrinthisch irren Lauf» (v.14) als Produkt der Kunst erscheinen zu lassen. Der Dichter der Widmungsrede und der Gott des Prologs gleichen sich darin, daß sie die irdische Wirklichkeit zum «Spielplatz der Fiktionen» verwandeln.[48] Diese Korrespondenz der Ebenen, die ästhetische und göttliche Regie zusammenführt, ist durch einen Blick auf den Schluß des Dramas besser zu erklären.

Die Logik des Spiels, die sich bereits in der Konstellation der Wette abzeichnet, wirkt bis zum Ende der Tragödie fort. Wenn Gott Faust trotz seiner Schuld erlöst, dann bestätigt das zunächst die Macht des Herrn, die der Prolog beschwört. Der Akt der Rettung wäre auf dieser Ebene metaphysisch erklärbar und selbst wieder ein rationales Argument für die Theodizee. In einem Brief an Carl Friedrich Schubarth schreibt Goethe am 3. November 1820 über die Verfügungsgewalt Gottes: «Mephistopheles darf seine Wette nur halb gewinnen, und wenn die halbe Schuld auf Faust ruhen bleibt, so tritt das Begnadigungs-Recht des alten Herrn sogleich herein, zum heitersten Schluß des Ganzen.» (WA IV, 34, 5) Gottes Rettungstat bedeutet auch ein spielerisches Eingreifen in die Schöpfung, das an die Verfügungsgewalt erinnert, mit der ein Künstler sein Werk zu modellieren sucht. Wie dieser kann Gott am Ende gegen die Regeln der Logik tun, was ihm beliebt.[49] Der Schluß des zweiten Faust ist neben den religiösen Sinn-Nuancen, die im Spannungsfeld von Epiphanie und Eschatologie sichtbar werden, ein Spiel im Spiel – ein Beweis für die Macht der Fiktion, die Gott als Regisseur der Welt-Ereignisse repräsentiert. Der Herr wird zum Spieler, indem er Faust durch seine Engel vor der drohenden Höllenfahrt rettet.[50] Das Spiel ist hier geprägt durch die Dramaturgie der unsichtbaren Hand, die am Ende, wie es der Prolog ankündigte, die Konflikte bereinigt und die irdischen Verirrungen beseitigt.[51] Mephisto darf zwar die Lust an der Manipulation pflegen, doch bildet diese nur einen Teil eines höheren Arrangements, das vom Herrn gesteuert wird. Spiel bedeutet Eingriff und Freiheit; beide Momente sind im Prolog angelegt durch den einseitigen Charakter des von Gott als Regisseur abhängigen Wettspiels und durch die Ordnung des Himmels, die dem Bösen Autonomie nur im Rahmen der autoritativen Setzung des Guten verleiht.[52]

Die vorletzte Szene der Tragödie bestätigt die Herrschaft des Spiels gerade in der theatralischen Vergegenwärtigung spiritueller Perspektiven und Deutungsformen. Nachdem sich neben dem toten Faust der Rachen der Hölle geöffnet hat und das Heer der Teufel erschienen ist, interveniert eine Engelsschar, die den Leichnam, von Rauschschwaden verhüllt, in Gottes Höhe rettet. An den Platz des höllischen Feuers («Und in dem Siedequalm des Hintergrundes I Seh ich die Flammenstadt in ewiger Glut»; v.11646) tritt nun das himmlische Feuer, das zur Chiffre für die Erlösung Fausts wird: «Heilige Gluten! I Wen sie umschweben I Fühlt sich im Leben I Selig mit Guten.» (v.11818f.). Die spirituelle Steigerung entspricht dem vom Kirchenvater Origenes entwickelten Denkmuster der *Apokatastasis panton*, die – im Gegensatz zur Eschatologie – die Vorstellung von der

Rückführung aller menschlichen Seelen zu Gott unabhängig von der Schuldunterscheidung eines Jüngsten Gerichts bezeichnet.[53] Das Gesetz der *Apokatastasis*, mit dessen heterodoxen Implikationen sich Goethe schon 1772 befaßt hatte,[54] wird in der dynamischen Bildsprache manifest, die der Rede des Engelschors eine eigene Bewegungsstruktur zueignet: «Hebt euch und preist, | Luft ist gereinigt | Atme der Geist.» (11822 ff.). Mephisto aber, der von der raumgreifenden Macht des Chors förmlich in die Enge getrieben wird, geht im Tanz der himmlischen Boten leer aus: «Die hohe Seele, die sich mir verpfändet | Die haben sie mir pfiffig weggepatscht.» (v. 11830 f.).

Daß auch der letzte Streit um Faust, in dem Mephisto zum Verlierer wird, als Spiel angelegt ist, erkennt man an der theatralischen Dimension, die den metaphysischen Gehalt des Finales überlagert. Die Idee der *Apokatastasis* findet im wuchtigen Auftritt der Engel ihre szenische Umsetzung, so daß das Prinzip der Erlösung, das alle Dualismen überwindet, gleichsam physische Präsenz gewinnt. Getragen wird dieses Verfahren durch den Chorcharakter der Rede, die unaufhaltsame Ausdehnung der Engelsschar («Die Engel nehmen, umherziehend, den ganzen Raum ein») und Mephistos Vertreibung an den Bühnenrand («Mephistopheles, der ins Proszenium gedrängt wird»).[55] Wenn die Schlußszene diese Gradationsbewegung durch ein ‹metereologisches Theater› der aufsteigenden Wolken illustriert, tritt die ästhetische Funktion des *Faust*-Finales klar zutage.[56] Engel und heilige Anachoreten, Patres und selige Knaben nehmen in der «Bergschluchten»-Sequenz ‹schwebend› den Raum der Bühne ein. Sie veranschaulichen die Logik der *Apokatastasis* durch eine gestufte Dramaturgie, indem sie die Reise der erlösten Seele in einem Tableau simultaner Bewegung vorführen.[57] Die theatralische Macht der in der Luft tanzenden Chöre bekräftigt die Herrschaft der Bühne, die als Medium der christlichen Erlösungsidee zugleich deren konstitutive Ermöglichungsform darstellt.

Der 1797/98 entstandene Epilog-Komplex enthält eine Abschiedsrede, in der es heißt: «Am Ende bin ich nun des Trauerspieles | Das ich zuletzt mit Bangigkeit vollführt | Nicht mehr vom Drange menschlichen Gewühles | Nicht von der Macht der Dunkelheit gerührt | Wer schildert gern den Wirrwarr des Gefühles | Wenn ihn der Weg zur Klarheit aufgeführt | Und so geschlossen sei der Barbareyen | Beschränkter Kreis mit seinen Zaubereyen».[58] Hier wird die säkulare Konsequenz der Spielstruktur deutlich, die der Prolog ausprägt: der Autor figuriert in der Rolle Gottes und teilt

10. WELTTHEATER ZWISCHEN HIMMEL UND HÖLLE

mit ihm die Lizenz zum Eingriff in die von ihm selbst entworfene Ordnung. Wie der Gott des spätmittelalterlichen *auto sacramental* darf er den Ereignissen ein Ende bereiten, wenn es ihm gefällt, und das Spiel anhalten, sobald es ihm ratsam erscheint. Aus der übergeordneten Perspektive, die Autor und Gott einnehmen, sind die Ereignisse des Bühnen- und Weltgeschehens einzig ‹Zaubereyen› in einem ‹beschränkten Kreis›. Es ist nicht zu übersehen, daß ein Gefälle zwischen der Sichtweise des Regisseurs und den Vorgängen im Welttheater existiert. Der ‹Drang menschlichen Gewühles›, die ‹Macht der Dunkelheit› und das ‹Wirrwarr des Gefühles› bereiten dem Autor in ähnlicher Weise Unbehagen wie Gott die trüben Seiten seiner Schöpfung. Am letzten Punkt ist es daher erforderlich, den ‹Kreis› der ‹Barbareyen› zu schließen und das Spiel zu beenden. Die ‹Klarheit› wird dem leidenden Menschen erst im Jenseits zuteil, wenn der Vorhang bereits gefallen ist. Tragödie und *Theatrum mundi* gleichen sich auch darin, daß sie die wirkliche Einsicht nur außerhalb ihrer immanenten Geltungsgesetze vermitteln.

Anders als in Calderóns *El gran theatro del mundo* tritt der Schöpfer bei Goethe am Ende nicht mehr auf. Seine Stelle übernehmen die Engel als Boten eines spirituellen Willens. Der ursprünglich geplante *Abschied* hätte nicht Gott, sondern dem Dichter das letzte Wort überlassen. Die Dominanz des Autors, die der Entwurf des Epilogs verdeutlicht, relativiert nachträglich die theologische Konstruktion des Prologs. Sie offenbart in der Reflexion des literarischen Selbstbezugs den Autoritätsverlust der Theodizee, indem sie die ästhetische zugunsten der metaphysischen Bedeutungsebene stärkt.[59] Wenn der Autor in der Rolle eines Gottes agiert, der seine Schöpfung beherrschen, ihre Prozesse regulieren und ihre Dynamik anhalten kann, ist das ein Indiz für die Autonomie des Künstlers, der im Reich der Illusion – im Hinblick auf sein Werk – ähnlich frei schalten darf. Wenn Gott umgekehrt wie ein Autor über seine Schöpfung verfügt, bleibt von seiner Funktion als fürsorglich-gütiger Herr, der die Menschen zur Klarheit führt, vorrangig der Aspekt der Willkür. Die Katastrophen, die sich auf Erden zutragen, sind dann Resultate seines Künstlerwillens, die er selbst bewußt – im Zeichen seiner gleichsam ästhetischen Ermächtigung – hervorbringt. Das Problem der Verantwortlichkeit des Schöpfers für das Böse, das in der Sprache der spätmittelalterlichen bzw. frühneuzeitlichen Theologie und Philosophie bis zu Leibniz unter dem Begriff der ‹göttlichen Zulassung› verhandelt wurde, existiert hier

DAS VORSPIEL ALS ENDSPIEL

nicht mehr, weil es sich in einer ästhetischen Dimension aufgelöst hat.[60] Gott ist als Künstler zuständig für alles, was auf Erden geschieht, da jedes Ereignis Teil des Werkes bleibt, das er frei schuf. Zu ihm gehört die Komödie der «Tollheit», die, wie Mephisto andeutet, den Menschen als seiner beschränkten Wahrnehmung ‹halb Bewußten› zeigt (v.303), aber auch die Tragödie, die das Leben als Reihe von «Jammertagen» (v.297) offenbart. Beiden Spielformen gemeinsam ist, daß der Künstler-Gott sie nach eigener Entscheidung aktivieren und beenden kann, wann es ihm gefällt.

Vor diesem Hintergrund bedeutet der Himmelsprolog als *Theatrum mundi* schon die Einstimmung auf das katastrophische Endspiel, aus dem Gott Faust zum Schluß erlöst, ohne daß das Drama damit der spirituellen Weltregie letzte Autorität zuerkennt. Der Prolog zeigt die ästhetische Dimension eines modernen Spiels, in dem die absolute Deutungshoheit der Metaphysik, die bei Calderón noch unangefochten gilt, suspendiert wurde. Während Mephisto nur *zum* Schein frei ist, ist Gott allein *im* Schein frei: die Macht der Illusion entläßt das Böse in das Reich der Fiktion, sorgt aber umgekehrt dafür, daß der Weltschöpfer selbst auf die Funktion einer ästhetischen Spielfigur beschränkt wird. Zum Schluß wäre, hätte sich Goethe für die Epilog-Lösung entschieden, das Spiel auf eine zirkuläre Logik zugelaufen, die ein gestrichener Vers des lange Zeit geplanten *Abschieds* verdeutlicht: «Dem neuen Triebe, diesem neuen Streben | Begegne neue Kunst und neues Leben.»[61] Das Ende des Alten mündet so in die Geburt als Akt der Fortzeugung und Reproduktion. Noch darin ist die Macht des Spiels erkennbar, das Goethes Prolog zum Modell der nachfolgenden Tragödie bestimmt.[62]

In einem Brief an Schiller schreibt Wilhelm von Humboldt am 30. April 1803: «Wir haben durch die Reflexion einen doppelten Menschen aus uns gemacht.» (NA 40/I, 57). Diese Beobachtung, mit der Humboldt das spezifische Kennzeichen moderner Kulturtätigkeit hervorzuheben sucht, läßt sich auch auf das Präludium des *Faust* übertragen. Der Prolog ist ein Spiel von den letzten Dingen, das die Macht des Schöpfers in der Ordnung des Theaters vorführt und auf diese Weise über ein ästhetisches Double bricht. Er verdeutlicht, daß dort, wo die Kunst die Welt wie ein Gott beherrscht, Gott nur noch wie ein Künstler – nämlich im Schein – regiert. Als agonales Spiel, das unter den Bedingungen der Kunst steht, bietet der *Faust*-Prolog eine Ansicht, die den aus der mittelalterlichen Überlieferung vertrauten Welttheater-Topos neu beleuchtet. Am Ende des zweiten Teils der Tragö-

10. WELTTHEATER ZWISCHEN HIMMEL UND HÖLLE

die erklärt der *Chorus Mysticus*: «Alles Vergängliche | Ist nur ein Gleichnis; | Das Unzulängliche | Hier wird's Ereignis; | Das Unbeschreibliche | Hier ist es getan» (v.12104ff.). Ähnlich wie der 33. Gesang von Dantes *Paradiso* reflektiert der Schluß des *Faust* die Möglichkeit der poetischen Sprache, das Inkommensurable zu erfassen und zu vergegenwärtigen.[64] Der spirituelle Akt, in dem das Vergängliche gerettet und das ‹Unbeschreibliche› zur praktischen Realität erhoben wird, findet seinen Sinn als Produkt der künstlerischen Erfindung. Was bei Dante jedoch als Hinweis auf die Grenzen des dichterischen Ausdrucks zu lesen ist («e per sonare un poco in questi versi»[64]), gewinnt in den letzten Versen des *Faust* den Charakter einer Verklärung der literarischen Fiktion. Während für die *Comedia* die Autorität der metaphysischen Welt gerade in ihrer Unerreichbarkeit besteht, offenbart der *Chorus mysticus* den Vorrang der Poesie gegenüber der spirituellen Sphäre: die Macht der Illusion in einem neuen *Theatrum mundi*.

Gegenüber Eckermann erklärt Goethe am 6. Juni 1831, er habe am Ende des *Faust* versucht, «durch die scharf umrissenen christlich-kirchlichen Figuren und Vorstellungen» dem inkommensurablen Charakter des Erlösungsakts «eine wohltätig beschränkende Form und Festigkeit» zu verleihen (MA 19, 456). Diese Formulierung beleuchtet die Arbeit der dichterischen Einbildungskraft und deren Funktion für die Vergegenwärtigung der Erlösung, die Faust zum Schluß erfährt. Der spirituelle Augenblick, den der *Chorus mysticus* besingt, gewinnt seine Wirklichkeit über eine ‹beschränkende Form›, die wiederum durch die literarische Imagination erzeugt wird. Es ist die Konstruktionsleistung der Poesie, die das ‹Unzulängliche› zum ‹Ereignis› und das ‹Unbeschreibliche› zur ‹Tat› umgestalten kann. Sie erst erlaubt es, die Tradition der katholischen Meßliturgie mit den Erfordernissen des Theaters zu verbinden, indem sie den Ritus in die Kunst überführt. Das Finale weist folglich auf den Prolog zurück, wenn es den Ernst der Metaphysik durch die Ästhetik des Bühnenstücks verdrängt. Als Spiel im Sinne von Schillers Theorie des ‹zwanglosen Selbstbezugs›[65] bewahrt der Schluß des Dramas jene zweifache Perspektive, aus der schon der Prolog Transzendenz und Leben in den Spiegelungen des Scheins und der Illusion gezeigt hatte. Zur modernen Version des mittelalterlichen Welttheaters wird die *Faust*-Tragödie, weil sie offenbart, wie sich Himmel, Erde und Hölle zu Vorstellungsmodellen einer die eigene Form reflektierenden ästhetischen Erfahrung verwandeln.[66]

ANMERKUNGEN

Vorwort

1 Georg Philipp Harsdörffer, Ars Apophthegmatica Das ist: Kunstquellen Denckwürdiger Lehrsprüche und ergötzlicher Hofreden (...). 2 Bde. Neudruck der Ausgabe Nürnberg 1655, hg. u. eingel. v. Georg Braungart, Frankfurt/M. 1990, Bd. I, S. 543 (Nr. 2600).
2 David E. Wellbery (Ed.), A New History of German Literature, Cambridge, London 2004, S. XVII.
3 Vgl. für die deutsche Debatte: Ulrich Raulff, Der unsichtbare Augenblick. Zeitkonzepte in der Geschichte, Göttingen 1999; Lucian Hölscher, Neue Annalistik. Entwurf einer Theorie der Geschichte, Göttingen 2003, ferner Reinhart Koselleck, Begriffsgeschichten. Studien zur Semantik und Pragmatik der politischen und sozialen Sprache. Mit zwei Beiträgen v. Ulrike Spree und Willibald Steinmetz sowie einem Nachwort zu Einleitungsfragmenten v. Carsten Dutt, Frankfurt/M. 2006.
4 Ausnahme (und exemplarisch im theoretischen wie philologischen Zugriff) unter Bezug auf Goethes erzählerisches Œuvre Stefan Keppler, Grenzen des Ich. Die Verfassung des Subjekts in Goethes Romanen und Erzählungen, Berlin, New York 2006.

BEHERRSCHTER RAUM UND GEREGELTER KÖRPER.
Weimarer Regie-Theater um 1800

1 Goethes Werke werden zitiert nach: Sämtliche Werke nach Epochen seines Schaffens. Münchner Ausgabe. 21 in 33 Bänden, hg. v. Karl Richter in Zusammenarbeit mit Herbert G. Göpfert, Norbert Miller, Gerhard Sauder und Edith Zehm, München 1985–1998 (= MA); Tagebücher und Briefe nach: Werke, hg. im Auftrag der Großherzogin Sophie von Sachsen. Abt. 1–4. 133 Bde. (in 147 Tln.), Weimar 1887–1919 (= WA). Zum Vergleich wird gelegentlich herangezogen: Johann Wolfgang Goethe, Sämtliche Werke, Briefe, Tage-

ANMERKUNGEN ZU DEN SEITEN 14-15

bücher und Gespräche. Frankfurter Ausgabe. 40 Bde., hg. v. Friedmar Apel u. a., Frankfurt/M. 1985-1999ff. (= FA).
2 Goethes amtliche Schriften. 4 Bde., hg. v. Willy Flach, fortgeführt v. Helma Dahl, Weimar 1950-1987, Bd. II/1, S. 468.
3 Vgl. hier Walter Hinck, Goethe – Mann des Theaters, Göttingen 1982, S. 16.
4 Zahlenmaterial nach Effi Biedrzynski, Goethes Weimar. Das Lexikon der Personen und Schauplätze, Zürich 1994 (3.Aufl., zuerst 1992), S. 442. – Zur Einschätzung des Balletts vgl. Goethes amtliche Schriften, Bd. II/1, S. 454, 469.
5 Goethes amtliche Schriften, Bd. II/1, S. 454, 468.
6 Während des Direktorats von Bellomo waren erstmals Eintrittsgelder erhoben worden, vor allem bei Erstaufführungen. Für Mitglieder der fürstlichen Familie und den Hofstaat blieb der Eintritt auch nach 1791 frei.
7 Zur Information durch Zeitungslektüre vgl. den Brief an Zelter vom 17. Mai 1815 (WA IV, 25, 328). Näher dazu Werner Frick, Klassische Präsenzen: die Weimarer Dramatik und das Berliner Nationaltheater unter Iffland und Graf Bühl, in: Wechselwirkungen. Kunst und Wissenschaft in Berlin und Weimar im Zeichen Goethes, hg. v. Ernst Osterkamp, Bern 2002, S. 231-266, S. 235 (Anm. 16), Effi Biedrzynski, Goethes Weimar, S. 444; zu den Stuttgarter Impressionen vgl. den Briefwechsel des Herzogs-Großherzogs Carl August mit Goethe, hg. v. Hans Wahl. Bd. I (1775-1806), Berlin 1915, S. 251 f., zu Leipzig WA IV, 15, 62 f.
8 In Perioden, in denen Goethe zu stark beschäftigt war, übernahm der Hofkammerrat Kirms als Finanzbevollmächtigter die Programmplanung – ein Indiz dafür, daß ökonomische Aspekte das Repertoire bestimmten.
9 Friedrich Sengle, Das Genie und sein Fürst. Die Geschichte der Lebensgemeinschaft Goethes mit dem Herzog Carl August, Stuttgart, Weimar 1993, S. 8. Vgl. Joachim Berger: Geselligkeit, Mäzenatentum und Kunstliebhaberei am ‹Musenhof› Anna Amalias – neue Ergebnisse, neue Fragen, in: Der ‹Musenhof› Anna Amalias. Geselligkeit, Mäzenatentum und Kunstliebhaberei im klassischen Weimar, hg. v. Joachim Berger, Köln, Weimar, Wien 2001, S. 1-17.
10 Briefwechsel des Herzogs-Großherzogs Carl August mit Goethe, S. 276 (2. Oktober 1799). Vgl. Friedrich Sengle, Das Genie und sein Fürst, S. 178 f.
11 Vgl. Briefwechsel des Herzogs-Großherzogs Carl August mit Goethe, Bd. I, S. 280 ff., 300.
12 Fraglos hegte der Herzog – vor allem in der Zeit nach 1799 – Wohlwollen gegenüber Schillers Arbeit (vgl. Nicholas Boyle, Goethe. Der Dichter in seiner Zeit. Bd. II (1790-1803). Aus dem Englischen übersetzt v. Holger Fliessbach, München 1999, S. 664 ff.). Jedoch kamen in der Auseinandersetzung mit künstlerischen Details kritische Einwände zum Tragen, die der Landesherr zumeist auf indirektem Weg im Gespräch mit Goethe artikulierte (vgl. Birgit Himmelseher, Schillers Anteil an der Leitung des Weimarer Hoftheaters, in: Der ganze Schiller – Programm ästhetischer Erziehung, hg. v. Klaus Manger in Verbindung mit Nikolaus Immer, Heidelberg 2006, S. 29-47).

ANMERKUNGEN ZU DEN SEITEN 16-19

13 Briefwechsel des Herzogs-Großherzogs Carl August mit Goethe, Bd. I, S. 271, 288, 307 f.
14 Briefwechsel des Herzogs-Großherzogs Carl August mit Goethe, Bd. I, S. 308.
15 Briefwechsel des Herzogs-Großherzogs Carl August mit Goethe, Bd. I, S. 203.
16 Briefwechsel des Herzogs-Großherzogs Carl August mit Goethe, Bd. I, S. 289.
17 «Der Husar war wohl etwas zu modern gekleidet», vermerkt der Landesherr am 31. Januar 1799 nach der Uraufführung der *Piccolomini* tadelnd (Briefwechsel des Herzogs-Großherzogs Carl August mit Goethe, Bd. I, S. 271). Über die Premiere von Voltaires *Mahomet* heißt es am 31. Januar 1800: «Solte das Theater nicht um eine Coulißbe morgen verlängert werden können?» (Bd. I, S. 281).
18 Vgl. Bodo Plachta, Damnatur – Toleratur – Admittur. Studien und Dokumente zur literarischen Zensur im 18. Jahrhundert, Tübingen 1994, S. 171 ff.
19 Goethes amtliche Schriften, Bd. II/2, S. 612 f. – Zum Streit über Fichte vgl. Friedrich Sengle, Das Genie und sein Fürst, S. 168 ff.
20 Goethes Amtliche Schriften, Bd. II/1, S. 422.
21 Zu Goethes Verhältnis zur Zensur Hartmut Reinhardt, «... man weiß nicht, was man schreiben darf ...» Die Weimarer Klassik und die Zensur. Zwei Fallstudien zu Schiller und Herder, in: Zensur im Jahrhundert der Aufklärung. Geschichte – Theorie – Praxis, hg. v. Wilhelm Haefs u. York-Gothart Mix, Göttingen 2007, S. 203 –223, S. 205 f.
22 Über den Jenaer Studentenprotest Daniel W. Wilson, Das Goethe-Tabu. Protest und Menschenrechte im klassischen Weimar, München 1999, S. 177 ff. Wo die ältere Forschung zuweilen zum Harmonisieren neigte und die sozialen Konflikte in Weimar unterschätzte, bietet Wilson eine ideologisch gefärbte Argumentation, die den latent inhumanen Charakter der Politik des Herzogtums entlarven möchte. Die Wahrheit dürfte, wie im folgenden zu zeigen steht, komplizierter gewesen sein, als es Retuschen oder Ideologiekritik ahnen lassen.
23 Die Ausrichtung an wirkungspoetischen Mustern der (älteren) Aufklärung bedeutet eine politische Funktionalisierung, weil sie als Vehikel für das Verbot staatskritischer Aussagen dient; vgl. Bodo Plachta, Damnatur – Toleratur – Admittur, S. 172 ff.
24 Zit. nach Bodo Plachta, Damnatur – Toleratur – Admittur, S. 173.
25 Jean Paul, Vorschule der Ästhetik (1804), Sämtliche Werke, hg. v. Norbert Miller, München 1959–1987, Bd. I/5, S. 340.
26 Schillers Werke und Briefe sowie Briefe an Schiller werden unter der Sigle ‹NA› mit der jeweiligen Bandziffer und Seitenzahl im laufenden Text nach der Nationalausgabe belegt, Texte in Versen nur unter Angabe der jeweiligen Verszahl auf der Basis dieser Edition (Schillers Werke. Nationalausgabe, begr. v. Julius Petersen, fortgef. v. Lieselotte Blumenthal und Benno v. Wiese, seit 1992 im Auftrag der Stiftung Weimarer Klassik und des Schiller-Nationalmuseums Marbach a. N. hg. v. Norbert Oellers, Weimar 1943 ff.). – Vgl. das vorangehende Schreiben Carl Augusts an Goethe vom 11. Juni 1800

(Briefwechsel des Herzogs-Großherzogs Carl August mit Goethe, Bd. I, S. 288).

27 Die Rezension galt der Würdigung der architektonischen Leistung ebenso wie dem verheißungsvollen Premierenauftakt, den Schillers Vorspiel geboten hatte.

28 Zum Konnex von Einbildungskraft, Theater und Macht Stephen Greenblatt, Verhandlungen mit Shakespeare. Innenansichten der englischen Renaissance. Aus dem Amerikanischen v. Robin Cackett, Berlin 1990 (= Shakespearean Negotiations. The Circulation of Social Energy in Renaissance England, 1988), S. 64 f. – Zur Kritik an Greenblatts stark metaphorischer Terminologie, die die Frage verdeckt, wie solche Interferenzen zwischen kultureller und sozialer Semantik entstehen, vgl. Daniel Fulda, Schau-Spiele des Geldes. Die Komödie und die Entstehung der Marktgesellschaft von Shakespeare bis Lessing, Tübingen 2005, S. 17–50.

29 Bürger war auch in Weimar nur, wer Land besaß; das Bürgerrecht wiederum ermöglichte den Zutritt zum Theater.

30 1796 erwog Goethe, der schon 1795 die Demission erwogen hatte, Iffland den Direktoratsposten zu übertragen – ein Plan, der nicht zuletzt an dessen hohen Geldforderungen scheiterte. Zu Ifflands Beziehung zum Weimarer Hoftheater vgl. Lesley Sharpe, Goethe – Schiller – Iffland: Schillers *Egmont*-Bearbeitung im theatralischen Kontext, in: Goethe-Jahrbuch 112 (2005), S. 137–146.

31 Dazu instruktiv Volker Kapp, Die Lehre von der actio als Schlüssel zum Verständnis der Kultur der frühen Neuzeit, in: Die Sprache der Zeichen und Bilder. Rhetorik und nonverbale Kommunikation in der frühen Neuzeit, hg. v. Volker Kapp, Marburg 1990, S. 40–64, bes. S. 42 ff., S. 51 f.

32 Zu den Rahmenbedingungen der höfischen Verhaltenscodes vgl. Niklas Luhmann, Interaktion in Oberschichten: Zur Transformation ihrer Semantik im 17. und 18. Jahrhundert, in: Ders., Gesellschaftsstruktur und Semantik. Studien zur Wissenssoziologie der modernen Gesellschaft. Bd. I, Frankfurt/M. 1980, S. 72–161, S. 82 ff.

33 Briefwechsel des Herzogs-Großherzogs Carl August mit Goethe, Bd. I, S. 311.

34 Dazu Stefanie Stockhorst, Fürstenpreis und Kunstprogramm. Sozial- und gattungsgeschichtliche Studien zu Goethes Gelegenheitsdichtungen für den Weimarer Hof, Tübingen 2002, S. 23 f.

35 Zum in den ersten Weimarer Jahren schwierigen Verhältnis zur höfischen Sphäre vgl. etwa Goethes Brief an Charlotte von Stein vom 11. März 1781 (WA IV, 5, 74 ff.).

36 Niklas Luhmann, Interaktion in Oberschichten, in: Gesellschaftsstruktur und Semantik. Bd. I, S. 72–161, S. 88 ff.

37 Vgl. zum Konnex von Bühne und Hof (mit ausführlicher Forschungsübersicht) Stefanie Stockhorst, Fürstenpreis und Kunstprogramm, S. 35 ff., ferner Volker Kapp, Die Lehre von der actio als Schlüssel zum Verständnis der Kultur der frühen Neuzeit, in: Die Sprache der Zeichen und Bilder, S. 40–64, bes. S. 51 ff.

ANMERKUNGEN ZU DEN SEITEN 23–26

38 Niklas Luhmann, Interaktion in Oberschichten, in: Gesellschaftsstruktur und Semantik. Bd. I, S. 72–161, S. 97 f.
39 Dazu bereits Dieter Borchmeyer, Höfische Gesellschaft und französische Revolution bei Goethe. Adliges und bürgerliches Wertsystem im Urteil der Weimarer Klassik, Kronberg/Ts. 1977, S. 23 f., ferner Stefanie Stockhorst, Fürstenpreis und Kunstprogramm, S. 34 ff.
40 Auch am Ende der «Regeln» ist von «technisch-grammatischen Vorschriften» die Rede (MA 6.2, 745). Vgl. Dieter Borchmeyer, Goethe. Der Zeitbürger, München 1999, S. 242 ff.; ders., Weimarer Klassik. Portrait einer Epoche, Weinheim 1994, S. 373 ff. Zur Forschung vgl. auch den von Helmut Koopmann verfaßten Artikel «Schauspiel» im Goethe-Handbuch. Bd. 3, hg. v. Bernd Witte u. Peter Schmidt, Stuttgart, Weimar 1997, S. 536–541.
41 Wie sehr der Hang zu solchen Disziplinlosigkeiten auch an besseren Theatern verbreitet war, zeigt ein Memorandum des Mannheimer Intendanten Dalberg vom 28. Mai 1784: «Seit einiger Zeit reißt das Extemporiren, das willkürliche Streichen in Rollen, das schlechte Memoriren und die Nachlässigkeit in der Darstellung selbst wieder dergestalt ein, daß allenthalben gegründete Beschwerden gegen den schlechten Gang vieler Stücke einlaufen.» (NA 41 II A, 239).
42 Material im Thüringischen Hauptstaatsarchiv. Zit. nach Klaus Schwind, «Man lache nicht!»: Goethes theatrale Spielverbote. Über die schauspielerischen Unkosten des autonomen Kunstbegriffs, in: Internationales Archiv für Sozialgeschichte der deutschen Literatur (= IASL) 21/2 (1996), S. 66–112, S. 68 ff.
43 Bodo Plachta, Damnatur – Toleratur – Admittur, S. 167 ff. Sonnenfels' Kreuzzug gegen das Stegreiftheater, das als Nährboden für subversive und schwer kontrollierbare politische Invektiven galt, war auf Dauer erfolglos, da die Vertreter der Wiener Bühnen ihre Rechte beim Hof energisch einforderten. Sonnenfels wurde 1771 von Maria Theresia entlassen; sein Nachfolger Hägelin, der bis 1805 amtierte, verfolgte seine Zensurintentionen strategisch geschickter, indem er dem Theater die Aufgabe der Selbstkontrolle zuschrieb – ein Weg, den auch Goethe in Weimar beschritt.
44 Dazu auch Klaus Schwind, «Man lache nicht!», IASL 21/2 (1996), S. 89 f.
45 Der *Tasso*, so soll Goethe gegenüber Caroline Herder bemerkt haben, zeige die «Disproportion des Talents mit dem Leben» (Hans Gerhard Gräf [Hg.], Goethe. Über seine Dichtungen. Zweiter Theil, Bd. IV, Frankfurt/M. 1908, S. 309).
46 August Wilhelm Schlegel, Kritische Schriften und Briefe. 6 Bde., hg. v. Edgar Lohner, Stuttgart u. a. 1962–1967, Bd. VI, S. 287. Neben solchen Stimmen gab es freilich auch Kritik, die sich auf den dogmatischen Anspruch des Goetheschen Reformwerks, dessen Hang zum statuarisch Zeremoniösen und die ihm innewohnende klassizistische Tendenz richtete. In Weimar selbst gehörten Karl August Böttiger und Herder zu den skeptischen Beobachtern der von Goethe etablierten Bühnenästhetik; vgl. Klaus Schwind, «Man lache nicht!», IASL 21/2 (1996), S. 90 ff.
47 Es ist interessant, daß diese Vorstellungen Gottscheds wiederum im Er-

ANMERKUNGEN ZU DEN SEITEN 26–27

ziehungsanspruch der Zensurpraxis des späten 18. Jahrhunderts – bei Sonnenfels und Hägelin zumal – fortwirkten. Vgl. Peter Höyng, Die Geburt der Theaterzensur aus dem Geiste bürgerlicher Moral. Unwillkommene Thesen zur Theaterzensur im 18. Jahrhundert? in: Zensur im Jahrhundert der Aufklärung, hg. v. Wilhelm Haefs u. York-Gothart Mix, S. 99–122, S. 112 ff.

48 Zur Schauspieltheorie generell Johann Christoph Gottsched, Die Schauspiele, und besonders die Tragödien sind aus einer wohlbestellten Republik nicht zu verbannen (1729), in: Ausgewählte Werke, hg. v. Joachim Birke u. a., Berlin, New York 1968 ff., Bd. IX/2, S. 492–500, hier S. 494.

49 So heißt es am 25. April 1798 über die schlecht sprechenden Darsteller: «(...) wenn sich die Leute nur ein paar Mahle Mühe geben, ordentlich zu articuliren, so können sie es alsdenn für immer.» (Briefwechsel des Herzogs-Großherzogs Carl August mit Goethe, S. 264).

50 Die Erstfassung von Sulzers Lexikon hatte Goethe 1772 – höchst kritisch – rezensiert (MA 1.2, 397 ff.); zu Engels *Mimik* fehlen direkte Äußerungen, jedoch befaßte er sich, wie ein Brief an Schiller vom 17. Dezember 1795 dokumentiert, intensiv mit den in den *Horen* publizierten Kapiteln seines Romans *Herr Lorenz Stark*, dessen ausgefeilte Gebärdensprache wiederum auf der zehn Jahre älteren Theorie der Gestik aufbaut (NA 36/I, 53). Zu Engel vgl. MA 14, 135 (im Blick auf eine Theaterfassung des *Lorenz Stark*, die man 1804 in Lauchstädt zeigte), MA 16, 601 f. (unter Bezug auf die Dramen), WA I, 38, 363 (Erwähnung der Goldoni-Bearbeitung *Die Apotheke* als ‹wenigbedeutendes Buch› im Rahmen einer 1772 verfaßten Rezension für die *Frankfurter Gelehrten Anzeigen* [Lesart]), WA II, 5.1, 378 (gemeinsame naturwissenschaftliche Interessen).

51 Johann George Sulzer, Allgemeine Theorie der schönen Künste, Hildesheim 1792–94, Bd. IV, S. 253. Sulzers Text erschien zweibändig 1771/74, in neuer Ausgabe vierbändig 1779, in dritter Auflage, um Friedrich von Blanckenburgs Zusätze erweitert, 1786–87, in nochmals ergänzter fünfbändiger Ausgabe 1792–94 (nach der letztgenannten Edition wird hier zitiert). Vgl. zur Druckgeschichte Johann van der Zande, Johann Georg Sulzers *Allgemeine Theorie der Schönen Künste*, in: Das achtzehnte Jahrhundert 22 (Hft. 1) (1998), S. 87–101.

52 Johann George Sulzer, Allgemeine Theorie der schönen Künste, Bd. IV, S. 263.

53 Johann George Sulzer, Allgemeine Theorie der schönen Künste, Bd. IV, S. 264.

54 Verstärkt wird der Effekt der Bühne durch die Massenwirkung, wie sie sich über eine große Zuschauerzahl einstellt (Johann George Sulzer, Allgemeine Theorie der schönen Künste, Bd. IV, S. 255).

55 Johann George Sulzer, Allgemeine Theorie der schönen Künste, Bd. II, S. 318.

56 Johann Jacob Engel, Ideen zu einer Mimik. 2 Teile, Berlin 1785–86. Faksimile-Nachdruck Darmstadt 1968, S. 74, 16 f. – Zu Engel ausführlich Alexan-

ANMERKUNGEN ZU DEN SEITEN 27–34

der Košenina, Anthropologie und Schauspielkunst. Studien zur ‹eloquentia corporis› im 18. Jahrhundert, Tübingen 1995, S. 152 ff.
57 Johann Jacob Engel, Ideen zu einer Mimik, Zweyter Theil, S. 184 ff.
58 Johann Jacob Engel, Ideen zu einer Mimik, Erster Theil, S. 47 f.
59 Johann Jacob Engel, Ideen zu einer Mimik, Erster Theil, S. 7.
60 Johann Jacob Engel, Ideen zu einer Mimik, Erster Theil, S. 124. Zur Funktion der Analogie in Engels System vgl. Erika Fischer-Lichte, Entwicklung einer neuen Schauspielkunst, in: Schauspielkunst im 18. Jahrhundert, hg. v. Wolfgang F. Bender, Stuttgart 1992, S. 51–70, S. 60.
61 Johann Jacob Engel, Ideen zu einer Mimik, Erster Theil, S. 90 f.
62 Die Analogie von Körper und Sprache wird am Beispiel der Pantomime verdeutlicht (Johann Jacob Engel, Ideen zu einer Mimik, Zweyter Theil, S. 60 f.).
63 Francesco Riccoboni, Die Schauspielkunst. Übers. v. Gotthold Ephraim Lessing, hg. u. eingel. v. Gerhard Piens, Berlin 1954 (= L'art du théâtre, 1750), S. 498. – Die Formulierung «Elokutionslehre des Körpers» bei Wolfgang F. Bender, Vom «tollen» Handwerk zur Kunstübung. Zur «Grammatik» der Schauspielkunst im 18. Jahrhundert, in: Schauspielkunst im 18. Jahrhundert, S. 11–50, S. 26.
64 Gotthold Ephraim Lessing, Werke. 8 Bde., hg. v. Herbert G. Göpfert u. a., München 1970–1979, Bd. IV, S. 724 ff.
65 Johann Jacob Engel, Ideen zu einer Mimik, Zweyter Theil, S. 196.
66 Kritisch gegenüber einebnenden Vergleichen zwischen beiden Konzepten Alexander Košenina, Anthropologie und Schauspielkunst, S. 162 (Anm. 38).
67 Näher dazu Dieter Borchmeyer, Goethe, S. 240.
68 Wilhelm von Humboldt, Ueber die gegenwaertige franzoesische tragische Buehne, in: Propyläen. Eine periodische Zeitschrift, hg. v. Goethe. Dritten Bandes Erstes Stück, S. 66–109, S. 92 (Nachdruck, mit Einführung u. Anhang hg. v. Wolfgang Freiherr von Löhneysen, Darmstadt 1965).
69 Briefwechsel des Herzogs-Großherzogs Carl August mit Goethe, Bd. I, S. 235.
70 Gotthold Ephraim Lessing, Werke, Bd. VI, S. 603.
71 Die Funktion, die diese Zeitkonzeption und die ihr eingeschriebene Wahrnehmungskultur für die klassische Ästhetik übernimmt, hat am Beispiel der Theorie der bildenden Künste Helmut Pfotenhauer herausgearbeitet (Evidenzverheißungen. Klassizismus und ‹Weimarer Klassik› im europäischen Vergleich, in: H. P., Um 1800. Konfigurationen der Literatur, Kunstliteratur und Ästhetik, Tübingen 1991, S. 137–156).
72 Vgl. dazu Christoph Meiners, Geschichte des weiblichen Geschlechts. Zweyter Theil, Hannover 1799, S. 144.
73 Hierzu Dieter Borchmeyer, Goethe, S. 228 ff.
74 Friedrich Nietzsche, Menschliches, Allzumenschliches (1878), in: Sämtliche Werke. Kritische Studienausgabe, hg. v. Giorgio Colli u. Mazzino Montinari. Berlin, New York 1999, Bd. II, S. 184.
75 Die Kraftgebärden der Tragödienschrift von 1872 treten in einer solchen Konzeption bereits in den Hintergrund.

76 Friedrich Nietzsche, Menschliches, Allzumenschliches (1878), Sämtliche Werke, Bd. II, S. 184.

AGONALE FREIHEIT.
Goethes und Schillers Tragödientheorien

1 Erste Übersicht bei Joachim Müller, Goethes Dramentheorie, in: Deutsche Dramentheorien, hg. v. Reinhold Grimm, Wiesbaden 1980 (3. Aufl., zuerst 1971). Bd. I, S. 157–195, hier S. 157f. Bezeichnend für das relativ geringe Interesse, das das Thema zuletzt in der Forschung fand, ist der Umstand, daß ein Artikel zur Tragödienpoetik im aktuellen Goethe-Handbuch des Metzler-Verlags fehlt.
2 Er fühle sich, so heißt es in diesem Brief vom 31. Oktober 1831 «nicht zum tragischen Dichter geboren», da seine «Natur konziliant» sei (WA IV, 49, 128).
3 Vgl. dagegen Marie-Christin Wilm, die auch in den klassischen Dramen Schillers eine implizite Poetik der Tragödie wahrnimmt: *Die Jungfrau von Orleans*, tragödientheoretisch gelesen. Schillers ‹Romantische Tragödie› und ihre praktische Theorie, in: Jahrbuch der deutschen Schillergesellschaft 47 (2003), S. 141–170, bes. S. 142ff. Selbst wenn man der bei Wilm formulierten These folgt und davon ausgeht, daß Schiller seine Theoriereflexion nach 1800 lediglich in anderen diskursiven (fiktionalen) Ordnungen vorgetragen hat, bleibt die oben genannte Differenz in Kraft, zumal man an der poetologisch-ästhetischen Präponderanz der zwischen 1790 und 1793 entstandenen Tragödienessays nicht wird zweifeln können.
4 Instruktive Analyse des Umfelds der Rede vor dem Hintergrund der Geniekonzeption bei Norbert Christian Wolf, Streitbare Ästhetik. Goethes kunst- und literaturtheoretische Schriften 1771–1789, Tübingen 2001, S. 21ff. Wenig ergiebig dagegen Kurt Ermann, Goethes Shakespeare-Bild. Tübingen 1983, bes. S. 45ff. (fehlende Unterscheidung zwischen Autor-Ich und literarischem Ich, veralteter – biographisch tingierter – Geniebegriff und ungenaue literarhistorische Verortung).
5 Goethes Verhältnis zu Shakespeare wäre aus der Sicht von Harold Bloom als Rezeption im Zeichen der «Dämonisierung» aufzufassen: der Autor des «Hypotexts» (Genette) wird zu einer Naturgewalt aufgebaut, um die Furcht zu bannen, die sein übermächtiger Schatten wirft. Reduziert man Blooms Modell auf seinen rezeptionsästhetischen Kern, indem man es von seiner kruden psychoanalytischen Konstruktionslogik befreit, so gewinnt man Einsicht in einen grundlegenden Mechanismus der deutschen Shakespeare-Wirkung am Ende des 18. Jahrhunderts, der noch die Romantikergeneration determiniert: die Tendenz, den elisabethanischen Autor zu einer dämonisch-panartigen (Herder) bzw. prometheischen (Goethe) Gestalt zu verklären. Vgl. Harold Bloom, Einfluss-Angst. Eine Theorie der Dichtung. Aus dem amerikanischen Englisch von Angelika Schweikhart. Basel 1995 (= The Anxiety of Influence, 1973), S. 87 ff.; vgl. zum Konzept des Hypotexts Gérard Genette, Palimpseste.

ANMERKUNGEN ZU DEN SEITEN 36–41

Die Literatur auf zweiter Stufe. Aus dem Französischen v. Wolfram Bayer u. Dieter Hornig, Frankfurt/M. 1993 (= Palimpsestes. La littérature au second degré, 1982), bes. S. 9 ff.

6 Georg Wihelm Friedrich Hegel, Vorlesungen über die Ästhetik I, in: Werke, hg. v. Eva Moldenhauer u. Karl Markus Michel, Frankfurt/M. 1986, Bd. 13, S. 266 f.

7 Bei der Uraufführung wurde die allegorische Figur von der jungen Schauspielerin Anna Amalia Malcolmi dargestellt, die 1803 in Lauchstädt die Isabella aus Schillers *Braut von Messina* gab.

8 Zu Goethes Umgang mit dem Egmont-Sujet prägnant Norbert Miller, Der Wanderer. Goethe in Italien, München, Wien 2002, S. 336 ff.

9 Den Begriff des Pathologischen hatte Schiller selbst ins Spiel gebracht: «An den Wallenstein werde ich mich so sehr halten als ich kann, aber das pathologische Interesse der Natur an einer solchen Dichterarbeit hat viel angreifendes für mich.» (An Goethe, 8.12.1797; NA 29, S. 165).

10 Zur Differenz zwischen theoretischen Bestimmungen und literarischer Praxis im Blick auf das Tragödienkonzept Ronald Gray, Goethe and Tragedy, in: Publications of the English Goethe Society. New Series Vol. 56 (1985/86), S. 23–37.

11 Das schließt den Willen zur Arbeit an der Form ein. Aus Anlaß seiner neuen Übersetzung von Voltaires *Mahomet* (1741) erklärt Goethe Ende 1799 in einem kurzen Beitrag für das erste Heft des letzten Jahrgangs der *Propyläen* (1800): «Die Notwendigkeit unser tragisches Theater, durch Versifikation, von dem Lustspiel und Drama zu entfernen wird immer mehr gefühlt werden.» (MA 6.2, 692).

12 Zur ‹Selbstanzeige› der literarischen Fiktion und zur Spielanalogie Wolfgang Iser, Das Fiktive und das Imaginäre. Perspektiven literarischer Anthropologie, Frankfurt/M. 1991, bes. S. 24 ff., 377 ff.

13 Friedrich Schiller, Ueber den Grund des Vergnügens an tragischen Gegenständen, NA 20, S. 143 ff.

14 Gelesen wurden Shaftesburys *The Moralists, a philosophical Rhapsody* (1705), Francis Hutchesons *System of Moral Philosophy* (1755; 1756 durch Lessing übersetzt) und Adam Fergusons *Institutes of Moral Philosophy* (1769). Vgl. dazu [Jacob Friedrich Abel], Eine Quellenedition zum Philosophieunterricht an der Stuttgarter Karlsschule (1773–1782). Mit Einleitung, Übersetzung, Kommentar und Bibliographie hg. v. Wolfgang Riedel, Würzburg 1995. Einleitung, S. 402 ff. Ferner Wolfgang Riedel, Die Anthropologie des jungen Schiller. Zur Ideengeschichte der medizinischen Schriften und der *Philosophischen Briefe*, Würzburg 1985, S. 124 ff.; Peter-André Alt, Schiller. Leben, Werk, Zeit, München 2004 (2. Aufl., zuerst 2000). Bd. I, S. 113 ff.

15 Vgl. Immanuel Kant, Kritik der praktischen Vernunft (1788), in: Werke, hg. v. Wilhelm Weischedel, Frankfurt/M. 1977, Bd. VII, S. 144 ff. (§ 8).

16 Die in den Theateressays der 1780er Jahre entwickelten Reflexionen waren über den Charakter eklektischer Beschreibungsmodelle im Spannungsfeld

zwischen heroischer tragédie classique und Lessings Mitleidsdramaturgie nicht hinausgelangt, konnten mithin keinen Konsistenzanspruch behaupten.

Friedrich Schiller, Ueber das gegenwärtige teutsche Theater (1782), NA 20, 79-86; Was kann eine gute stehende Schaubühne eigentlich wirken, NA 20, 87-100.

17 Friedrich Schiller, Ueber die tragische Kunst. NA 20, S. 168. Immer noch instruktiv zur Analyse der Schillerschen Leitbegriffe Klaus L. Berghahn, Das «Pathetischerhabene». Schillers Dramentheorie, in: Deutsche Dramentheorien. Beiträge zu einer historischen Poetik des Dramas in Deutschland, hg. v. Reinhold Grimm, Wiesbaden 1980 (3. Aufl., zuerst 1971), Bd. I, S. 214-244. Vgl. jetzt auch Hans Feger, Poetische Vernunft. Moral und Ästhetik im deutschen Idealismus, Stuttgart, Weimar 2007, S. 140f.

18 Zu den anthropologischen Konnotationen dieses Konzepts vgl. Ulrich Port: «Künste des Affekts». Die Aporien des Pathetischerhabenen und die Bildrhetorik in Schillers *Maria Stuart*, in: Jahrbuch der deutschen Schillergesellschaft 46 (2002), S. 134-159, bes. S. 137 ff.

19 Immanuel Kant, Kritik der praktischen Vernunft (1788), in: Werke, Bd. VII, S. 145 ff. (Anmerkung zu § 8, über die Independenz des moralischen Willens gegenüber dem Anspruch auf Glückseligkeit).

20 Zu kurz greift es daher, wenn Karl Heinz Bohrer, Ekstasen der Zeit. Augenblick, Gegenwart, Erinnerung, München 2003, S. 131 Schillers Konzept des Erhabenen auf die Darstellung ‹moralischer Überlegenheit› beschränkt, ohne jedoch die hier implizierte innere Gefährdung des Menschen zu bedenken.

21 Vgl. Ernst-Richard Schwinge, Schillers Tragikkonzept und die Tragödie der Griechen, in: Jahrbuch der deutschen Schillergesellschaft 47 (2003), S. 123-140. - Zu bemängeln ist, daß Schwinge Schiller ein Verständnis des Tragischen im Sinne eines idealistischen Lebenskonzepts unterstellt, für das sich in seinen Texten kein Beleg findet. Die Annahme, bei ihm löse sich «jedwede Zweckwidrigkeit in Zweckmäßigkeit» (S. 134) auf, ist durch Schillers Argumentation nicht gedeckt; vielmehr führt Schiller in sämtlichen seiner tragödientheoretischen Schriften Beispiele für eine ästhetisch unergiebige, nur Schmerz, Larmoyanz, Fatalismus oder Sinnlosigkeit evozierende Darstellung menschlichen Leidens an. Nicht ‹jedweder Schmerz›, sondern allein das durch die tragische Form funktionalisierte Pathos kann als freiheitsermöglichend begriffen werden.

22 Die Kategorie des Opfers hat die Schillerforschung in ihrer Bedeutung für die klassische Tragödientheorie bisher noch nicht erkannt.

23 In den frühen Schriften verwendet Schiller den Opferbegriff weitgehend wertfrei; so ist mit Blick auf die Tochterfiguren des bürgerlichen Trauerspiels vom «Schlachtopfer der Wollust» bzw. vom «Schlachtopfer vernachläßigter Erziehung» die Rede (NA 20, S. 81, 98). In der *Theosophie des Julius* aus den *Philosophischen Briefen* (1786) wird von dem als ein Körper gedachten Menschengeschlecht gesprochen, dem der Einzelne sich opfern dürfe; jedoch gilt gerade die Philosophie des Julius im Rahmen des fragmentarischen Romans

ANMERKUNGEN ZU DEN SEITEN 42–45

als zu überwindende Station auf dem Weg vom metaphysischen zum skeptischen Denken, so daß notwendig auch die Idee des Opfers ambivalent bleibt (NA 20, 123).

24 Friedrich Schiller, Briefe über Don Karlos. NA 22, S. 176.
25 Friedrich Hölderlin, Grund zum Empedokles. In: Sämtliche Werke. Große Stuttgarter Ausgabe (= StA), hg. v. Friedrich Beißner, Stuttgart 1943–1985, Bd. 4, S. 274 («Die Bedeutung der Tragödien ist am leichtesten aus dem Paradoxon zu begreifen.»).
26 Ulrich Port, Künste des Affekts, spricht hier von der ‹Enthebung›, die es dem leidenden Subjekt erlaube, auch unter den Bedingungen des Zwangs frei zu sein (S. 149).
27 Dazu gehört auch die Bereitschaft Schillers, sich genauer als Goethe mit Aspekten der poetischen Struktur der Tragödie zu befassen, wie es vor allem der Aufsatz *Ueber die tragische Kunst* tut (NA 20, 148–170). In seinen klassischen Dramen hat Schiller nach 1800 die Reflexion über die Möglichkeiten der Tragödie implizit als Auseinandersetzung mit deren ‹innerer Form› fortgesetzt, wie die während der Arbeit am *Wallenstein* mit Goethe geführte Korrespondenz (vgl. NA 29, 141 f., 159 f., 176 f., 179, 265 f.) oder auch die Überlegungen zum Chor im Umfeld der *Braut von Messina* (NA 10, 7 ff.) demonstrieren. Vgl. zu Schillers impliziter Tragödienpoetik Marie-Christin Wilm, *Die Jungfrau von Orleans*, tragödientheoretisch gelesen, bes. S. 150 ff.
28 Vgl. Gotthold Ephraim Lessing, Briefwechsel über das Trauerspiel. In: Werke, Bd. IV, S. 153 ff.
29 Zur Ambivalenz des Opferbegriffs im Drama vgl. Rolf-Peter Janz, Antike und Moderne in Schillers *Braut von Messina*, in: Unser Commercium. Goethes und Schillers Literaturpolitik, hg. v. Wilfried Barner, Eberhard Lämmert u. Norbert Oellers, Stuttgart 1984, S. 329–349, bes. S. 335.
30 Walter Benjamin, Ursprung des deutschen Trauerspiels, in: Gesammelte Schriften, hg. v. Rolf Tiedemann u. Hermann Schweppenhäuser, Frankfurt/M. 1972–1987, Bd. I, S. 285. Vgl. dazu Peter Szondi, Versuch über das Tragische, in: Schriften I, hg. v. Jean Bollack u. a., Frankfurt/M. 1978, S. 201 ff.
31 Friedrich Hölderlin, Grund zum Empedokles. StA 4.1, S. 157 f.; vgl. zu Hölderlins Tragödienbegriff die glänzende Analyse von Gerhard Kurz, Mittelbarkeit und Vereinigung. Zum Verhältnis von Poesie, Reflexion und Revolution bei Hölderlin, Stuttgart 1975, S. 198 ff., ferner Alexander Honold, Hölderlins Kalender. Astronomie und Revolution um 1800, Berlin 2005, S. 310 ff.
32 Friedrich Hölderlin, Grund zum Empedokles, StA 4.1, S. 157 ff.; Peter Szondi, Versuch über das Tragische, Schriften I, S. 165.
33 Friedrich Hölderlin, Anmerkungen zum Oedipus, StA 5, S. 201.
34 Georg Wilhelm Friedrich Hegel, Über die wissenschaftlichen Behandlungsarten des Naturrechts, Werke, Bd. 2, S. 494 f.; vgl. zum Opferbegriff Michael Schulte, Die «Tragödie im Sittlichen». Zur Dramentheorie Hegels, München 1992, S. 61 f.

35 Georg Wilhelm Friedrich Hegel, Phänomenologie des Geistes, Werke, Bd. 3, S. 283.
36 Georg Wilhelm Friedrich Hegel, Phänomenologie des Geistes, Werke, Bd. 3, S. 290. Nähere Kontextualisierung bei Michael Schulte, Die «Tragödie im Sittlichen», S. 40 ff.
37 Theodor W. Adorno, Negative Dialektik. Frankfurt/M. 1975 (zuerst 1966), S. 139 ff.
38 August Wilhelm Schlegel, Vorlesungen über dramatische Kunst und Literatur (1809–11). Erster Teil. In: Kritische Schriften und Briefe, Bd. V, S. 61: «Innere Freiheit und äußere Notwendigkeit, dies sind die beiden Pole der tragischen Welt.»
39 Goethe wendet diese Opposition zwar im Gang seiner Argumentation einzig auf die dramatische Gattung an, läßt sie aber ausdrücklich für die grundsätzliche Differenz zwischen antiker und moderner Literatur gelten. Besonders offenkundig ist der Bezug auf den *Wahlverwandtschaften*-Roman und dessen antinomische Struktur.
40 Goethe hält Shakespeare für einen Theaterdichter, der jedoch mehr als nur Augenlüste zu bieten hat. Stärker auf die Bühnenästhetik rekurriert Ludwig Tieck, Über Shakspeare's Behandlung des Wunderbaren (1793), in: Schriften in 12 Bänden, hg. v. Hans Peter Balmes u. a. Bd. I (Schriften 1789–1794), hg. v. Achim Hölter. Frankfurt/M. 1991, S. 685–721, S. 696, ferner August Wilhelm Schlegel, Vorlesungen über dramatische Kunst und Literatur (1809–11). Zweiter Teil, in: Kritische Schriften und Briefe. Bd. VI, hg. v. Edgar Lohner, Stuttgart u. a. 1967, S. 217 ff.
41 Vgl. Giovanni Sampaolo, *Proserpinas Park*. Goethes *Wahlverwandtschaften* als Selbstkritik der Moderne. Aus dem Italienischen von Annette Kopetzki, Stuttgart, Weimar 2003, S. 219 ff.
42 Friedrich Wilhelm Joseph Schelling, Philosophie der Kunst, in: Ausgewählte Schriften in 6 Bänden. Frankfurt/M. 1985, Bd. II, S. 521 ff.; Georg Wilhelm Friedrich Hegel, Phänomenologie des Geistes, Werke, Bd. 3, S. 322, 348 f.; zur Tragödie S. 534 ff. Bei Hegel erscheint der Begriff des Tragischen zwar nicht explizit, jedoch wird er von der *Phänomenologie* beständig umspielt. Vgl. dazu bereits Peter Szondi, Versuch über das Tragische, Schriften I, S. 170 ff.
43 Friedrich Wilhelm Joseph Schelling, Philosophie der Kunst, Ausgewählte Schriften, Bd. II, S. 525.
44 Georg Wilhelm Friedrich Hegel Phänomenologie des Geistes, Werke, Bd. 3, S. 348. Vgl. Bernhard Lypp, Ästhetischer Absolutismus und politische Vernunft. Zum Widerstreit von Reflexion und Sinnlichkeit im deutschen Idealismus, Frankfurt/M. 1972, S. 182 ff.
45 Auf den Aspekt der Hegelkritik verweist auch Peter Szondi, Versuch über das Tragische, Schriften I, S. 176 f.
46 Zur Lektüre der *Wahlverwandtschaften* als tragischer Roman vgl. die Rezension von Karl Wilhelm Ferdinand Solger, Über die Wahlverwandtschaften

ANMERKUNGEN ZU DEN SEITEN 48–50

(1809), in: Goethe im Urteil seiner Kritiker. Dokumente zur Wirkungsgeschichte Goethes in Deutschland. Teil I (1773–1832), hg., eingel. u. kommentiert v. Karl Robert Mandelkow, München 1975, S. 257–261. Zur Forschung: Kurt May, Goethes *Wahlverwandtschaften* als tragischer Roman, in: Goethes Roman *Die Wahlverwandtschaften*, hg. v. Ewald Rösch, Darmstadt 1975 (= Wege der Forschung, Bd. CXIII), S. 263–271; Walter Müller-Seidel, Lyrik, Tragik und Individualität in Goethes später Dichtung, in: Das Subjekt der Dichtung. Festschrift für Gerhard Kaiser, hg. v. Gerhard Buhr, Friedrich A. Kittler u. Horst Turk, Würzburg 1990, S. 497–518 (spricht von der «Auswanderung des Tragischen aus der Tragödie» und dessen Übergreifen «auf Formen epischer Dichtung», S. 500).

47 «So ruhten die Liebenden neben einander. Friede schwebt über ihrer Stätte, heitere verwandte Engelsbilder schauen vom Gewölbe auf sie herab, und welch ein freundlicher Augenblick wird es sein, wenn sie dereinst wieder zusammen erwachen.» (Die Wahlverwandtschaften, MA 9, 529) Die Bedeutung der Konjunktion ‹wenn›, die temporal oder konditional zu lesen ist, entscheidet bekanntlich über die Auslegung dieses Schlußsatzes; nur im Fall der temporalen Bedeutung läßt sich der Gedanke der Versöhnung im Jenseits aufrechterhalten, der durch die konditionale Funktion in Frage gestellt wird (was mit Goethes Formulierung aus der Selbstanzeige besser harmoniert). Vgl. dazu Walter Benjamin, Goethes Wahlverwandtschaften, Gesammelte Schriften, Bd. I, S. 123–201, S. 175 ff. Benjamin lehnt den Begriff des Tragischen als Kategorie zur Beschreibung des Romanschlusses generell ab: «Untragischer kann nichts ersonnen werden als dieses trauervolle Ende.» (S. 177) Inwiefern sich Goethes Roman als Konfrontation klassischer Ordnungsmuster mit einem modernen – christlich-romantischen – Zeichengefüge lesen läßt, ohne daß es zu einer Versöhnung der beiden Bereiche kommt, zeigt Bernhard Buschendorf: Goethes mythische Denkform. Zur Ikonographie der *Wahlverwandtschaften*, Frankfurt/M. 1986, S. 264 ff.

48 Die Bedeutung dieses Passus betont erstmals Peter Szondi, Versuch über das Tragische, Schriften I, S. 178.

49 Goethes Gespräche, hg. v. Woldemar Freiherr von Biedermann. Bd. 5, Leipzig 1890, S. 92 (6. Juni 1824). In einem Brief an Zelter heißt es am 31.10.1831 mit einer berühmtgewordenen Formulierung in ähnlichem Tenor: «Ich bin nicht zum tragischen Dichter geboren, da meine Natur conciliant ist; daher kann der reintragische Fall mich nicht interessieren, welcher eigentlich von Haus aus unversöhnlich seyn muß, und in dieser übrigens so äußerst platten Welt kommt mir das Unversöhnliche ganz absurd vor.» (WA IV, 49, 128).

50 Vgl. Originaltext und Übersetzung: Aristoteles, Poetik. Griechisch/Deutsch. Übers. u. hg. v. Manfred Fuhrmann, Stuttgart 1982, Kap. 6, 1449b (S. 19). Zur neueren Diskussion: Manfred Fuhrmann, Dichtungstheorie der Antike. Aristoteles – Horaz – ‹Longin›, Darmstadt 1992, S. 3 f. – Mit seiner gehaltsbezogenen, die wirkungsästhetische Dimension negierenden Übersetzung stellt sich Goethe in Opposition zu sämtlichen Übertragungsversuchen des aristo-

telischen Lehrsatzes von Scaliger und Heinsius über Dacier bis zu Curtius und Lessing.
51 Walter Burkert, Homo Necans. Interpretationen altgriechischer Opferriten und Mythen. Berlin, New York 1972, S. 49. Das Opfer gehorcht einer gleichsam tragödienspezifischen Grundstruktur: «Der Erschütterung im Akt des Tötens antwortet nachträgliche Verfestigung; der ‹Verschuldung› folgt die Wiedergutmachung, dem Zerstören der Wiederaufbau.» (S. 49). Die These, daß die Tragödie aus dem Gesang beim Bocksopfer hervorgegangen sei, vertritt Burkert dezidiert in seinem Aufsatz: Griechische Tragödie und Opferritual. In: W.B., Wilder Ursprung. Opferritual und Mythos bei den Griechen, Berlin 1990, S. 13–39. Das Thema der Tragödie ist die Darstellung der Grenzerfahrung: «Menschliche Existenz im Angesicht des Todes» (S. 30).
52 Walter Burkert, Kulte des Altertums. Biologische Grundlagen der Religion, München 1998, S. 47.
53 Ernst Bloch, Das Prinzip Hoffnung. Bd. 3, Frankfurt/M. 1976 (zuerst 1959), S. 1372.
54 Zu dieser Deutung paßt Goethes Hinweis, daß die Katharsis «allen poetischen Werken» strukturell zugehöre, mithin das kathartische Modell der Tragödie nur einen Sonderfall darstelle (MA 13.1, 340 f.). Diese unorthodoxe Aussage hat vor allem in der älteren Goetheforschung für Irritation gesorgt (vgl. Karl Schlechta, Goethe in seinem Verhältnis zu Aristoteles, Frankfurt/M. 1938); knappe Summe der Urteile bei Arthur Henkel, Entsagung. Eine Studie zu Goethes Altersroman, Tübingen 1954, S. 169 ff.
55 An Cotta schreibt Goethe am 9. Juni 1805, drei Wochen nach Schillers Tod, über das Verhältnis von Kunst und Schmerz: «Auf Ihre Anfrage (…), ob man nicht unserm Schiller ein Trauerdenkmal auf dem deutschen Theater setzen sollte, kann ich gegenwärtig nur so viel sagen, daß ich auf mannichfaltige Weise dazu aufgefordert bin. Nach meiner Überzeugung soll die Kunst, wenn sie sich mit dem Schmerz verbindet, denselben nur aufregen, um ihn zu mildern und in höhere tröstliche Gefühle aufzulösen; und ich werde in diesem Sinne weniger das, was wir verloren haben, als das, was uns übrig bleibt, darzustellen suchen.» (WA IV, 19, 7)
56 René Girard, Das Heilige und die Gewalt. Aus dem Französischen v. Elisabeth Mainberger-Ruh, Zürich 1987 (= La Violence et le sacré, 1972), S. 430. Vgl. auch René Girard, Das Ende der Gewalt. Analyse des Menschheitsverhängnisses. Übers. aus dem Französischen v. August Berz. Freiburg i.Br. u. a. 1983 (= Des choses cachées la fondation du monde, 1978), S. 35, 103. – Girards Analyse des Opfers als Figur des ‹eingeschlossenen Ausgeschlossenen› steht in Widerspruch zu Giorgio Agamben, Homo sacer. Die souveräne Macht und das nackte Leben. Aus dem Italienischen von Herbert Thüring, Frankfurt/M. 2002, S. 81 ff., der das Opfer gerade an eine symbolische Ordnung bindet; Girards Opfer korrespondiert Agambens *Homo sacer*, der die Figur des rechtlosen Sündenbocks (*pharmakos*) verkörpert.

ANMERKUNGEN ZU DEN SEITEN 52–55

57 Friedrich Nietzsche, Die Geburt der Tragödie (1872), Sämtliche Werke, Bd. I, S. 61 f.
58 Vgl. dazu Werner Frick, Die mythische Methode. Komparatistische Studien zur Transformation der griechischen Tragödie im Drama der klassischen Moderne, Tübingen 1998, S. 43 ff., 49 ff. (zu Nietzsche), 84 ff. (Adaptionen von Nietzsches Tragödienbegriff bei Hofmannsthal, Pannwitz und Hauptmann).

VERSTELLUNGSKÜNSTE.
Techniken der Intrige in den frühen Dramen

1 Zum Aspekt der Dynamik grundlegend Peter v. Matt, Die Intrige. Theorie und Praxis der Hinterlist, München 2006, S. 204 ff. Vgl. v. Matts Vorstudie: Ästhetik der Hinterlist. Zu Theorie und Praxis der Intrige in der Literatur, München 2002, S. 15.
2 Niklas Luhmann, Die Form «Person», in: Soziologische Aufklärung 6 (Die Soziologie und der Mensch), Opladen 1995, S. 142–154. ‹Form› bezeichnet hier die Möglichkeit, Differenzen zu operationalisieren, indem man sich durch aktives Handeln bzw. Kommunikation auf eine der beiden Seiten stellt, die die Unterscheidung hervorgebracht hat. – Zum Kommunikationsbegriff näher Niklas Luhmann, Soziale Systeme. Grundriß einer allgemeinen Theorie, Frankfurt/M. 1984, S. 191 ff., zur Störung von Interaktionsroutinen (aus organisationssoziologischer Sicht) bereits Niklas Luhmann, Funktionen und Folgen formaler Organisation, Berlin 1964, S. 245 ff.
3 So bisweilen die Tendenz in v. Matts wichtiger Studie (Die Intrige, S. 195 ff.).
4 Friedrich Nietzsche, Vorrede zu: Menschliches, Allzumenschliches (1878), Sämtliche Werke, Bd. II, S. 13.
5 Es ist bekannt, daß soziale Ordnungssysteme im Zeitalter der Aufklärung einen umfassenden Umbau erfahren, der sie auf eine neue funktionale Basis stellt. Dieser Prozeß spiegelt sich gerade dort wider, wo stratifikatorische (nach Schichten gegliederte) Ordnungen beschädigt und in ihren Operationsroutinen unterbrochen werden. Vgl. Niklas Luhmann, Die Gesellschaft der Gesellschaft, Frankfurt/M. 1998, Bd. II, S. 609 ff.
6 Zum Intriganten im Drama des 17. Jahrhunderts bereits Walter Benjamin, Ursprung des deutschen Trauerspiels, Gesammelte Schriften, Bd. I, S. 304 f. (unterschätzt die funktionale Dimension des Typus); Peter v. Matt, Die Intrige, S. 349 ff.
7 Peter v. Matts aufschlußreiche Ausführungen zur Frauenintrige im Drama des 17. Jahrhunderts konzentrieren sich auf die Morphologie der szenischen Konstruktion, gehen aber auf das Hofmilieu kaum ein (Die Intrige, S. 362 ff.).
8 Carl Schmitt, Gespräch über die Macht und den Zugang zum Machthaber/Gespräch über den Neuen Raum, Berlin 1994 (zuerst 1954), S. 18.
9 Thomas Hobbes, Leviathan oder Stoff, Form und Gewalt eines bürgerlichen und kirchlichen Staates (1651), hg. u. eingel. von Iring Fetscher, übers. von Walter Euchner, Frankfurt/M. 1992, S. 99 ff. (Teil I, Kap. 14).

ANMERKUNGEN ZU DEN SEITEN 56-59

10 Klaus Reichert, «Ich bin ich». Auftritte neuer Formen des Bösen in der Frühen Neuzeit, in: Der fremde Shakespeare, München 1998, S. 298-311.
11 William Shakespeare, The Tragedy of Othello, the Moor of Venice (1604). The London Shakespeare, London 1958, ed. by John Munro. Vol. V (The Tragedies I), S. 880 (V,2, v.241).
12 Thomas Hobbes, Leviathan oder Stoff, Form und Gewalt eines bürgerlichen und kirchlichen Staates (1651), S. 123 (Teil I, Kap. 16). Vgl. auch Thomas Hobbes, Vom Menschen/Vom Bürger (De Cive, 1642), hg. u. eingel. v. Günter Gawlick, Hamburg 1959, S. 53 ff.
13 William Shakespeare, The Tragedy of Othello, the Moor of Venice (1604), The London Shakespeare, Vol. V, S. 733 (I,1, v.66).
14 William Shakespeare, The Tragedy of Othello, the Moor of Venice (1604), The London Shakespeare, Vol. V, S. 802 (III,3, v.130 f.). – Zur Tradition der Hoflehren seit Castiglione (der seinerseits bei einer Kritik der höfischen Verstellung ansetzt) Helmuth Kiesel, ‹Bei Hof, bei Höll›. Untersuchungen zur literarischen Hofkritik von Sebastian Brant bis Friedrich Schiller, Tübingen 1979, S. 77 ff.
15 William Shakespeare, The Tragedy of Othello, the Moor of Venice (1604), The London Shakespeare, Vol. V, S. 791 (II,3, v.344).
16 Hugo v. Hofmannsthal, Shakespeares Könige und große Herren (1905), in: Gesammelte Werke in zehn Einzelbänden, hg. v. Bernd Schoeller, Frankfurt/ M. 1979; Reden und Aufsätze I, S. 33-53, S. 52.
17 «Ist es, zum Unglücke so mancher, nicht genug, daß Fürsten Menschen sind: so müssen sich auch noch Teufel in ihren Freund verstellen?» (Gotthold Ephraim Lessing, Emilia Galotti, Werke, Bd. II, S. 127-204, S. 204 [V,8]).
18 Niklas Luhmann, Interaktion in Oberschichten, in: Gesellschaftsstruktur und Semantik. Bd. I, S. 72-161, bes. S. 147 ff. Vgl. N.L.: Liebe als Passion. Zur Codierung von Intimität, Frankfurt/M. 1994 (zuerst 1982) S. 123 ff.
19 Vgl. zum Verhältnis von Freundschaft und Geheimnis Georg Simmel, Soziologie. Untersuchungen über Formen der Vergesellschaftung (1908). Gesamtausgabe, hg. v. Otthein Rammstedt. Bd. 11. Frankfurt/M. 1992, S. 401 ff.
20 Niklas Luhmann, Interaktion in Oberschichten, in: Gesellschaftsstruktur und Semantik. Bd. I, S. 72-161, S. 134 ff.; ders., Liebe als Passion, S. 97 ff.
21 Vgl. dazu Pasquale Memmolo, Strategien der Subjektivität. Intriganten in Dramen der Neuzeit. Würzburg 1995, S. 222 f.
22 Michel Foucault, Der Gebrauch der Lüste. Sexualität und Wahrheit 2. Übers. von Ulrich Raulff u. Walter Seitter. Frankfurt/M. 1989 (= Histoire de la sexualité, 2: L'usage des plaisirs, 1984), S. 44 f.
23 Georg Wilhelm Friedrich Hegel, Phänomenologie des Geistes, Werke, Bd. 3 S. 318.
24 Niklas Luhmann, Interaktion in Oberschichten, in: Gesellschaftsstruktur und Semantik. Bd. I, S. 72-161, S. 153.
25 Wiederabdruck in: MA 1.1, S. 1000-1001, hier S. 1001.

ANMERKUNGEN ZU DEN SEITEN 60–64

26 Diese Konstellation unterschätzt die *Clavigo*-Deutung von Wolfgang Leppmann, in: Goethes Dramen. Interpretationen, hg. v. Walter Hinderer, Stuttgart 1993, S. 66–87, hier S. 82.
27 Zu Schillers Intrigantenfiguren vgl. bereits Manfred Schunicht, Intrigen und Intriganten in Schillers Dramen, in: Zeitschrift für deutsche Philologie 82 (1963), S. 271–292, ferner Pasquale Memmolo, Strategien der Subjektivität, S. 282 ff., Peter v. Matt, Die Intrige, S. 211 ff.
28 William Shakespeare, The Tragedy of King Richard the Third (1597), The London Shakespeare, Vol.V (The Tragedies I), S. 370 (I, v.27). Vgl. dazu Ernst Osterkamp, Lucifer. Stationen eines Motivs, Berlin, New York 1979, S. 75.
29 Felix Christian Weiße, Richard der Dritte (1759), hg. v. Daniel Jacoby u. August Sauer, Berlin 1904, S. 49 (III,4, v.783 f.).
30 Friedrich Schiller, Die Räuber, NA 3, S. 52 f. (II,3). Zum anthropologischen Hintergrund (insbesondere unter Bezug auf Sulzer) Wolfgang Riedel, Die Aufklärung und das Unbewußte. Die Inversionen des Franz Moor, in: Jahrbuch der deutschen Schillergesellschaft 37 (1993), S. 198–220.
31 Georg Wilhelm Friedrich Hegel, Vorlesungen über die Ästhetik II, Werke, Bd. 14, S. 105.
32 William Shakespeare, The Tragedy of King Richard the Third (1597), The London Shakespeare, Vol.V (The Tragedies I), S. 370 (I, v.28 ff.). Zu Richard III. und Iago Klaus Reichert, «Ich bin ich». Auftritte neuer Formen des Bösen in der Frühen Neuzeit, bes. S. 299 ff.
33 Vgl. Wolfgang Riedel, Die Aufklärung und das Unbewußte, S. 198–220.
34 Zur Konjunktur des verbrecherischen Intriganten im romantischen Drama vgl. Ulrike Brandt-Schwarze: Intriganten, Giftmischer und Meuchelmörder. Die Handlanger des Bösen im Trauerspiel des frühen 19. Jahrhunderts, in: Zeitschrift für deutsche Philologie 115 (1996). Sonderheft: Klassik modern, S. 78–93.
35 Auf die Funktion des ökonomischen Denkens verweist erstmals Rolf-Peter Janz, Schillers *Kabale und Liebe* als bürgerliches Trauerspiel, in: Jahrbuch der deutschen Schillergesellschaft, Bd. 20 (1976), S. 208–229, bes. S. 220 f.
36 Zu diesem Konnex schon Heinz Schlaffer, Der Bürger als Held. Sozialgeschichtliche Auflösung literarischer Widersprüche, Frankfurt/M. 1973, S. 106 ff., ferner Joseph Vogl, Kalkül und Leidenschaft. Poetik des ökonomischen Menschen, München 2002, S. 98 ff. (zu Lillo und Lessing) u. Daniel Fulda, Schau-Spiele des Geldes, S. 482 ff. (zu Lessing, mit genauerer Analyse der Interferenzen zwischen literarischen und ökonomischen Formen).
37 Carl Schmitt, Gespräch über die Macht und den Zugang zum Machthaber, S. 18: «Vor jedem Raum direkter Macht bildet sich ein Vorraum indirekter Einflüsse und Gewalten, ein Zugang zum Ohr, ein Korridor zur Seele des Machthabers.»
38 NA 5 N, 116: «Sie müssen mit mir, und das Sakrament darauf nehmen, diesen Brief für einen freiwilligen zu erkennen.»
39 Vgl. zu diesem Vorgang der Zeichenmanipulation am Beispiel von Lessings

ANMERKUNGEN ZU DEN SEITEN 64-69

Miss Sara Sampson (1755) Pasquale Memmolo, Strategien der Subjektivität, S. 167 ff.

40 Zum Modell der Aufrichtigkeit Niklas Luhmann, Selbstreferenz und binäre Schematisierung, in: Gesellschaftsstruktur und Semantik. Bd. I, S. 301-313.
41 Vgl. Alexander Košenina, Anthropologie und Schauspielkunst, S. 262 f.
42 Niklas Luhmann, Liebe als Passion, S. 133 ff.; vgl. Albrecht Koschorke, Körperströme und Schriftverkehr. Mediologie des 18. Jahrhunderts, München 1999, S. 206 ff.
43 Johann Gottfried Herder, Ueber die neuere Deutsche Litteratur, in: Sämmtliche Werke, hg. v. Bernhard Suphan, Berlin 1877 ff., Bd. I, S. 395.
44 Dieser Weg ist perfider als jener der Mimikry an bürgerliche Denkmuster, den Valmont beschreitet, um Madame Tourvel zu erobern, weil er in intimer Kenntnis ihrer Codes («Ich mache hier gern den Bürgersmann», NA 5 N, 29 [I,5]) eingeschlagen wird.
45 So die an Vergils *Aeneis* (2, 264) angelehnte Wendung in Schillers Notizen zum *Demetrius*-Projekt (NA 11, 94).
46 Die Regieanweisung lautet: «Ferdinand. (reicht ihm die sterbende Hand)». (NA 5 N, 192).
47 Friedrich Maximilian Klinger, Elfride. Eine Tragödie, in: Werke. Historisch-kritische Gesamtausgabe. Bd. V, hg. v. Karl-Heinz Hartmann u. Ulrich Profitlich, Tübingen 1984, S. 181-245.
48 Vgl. Peter v. Matt, Die Intrige, S. 349 ff.
49 Das Drama wird fortan nach der zweiten Fassung (1773) zitiert (MA 1.1., S. 549-653).
50 Zum Rechtsverständnis des *Götz* Dieter Borchmeyer, Goethe, S. 34 f., zur höfischen Sphäre Nicholas Boyle, Goethe. Der Dichter in seiner Zeit. Bd. I (1749-1790). Aus dem Englischen übersetzt v. Holger Fliessbach, München 1995, S. 149.
51 Zum Verhältnis zwischen Adelheid und Götz kurz Rainer Nägele, Goethe: *Götz von Berlichingen*, in: Dramen des Sturm und Drang. Interpretationen, Stuttgart 1997, S. 7-31, S. 24.
52 «Mit Strang und Dolch, büßen doppelt doppelte Missethat.» (MA 1.1, 650)
53 Gotthold Ephraim Lessing, Emilia Galotti, Werke, Bd. II, S. 204 (V,8).
54 Noch in dieser Bestrafungsvision erweist sich die Intrige als sozialer Operator, der die gesellschaftliche Macht der Ausschließung demonstriert.
55 Zur semiotischen Funktion des Körpers im theatralischen Konzept des Schauspiels vgl. Rainer Nägele, Goethe: *Götz von Berlichingen*, S. 12 ff.
56 Ernst Osterkamp, Lucifer, S. 157.
57 Immanuel Kant, Die Religion innerhalb der Grenzen der bloßen Vernunft (1794), Werke, Bd. VIII, S. 686.
58 Augustinus, De civitate Dei, in: Patrologiae cursus completus. Series latina. 221 Bde., hg. v. Jacques-Paul Migne, Paris 1844-1864. Bd. 41, Sp. 335 f. (lib. XI, cap. 22).
59 Friedrich Nietzsche, Die Geburt der Tragödie aus dem Geiste der Musik

ANMERKUNGEN ZU DEN SEITEN 69–75

(1872), Sämtliche Werke, Bd. I, S. 97 ff. Vgl. zu Nietzsches Auffassung Peter v. Matt, Die Intrige, S. 218 ff.
60 Friedrich Nietzsche, Die Geburt der Tragödie aus dem Geiste der Musik (1872), Sämtliche Werke, Bd. I, S. 115.
61 Vgl. zu Schillers Dramenentwurf als – den französischen Paris-Roman des 19. Jahrhunderts vorwegnehmende – Intrigenkonstruktion Peter v. Matt, Die Intrige, S. 404 ff.
62 Zur aufgeklärten Kultivierung der Natur und Naturalisierung der Moral vgl. Albrecht Koschorke, Körperströme und Schriftverkehr, S. 444 ff.
63 Zur Selbstreflexion der Literatur als Indikator der nachromantischen Moderne auch Christoph Menke, Die Gegenwart der Tragödie. Versuch über Urteil und Spiel, Frankfurt/M. 2005, S. 150 ff.

DIE PARADOXIEN DES BÖSEN.
Mephistos Prinzip oder: Selbstentwürfe des Teufels

1 Johann Christoph Gottsched, Versuch einer Critischen Dichtkunst, Leipzig 1751 (4. Aufl., zuerst 1730). Faksimile-Nachdruck, Darmstadt 1982, S. 107, 483, 502.
2 Johann Christoph Gottsched, Versuch einer Critischen Dichtkunst, S. 107.
3 Georg Friedrich Meier, Philosophische Gedanken von den Würkungen des Teufels auf dem Erdboden, Halle 1760, S. 22. Vgl. hier Heinz Dieter Kittsteiner, Die Abschaffung des Teufels im 18. Jahrhundert, in: Die andere Kraft. Zur Renaissance des Bösen, hg. v. Alexander Schuller u. Wolfert v. Rahden, Berlin 1993, S. 55–92, hier S. 64 ff.
4 Georg Friedrich Meier, Philosophische Gedanken von den Würkungen des Teufels auf dem Erdboden, S. 139.
5 Georg Friedrich Meier, Philosophische Gedanken von den Würkungen des Teufels auf dem Erdboden, S. 145.
6 Georg Friedrich Meier, Philosophische Gedanken von den Würkungen des Teufels auf dem Erdboden, S. 168.
7 Johann Heinrich Zedler, Grosses vollständiges Universal-Lexicon aller Wissenschaften und Künste, welche bißhero durch menschlichen Verstand und Witz erfunden und verbessert worden (...). 64 Bde. u. 4 Supplement-Bde., Halle, Leipzig 1732–50; 1751–54. Bd. 42, Sp. 1551, Sp. 1607.
8 Jean Paul, Baierische Kreuzerkomödie, Sämtliche Werke, Bd. II/2, S. 563.
9 Immanuel Kant, Kritik der reinen Vernunft (1781/1787), Werke, Bd. III, S. 24 (Vorrede zur zweiten Auflage).
10 Jean Paul, Sämtliche Werke, Bd. II/2, S. 563.
11 Johann Benjamin Erhard, Apologie des Teufels (1795), in: J.B.E., Über das Recht des Volks zu einer Revolution, hg. v. Helmut G. Haasis, Frankfurt/M. 1976, S. 109–140.
12 August Klingemann, Nachtwachen von Bonaventura, hg. u. mit einem Nachwort vers. v. Jost Schillemeit, Frankfurt/M. 1976, S. 26.

ANMERKUNGEN ZU DEN SEITEN 75-79

13 August Klingemann, Nachtwachen von Bonaventura, S. 26.
14 August Klingemann, Nachtwachen von Bonaventura, S. 28.
15 August Klingemann, Nachtwachen von Bonaventura, S. 28.
16 Jean Paul, Sämtliche Werke, Bd. II/1, S. 929.
17 Heinrich Heine, Historisch-kritische Gesamtausgabe der Werke. In Verbindung mit dem Heinrich-Heine-Institut hg. v. Manfred Windfuhr, Hamburg 1973-1997, Bd. I/1. Bearbeitet v. Pierre Grappin, Hamburg 1975, S. 247.
18 Peter Michelsen, Mephistos «eigentliches Element». Vom Bösen in Goethes *Faust*, in: Das Böse. Eine historische Phänomenologie des Unerklärlichen, hg. v. Carsten Colpe und Wilhelm Schmidt-Biggemann, Frankfurt/M. 1993, S. 229-255, S. 252.
19 Ernst Osterkamp, Lucifer, S. 16.
20 Das *Faust*-Drama wird nicht nach der Münchner Ausgabe, sondern (im Hinblick auf den umfassenderen Kommentar) nach der Edition Schönes zitiert: Johann Wolfgang Goethe, Faust. Text und Kommentare. 2 Bde., hg. v. Albrecht Schöne, Frankfurt/M. 1999 (= FA 7/1), Bd. I, hier S. 486. – Die Mephisto-Figur der frühen Fassung des *Faust* erinnert noch an das laut *Dichtung und Wahrheit* vom Lucifer-Mythos bezeichnete Moment der Ich-Konzentration im Prozeß des ‹Verselbstens› (MA 16, 279 ff.). Vgl. dazu Rolf Christian Zimmermann, Das Weltbild des jungen Goethe. Studien zur hermetischen Tradition des deutschen 18. Jahrhunderts. Zweiter Band: Interpretation und Dokumentation, München 1979, S. 258 ff.
21 Zitate aus dem *Faust* hinfort unter Angabe der Verszahl im fortlaufenden Text nach Schönes Edition. Vgl. zur Selbstreflexion des Teufels Peter Michelsen, Mephistos «eigentliches Element». Vom Bösen in Goethes *Faust*, in: Das Böse, hg. v. Carsten Colpe und Wilhelm Schmidt-Biggemann, S. 229-255.
22 Johann Wolfgang Goethe, Faust. Text und Kommentare, Bd. I, S. 389.
23 Johann Wolfgang Goethe, Faust. Text und Kommentare, Bd. II, S. 638. Der Passus entstand vermutlich im Rahmen der Arbeit am Helena-Fragment (1800), als Goethe noch einen Epilog zu planen schien, wurde dann in dessen Erstdruck (1827/28) aufgenommen, blieb aber überraschenderweise in der letzten Fassung des Textes erhalten und verweist dort auf ein Nachspiel, das es nicht gab.
24 Gottfried Wilhelm Leibniz, Die Theodizee von der Güte Gottes, der Freiheit des Menschen und dem Ursprung des Übels (1710), in: Philosophische Schriften. 4 Bde., hg. u. übers. v. Herbert Herring, Frankfurt/M. 1996, Bd. 2.2, S. 287 ff. (Anhang). Vgl. Thomas von Aquin. Summa Theologica. Tomus Primus, Paris 1887. Quaestio CIII, Art. VII, S. 514 f. («Ad primum ergo dicendum quod nihil invenitur in mundo quod sit totaliter malum; quia malum semper fundatur in bono [...]»).
25 Christian Wolff. Vernünfftige Gedancken von GOtt, der Welt und der Seele des Menschen, auch allen Dingen überhaupt (= Deutsche Metaphysik, 1720), in: Gesammelte Werke, hg. u. bearbeitet v. Jean École u. a., Hildesheim, Zürich, New York 1962 ff. 1. Abteilung, Bd. II, S. 653 (§ 1060).

ANMERKUNGEN ZU DEN SEITEN 79-83

26 Augustinus, De civitate Dei, PL 41, Sp.335f. (lib.XI, cap.22).
27 Wolfgang v. Einsiedel, Der Böse und das Böse, in: Merkur 5 (1951), S.441.
28 Historia von D. Johann Fausten (1587). Kritische Ausgabe, hg. v. Stephan Füssel u. Hans Joachim Kreutzer, Stuttgart 1988, S.122f.
29 Karl Philipp Moritz, Götterlehre (1791), in: Werke. 3 Bde., hg. v. Horst Günther, Frankfurt/M. 1993 (2.Aufl., zuerst 1981), Bd.II, S.616. Vgl. Peter Michelsen, Mephistos «eigentliches Element». Vom Bösen in Goethes *Faust*, in: Das Böse. Eine historische Phänomenologie des Unerklärlichen, hg. v. Carsten Colpe und Wilhelm Schmidt-Biggemann, S.229-255, S.234.
30 Karl Heinz Bohrer, Die permanente Theodizee (1988), in: Ders., Imaginationen des Bösen, München, Wien 2004, S.33-62, S.50; Peter Sloterdijk, Kritik der zynischen Vernunft. 2 Bde., Frankfurt/M. 1983. Bd.I, S.341, 334f.
31 [Widmann/Pfitzer], Das ärgerliche Leben und schreckliche Ende deß vielberüchtigten Ertz-Schwartzkünstlers Johannis Fausti (...), Nürnberg 1674, hg. v. Adelbert v. Keller, Tübingen 1880. Nachdruck, Hildesheim 1976, S.168 (I,16).
32 Christopher Marlowe, The Tragicall History of D. Faustus (1588/89), Complete Works, ed. by Fredson Bowers, London 1973, Vol.II, S.171 (I,3, v.309f.).
33 Vgl. dazu Ludwig Milichius, Zauber Teuffel (1563), in: Teufelbücher in Auswahl, hg. v. Ria Stambaugh, Bd.I, Berlin 1970, S.71ff. Zum Problem der Schwermut im Hinblick auf den Teufel Maria E. Müller, Der andere Faust. Melancholie und Individualität in der Historia von D. Johann Fausten, in: Deutsche Vierteljahrsschrift für Literaturwissenschaft und Geistesgeschichte 60 (1986), S.572-608, bes. S.580ff.
34 Johann Weyer, De praestigiis daemonvm: Von Teuffelgespenst Zauberern vnd Giffbereytern / Schwartzkuenstlern / Hexen vnd Vnholden (...). Erstlich durch Johannem Weier in Latein beschrieben / nachmals von Johann Fuglino verteutscht, Franckfurt am Mayn 1586 [Lateinische Editio princeps 1563], S.289. Umgekehrt sind es auch die Melancholiker, die «von den boesen Geistern getrieben und geengstigt werden (...)» (ebd.). Die Melancholie sei das «Spielhauß» der Dämonen (S.163).
35 Ernst Osterkamp, Lucifer, S.55ff.
36 Ernst Osterkamp, Lucifer, S.82ff.
37 Diese dekonstruierende Leistung, die das Böse als Paradoxon sichtbar macht, übersieht Karl Heinz Bohrer, Das Böse – eine ästhetische Kategorie? In: Ders., Imaginationen des Bösen, S.9-33. Bei Bohrer sorgt die Fixierung auf seine Leitkategorie der ästhetischen Negativität dafür, daß er das Moment der Paradoxie als Signum der Beobachtungstätigkeit des Bösen ausblendet.
38 Johann Heinrich Zedler, Grosses vollständiges Universal-Lexicon, Bd.IV, Sp.397.
39 Johann Heinrich Zedler, Grosses vollständiges Universal-Lexicon, Bd.IV, Sp.397.
40 Immanuel Kant, Die Religion innerhalb der Grenzen der bloßen Vernunft

(1793), Werke, Bd. VIII, S. 666 ff. Zur Kritik vgl. Goethes Brief an Johann Gottfried und Caroline Herder vom 7. Juni 1793 (WA IV, 10, 75).
41 Immanuel Kant, Die Religion innerhalb der Grenzen der bloßen Vernunft (1793), Werke, Bd. VIII, S. 677 f.
42 Mephisto gehört wie das von ihm verkörperte Böse zur Welt. Ob er damit aber auch zum Bestandteil der Theodizee wird, scheint fraglich, bezeichnet diese doch eine Konstruktion, die das Übel gerade entschärft, indem sie es funktional in die Schöpfung integriert. Der *Prolog im Himmel*, der eine solche Integration andeutet, bleibt zwar der Rahmen, innerhalb dessen das Spiel abläuft, sollte aber nicht darüber täuschen, daß das Böse inmitten mundaner Verhältnisse mehr als nur Diener Gottes ist (was gerade seine bedrohliche Qualität ausmacht). Irreführend hier (mit Blick auf das Theodizee-Motiv) Wilhelm Gössmann, Das Böse im Spiegel des Guten. Die Mephisto-Gestalt in der Literatur, in: Ders.: Literatur als Lebensnerv. Vermittlung, Schreibimpulse, Leselust, Düsseldorf 1999, S. 93–111, S. 102. Auch Mephistos Sympathisieren mit dem Materialismus (vgl. Jochen Schmidt, Goethes *Faust*. Erster und zweiter Teil. Grundlagen – Werk – Wirkung, München 1999, S. 122 ff.) sollte vor diesem Hintergrund als ironisches Zeichen gelesen werden, weil der Gegensatz zwischen Geist und Materie jenem dualistischen Denken entspringt, das der Teufel permanent zu unterlaufen sucht.
43 Ralf Simon hat in einem instruktiven Aufsatz, der parallel zu den hier vorgetragenen Überlegungen entstand, darauf hingewiesen, daß Goethes Mephisto als ‹Trickster›, der sich selbst aufhebt, indem er seine Rolle reflektiert, durch ‹Verschlagenheit›, ‹Verwandlungsfähigkeit› und Unernst gekennzeichnet sei («Ich bin keiner von den Großen»: der Teufel als Trickster des Teuflischen in Goethes *Faust*, in: Variationen über das Teuflische. Colloquium Helveticum. Schweizer Hefte für allgemeine und vergleichende Literaturwissenschaft 36 [2005], S. 223–247, bes. S. 238 ff.).
44 Vgl. Peter Michelsen, Mephistos «eigentliches Element». Vom Bösen in Goethes *Faust*, in: Das Böse, hg. v. Carsten Colpe und Wilhelm Schmidt-Biggemann, S. 36 ff.
45 Auf die Identitätslosigkeit Mephistos verweist schon Karl Eibl, Das monumentale Ich. Wege zu Goethes *Faust*, Frankfurt/M. 2000, S. 107
46 Vgl. Werner Röcke, Teufelsgelächter. Inszenierungen des Bösen und des Lachens in der *Historia von D. Johann Fausten* (1587) und in Thomas Manns *Doktor Faustus*, in: Der schöne Schein der Kunst und seine Schatten. Festschrift für Rolf-Peter Janz, Bielefeld 2000, S. 345–365, bes. S. 347 ff.
47 Historia von D. Johann Fausten (1587). Kritische Ausgabe, bes. S. 24 ff., 49 ff.
48 Hans Richard Brittnacher, Ästhetik des Horrors. Gespenster, Vampire, Monster, Teufel und künstliche Menschen in der phantastischen Literatur, Frankfurt/M. 1994, S. 245. Ders., Der Leibhaftige. Motive und Bilder des Satanismus, in: Die andere Kraft, hg. v. Alexander Schuller und Wolfert v. Rahden, S. 167–192. Zur Geschichte der Formen der Teufelsdarstellung Isabel Grü-

ANMERKUNGEN ZU DEN SEITEN 84–85

bel, Die Hierarchie der Teufel. Studien zum christlichen Teufelsbild und zur Allegorisierung des Bösen in Theologie, Literatur und Kunst zwischen Frühmittelalter und Gegenreformation. München 1991, S. 26 ff. Für die neuere theologische Forschung und deren dezidierte Abgrenzung von Formen einer Ästhetik des Bösen vgl. die instruktive dogmengeschichtliche Untersuchung von Jürgen Bründl, Masken des Bösen. Eine Theologie des Teufels. Bonn 2002, bes. S. 170 ff.

49 Wolfgang von Einsiedel, Der Böse und das Böse, in: Merkur 5 (1951), S. 428–444.

50 Niklas Luhmann, Die Wissenschaft der Gesellschaft, S. 118 ff. Die Sünde des Teufels bestehe, so formuliert Luhmann in anderem Zusammenhang, in der «Beobachtung Gottes» (N. L., Die Gesellschaft der Gesellschaft. Bd. II, S. 860).

51 Augustinus, De civitate Dei, PL 41, Sp.335f. (lib.XI, cap.22).

52 Thomas Zabka (Dialektik des Bösen. Warum es in Goethes ‹Walpurgisnacht› keinen Satan gibt. In: Deutsche Vierteljahrsschrift für Literaturwissenschaft und Geistesgeschichte 72 [1998], S. 201–226, S. 203 ff.) liest den *Faust* als Drama einer zunehmenden, schon im *Prolog im Himmel* sich abzeichnenden Dialektik von Gut und Böse, die keine manichäische Objektivierung der beiden Kategorien zulasse. Dieser Ansatz richtet sich explizit gegen Albrecht Schöne (Götterzeichen, Liebeszauber, Satanskult. Neue Einblicke in alte Goethetexte, München 1993 [3.Aufl., zuerst 1982], bes. S. 205 ff.), der die These vertritt, daß die Tragödie den Streit zwischen Gut und Böse zur Anschauung zu bringen gesucht, dessen konsequente Darstellung aber aus sittlichen Bedenken vermieden habe; durch den Verzicht auf die Szenen der Satansmesse erfahre das Böse keine dem *Prolog im Himmel* entgegentretende autonome Verkörperung (so auch Schönes Position in den Erläuterungen der *Faust*-Edition, Bd. II, S. 121, 344 f.). Die Differenz zwischen Zabkas und Schönes Deutung ist jedoch weniger fundamental, als Jochen Schmidt (Goethes Faust, S. 356) nahelegt. Auch bei Schöne findet sich die Annahme, daß Goethes Drama ursprünglich durch eine manichäische Weltkonstruktion getragen worden sei, nur als Arbeitshypothese über die ersten Entwürfe formuliert. Im abgeschlossenen Text der Tragödie repräsentiert das Böse – selbst in der ihm zugeordneten Welt der Walpurgisnacht – keine autonome Macht, sondern eine Filiale der göttlichen Schöpfung. Die hier vorgelegten Überlegungen suchen einen Mittelweg einzuschlagen, indem sie die Eigendynamik des Bösen im Drama nicht, wie es Zabka versucht, in einer dialektischen Konstruktion auflösen, sondern als Form einer Paradoxie begreifen, die dann freilich mit den Methoden eines manichäischen Denkens kaum zu erfassen ist.

53 Es erscheint daher wenig sinnvoll, die Anatomie des Bösen durch Rekurs auf die Faustfigur und die Gretchentragödie zu erschließen (so Thomas Zabka, Dialektik des Bösen, S. 208 ff.). Das Böse ist zuallererst das in Mephisto verkörperte Prinzip, das sich freilich einer eindeutigen Logik entzieht; vgl. ansatzweise bereits Peter Michelsen, Mephistos «eigentliches Element». Vom

ANMERKUNGEN ZU DEN SEITEN 85-87

Bösen in Goethes *Faust*, in: Das Böse, hg. v. Carsten Colpe und Wilhelm Schmidt-Biggemann, S. 229-255, bes. S. 237 ff.

54 Widmann/Pfitzer, Das ärgerliche Leben und schreckliche Ende deß vielberüchtigten Ertz-Schwartzkünstlers Johannis Fausti, S. 572 (III, 8).

55 Widmann/Pfitzer, Das ärgerliche Leben und schreckliche Ende deß vielberüchtigten Ertz-Schwartzkünstlers Johannis Fausti, S. 572 f. (III, 8).

56 Das tut noch Joseph Ratzinger in einem sehr lesenswerten Kapitel seines Buchs *Dogma und Verkündigung* (München, Freiburg 1973, S. 234.): «Wenn man fragt, ob der Teufel Person sei, so müßte man richtigerweise wohl antworten, er sei die Un-Person, die Zersetzung, der Zerfall des Personseins und darum ist es ihm eigentümlich, daß er ohne Gesicht auftritt, daß die Unkenntlichkeit seine eigentliche Stärke ist.»

57 Walter Benjamin, Ursprung des deutschen Trauerspiels, Gesammelte Schriften, Bd. I, S. 404.

58 Johann Georg Walch, Philosophisches Lexicon (1726). Mit einer kurzen kritischen Geschichte der Philosophie von Justus Hennings. Reprografischer Nachdruck der 4. Auflage Leipzig 1775, Hildesheim 1968, Bd. II, Sp. 1117.

59 Johann Wolfgang Goethe, Faust. Text und Kommentare, Bd. I, S. 544 ff. Grundlegend zu diesen Paralipomena und ihren Beziehungen zu den veröffentlichten Sequenzen der *Walpurgisnacht* Albrecht Schöne, Götterzeichen, Liebeszauber, Satanskult, S. 109 ff.

60 «Der Walpurgissack» so erklärte Goethe nach einer Erinnerung von Johannes Falk im Jahr 1808, «ist eine Art von infernalischem Schlauch, Behältniß, Sack (...), ursprünglich zur Aufnahme einiger Gedichte bestimmt, die auf Hexenscenen im ‹Faust›, wo nicht auf den Blocksberg selbst, einen nähern Bezug hatten.» [Johannes Falk] Goethe aus näherm persönlichen Umgang dargestellt. Ein nachgelassenes Werk von Johannes Falk. Reprographischer Druck der Ausgabe Leipzig 1832, Hildesheim 1977, S. 93.

61 Thomas Zabka, Dialektik des Bösen, S. 214 f. schenkt gerade dieser Form keine Aufmerksamkeit und sieht daher das (von ihm nur inhaltlich gefaßte) Böse auf menschliche Eigenschaften reduziert, mithin dialektisch ans Gute zurückgebunden.

62 Johann Wolfgang Goethe, Faust. Text und Kommentare, Bd. I, S. 552. Vgl. dazu auch Anne Bohnenkamp, «...das Hauptgeschäft nicht außer Augen lassend». Die Paralipomena zu Goethes *Faust*, Frankfurt/M., Leipzig 1994, S. 174 ff.

63 Johann Wolfgang Goethe, Faust. Text und Kommentare, Bd. I, S. 564.

64 Arthur Schopenhauer, Die Welt als Wille und Vorstellung (1819/1844), Züricher Ausgabe. Werke in zehn Bänden. Auf der Grundlage der historisch-kritischen Ausgabe v. Arthur Hübscher, Zürich 1977, Bd. I, S. 252.

65 Johann Wolfgang Goethe, Faust. Text und Kommentare, Bd. I, S. 555. Das Verhältnis von Wiederholung und Ritual beleuchtet die Arbeit von Wolfgang Braungart, Ritual und Literatur, Tübingen 1996, S. 74 f.

66 Albrecht Schöne, Götterzeichen, Liebeszauber, Satanskult, S. 164.

ANMERKUNGEN ZU DEN SEITEN 87–91

67 Albrecht Schöne, Götterzeichen, Liebeszauber, Satanskult, S. 205.
68 Von diesem Argument, das allein der theatralischen Präsenz des Bösen, nicht seiner inhaltlichen Ausformung gilt, bleibt die Frage unberührt, inwiefern es in einer blasphemischen Kontrafaktur der christlichen Messe wirklich ‹Identität› gewinnt. Was die schwarze Messe auszeichnet, ist die permanente Beziehung zum christlichen Ritus, der hier nicht negiert, sondern durch seine Beleidigung im Grunde affirmiert wird. Vgl. dazu Hans Richard Brittnacher, Der Leibhaftige, in: Die andere Kraft, hg. v. Alexander Schuller und Wolfert v.Rahden, S. 167–192, bes. S. 179 ff.
69 Hier folge ich der Position Schönes, Götterzeichen, Liebeszauber, Satanskult, S. 204 ff.; anders Zabka, Dialektik des Bösen, bes. S. 202 f.
70 Albrecht Schöne, Götterzeichen, Liebeszauber, Satanskult, S. 205.
71 Friedrich Schlegel, Werke. Kritische Ausgabe, unter Mitwirkung von Jean-Jacques Anstett und Hans Eichner hg. v. Ernst Behler, Paderborn, München, Wien 1958 ff., Bd. I, S. 254; Bd. II, S. 185 (= KA). Vgl. dazu auch Winfried Menninghaus, Ekel. Theorie und Geschichte eines starken Gefühls, Frankfurt/M. 1999, S. 193 ff.
72 Friedrich Schlegel, KA II, S. 149 (Nr. 30). In einer Notiz von 1803 heißt es: «Darstellung des bösen Prinzips muß jetzt eine Hauptaufgabe der Poesie werden.» (KA XVI, S. 498, Nr. 13).
73 Was wiederum mit dem Begriff der Beobachtung zweiter Ordnung übereinstimmt, den Luhmann zur Beschreibung ästhetischer Beobachtungsleistungen entwickelt hat. Das Medium der Kunst kann im Gegensatz zum Gehirn Kommunikation prozessieren und zugleich beobachten (N.L., Die Kunst der Gesellschaft, Frankfurt/M. 1997 [zuerst 1995], S. 112 ff.). Kritisch dazu Klaus W. Hempfer, Schwierigkeiten mit einer «Supertheorie»: Bemerkungen zur Systemtheorie Luhmanns und deren Übertragbarkeit auf die Literaturwissenschaft, in: Siegener Periodicum zur Internationalen Empirischen Literaturwissenschaft 9 (1990), Hft. 1, S. 15–36.
74 Vgl. hier Karl Heinz Bohrer, Die permanente Theodizee, in: Ders., Imaginationen des Bösen, S. 50 (mit deutlicher Abwertung der Mephistofigur, der eine schwarze Ästhetik in der Nachfolge de Sades entgegengestellt wird).

EINE BÜHNE FÜR DIE SCHÖNE SEELE.
Autonomie und Androgynie der Frauen

1 Christoph Martin Wieland, Antwort auf die Frage: was ist eine schöne Seele (1781), in: Sämmtliche Werke in 39 Bänden, Leipzig 1794–1811. Faksimile-Neudruck, Hamburg 1984. Supplemente, Bd. 6, S. 70 ff. Zur Geschichte des Konzepts der schönen Seele Robert Edward Norton, The Beautiful Soul. Aesthetic Morality in the Eigtheenth Century, Ithaca, London 1995, bes. S. 148 ff. (zu Wieland und Schiller); Elisabeth Bronfen, Nachwort zu: Die schöne Seele. Erzähltexte von Goethe, Heinrich von Kleist, E. T. A. Hoffmann und anderen, hg. v. Elisabeth Bronfen, München 1992, S. 372–416; Ralf Konersmann, Die

ANMERKUNGEN ZU DEN SEITEN 91–92

schöne Seele. Zu einer Gedankenfigur des Antimodernismus, in: Archiv für Begriffsgeschichte Bd. 36 (1993), S. 144–173.

2 In diesem Sinne hat Luise Adelgunde Victorie Gottsched die Panthea-Figur in einem Trauerspiel dargestellt, das 1744 im fünften Band der *Deutschen Schaubühne* erschien (Die Deutsche Schaubühne, hg. v. Johann Christoph Gottsched. Faksimiledruck nach der Ausgabe v. 1751–1745. Mit einem Nachwort v. Horst Steinmetz, Stuttgart 1972, Bd. V, S. 1–66).

3 Christoph Martin Wieland, Antwort auf die Frage: was ist eine schöne Seele (1781), Sämmtliche Werke, Supplemente, Bd. 6, S. 72. In dem hier geschilderten Vergnügen verrät sich das, was Wieland im Rahmen seiner poetischen Studie über die Anmut (1769) eine «hohe unkörperliche Grazie» genannt hat (Sämmtliche Werke, Bd. 10, S. 90).

4 Christoph Martin Wieland, Das Leben ein Traum (1771), Sämmtliche Werke, Bd. 9, S. 228.

5 In der schönen Seele, so heißt es in *Ueber Anmuth und Würde* (1793), müssen «Sinnlichkeit und Vernunft, Pflicht und Neigung harmoniren» (NA 20, 288). Aus Wielands Gegensatz wird damit ein Programm der Balance; vgl. dazu bereits den Kommentar in NA 21, 229.

6 Bei Euripides erklärt Iphigenie dem König Thoas, Orest sei durch ein schweres Verbrechen verunreinigt und müsse daher vor der Opferung mitsamt dem Götterbild von ihr im Meer gesäubert werden, was nur glücken könne, wenn die Taurer dabei ihre Blicke abwendeten. Mittels dieses kunstvollen Betrugs, der durch Athene und Poseidon unterstützt wird, gelingt es Iphigenie, den Bruder, Pylades und sich selbst zum Schiff des Orest zu retten und nach Griechenland zu entkommen (Euripides, Iphigenie bei den Taurern, in: Tragödien, übers. v. Oskar Werner. Mit einer Einführung u. Erläuterungen hg. v. Bernhard Zimmermann. Zürich, München 1990, S. 380 ff. [v. 1158–1223]).

7 *Iphigenie*-Zitate unter Angabe der Versnummer im laufenden Text nach: MA 3.1, S. 161–221.

8 Zu de La Touches Entwurf, der seine subtile Kritik am religiösen Dogmatismus formuliert, detailliert Wolfdietrich Rasch, Goethes *Iphigenie auf Tauris* als Drama der Autonomie, München 1979, S. 82 ff. Zur Geschichte der Dramatisierung des Iphigeniemythos Dieter Borchmeyer, Iphigenie auf Tauris, in: Goethes Dramen. Interpretationen, S. 117–157, S. 133 ff. sowie – sehr instruktiv – Werner Frick, Die Schlächterin und der Tyrann: Gewalt und Aufklärung in europäischen Iphigenie-Dramen des 18. Jahrhunderts, in: Goethe-Jahrbuch 118 (2001), S. 126–141.

9 Im Sinne der Terminologie Genettes handelt es sich hier um einen Akt der «diegetischen Transposition», der nicht nur eine Verlagerung auf der Stufe der psychischen Modellierung der Figur, sondern auch einen Eingriff in ihre kulturhistorische Konditionierung bedeutet (Gérard Genette, Palimpseste, S. 406 ff.).

10 Euripides, Iphigenie bei den Taurern, in: Tragödien, übers. v. Oskar Werner, S. 361 (v. 463 ff.), S. 350 (v. 38 f.).

ANMERKUNGEN ZU DEN SEITEN 92–95

11 Johann Elias Schlegel, Ausgewählte Werke, hg. v. Helmut Holtzhauer u. Peter Wersig, Weimar 1963, S. 92 (I,5). Vgl. dazu Werner Frick, Die Schlächterin und der Tyrann, S. 134 ff.
12 Vgl. hier Wolfdietrich Rasch, Goethes *Iphigenie auf Tauris* als Drama der Autonomie, S. 84 f.
13 Vgl. Werner Frick, Die Schlächterin und der Tyrann, S. 129 f., 138.
14 Die Aporie der Entsühnung liegt seit Euripides darin, daß sie zwar von den Göttern gewährt, aber offenbar nur um den Preis neuer Schuld möglich wird, wobei in den klassizistischen Fassungen des Stoffs zum Betrug gemeinhin die Tötung des Thoas tritt.
15 Euripides, Iphigenie bei den Tauern, Tragödien, S. 354 (v. 203 ff.).
16 Theodor Gottlieb von Hippel, Über die bürgerliche Verbesserung der Weiber (1793), hg. und mit einem Nachwort vers. v. Ralph-Rainer Wuthenow, Frankfurt/M. 1977. Vgl. auch Lesley Sharpe, Über den Zusammenhang der tierischen Natur der Frau mit ihrer geistigen. Zur Anthropologie der Frau um 1800, in: Anthropologie und Literatur um 1800, hg. v. Jürgen Barkhoff u. Eda Sagarra, München 1992, S. 213–225.
17 Solche Suche nach Möglichkeiten zum aktiven Handeln hat erst Schiller dem Wesen der schönen Seele zugeschrieben, während die von Wieland vertretene ältere Konzeption der ‹graziösen› Schönheit der Psyche sie noch nicht kennt; vgl. dazu Ralf Konersmann, Die schöne Seele. Zu einer Gedankenfigur des Antimodernismus, in: Archiv für Begriffsgeschichte Bd. 36 (1993), S. 144–173, bes. S. 165.
18 Euripides, Iphigenie bei den Tauern, Tragödien, S. 377 (v. 1029).
19 Theodor W. Adorno, Zum Klassizismus von Goethes Iphigenie (1967), in: Noten zur Literatur, hg. v. Rolf Tiedemann, Frankfurt/M. 1981, S. 495–514, S. 496. Die Begriffe ‹Mythos›, ‹Natur› und ‹Zivilisation› sind bei Adorno nicht streng voneinander abgegrenzt; ein zuweilen recht willkürliches Dialektikkonzept sorgt dafür, daß sie wie Äquivokationen erscheinen.
20 Euripides, Iphigenie bei den Tauern, Tragödien, S. 389 ff. (v. 1435–1489).
21 Adorno vertritt die These, daß diese ‹Autonomie› selbst wieder in eine zivilisationstypische Dialektik des Zwangs umschlägt, wie sie auch der *Torquato Tasso* problematisiert (Zum Klassizismus von Goethes Iphigenie, Noten zur Literatur, S. 500 ff.). Nochmals simplifiziert findet sich diese schematische Lesart bei Hans Robert Jauß, Racines und Goethes Iphigenie, in: Rezeptionsästhetik. Theorie und Praxis, München 1975, S. 353–400, S. 380. Differenzierter zur Frage des Verhältnisses von mythisch verbürgter (durch die Götter herbeigeführter) Entsühnung und selbstbestimmter (vom Gewissen gelenkter) Lösung des Konflikts, die der aufgeklärte Mensch anbahnen muß, Wolfdietrich Rasch, Goethes *Iphigenie auf Tauris* als Drama der Autonomie, S. 143 ff.
22 Daß die Selbstbestimmung bei Iphigenie keine Abkehr vom Götterglauben, sondern ein «Handeln aus gehorsamer Eigenmächtigkeit» impliziert, zeigt die vorzügliche Analyse von Klaus Weimar: «Ihr Götter!», in: Unser Commercium, S. 303–327, hier S. 326.

ANMERKUNGEN ZU DEN SEITEN 95-97

23 Auf die Funktion der Sprache als Medium der Dialektik von Humanität und Unterwerfung verweist schon Adorno, Zum Klassizismus von Goethes Iphigenie, Noten zur Literatur, S. 501.
24 Bei Schlegel verrät Iphigenie Thoas, daß sie die Schwester Orests ist, um seine Schuld auf sich zu nehmen: «Ja, strafe den Orest; doch straf ihn nur in mir!» (Johann Elias Schlegel, Ausgewählte Werke, S. 122, V,5).
25 Euripides, Iphigenie bei den Taurern, Tragödien, S. 378 (v.1064).
26 Über diese Zwanglosigkeit der schönen Seele bemerkt Schiller: «Daher weiß sie selbst auch niemals um die Schönheit ihres Handelns (...)» (Ueber Anmuth und Würde, NA 20, 287).
27 Christoph Martin Wieland, Musarion (1768), in: Sämmtliche Werke, Bd. 9, S. 47.
28 Christoph Martin Wieland, Das Leben ein Traum (1771), in: Sämmtliche Werke, Bd. 9, S. 228.
29 Arthur Henkel, Die «verteufelt humane» Iphigenie. Ein Vortrag (1965), in: Ders., Goethe-Erfahrungen. Studien und Vorträge. Kleine Schriften 1, Stuttgart 1982, S. 81-102, S. 95.
30 Vgl. v.1157f. (gekühlte Glut), v.1345 (erquickender Regen), v.1437 (Wasser), v.1509 (Flut).
31 Die Forschung sieht in Iphigenies Formulierung zumeist eine Internalisierung des Glaubens im christlichen Sinn (vgl. exemplarisch Wolfdietrich Rasch, Goethes *Iphigenie auf Tauris* als Drama der Autonomie, S. 98, 188); umgekehrt ist aber auch festzuhalten, daß die menschliche Subjektivität durch die Götter okkupiert wird, wenn diese sich durch sie artikulieren: der persönliche Wille gerät zum Werkzeug der höheren Absicht.
32 Theodor Gottlieb von Hippel, Über die bürgerliche Verbesserung der Weiber (1793), S. 43.
33 Zu den religionskritischen, gegen die Priesterherrschaft gerichteten Tendenzen des Textes (im Hinblick auf Kants Religionsschrift von 1793) vgl. Wolfdietrich Rasch, Goethes *Iphigenie auf Tauris* als Drama der Autonomie, S. 110 ff.
34 Theodor W. Adorno, Zum Klassizismus von Goethes Iphigenie (1967), in: Noten zur Literatur, S. 503.
35 Das zu erkennen bedeutet nicht, die von Goethe gezeigte Lösung ideologiekritisch zu verwerfen, wie es z.B. Christa Bürger im Hinblick auf die von Goethe vermeintlich vollzogene Vernachlässigung ‹realhistorischer› Verhältnisse tut: Christa Bürger, Iphigenie als Paradigma der Trennung von Kunst und Leben, in: Dies., Der Ursprung der bürgerlichen Institution Kunst im höfischen Weimar. Literatursoziologische Untersuchungen zum klassischen Goethe, Frankfurt/M. 1977, S. 177-192. Vgl. dagegen mit Hinweis auf die balancierende Formleistung des Stils John Neubauer, Sprache und Distanz in Goethes *Iphigenie*, in: Verlorene Klassik? Ein Symposium, hg. v. Wolfgang Wittkowski, Tübingen 1986, S. 27-39, S. 35. Grundlegend hier der Beitrag von Klaus Weimar, der Goethes Drama als Versuch über innere und äußere

Freiheit des Subjekts liest («Ihr Götter!», in: Unser Commercium, S. 303–327, S. 313).
36 Georg Wilhelm Friedrich Hegel, Phänomenologie des Geistes, Werke, Bd. 3, S. 481.
37 So Theodor W. Adorno, Zum Klassizismus von Goethes Iphigenie (1967), in: Noten zur Literatur, S. 503.
38 Vor diesem Hintergrund ist es unzutreffend, die von Iphigenie vertretenen Moralvorstellungen als ‹bürgerlich› zu qualifizieren, wie das die Forschung gern getan hat; vgl. neben der Arbeit von Christa Bürger etwa Ursula Segebrecht, Götter, Helden und Goethe. Zur Geschichtsdeutung in Goethes *Iphigenie auf Tauris*, in: Klassik und Moderne. Die Weimarer Klassik als historisches Ereignis und Herausforderung im kulturgeschichtlichen Prozeß. Walter Müller-Seidel zum 65. Geburtstag, hg. v. Karl Richter u. Jörg Schönert, Stuttgart 1983, S. 175–193. Auch der Begriff des ‹Antimodernismus›, mit dem Ralf Konersmann das Denkmodell der ‹schönen Seele› charakterisiert, scheint mir hier unangemessen (Archiv für Begriffsgeschichte Bd. 36 [1993], S. 144–173), weil er die genuin sozialständische – aristokratische – Dimension des mit ihm verbundenen Konzepts durch eine kulturphilosophische Perspektive ersetzt.
39 Gerade diese Zweideutigkeit ist Merkmal einer spezifischen Säkularisierung des Mythos, von dem Goethes Drama Zeugnis ablegt, keineswegs aber ein prinzipielles Merkmal der Götterbotschaften, wie Klaus Weimar annimmt («Ihr Götter!», in: Unser Commercium, S. 303–327, S. 322); vgl. dagegen John Neubauer, Sprache und Distanz in Goethes *Iphigenie*, in: Verlorene Klassik? S. 27–39, S. 31.
40 Niklas Luhmann, Interaktion in Oberschichten, in: Gesellschaftsstruktur und Semantik. Bd. I, S. 72–161, S. 99 ff., Volker Kapp, Die Lehre von der actio als Schlüssel zum Verständnis der Kultur der frühen Neuzeit, in: Die Sprache der Zeichen und Bilder, S. 40–64, bes. S. 42 ff.
41 Gegen Raschs Deutung, die am Ende den Sieg eines christlich gedeuteten Gewissenskonzepts inszeniert sieht, wäre gerade auf die zirkuläre Logik dieser Lösung zu verweisen, die nicht unbedingte Wahrheit, sondern neue Zwänge gebiert (Wolfdietrich Rasch, Goethes *Iphigenie auf Tauris* als Drama der Autonomie, S. 187 ff.).
42 *Torquato Tasso* nach MA 3.1, S. 426–520. Baldassare Castiglione, Der Hofmann. Aus dem Italienischen v. Albert Wesselski, Berlin 1996 (= Il libro del cortegiano, 1528), bes. S. 70 f.; Balthasar Gracián, Handorakel und Kunst der Weltklugheit, mit einem Nachwort hg. v. Arthur Hübscher, Stuttgart 1990 (= Oráculo manual, 1647), bes. S. 181 (»Ohne zu lügen nicht alle Wahrheiten sagen»).
43 Theodor W. Adorno, Zum Klassizismus von Goethes Iphigenie, Noten zur Literatur, S. 513 f.
44 Adorno spricht irrtümlich vom «Rauschen der gegenständlichen und begrifflichen Sprache Goethes» und verkennt damit gerade die Ästhetik der Dezenz,

die ihr bei allem moralischen Druck eine aristokratische Form zueignet (Zum Klassizismus von Goethes Iphigenie, Noten zur Literatur, S. 514).

45 Hegel verwirft die schöne Seele, die das pflichtgemäße «Sein für Anderes» verkörpert, weil sie sich ihrer selbst nicht hinreichend bewußt sei und daher «eine geistlose Einheit des Seins» repräsentiere; in ihrem leeren Hoffen auf den Sieg des moralischen Prinzips zerfließe sie «in sehnsüchtiger Schwindsucht» und werde «gestaltloser Dunst, der sich in Luft auflöst» (Georg Wilhelm Friedrich Hegel, Phänomenologie des Geistes, Werke, Bd. 3, S. 491, 484).

46 Christoph Martin Wieland, Musarion (1768), in: Sämmtliche Werke, Bd. 9, S. 96.

47 Zitate aus *Die Jungfrau von Orleans* werden im laufenden Text belegt nach NA 9, S. 165–315.

48 Zu dieser Beobachtung auch Sigrid Lange, Geschichte und Utopie in Schillers *Jungfrau von Orleans*. Versuch einer Neuinterpretation der Titelfigur, in: Friedrich Schiller. Angebot und Diskurs. Zugänge, Dichtung, Zeitgenossenschaft, hg. v. Helmut Brandt, Berlin 1987, S. 311–319, S. 313, ferner Gerhard Sauder, Die Jungfrau von Orleans, in: Schillers Dramen. Interpretationen, hg. v. Walter Hinderer, Stuttgart 1992, S. 336–384, S. 364. Zur neueren Forschung die Übersicht im Anhang des Artikels von Ariane Martin, in: Schiller-Handbuch. Leben – Werk – Wirkung, hg. v. Matthias Luserke-Jaqui (unter Mitarbeit von Grit Dommes), Stuttgart, Weimar 2005, S. 168–195, S. 194 f.

49 Georg Wilhelm Friedrich Hegel, Enzyklopädie der philosophischen Wissenschaften III, Werke, Bd. 10, S. 140.

50 Vgl. hier Jürgen Barkhoff, Magnetische Fiktionen. Literarisierung des Mesmerismus in der Romantik, Stuttgart, Weimar 1995, S. 112 ff.

51 Georg Wilhelm Friedrich Hegel, Enzyklopädie der philosophischen Wissenschaften III, Werke, Bd. 10, S. 139.

52 Zur Verknüpfung antiker und christlicher Mythologie im Drama sehr aufschlußreich Robin Harrison, Heilige oder Hexe? Schillers *Jungfrau von Orleans* im Lichte der biblischen und griechischen Anspielungen, in: Jahrbuch der deutschen Schillergesellschaft 30 (1986), S. 265–305.

53 Dieter Borchmeyer, Weimarer Klassik, S. 440.

54 Johann Joachim Winckelmann, Nachrichten von dem berühmten Stoßischen Museo in Florenz von dem Herrn Winkelmann an den Herrn L.R. v.H. (= Legationsrat von Hagedorn) (1759), in: Kleine Schriften, Vorreden, Entwürfe, hg. v. Walther Rehm. Mit einer Einleitung v. Hellmut Sichtermann, Berlin 1968, S. 163–173, hier S. 165; vgl. dazu auch Achim Aurnhammer, Androgynie. Studien zu einem Motiv in der europäischen Literatur, Köln 1986, S. 162 ff.

55 Während die Mignon-Figur der *Theatralischen Sendung* noch in einer positiv besetzten Ambivalenz verbleibt (die sich im grammatischen Duktus des Erzählens über das bewußte Offenhalten der Geschlechtsidentität manifestiert), ist sie in den *Lehrjahren* um deutliche Grade verdunkelt. Im zweiten

ANMERKUNGEN ZU DEN SEITEN 102–105

Faust steht das androgyn-hermaphroditische Moment für einen Defekt von Leib und Seele, der freilich nicht ohne Ironie konstatiert wird (vgl. Thales' Aussage über Proteus: «Auch scheint er mir von andrer Seite kritisch, | Er ist, mich dünkt, hermaphroditisch.» [v. 8255f.; vgl. v.8029]) Zu Goethes Auseinandersetzung mit dem Sujet Achim Aurnhammer, Androgynie, S. 165 ff., ferner Stefan Keppler, Grenzen des Ich, S. 193 ff. (im Hinblick auf das Ideal der Ganzheit).

56 Vgl. Inge Stephan, «Hexe oder Heilige». Zur Geschichte der Jeanne d'Arc und ihrer literarischen Verbreitung in: Die verborgene Frau. Sechs Beiträge zu einer feministischen Literaturwissenschaft. Mit Beiträgen v. Inge Stephan und Sigrid Weigel, Berlin 1988, S. 15–35, S. 41.

57 Vor diesem Hintergrund ist Johannas Androgynie weder das Zeichen für einen im Krieg pervertierten Naturzustand, wie Helmut Kreuzer annimmt, noch eine Repräsentantin der utopischen Versöhnung sozialer Gegensätze (so Sigrid Lange), sondern eine Figur der irritierenden Ambivalenz, wie es – ohne expliziten Bezug auf den Stoff – Schillers poetologisches Gedicht *Das Mädchen aus der Fremde* (1797) reflektiert (NA I, 275). Vgl. Helmut Kreuzer, Die Jungfrau in Waffen. *Judith* und ihre Geschwister von Schiller bis Sartre, in: Untersuchungen zur Literatur als Geschichte. Festschrift für Benno v. Wiese, hg. v. Vincent J. Günther u. a., Berlin 1973, S. 363–384; Sigrid Lange, Geschichte und Utopie in Schillers *Jungfrau von Orleans*, S. 315 ff.

58 Heinrich v. Kleist, Penthesilea, in: Sämtliche Werke und Briefe, hg. v. Helmut Sembdner, München 1965, Bd. I, S. 326 (Szene 1, v.125 f.).

59 Bemerkenswert scheint hier der Hinweis auf den ‹Schlachtengott›, der kein christlicher Gott, sondern ein Sinnbild für die Kontingenz der Geschichte ist.

60 Heinrich von Kleist, Penthesilea, Sämtliche Werke, Bd. I, S. 394 (Szene 15, v.2144 ff.).

61 Wie stark in solchen Zusammenhängen das Liebessujet mit dem Thema der Androgynie verknüpft ist, hat die Forschung bisher nicht erkannt. Eine Übersicht zur kulturhistorischen Dimension bietet Walter Hinderer, Zur Liebesauffassung der Kunstperiode, in: Codierungen von Liebe in der Kunstperiode, hg. v. Walter Hinderer, Würzburg 1997, S. 7–34.

62 Friedrich Hebbel, Schillers Briefwechsel mit Körner (1848–49), in: Sämtliche Werke. Historisch-kritische Ausgabe, besorgt v. Richard Maria Werner, Berlin 1901–1907, Bd. XI, S. 90–197, S. 192.

63 Vgl. hier schon Gert Sautermeister, Idyllik und Dramatik im Werk Friedrich Schillers. Zum geschichtlichen Ort seiner klassischen Dramen, Stuttgart u.a. 1971, S. 143. Treffend ist in diesem Fall Guthkes Formulierung, Schillers Text sei keine «Tragödie einer Sendung», sondern «eines Sendungsbewußtseins» (Karl S. Guthke, Idealismus und Skepsis. Schillers Dramen, Tübingen, Basel 1994, S. 257).

64 Vgl. Ludwig Tieck, Leben und Tod der heiligen Genoveva (1799), in: Werke in 4 Bänden. Bd. II, hg. v. Marianne Thalmann, München 1964, S. 359–552. In Tiecks lyrisch gefärbtem Drama tritt die Verklärung des Mittelalters deutlicher

zutage; sie verbindet sich mit dem Moment der Schicksalsdynamik, die dem Sujet eine stellenweise phantastische Note verleiht. Schiller kannte Tiecks Text, wie ein an Körner gerichteter Brief vom 5. Januar 1801 beweist (NA 31, 1f.).

65 Marie-Christin Wilm, *Die Jungfrau von Orleans*, tragödientheoretisch gelesen, S. 168 sieht darin eine Umsetzung von Schillers Theorie des Erhabenen (vgl. hier besonders NA 21, 48ff.). Zugleich aber steht zu bedenken, daß die psychologische Dimension des Konflikts durch die Akzentuierung metapoetischer Elemente nicht verdeckt werden darf.

66 Thomas Mann, Essays, hg. v. Hermann Kurzke u. Stephan Stachorski, Frankfurt/M. 1993–1997, Bd. VI, S. 336.

67 Germaine de Staël, Über Deutschland. Nach der deutschen Erstübertragung von 1814 hg. v. Monika Bosse, Frankfurt/M. 1985 (= De l' Allemagne, 1813), S. 307. In Ifflands Berliner Inszenierung spiegelte sich die Opulenz der beiden Schlußakte auf eindrucksvolle Weise wider und versetzte das Publikum, wie Carl Friedrich Zelter am 7. September 1803 an Goethe schreibt, in «unwillkürliche Extase» (MA 20.1, 55).

68 Es ist ein Merkmal der im Detail sehr kontroversen Interpretationen Gerhard Kaisers (Von Arkadien nach Elysium. Schiller-Studien, Göttingen 1978, bes. S. 129f.) und Gert Sautermeisters (Idyllik und Dramatik, S. 142ff., 217ff.), daß sie gleichermaßen von der Hypothese ausgehen, am Ende des Trauerspiels vollziehe sich eine idealische Auflösung der tragischen Antinomien – in der vollendeten Idylle (Kaiser) oder im Vorschein sozialer Utopie (Sautermeister). Dagegen wäre die Problematik der Identität zu betonen, die Schiller nur auf der Ebene der ästhetischen Verklärung, nicht aber im Bereich einer geschichtlichen, sozialen oder psychologischen Perspektive aufhebt. Zur Spannung zwischen untragischem (ästhetisch überhöhtem) Ende und Psychologie Norbert Oellers, Friedrich Schiller. Zur Modernität eines Klassikers, hg. v. Michael Hofmann, Frankfurt/M., Leipzig 1996, S. 258.

69 Auf diese Funktion der Poesie, die erst die ‹Naivität› der Johanna erzeugt, verweist auch Norbert Oellers, Friedrich Schiller, S. 268. Eine durchaus skeptische Lesart, die Kaisers Entwicklungshypothese aufgreift, aber an der Differenz von ästhetischem Ideal und geschichtlicher Realität festhält, bietet Gerhard Sauder, Die Jungfrau von Orleans, in: Schillers Dramen, S. 376.

70 Zu den subversiven Aspekten der Johanna-Figur Albrecht Koschorke, Schillers *Jungfrau von Orleans* und die Geschlechterpolitik der Französischen Revolution, in: Schiller und der Weg in die Moderne, hg. v. Walter Hinderer, Würzburg 2006, S. 243–259, S. 252f.

71 Heinrich v. Kleist, Die Familie Schroffenstein, Sämtliche Werke und Briefe, Bd. I, S. 95 (III,1, v. 1269), S. 142 (V,1, v. 2486f.).

72 Heinrich v. Kleist, Die Familie Schroffenstein, Sämtliche Werke und Briefe, Bd. I, S. 95 (III, 1, v. 1269), S. 143 (V,1, v. 2499f.).

73 Heinrich v. Kleist, Die Familie Schroffenstein, Sämtliche Werke und Briefe, Bd. I, S. 151 (V,1, v. 2704).

74 Bertolt Brecht, Die heilige Johanna der Schlachthöfe (1932), Gesammelte

ANMERKUNGEN ZU DEN SEITEN 107–111

Werke. 20 Bde., hg. v. Suhrkamp-Verlag in Verbindung mit Elisabeth Hauptmann, Frankfurt/M. 1967, Bd. 2, S. 786.

75 Dieses in Anlehnung an das Diktum aus Hölderlins *Hyperion*: «Versöhnung ist mitten im Streit und alles Getrennte findet sich wieder.» (StA 3, 166).

HÖFISCHE AMBIVALENZ.
Schaustücke der Aristokratie bei Goethe

1 Baldassare Castiglione, Der Hofmann, S. 71.
2 Dazu kanonisch: Norbert Elias, Die höfische Gesellschaft. Untersuchungen zur Soziologie des Königtums und der höfischen Aristokratie. Mit einer Einleitung: Soziologie und Geschichtswissenschaft, Frankfurt/M. 1983 (zuerst 1969), S. 135 ff., Jürgen Habermas, Strukturwandel der Öffentlichkeit. Untersuchungen zu einer Kategorie der bürgerlichen Gesellschaft, Frankfurt/M. 1990 (zuerst 1962), S. 61 ff.
3 Christoph Meiners, Geschichte des weiblichen Geschlechts. Zweyter Theil, S. 268 ff.
4 Diese Entwicklung ist für Meiners auch ein Prozeß des Verfalls mit stellenweise dekadenten Ausprägungen, wie das Verkommen der Mutprobe zur bloßen Schaustellung von Eitelkeit zeige. Das Beispiel, auf das Meiners hier rekurriert, ist die Geschichte des Ritters Delorges, die Schillers Ballade *Der Handschuh* (1797) behandelt (Christoph Meiners, Geschichte des weiblichen Geschlechts. Zweyter Theil, S. 284 f.).
5 Niklas Luhmann, Interaktion in Oberschichten, in: Gesellschaftsstruktur und Semantik. Bd. I, S. 72–161, S. 76.
6 Thomas Hobbes, Leviathan oder Stoff, Form und Gewalt eines bürgerlichen und kirchlichen Staates, S. 123 (Teil I, Kap. 16); vgl. hier auch das dritte Kapitel dieses Buchs zum Typus des Intriganten.
7 Balthasar Gracián, Handorakel und Kunst der Weltklugheit (1647), S. 48 (Nr. 94).
8 Niklas Luhmann, Interaktion in Oberschichten, in: Gesellschaftsstruktur und Semantik. Bd. I, S. 72–161, S. 98.
9 Vgl. dazu Helmuth Kiesel, ‹Bei Hof, bei Höll›, S. 77 ff., Niklas Luhmann, Interaktion in Oberschichten, in: Gesellschaftsstruktur und Semantik. Bd. I, S. 72–161, S. 84 ff. («Kritik bleibt Anwendung von Moral», S. 84).
10 Dazu Reinhart Koselleck, Kritik und Krise. Eine Studie zur Pathogenese der bürgerlichen Welt, Frankfurt/M. 1989 (6. Aufl., zuerst 1959), S. 41 ff., Jürgen Habermas, Erkenntnis und Interesse. Sozialphilosophische Studien, Frankfurt/M. 1971 (zuerst 1963), S. 80 ff.
11 Charles-Louis de Secondat Montesquieu, De l'Esprit des lois (1748). Texte établi et présenté par Jean Brethe de la Gressaye, Paris 1950–1955, Tome I, S. 59 ff. (III,4); Jean-Jacques Rousseau: Vom Gesellschaftsvertrag oder Grundsätze des Staatsrechts. In Zusammenarbeit mit Eva Pietzcker neu übers. u. hg. v. Hans Brockard, Stuttgart 1986 (= Du contrat social; ou princi-

pes du droit politique, 1762), S. 39 ff. Vgl. auch Jean-Jacques Rousseau, Discours sur l'inégalité (Über die Ungleichheit) (1755), in: Schriften zur Kulturkritik. Französisch-Deutsch. Eingel., übers. u. hg. v. Kurt Weigand, Hamburg 1983, S. 62–268, S. 264 f.

12 Immanuel Kant, Die Metaphysik der Sitten (1797), Werke, Bd. VIII, S. 323 ff.
13 Reinhart Koselleck, Kritik und Krise, S. 85 ff.
14 Niklas Luhmann, Interaktion in Oberschichten, in: Gesellschaftsstruktur und Semantik. Bd. I, S. 72–161, S. 87.
15 Grundlegend Niklas Luhmann, Die Gesellschaft der Gesellschaft. Bd. II, S. 931 ff.
16 Zur Differenz von Selbst- und Fremdreferenz in diesem Kontext Niklas Luhmann, Die Gesellschaft der Gesellschaft, Bd. II, S. 946.
17 Vgl. hier Niklas Luhmann, Selbstreferenz und Teleologie in gesellschaftstheoretischer Perspektive, in: Gesellschaftsstruktur und Semantik. Studien zur Wissenssoziologie der modernen Gesellschaft. Bd. II, Frankfurt/M. 1993 (zuerst 1981), S. 9–44.
18 Wesentlich ist, daß Goethe, anders als Schiller, Gegensätze auf dem Feld des Politischen spiegelt, ohne sie in Aktion zu überführen. Vgl. dazu die immer noch instruktive Studie von Gerhard Neumann, Konfiguration. Studien zu Goethes *Torquato Tasso*, München 1965, S. 188. Umfassend diesbezüglich Dieter Borchmeyer, Höfische Gesellschaft und französische Revolution bei Goethe, S. 55 ff. Historisch nicht differenziert genug im Hinblick auf den bei Goethe zugrunde liegenden Begriff des Höfischen Dirk Kemper, *ineffabile*. Goethe und die Individualitätsproblematik der Moderne, München 2004, S. 149 ff.
19 Vgl. zu den hier nicht weiter verfolgten biographischen Bezügen Dieter Borchmeyer, Höfische Gesellschaft und französische Revolution bei Goethe, S. 55 ff., 60 ff.
20 Vgl. Dieter Borchmeyer, Höfische Gesellschaft und französische Revolution bei Goethe, S. 58.
21 Dieser Befund erschließt sich offenkundig einer systemtheoretisch geschulten Sicht eher als einer ideologiekritischen Perspektive, wie sie Christa Bürger im Festhalten an der starren Opposition von Bürgertum und Adel auf sehr schematische Weise vertritt (Ch.B., Der bürgerliche Schriftsteller im höfischen Mäzenat. Literatursoziologische Bemerkungen zu Goethes *Tasso*, in: Deutsche Literatur zur Zeit der Klassik, hg. v. Karl Otto Conrady, Stuttgart 1977, S. 141–153).
22 Richard Wagner an Mathilde Wesendonck, 15. April 1859, in: Sämtliche Briefe, hg. v. d. Richard-Wagner-Stiftung Bayreuth, Bd. 11, hg. v. Martin Dürrer, Wiesbaden, Leipzig, Paris 1999, S. 37.
23 Christoph Martin Wieland, Alceste (1773), Sämmtliche Werke, Bd. 26, S. 57.
24 Jean Paul, Vorschule der Ästhetik, Sämtliche Werke, Bd. I/5, S. 340 f.
25 Novalis, Werke, Tagebücher und Briefe, hg. v. Hans-Joachim Mähl u. Richard Samuel, München 1978–87, Bd. II, S. 298 (Nr. 29).
26 Caroline von Wolzogen, Agnes von Lilien (1797). Mit Rezensionen von Fried-

ANMERKUNGEN ZU DEN SEITEN 114–118

rich Schlegel und Wilhelm von Humboldt sowie einem Nachwort hg. v. Thomas Anz, Marburg 2005, S. 210.
27 Aus Rom berichtet Goethe am 28. März 1788 dem Herzog: «Ich lese jetzt das Leben des Tasso, das Abbate Serassi und zwar recht gut geschrieben hat.» (WA IV, 8, 366).
28 Georg Wilhelm Friedrich Hegel, Vorlesungen über die Ästhetik III, Werke, Bd. 15, S. 566.
29 Baldassare Castiglione, Der Hofmann, S. 71, Michel de Montaigne, Essais (1580–1588), précedés d'une lettre à M. Villemain sur l'éloge de Montaigne par P. Christian. 2 Tomes, Paris 1886–1892, Tome II, S. 203 ff. (III, 8).
30 Jean Paul, Titan, Sämtliche Werke, Bd. I/3, S. 505.
31 Zu dieser Form der «Selbstreflexion des Sozialen» innerhalb der höfischen Gesellschaft Niklas Luhmann, Interaktion in Oberschichten, in: Gesellschaftsstruktur und Semantik. Bd. I, S. 72–161, S. 150.
32 Yaak Karsunke, simples sonett auf torquato tasso, in: *Torquato Tasso*. Regiebuch der Bremer Inszenierung, Frankfurt/M. 1970, S. 139. Im Programmheft der Bremer Aufführung hieß es mit tendenziösem Einschlag: «Goethes Torquato Tasso ist das Drama von dem überflüssigen (d. h. luxuriösen) Zuckerguß der Hohen Kunst, mit dem das unnötige Elend überzogen wird, um es genießbar zu machen. Hergestellt wird diese Konditorware von einem Produzenten, den man für freie Kost und Logis engagiert hat, und dem in der konventionell formalisierten Feudalgesellschaft die Rolle des Emotionalclowns zufällt.» (S. 135).
33 Das betont – auf begrifflich recht schwankender Basis – schon Gerhard Kaiser, wenn er erklärt, Tasso sehe im Hof die Einheit von Gedanke und Tat erfüllt (G. K., Wandrer und Idylle. Goethe und die Phänomenologie der Natur in der deutschen Dichtung von Geßner bis Gottfried Keller, Göttingen 1977, S. 193 ff.). Eine abgewogene Darstellung der Beziehung zwischen Künstler und Gesellschaft bietet Hans Rudolf Vaget, Um einen Tasso von außen bittend: Kunst und Dilettantismus am Musenhof von Ferrara, in: Deutsche Vierteljahrsschrift für Literaturwissenschaft und Geistesgeschichte 54 (1980), S. 232–258. Irrig dagegen die These Horst Nahlers, Tasso erkenne sukzessive die Differenz von Moral und Handeln der Gesellschaft – um Moral geht es hier nicht (H. N., Dichtertum und Moralität in Goethes *Torquato Tasso*, in: Studien zur Goethezeit. Festschrift für Lieselotte Blumenthal, hg. v. Helmut Holtzhauer u. Bernhard Zeller, Weimar 1968, S. 285–301).
34 Was Dieter Borchmeyer (Höfische Gesellschaft und französische Revolution bei Goethe, S. 149) treffend die «Absage der bürgerlichen Ästhetik an die soziale Valenz der Form» nennt, führt bei Tasso zur Verwechslung der gesellschaftlichen mit der ästhetischen Funktion des Scheins.
35 Georg Wilhelm Friedrich Hegel, Phänomenologie des Geistes, Werke Bd. 3, S. 378.
36 Georg Wilhelm Friedrich Hegel, Phänomenologie des Geistes, Werke Bd. 3, S. 378.

ANMERKUNGEN ZU DEN SEITEN 118-124

37 Georg Wilhelm Friedrich Hegel, Phänomenologie des Geistes, Werke Bd. 3, S. 378.
38 Balthasar Gracián, Handorakel und Kunst der Weltklugheit (1647), S. 49 (Nr. 96).
39 Baldassare Castiglione, Der Hofmann, S. 70.
40 Zum historischen Kontext der Tassoschen Melancholie in der Fluchtlinie von Ps.-Aristoteles' *Problemata physica* Hans-Jürgen Schings, Melancholie und Aufklärung. Melancholiker und ihre Kritiker in Erfahrungsseelenkunde und Literatur des 18. Jahrhunderts, Stuttgart 1977, S. 264ff. Vgl. hier Jochen Schmidt, Die Geschichte des Genie-Gedankens in der deutschen Literatur, Philosophie und Politik 1750-1945, Darmstadt 1988 (2. Aufl., zuerst 1985), Bd. I (Von der Aufklärung bis zum Idealismus), S. 336ff., Thorsten Valk, Melancholie im Werk Goethes. Genese - Symptomatik - Therapie, Tübingen 2002, S. 106-138. Die soziale Semantik des Dramas wird bei Schmidt und Valk allerdings vernachlässigt.
41 Vgl. Gail K. Hart, Goethe's Tasso: reading the Directions, in: Goethe-Yearbook 3 (1986), S. 126-138, S. 133.
42 Beide Begriffe sind für das höfische Sozialsystem noch identisch; dazu Niklas Luhmann, Die Gesellschaft der Gesellschaft, Bd. II, S. 950.
43 Jean Paul, Vorschule der Ästhetik (1804), Sämtliche Werke, Bd. I,5, S. 341.
44 Friedrich Schlegel, KA II, S. 225 (Nr. 339).
45 Das Bild findet sein Pendant in der Formulierung der Eugenie aus der *Natürlichen Tochter*: «Schiffbrüchig fass' ich noch die letzte Planke!» (MA 6.1, S. 320, v. 2717).
46 Hugo von Hofmannsthal, Gesammelte Werke, hg. v. Bernd Schoeller; Erzählungen. Erfundene Gespäche und Briefe. Reisen, S. 521.
47 Darauf verweist Walter Hinderer, Torquato Tasso, in: Goethes Dramen. Interpretationen, S. 199-257, S. 220ff.
48 Hugo von Hofmannsthal, Gesammelte Werke, hg. v. Bernd Schoeller; Erzählungen. Erfundene Gespäche und Briefe. Reisen, S. 521.
49 Georg Wilhelm Friedrich Hegel, Vorlesungen über die Ästhetik III, Werke, Bd. 15, S. 533.
50 Zur Verbindung von Konfigurationstechnik und Symbolik im Anschluß an Gerhard Neumann auch Heinz Gockel, Goethes *Tasso* - die Sprache des Symbols, in: Deutsche Vierteljahrsschrift für Literaturwissenschaft und Geistesgeschichte 54 (1980), S. 636-655.
51 Ähnlich die Entwicklung bei Schiller; vgl. dazu (am Beispiel von *Kabale und Liebe*) Alexander Košenina, Anthropologie und Schauspielkunst, S. 247ff.
52 Ebenso verhält es sich mit der *Iphigenie* und der *Natürlichen Tochter*. Wie stark trotz der außerordentlichen Zurückhaltung gegenüber Regieanweisungen das Moment der körperlichen Präsenz im klassischen Drama ist, zeigt Peter Utz, Das Auge und das Ohr im Text. Literarische Sinneswahrnehmung in der Goethezeit, München 1990, S. 110ff.
53 Vgl. zur Zeichenökonomie der Hofkultur (jedoch unter Vernachlässigung ih-

res rhetorischen Fundaments) Norbert Elias, Die höfische Gesellschaft, S. 135 ff., Volker Kapp, Die Lehre von der actio als Schlüssel zum Verständnis der Kultur der frühen Neuzeit, in: Die Sprache der Zeichen und Bilder, S. 40 – 64, ferner Albrecht Koschorke, Körperströme und Schriftverkehr, S. 16 f.

54 Jean Paul, Vorschule der Ästhetik (1804), Sämtliche Werke, Bd. I,5, S. 341.

55 Die zeitgenössischen Kritiker schwankten zwischen Lob der klassischen Form und Kritik ihrer marmorartigen Glätte; vgl. dazu Julius W. Braun (Hg.), Goethe im Urtheile seiner Zeitgenossen. 3 Bände, Berlin 1882 – 1885, Bd. 3, S. 28 f., 39 ff., ferner die Zeugnisse in FA 6, S. 1138 ff.: Zitate aus der *Natürlichen* Tochter im fortlaufenden Text unter Angabe der Verszahl nach MA 6.1, S. 241 – 326.

56 Mémoires historiques de Stéphanie-Louise de Bourbon-Conti, écrits par elle-même. 2 Tomes Paris 1797 – 98. Deutscher Teilabdruck der Autobiographie in: Johann Wolfgang Goethe, Die natürliche Tochter. Mit den Memoiren der Stéphanie Louise de Bourbon-Conti und drei Studien von Bernhard Böschenstein, Frankfurt/M. 1990, S. 115 – 314.

57 Vgl. den Kommentar Böschensteins in: Johann Wolfgang Goethe, Die natürliche Tochter, S. 325, 333.

58 Als Jägerin und Reiterin trägt die «Amazonen-Tochter» Eugenie (v. 127) androgyne Züge, wie schon Dieter Borchmeyer, Goethe, S. 212 anmerkt.

59 Edmund Burke, Betrachtungen über die Französische Revolution (1790), in: Edmund Burke u. Friedrich Gentz, Betrachtungen und Abhandlungen über die französische Revolution, hg. v. Hermann Kleiner, Berlin 1991, S. 162. Zur Metaphorik der Schrift Peter H. Melvin, Burke on Theatricality and Revolution, in: Journal of the History of Ideas. Vol. XXXVI (January-March 1975), S. 447 – 468.

60 Zit. bei Stefan Zweig, Marie Antoinette. Bildnis eines mittleren Charakters (1932), Frankfurt/M. 1981, S. 190.

61 Vgl. das Mitgliederverzeichnis bei Richard van Dülmen, Der Geheimbund der Illuminaten. Darstellung, Geschichte, Dokumentation, Stuttgart-Bad Cannstatt 1975, S. 439 ff.

62 Ernst Carl Ludwig Ysenburg von Buri, Ludwig Capet, oder Der Königsmord. Neuwied 1793. Als Biedermann charakterisiert La Tour den König bereits in der Expositionsszene, S. 19 (I, 1); vgl. auch die Selbsteinschätzung des Herrschers S. 47 ff. (II,1).

63 Das Porträt, das das Drama präsentierte, entsprach dem verklärenden Bild, das Ludwigs Kammerdiener und Barbier Jean-Baptiste Cléry in seinen Notizen über die letzten Lebensmonate des im *Temple* inhaftierten Königs entworfen hatte; vgl. Sabine Flaissier u. Georges Pernoud (Hg.), Die Französische Revolution in Augenzeugenberichten. Mit einem Vorwort v. André Maurois. Deutsch v. Hagen Thürnau, München 1976, S. 217 ff.

64 Aus dem Fehlen einer offen antagonistischen Interessenkollision, wie sie Hegel für die Tragödie fordert, leitet Wilhelm Emrich die Feststellung ab, *Die Natürliche Tochter* sei tendenziell bereits ein Stationendrama (W.E., Goethes

Trauerspiel *Die natürliche Tochter*. Zur Ursprungsgeschichte der modernen Welt, in: Aspekte der Goethezeit, hg. v. Stanley A. Corngold, Michael Curschmann u. Theodore J. Ziolkowski, Göttingen 1977, S. 163–182, S. 180 f., Anm. 3).

65 Die Gräfin schildert sich hier selbst als Opfer; vgl. den Abdruck in: Johann Wolfgang Goethe, Die natürliche Tochter, S. 117 f. sowie den vorzüglichen Kommentar Böschensteins, hier S. 321.

66 Bekanntlich führt Goethe im *Gross-Cophta* (1791) einen spezifischen Aspekt der Halsband-Affaire vor, in dem sich die Krise der aristokratischen Gesellschaft im Glauben an die Macht übersinnlicher Kräfte manifestiert. Zum Bezug zwischen *Natürlicher Tochter* und *Gross Cophta* vgl. Dieter Borchmeyer, Höfische Gesellschaft und französische Revolution bei Goethe, S. 326.

67 Zum Traummotiv die luzide Analyse von Bernhard Böschenstein, Hoher Stil als Indikator der Selbstbezweiflung der Klassik. Eine Lektüre von Goethes *Natürlicher Tochter*, in: Johann Wolfgang Goethe, Die natürliche Tochter, S. 364–401, S. 368 f.; zur Dialektik Hans Rudolf Vaget, *Die natürliche Tochter*, in: Goethes Dramen. Neue Interpretationen, hg. v. Walter Hinderer, Stuttgart 1980, S. 210–226, S. 218 f.

68 Vgl. zur Kritik des Bürgertums Karl Otto Conrady, Goethe. Leben und Werk, München, Zürich 1994 (zuerst 1982/85), S. 751 ff. Allzu relativierend im Blick auf die skeptische Sicht Eugenies Herbert Uerlings, *Die natürliche Tochter*. Zur Rolle des Bürgertums in Goethes Trauerspiel, in: Goethe-Jahrbuch 104 (1987), S. 96–112, S. 102. Nicht einleuchtend auch die Behauptung Erhard Bahrs, die bürgerliche Ehe verschaffe Eugenie «ausreichenden Handlungsspielraum» (E.B., Goethes *Natürliche Tochter*: Weimarer Hofklassik und Französische Revolution, in: Deutsche Literatur zur Zeit der Klassik, S. 226–242, S. 236).

69 Das Bild einer auf sämtlichen Stufen zerrütteten Gesellschaft wird ergänzt durch den korrupten Weltgeistlichen, der die falsche Nachricht vom Tod Eugenies, welche er dem Herzog überbringt, auf sadistische Weise mit quälenden Details garniert. Auf diesen Aspekt verweist Wilhelm Emrich, Goethes Trauerspiel *Die natürliche Tochter*, S. 176.

70 Über Inklusion als Akt der Selbstsicherung neuer Formen gesellschaftlicher Normierungen und Kommunikationsstile Niklas Luhmann, Liebe als Passion, S. 54 ff.

71 In den Paralipomena zur Fortsetzung wird eine Beratungsszene bürgerlicher Revolutionäre skizziert, die in heftigen Streit über die föderale Struktur des geplanten künftigen Staates geraten (MA 6.1, 940, FA 6, 1133).

72 Dazu Bengt Algot Sørensen, Die «zarte Differenz». Symbol und Allegorie in der ästhetischen Diskussion zwischen Schiller und Goethe, in: Formen und Funktionen der Allegorie, hg. v. Walter Haug, Stuttgart 1979, S. 632–641, ferner Peter-André Alt, Begriffsbilder. Studien zur literarischen Allegorie zwischen Opitz und Schiller, Tübingen 1995, S. 608 ff.

73 Vgl. zum Frankfurter Brief und seinem poetischen Programm Heinz Schlaf-

fer, Faust zweiter Teil. Die Allegorie des 19. Jahrhunderts, Stuttgart 1981, S. 13 ff. (zur sozialen Semantik des Symbolbegriffs).
74 Diese Lesart entspricht dem überzeugenden Vorschlag von Heinz Schlaffer, Faust zweiter Teil, S. 23 ff., der Goethes Reflexion über den sozialen Gehalt des Bildes als Zeichen einer inneren Nähe zum formal zurückgewiesenen, geschmackspolitisch obsoleten Allegoriebegriff wertet.
75 Vgl. Heinz Schlaffer, Faust zweiter Teil, S. 18 ff.; zum Bezug auf die attische Tragödie vgl. Bernhard Böschenstein, Goethes *Natürliche Tochter* als Antwort auf die Französische Revolution, in: Johann Wolfgang Goethe, Die natürliche Tochter, S. 346–363, S. 347 f., 350.
76 Zum Konnex von Symbolik und Revolutionsdarstellung Ehrhard Bahr, Goethes *Natürliche Tochter*, S. 231 ff., Dieter Borchmeyer, Goethe, S. 205 f.
77 Walter Benjamin, Ursprung des deutschen Trauerspiels, Gesammelte Schriften, Bd. I, S. 268.
78 Das Drama gerät so zum Medium einer Transmodalisierung im Sinne Genettes, die dafür sorgt, daß die symbolisch-verweisende Form antiker Provenienz (etwa nach dem Muster von Aischylos' *Agamemnon*) in einer neuen Ordnungsstruktur auf soziale Verhältnisse übertragbar wird; vgl. Gérard Genette, Palimpseste, S. 382 ff. Zur Priorität der Form Hans Rudolf Vaget, *Die natürliche Tochter*, S. 220.
79 Achim v. Arnim, Werke in sechs Bänden, hg. v. Roswitha Burwick, Jürgen Knaack, Paul Michael Lützeler, Renate Moering, Ulfert Ricklefs und Hermann F. Weiss, Frankfurt/M. 1989–1992, Bd. 4, S. 107.
80 Zur Beziehung zwischen diesem Vers und der Kaiserpfalz-Exposition des zweiten *Faust* vgl. die Anmerkung von Albrecht Schöne in: Johann Wolfgang Goethe, Faust. Text und Kommentare, Bd. II, S. 413 f.
81 An Zelter schreibt Goethe noch am 4. September 1831: «An die natürliche Tochter darf ich gar nicht denken; wie wollt ich mir das Ungeheure, das da gerade bevorsteht, wieder in's Gedächtnis rufen.» (WA IV, 49, 58)

DIE TEUREN TOTEN.
Geopferte Königinnen in Schillers Tragödien

1 Abbé Saint-Réal, Dom Carlos Nouvelle Historique, Amsterdam 1672, S. 20.
2 Vgl. Regine Jorzick, Herrschaftssymbolik und Staat. Die Vermittlung königlicher Herrschaft im Spanien der frühen Neuzeit (1556–1598), Wien, München 1998, S. 165 ff. (zu Elisabeths Hofstaat).
3 Arbeiten zur politischen Substanz des *Karlos*: Hans-Jürgen Schings, Die Brüder des Marquis Posa. Schiller und der Geheimbund der Illuminaten, Tübingen 1996; Niels Werber, Technologien der Macht. System- und medientheoretische Überlegungen zu Schillers Dramatik, in: Jahrbuch der deutschen Schillergesellschaft 40 (1996), S. 210–243; Christine Maillard (Hg.), Friedrich Schiller: *Don Carlos*. Théâtre, psychologie et politique, Strasbourg 1998; Peter-André Alt, Schiller. Leben – Werk – Zeit, Bd. I, S. 433 ff.
4 Abbé Saint-Réal, Dom Carlos Nouvelle Historique, S. 72 ff. Über Philipp II.

ANMERKUNGEN ZU DEN SEITEN 137–140

heißt es: «(...) comme un homme dont elle ne possedoit que le corps, & dont l'ame, n'étoit remplie que des desseins de son ambition, & de la meditation de sa Politique.» (S. 23).

5 Zitate aus dem *Don Karlos* werden im fortlaufenden Text unter Angabe der Versziffer nach der Erstausgabe von 1787 (NA 6) belegt.

6 Tatsächlich war Gomez zum Zeitpunkt des historischen Geschehens, das im Drama rekapituliert wird, der Ehemann der Eboli; vgl. schon Abbé Saint-Réal, Dom Carlos Nouvelle Historique S. 39, 155 ff.

7 Unter dem Aspekt der Aufopferung interpretiert neuerdings Marion Hiller das Drama, jedoch bezieht sie den Begriff ausschließlich auf Posa – in dem Versuch, die Figur zu rehabilitieren (was nur punktuell gelingen kann, da Posas Verstrickungen in eine Politik der *dissimulatio* durch die Selbstopferung in ihren Folgen gemildert, aber nicht negiert werden); Marion Hiller, Liebe zielt nach Einheit, Egoismus ist Einsamkeit. Zum Opfergedanken in Schillers *Don Carlos* und den *Philosophischen Briefen*, in: Euphorion 99 (2005), Hft. 1/2, S. 115–128.

8 Vgl. Johann George Sulzer, Vermischte philosophische Schriften. Bd. I, Leipzig 1773, S. 295 f. Zum psychologiegeschichtlichen Horizont Wolfgang Riedel, Erkennen und Empfinden. Anthropologische Achsendrehung und Wende zur Ästhetik bei Johann Georg Sulzer, in: Der ganze Mensch. Anthropologie und Literatur im 18. Jahrhundert, hg. v. Hans-Jürgen Schings, Stuttgart 1994, S. 410–439.

9 Vgl. hier Thomas Hobbes, Leviathan oder Stoff, Form und Gewalt eines bürgerlichen und kirchlichen Staates (1651), S. 153 (Teil II, Kap. 19) (Männer seien für das schwierige Geschäft der Regentschaft «von Natur aus» besser geeignet als Frauen).

10 Generell muß man berücksichtigen, daß die theosophische Ideenwelt und mit ihr das hier anklingende Pathos der Aufopferung im Rahmen der durch den Text entfalteten intellektuellen Versuchsanordnung skeptizistisch widerlegt werden sollte, wobei der – durch das Ausbleiben der Beiträge Körners bewirkte – Abbruch des Projekts dafür sorgte, daß Schiller die Verabschiedung der metaphysischen Naturphilospohie detailliert nicht mehr ausführte. Diese Konstellation ist aber zu bedenken, ehe man den Begriff der Aufopferung auf den *Don Karlos* überträgt – was der Beitrag von Marion Hiller (Liebe zielt nach Einheit, bes. S. 122 ff.) versäumt, insofern er die Aufopferungslehre der *Theosophie* umstandslos im Drama zu identifizieren sucht, ohne zu beachten, daß Schiller sie hier bereits ins Ambivalente bricht; vgl. dagegen Wolfgang Riedel, Die Anthropologie des jungen Schiller, S. 154 ff.

11 Georg Wilhelm Friedrich Hegel, Phänomenologie des Geistes, Werke, Bd. 3, S. 283. Vgl. dazu auch die Ausführungen im zweiten Kapitel dieses Buches.

12 Georg Wilhelm Friedrich Hegel, Phänomenologie des Geistes, Werke, Bd. 3, S. 284.

13 Georg Wilhelm Friedrich Hegel, Phänomenologie des Geistes, Werke, Bd. 3, S. 290.

ANMERKUNGEN ZU DEN SEITEN 140–143

14 Walter Benjamin, *El mayor monstruo, los celos* von Calderón und *Herodes und Mariamne* von Hebbel. Bemerkungen zum Problem des historischen Dramas, Gesammelte Schriften, Bd. II, S. 246–276, S. 249f. Zur Hegel-Kenntnis Walter Benjamin, Briefe, hg. und mit Anmerkungen versehen v. Gershom Scholem und Theodor W. Adorno. 2 Bände, Frankfurt/M. 1978 (zuerst 1966), Bd. I, S. 166 («Hegel scheint fürchterlich zu sein!»), S. 171 (die «Physiognomie» eines «intellektuellen Gewaltmenschen»).
15 Georg Wilhelm Friedrich Hegel, Phänomenologie des Geistes, Werke, Bd. 3, S. 289.
16 Theodor W. Adorno, Negative Dialektik, S. 139ff. Vgl. auch zum Widerschein dieser Gewaltsamkeit in der methodischen Verfahrensweise der *Phänomenologie des Geistes* Theodor W. Adorno, Drei Studien zu Hegel, in: Gesammelte Schriften, hg. v. Gretel Adorno u. Rolf Tiedemann, Bd. V, Frankfurt/M. 1971, S. 247–381, S. 380f.
17 Matthias Luserke-Jaqui, Friedrich Schiller, Tübingen, Basel 2005, S. 166 erklärt mit einer überraschenden Formulierung, das Drama ‹verspiele› am Ende «seinen utopisch-philosophischen Kredit, den es mit dem Gedanken der Freiheit als natürliches Recht jedes Menschen im dritten Akt aufgebaut hatte.» In der tragischen Quintessenz aber liegt, so steht zu betonen, gerade die illusionslose Modernität des von Schiller gewählten Schlusses, der die Ideenwelt am Apparat scheitern läßt.
18 Hier zeigt sich, daß nicht allein der Staatsstreich, sondern auch dessen Niederschlagung theatralische Qualitäten besitzt; vgl. dazu Michel Foucault, Geschichte der Gouvernementalität I. Sicherheit, Territorium, Bevölkerung. Vorlesung am Collège de France 1977–1978, hg. v. Michel Sennelart. Aus dem Französischen v. Claudia Brede-Konersmann u. Jürgen Schröder, Frankfurt/M. 2004 (= Sécurité, Territoire et Population, 2004), S. 384ff.
19 Friedrich Nietzsche, Die Geburt der Tragödie (1872), Sämtliche Werke. Kritische Studienausgabe, Bd. I, S. 62ff.; vgl. dazu den Schlußabsatz des zweiten Kapitels dieser Studie.
20 Christian Heinrich Schmid, Über das bürgerliche Trauerspiel (1768), in: Die Entwicklung des bürgerlichen Dramas im 18. Jahrhundert. Ausgewählte Texte, mit einem Nachwort hg. v. Jürg Mathes, Tübingen 1974, S. 65–71, S. 68.
21 Christian Garve, Einige Gedanken über das Interessierende (1771), in: Die Entstehung des bürgerlichen Dramas im 18. Jahrhundert, S. 73–78, S. 76.
22 Gotthold Ephraim Lessing, Hamburgische Dramaturgie (1767–69), in: Werke, Bd. IV, S. 294 (14. Stück).
23 Zeitgeschichtliche Hintergründe des Dramas sind bisher nicht hinreichend wahrgenommen worden. Zur neueren Forschung: Ferdinand van Ingen, Macht und Gewissen. Schillers *Maria Stuart*, in: Verantwortung und Utopie. Zur Literatur der Goethezeit. Ein Symposium, hg. v. Wolfgang Wittkowski, Tübingen 1988, S. 283–308; Thomas Diecks, «Schuldige Unschuld». Schillers *Maria Stuart* vor dem Hintergrund barocker Dramatisierungen des Stoffes,

ANMERKUNGEN ZU DEN SEITEN 143-145

in: Schiller und die höfische Welt, S. 233-246; Arthur Henkel, Wie Schiller Königinnen reden läßt. Zur Szene III, 4 in der *Maria Stuart*, in: Schiller und die höfische Welt, S. 398-406; Francis J. Lamport, Krise und Legitimitätsanspruch. *Maria Stuart* als Geschichtstragödie, in: Zeitschrift für deutsche Philologie 109 (1990). Sonderheft, S. 134-145; Kari Lokke, Schiller's *Maria Stuart*. The historical sublime and the aesthetics of gender, in: Monatshefte 82 (1990), S. 123-141; Karl S. Guthke, Schillers Dramen, 207-234.

24 Zitate aus *Maria Stuart* unter Angabe der Verszahl im fortlaufenden Text nach NA 9, S. 3-164.

25 Die Schiller-Forschung pflegt diese Parallele zumeist zu ignorieren. Ein knapper, freilich nicht in die Münze der genauen Textlektüre umgesetzter Hinweis findet sich bei Otto W. Johnston, Schiller und die politische Welt, in: Schiller-Handbuch, hg. v. Helmut Koopmann, Stuttgart 1998, S. 61.

26 Die Französische Revolution in Augenzeugenberichten, hg. v. Georges Pernoud u. Sabine Flaissier. Mit einem Vorwort v. André Maurois. Deutsch v. Hagen Thürnau, München 1976, S. 251; vgl. S. 200.

27 Die Französische Revolution in Augenzeugenberichten, S. 243.

28 Die Französische Revolution in Augenzeugenberichten, S. 241.

29 Die Französische Revolution in Augenzeugenberichten, S. 251.

30 Die Französische Revolution in Augenzeugenberichten, S. 249. — Die politische Semantik bestimmt bei Schiller die Konstruktion des Geschlechtlichen auch dort, wo Privates in Erscheinung tritt. Vgl. Kari Lokke, Schiller's *Maria Stuart*. The historical sublime and the aesthetics of gender, in: Monatshefte für deutschen Unterricht 82 (1990), S. 123-141.

31 Rosalie Lamorlière, Relation du séjour de Marie-Antoinette à la Conciergerie, Paris 1897.

32 Lynn Hunt, The Many Bodies of Marie Antoinette: Political Pornography and the Problem of the Feminine in the French Revolution, in: Eroticism and the Body Politic, ed. by Lynn Hunt, Baltimore, London 1991, S. 108-131; dies., The Family Romance of the French Revolution, London 1992, bes. S. 89 ff.

33 Ernst Carl Ludwig Ysenburg von Buri, Marie Antonie von Oesterreich. Königinn in Frankreich, Neuwied 1794, S. 98 (III,1). «Messaline»: bezieht sich auf Valeria Messalina, die dritte Gemahlin des römischen Kaisers Claudius (25-48 n. Chr.), die Mutter des Britannicus, die ihren Ehemann in seiner Neigung zu Gier und Hemmungslosigkeit unheilvoll bestärkte. – Der gesamte zweite Akt von Buris Text steht im Zeichen der Anklage der Königin, wobei der Inzestvorwurf nur indirekt – ohne explizite Nennung – angesprochen wird; vgl. S. 72f. (II,5). Vgl. auch vom selben Autor: Ludwig Capet, oder Der Königsmord. Neuwied 1793. Zu Buri Norbert Otto Eke, Signaturen der Revolution. Frankreich – Deutschland: deutsche Zeitgenossenschaft und deutsches Drama zur Französischen Revolution um 1800, München 1997, S. 220 ff.

34 Moniteur universel, no. 25, 16. Oct. 1793); vgl. Lynn Hunt, The Family Romance of the French Revolution, S. 93. Zum Inzestvorwurf auch dies., The Many Bodies of Marie Antoinette, S. 114 f.

35 Gudrun Gersmann, Im Schatten der Bastille. Die Welt der Schriftsteller, Kolporteure und Buchhändler am Vorabend der Französischen Revolution, Stuttgart 1993, S. 154.
36 Germaine de Staël, Réflexions sur le procès de la reine (1793), in: Œuvres complètes. Tome I, Paris 1871, S. 24–32, S. 25. – Der Text erschien ohne Nennung der Verfasserin in Paris, wurde jedoch bald als Arbeit Germaine de Staëls erkannt.
37 Germaine de Staël, Réflexions sur le procès de la reine (1793), Œuvres complètes. Tome I, S. 24 f.
38 Germaine de Staël, Réflexions sur le procès de la reine (1793), Œuvres complètes. Tome I, S. 29, 30, 32, 29. Der Begriff des Opfers gerät förmlich zum Leitmotiv des Textes, dem die gesamte Darstellung des Schicksals der Königin unterworfen wird.
39 Germaine de Staël, Réflexions sur le procès de la reine (1793), Œuvres complètes. Tome I, S. 31. («la reine devait périr mille fois sous tant de coups redoublés: la nature, le ciel, en la sauvant, l'ont declarée sacrée.»). Zu de Staëls Deutung der Königin als Vertreterin der Tugend und Liebe Barbara Vinken, Marie-Antoinette oder Das Ende der Zwei-Körper-Lehre, in: Das Politische. Figurenlehren des sozialen Körpers nach der Romantik, hg. v. Uwe Hebekus u. a., München 2003, S. 86–105, S. 95 ff.
40 Der Forschung scheint die politische Brisanz der Szene, die sich in Marias Beanspruchung des Königtums äußert, weitgehend entgangen zu sein. Das Rollenverständnis Marias analysiert (allerdings ohne Berücksichtigung des hier zitierten Diktums) Nikolaus Immer, Die schuldig-unschuldigen Königinnen. Zur kontrastiven Gestaltung von Maria und Elisabeth in Schillers *Maria Stuart*, in: Euphorion 99 (2005), Hft. 1/2, S. 129–152, S. 146 f.; vgl. auch Matthias Luserke-Jaqui, Friedrich Schiller, S. 306 f.
41 Ernst H. Kantorowicz, Die zwei Körper des Königs. Eine Studie zur politischen Theologie des Mittelalters. Übers. v. Walter Theimer, München 1990 (= The King's Two Bodies. A Study in Mediaeval Political Theology, 1957), S. 279 ff., 319 ff. Zur neueren Kantorowicz-Rezeption vgl. Jennifer Woodward, The Theatre of Death. The Ritual Management of Royal Funerals in Renaissance England 1570–1625, Woodbridge (Suffolk) 1997, S. 93ff, Wolfgang Ernst u. Cornelia Vismann (Hg.), Geschichtskörper. Zur Aktualität von Ernst H. Kantorowicz, München 1998 u. Friedrich Balke, Wie man einen König tötet oder: Majesty in Misery, in: Deutsche Vierteljahrsschrift für Literaturwissenschaft und Geistesgeschichte 75 (2001), S. 657–679.
42 Ernst H. Kantorowicz, Die zwei Körper des Königs, S. 404 f.
43 Ernst H. Kantorowicz, Die zwei Körper des Königs, S. 317 ff.
44 Eine eigenwillige Interpretation Elisabeths I., die Kantorowicz' Thesen vorwegzunehmen scheint, bietet Freud in einem Brief an Lytton Strachey vom 25. Dezember 1918 (Gesammelte Werke, hg. v. Anna Freud u. a., Frankfurt/M. 1999, Nachtragsband, S. 666). Freud vertritt die Auffassung, daß die fragile Machtposition der kinderlosen Königin sich in Shakespeares

ANMERKUNGEN ZU DEN SEITEN 147–150

Lady Macbeth spiegele (den Hinweis auf Freud verdanke ich Yvonne Wübben).
45 Bisher ist die Zwei-Körper-Lehre nicht systematisch auf das Drama übertragen worden. Für erste Ansätze vgl. Nikolaus Immer, Maria Stuart und der *Graf von Essex*, in: Deutsche Vierteljahrsschrift für Literaturwissenschaft und Geistesgeschichte 78 (2004), S. 550–571 u. Steven D. Martinson, *Maria Stuart*: Philology and Politics, in: A Companion to the Works of Friedrich Schiller, hg. v. Steven D. Martinson, New York 2005, S. 213–226, S. 219.
46 Ernst Carl Ludwig Ysenburg von Buri, Marie Antonie von Oesterreich, S. 50 (II,2). Buris Drama teilt mit Schillers Text den Hang zur juristischen Deduktion; der gesamte zweite Akt steht im Zeichen der Anklage der Königin.
47 Ernst Carl Ludwig Ysenburg von Buri, Marie Antonie von Oesterreich, S. 154 (III, 20).
48 Vgl. auch (unter Bezug auf das Bild Marie-Antoinettes im Historismus) Regina Schulte, Der Aufstieg der konstitutionellen Monarchie und das Gedächtnis der Königin, in: Historische Anthropologie. 6. Jahrgang, Hft.1 (1998), S. 76–103, hier S. 80 ff. (mit stark vereinfachenden Paraphrasen von Kantorowicz' Interpretation der politischen Theologie des Spätmittelalters).
49 Vgl. Immanuel Kant, Kritik der praktischen Vernunft, Werke, Bd. VII, S. 125 f. (§ 1).
50 Knappe und konzise Untersuchung der beiden Kategorien bei Hans Richard Brittnacher, *Über Anmut und Würde*, in: Schiller-Handbuch, hg. v. Helmut Koopmann, S. 587–609. Zu den theatralischen Implikationen der Anmut Gabriele Brandstetter, Die andere Bühne der Theatralität: movere als Figur der Darstellung in Schillers Schriften zur Ästhetik, in: Schiller und der Weg in die Moderne, S. 287–304, S. 293 ff.
51 William Robertson, Geschichte von Schottland unter den Regierungen der Königinn Maria und des Königs Jacobs VI. Zwei Theile, Ulm, Leipzig 1762, S. 371.
52 Die Französische Revolution in Augenzeugenberichten, S. 256.
53 Vgl. dazu die in diesem Punkt wenig informativen Kommentare der Nationalausgabe und des Klassikerverlags: NA 9, S. 374 ff. sowie Friedrich Schiller, Werke und Briefe in zwölf Bänden. Im Deutschen Klassiker-Verlag hg. v. Otto Dann u. a., Frankfurt/M. 1988 ff., Bd. 5, S. 594.
54 Die Französische Revolution in Augenzeugenberichten, S. 257.
55 Die Französische Revolution in Augenzeugenberichten, S. 257.
56 Ernst Carl Ludwig Ysenburg von Buri, Marie Antonie von Oesterreich, S. 179 (IV, 9). – Stefan Zweigs sentimentale Romanbiographie über das Leben und Sterben der französischen Königin (1932) hat die Fahrt zum Richtplatz mit epischer Phantasie geschildert (S.Z., Marie Antoinette, S. 548 ff. [zu Witwenschleier und Kleidung]).
57 Christoph Meiners, Geschichte des weiblichen Geschlechts. Vierter Theil, Hannover 1800, S. 50.
58 Giorgio Agamben, Homo sacer. Die souveräne Macht und das nackte Leben.

ANMERKUNGEN ZU DEN SEITEN 150-152

Aus dem Italienischen v. Herbert Thüring, Frankfurt/M. 2002, bes. S. 91 ff. – Vgl. Friedrich Balke, Wie man einen König tötet oder: Majesty in Misery, in: Deutsche Vierteljahrsschrift für Literaturwissenschaft und Geistesgeschichte 75 (2001), S. 657–679 (Versuch, Agambens Kategorie auf die Hinrichtung Ludwigs XVI. zu beziehen; bei Balke fehlt allerdings eine zureichende Differenzierung zwischen literarischem und historiographischem Diskurs).
59 Giorgio Agamben, Homo sacer, S. 91 ff.; vgl. ders., Ausnahmezustand [Homo sacer II.1]. Aus dem Italienischen v. Ulrich Müller-Schöll. Frankfurt/M. 2003, S. 98 f.
60 Giorgio Agamben, Homo sacer, S. 91 ff.; vgl. schon Michel Foucault, Der Wille zum Wissen. Sexualität und Wahrheit 1. Übers. v. Ulrich Raulff und Walter Seitter, Frankfurt/M. 1983 (= Histoire de la sexualité 1: La volonté de savoir, 1976), S. 161 ff.; ders., In Verteidigung der Gesellschaft. Vorlesungen am Collège de France (1975–76). Aus dem Französischen v. Michaela Ott, Frankfurt/M. 2001 (= Il faut défendre la société, 1996), S. 284 f.
61 Vgl. Friedrich Balke, Wie man einen König tötet oder: Majesty in Misery, in: Deutsche Vierteljahrsschrift für Literaturwissenschaft und Geistesgeschichte 75 (2001), S. 657–679, bes. S. 670 ff.
62 Andreas Gryphius, Ermordete Majestaet oder Carolus Stuardus Koenig von Gross Britanien (1663), in: A.G., Dramen, hg. v. Eberhard Mannack, Frankfurt/M. 1991, S. 575.
63 Zur Dignität Ernst H. Kantorowicz, Die zwei Körper des Königs, S. 381 ff. und im Anschluß daran Peter-André Alt, Der Tod der Königin. Frauenopfer und politische Souveränität im Trauerspiel des 17. Jahrhunderts, Berlin, New York 2004, S. 18 ff. – Erheblich zu kurz greift es, wenn Rüdiger Safranski (Schiller oder Die Erfindung des Deutschen Idealismus, München 2004, S. 476) erklärt: «Während Elisabeth das Persönliche im Politischen verhüllt, gewinnt Maria, indem sie ihrer königlichen Würde entkleidet wird, die persönliche Würde zurück.» – Die Differenz von Politischem und Privatem ist so simpel nicht, wie hier behauptet wird. Vielmehr inszeniert Schiller Maria Stuart von Akt zu Akt deutlicher als Repräsentantin einer Einheit von privater und politischer Würde, die Elisabeth gerade fehlt.
64 William Robertson, Geschichte von Schottland, S. 373.
65 William Robertson, Geschichte von Schottland, S. 372.
66 Anders hier Maria Carolina Foi, Recht, Macht und Legitimation in Schillers Dramen. Am Beispiel von *Maria Stuart*, in: Schiller und der Weg in die Moderne, S. 227–242 (deutet den Schluß als Rekurs auf die rein physische Existenz und den vergänglichen Körper). Zu den dramenästhetischen Implikationen der Szene Dirk Niefanger, Geschichte als Metadrama. Theatralität in Friedrich Schillers *Maria Stuart* und seiner Bearbeitung von Goethes *Egmont*, in: Schiller und der Weg in die Moderne, S. 305–323, S. 310 ff.
67 Walter Burkert, Homo Necans. Interpretationen altgriechischer Opferriten und Mythen, Berlin, New York 1972, S. 7. Im Blick auf Burkerts wegweisende Studie wäre auch die Genealogie von Agambens Begriff des ‹nackten Lebens›

ANMERKUNGEN ZU DEN SEITEN 152–155

zu diskutieren. So evident dieser für die biopolitische Fundierung von Souveränität in der Neuzeit (und deren Schreckensszenarien im 20. Jahrhundert) ist, so problematisch bleibt seine Ableitung aus der antiken Opfermythologie. Burkert sieht dagegen, anders als Agamben, daß im Opfer stets auch ‹bios›, das Leben, geheiligt und transzendiert wird (Homo necans, S. 20, 49f.).

68 William Robertson, Geschichte von Schottland, S. 374.
69 Georg Wilhelm Friedrich Hegel, Phänomenologie des Geistes, Werke, Bd. 3, S. 523.
70 Georg Wilhelm Friedrich Hegel, Phänomenologie des Geistes, Werke, Bd. 3, S. 523; Giorgio Agamben, Homo sacer, S. 122ff. Zum Opferbegriff in Hegels Frühschriften Michael Schulte, Die «Tragödie im Sittlichen», S. 46ff.
71 Walter Benjamin, Ursprung des deutschen Trauerspiels, Gesammelte Schriften, Bd. I, S. 285.
72 Georg Wilhelm Friedrich Hegel, Phänomenologie des Geistes, Werke, Bd. 3, S. 523.
73 Friedrich Nietzsche, Die Geburt der Tragödie (1872), Sämtliche Werke, Bd. I, S. 61f.
74 Vgl. jetzt auch zum ästhetischen Gehalt der tragischen Konfiguration in der *Maria Stuart* Bernhard Greiner, Negative Ästhetik: Schillers Tragisierung der Kunst und Romantisierung der Tragödie, in: Text und Kritik, hg. v. Heinz Ludwig Arnold. Sonderheft «Friedrich Schiller», hg. v. Mirjam Springer, München 2005, S. 53–70, hier S. 60. – Der Begriff der ‹negativen Ästhetik› scheint mir problematisch, da die Leistung der ästhetischen Erfahrung zwar funktional an die dramatisch-theatralische Vermittlung einer destruktiven Konsequenz historischer Konstellationen gebunden, selbst aber von deren fataler Logik unberührt bleibt, mithin durch ‹negative› Ursachen ausgelöst und zugleich – als Medium der Gemütsfreiheit – positiv besetzt ist.
75 Georg Wilhelm Friedrich Hegel, Phänomenologie des Geistes, Werke, Bd. 3, S. 523.
76 Georg Wilhelm Friedrich Hegel, Phänomenologie des Geistes, Werke, Bd. 3, S. 36.
77 Dazu Norbert Oellers, Schiller. Elend der Geschichte, Glanz der Kunst, Stuttgart 2005, S. 237 (über *Maria Stuart*): «Das Trauerspiel vollzieht sich auf einer anderen Ebene: der des erbarmungslosen Schicksals, dem die Geschichte unterliegt.»
78 Durs Grünbein hat erklärt, der Weg ins Innere des Körpers sei «der Königsweg zum Absurden» und «zur äußersten pragmatischen Demut» (Durs Grünbein, Den Körper zerbrechen. Rede zur Verleihung des Georg-Büchner-Preises 1995, Frankfurt/M. 1995, S. 14). Bei Schiller deutet sich bereits die Erkenntnis an, daß die Geschichte auf das Fleisch beschränkt bleibt, das wir sind. Am Ende des 18. Jahrhunderts hat das natürliche Leben von der Politik Besitz genommen; die Kunst aber bietet jenen Erfahrungsraum, der das natürliche Leben frei zu gestalten sucht.

ANMERKUNGEN ZU DEN SEITEN 156-160

AUGENBLICK UND ENTSCHEIDUNG.
Funktionen der Zeit im historischen Drama

1 Niklas Luhmann, Soziale Systeme, S. 423.
2 Reinhart Koselleck, Vergangene Zukunft der frühen Neuzeit, in: Ders., Vergangene Zukunft. Zur Semantik geschichtlicher Zeit, Frankfurt/M. 1979, S. 17-37, S. 26. Vgl. auch Kosellecks grundlegenden Beitrag: Die Verzeitlichung der Begriffe, in: Ders., Begriffsgeschichten. Studien zur Semantik und Pragmatik der politischen und sozialen Sprache. Mit zwei Beiträgen v. Ulrike Spree und Willibald Steinmetz sowie einem Nachwort zu Einleitungsfragmenten v. Carsten Dutt, Frankfurt/M. 2006, S. 77-85.
3 Koselleck hat die Konsequenzen dieser Entwicklung sehr prägnant für die Verzeitlichung des Utopiebegriffs nachgezeichnet: Zur Begriffsgeschichte der Zeitutopie, in: Begriffsgeschichten, S. 252-274. Vgl. dazu generell Lucian Hölscher, Die Entdeckung der Zukunft, Frankfurt/M. 1999, S. 34 ff.
4 Niklas Luhmann, Soziologie des Risikos, Berlin, New York 1991, S. 50.
5 Niklas Luhmann, Temporalisierung von Komplexität: Zur Semantik neuzeitlicher Zeitbegriffe, in: Gesellschaftsstruktur und Semantik. Bd. I, S. 235-301. Vgl. ders., Soziologie des Risikos, S. 46 ff.
6 Niklas Luhmann, Soziologie des Risikos, S. 58; zur Funktion der Dynamik und zu ihren Korrespondenzen in der sich etablierenden marktwirtschaftlichen Ordnung der frühen Moderne vgl. Daniel Fulda, Schau-Spiele des Geldes, S. 506 ff.
7 Niklas Luhmann, Soziologie des Risikos, S. 48 ff.
8 Vgl. hier Ulrich Muhlack, Geschichtswissenschaft in Humanismus und Aufklärung. Die Vorgeschichte des Historismus, München 1991; Harro Müller, Einige Erzählverfahren in Edward Gibbons *The Decline and Fall of the Roman Empire*, in: Geschichtsdiskurs, hg. v. Wolfgang Küttler u. a., Bd. II, Frankfurt/M. 1994, S. 229-239; Hayden White, Das Irrationale und das Problem historischer Erkenntnis in der Aufklärung, in: Ders., Auch Klio dichtet oder Die Fiktion des Faktischen. Studien zur Tropologie des historischen Diskurses. Einführung von Reinhart Koselleck. Aus dem Amerikanischen v. Brigitte Brinkmann-Siepmann u. Thomas Siepmann, Stuttgart 1986, S. 161-176.
9 Wolf Lepenies, Das Ende der Naturgeschichte: Wandel kultureller Selbstverständlichkeiten in den Wissenschaften des 18. und 19. Jahrhunderts, München 1976, S. 52 ff. Vgl. Reinhart Koselleck, Vergangene Zukunft der frühen Neuzeit, in: Vergangene Zukunft, S. 17-37.
10 Niklas Luhmann, Die Behandlung von Irritationen. Abweichung oder Neuheit? In: Ders., Gesellschaftsstruktur und Semantik. Studien zur Wissenssoziologie der modernen Gesellschaft, Bd. IV, Frankfurt/M. 1999 (zuerst 1995), S. 55-100, S. 87.
11 Zu Egmonts apolitischer, prinzipienferner Weltsicht Hans-Jürgen Schings, Freiheit in der Geschichte. Egmont und Marquis Posa im Vergleich, in: Goethe-Jahrbuch 110 (1993), S. 61-76, S. 72 f.

12 Balthasar Gracián, Handorakel und Kunst der Weltklugheit (1647), S. 30 (Nr. 55).
13 Zum Begriff der «Sorge» Peter Michelsen, Egmonts Freiheit, in: Euphorion 65 (1971), S. 274-297, S. 290 ff., zum Bezug zu *Faust* Hans-Jürgen Schings, Fausts Verzweiflung, in: Goethe-Jahrbuch 115 (1998), S. 97-123, S. 107.
14 Vgl. Peter Michelsen, Egmonts Freiheit, S. 290 ff.
15 Vgl. Alexander Honold, Hölderlins Kalender, S. 288 ff.
16 Gotthold Ephraim Lessing, Laokoon oder über die Grenzen der Malerei und Poesie (1766), Werke, Bd. VI, S. 26.
17 Gotthold Ephraim Lessing, Werke, Bd. VI, S. 566.
18 Dazu Nicholas Boyle, Goethe, Bd. I, S. 604 f. (Bezug zwischen dem Scheinbegriff des *Egmont* und der Ästhetik von Karl Philipp Moritz).
19 Zum Konzept der Elegie Norbert Oellers, Friedrich Schiller, S. 180 f.
20 Zur hier auftretenden Selbstreflexion des poetischen Verfahrens Werner Schwan, Egmonts Glücksphantasien und Verblendung, in: Jahrbuch des Freien Deutschen Hochstifts 1986, S. 61-90, S. 74 f., Jürgen Schröder, Geschichtsdramen. Die «deutsche Misere» – von Goethes *Götz* bis Heiner Müllers *Germania?*, Tübingen 1994, S. 62,
21 Wolfgang Iser bezeichnet Traum und Halluzination in diesem Sinne als Formen der ‹Evidenzerfahrung› des Imaginären (Das Fiktive und das Imaginäre, S. 311).
22 Die Kritik des *Egmont* begründet die Ablehnung des ‹Opernfinales› aus der Idee der Selbstbestimmung der Kunst (NA 22, 208 f.). Grundlegend zu Schillers autonomieästhetischen Positionen Bernd Bräutigam, Konstitution und Destruktion ästhetischer Autonomie im Zeichen des Kompensationsverdachts, in: Revolution und Autonomie. Deutsche Autonomieästhetik im Zeitalter der Französischen Revolution. Ein Symposium, hg. v. Wolfgang Wittkowski, Tübingen 1990, S. 244-259.
23 Gotthold Ephraim Lessing, Laokoon oder über die Grenzen der Malerei und Poesie (1766), Werke, Bd. VI, S. 26.
24 Inwiefern die Vorstellung einer ‹bewegten› Zeit erst ein Merkmal modernen Zeitbewußtseins ist, zeigt Reinhart Koselleck, ‹Erfahrungsraum› und ‹Erwartungshorizont› – zwei historische Kategorien, in: Vergangene Zukunft, S. 349-375.
25 Zum Verhältnis von Zeit und Schein Nicholas Boyle, Goethe, Bd. I, S. 600 f.
26 Daß diese Botschaft durch das Realitätsbild des Romans dementiert werde, behauptet Hannelore Schlaffer, Wilhelm Meister. Das Ende der Kunst und die Wiederkehr des Mythos, Stuttgart 1980, S. 124 f.
27 Vgl. Hartmut Reinhardt, Egmont, in: Goethes Dramen. Interpretationen, S. 158-198, S. 188 f.
28 Zum politischen Umfeld der Metapher Peter-André Alt, Schiller, Bd. II, S. 289. Vgl. zum Konnex von Natur und Politik die Arbeit von Holger Bösmann, ProjektMensch. Anthropologischer Diskurs und Moderneproblematik bei Friedrich Schiller, Würzburg 2006, bes. S. 173 ff., ferner Alexander Schmidt,

ANMERKUNGEN ZU DEN SEITEN 167–171

Friedrich Schiller und der Republikanismus, in: Der ganze Schiller – Programm ästhetischer Erziehung, S. 103–130, S. 122 f.

29 Zur politischen Dimension dieser Problematik bereits Gerhard Schulz, Schillers *Wallenstein* zwischen den Zeiten, in: Geschichte als Schauspiel. Deutsche Geschichtsdramen. Interpretationen, hg. v. Walter Hinck, Frankfurt/M. 1981, S. 116–132, S. 120 f. Vgl. zur neueren Forschung den *Wallenstein*-Artikel von Norbert Oellers, in: Schiller-Handbuch, hg. v. Matthias Luserke-Jaqui, S. 113–153, bes. S. 152 f.

30 Zitate aus der *Wallenstein*-Trilogie werden im fortlaufenden Text unter Angabe der üblichen Siglen (L = *Wallensteins Lager*, P = *Die Piccolomini* bzw. T = *Wallensteins Tod*) sowie der Verszahl belegt nach NA 8.

31 Vgl. Helmut Koopmann, Schillers *Wallenstein*. Antiker Mythos und moderne Geschichte. Zur Begründung der klassischen Tragödie um 1800, in: Teilnahme und Spiegelung. Festschrift für Horst Rüdiger, hg. v. Beda Allemann, Berlin 1975, S. 263–274, S. 269 f.

32 Zum Leitmotiv der Zeitverknappung Peter-André Alt, Schiller, Bd. II, S. 435 f., ferner Harald Weinrich, Knappe Zeit. Kunst und Ökonomie des befristeten Lebens, München 2004, S. 111 ff.

33 Vgl. zum Motiv der ‹occasio› Hans-Jürgen Schings, Das Haupt der Gorgone. Tragische Analysis und Politik in Schillers *Wallenstein*, in: Das Subjekt der Dichtung. Festschrift für Gerhard Kaiser, hg. v. Gerhard Buhr u. a., Würzburg 1990, S. 283–307, S. 292.

34 Niccolò Machiavelli, Der Fürst (= Il principe, 1532). Übers. v. Rudolf Zorn, Stuttgart 1978, S. 106. Vgl. Kurt Wölfel, Machiavellische Spuren in Schillers Dramen, in: Schiller und die höfische Welt, S. 318–340; zu Quellenfiliationen und Bezügen generell Peter-André Alt, Schiller, Bd. I, S. 342 f.

35 Arthur Henkel u. Albrecht Schöne (Hg.), Emblemata. Handbuch zur Sinnbildkunst des XVI. und XVII. Jahrhunderts, Stuttgart 1978 (zuerst 1967), Sp. 1809 f.

36 Balthasar Gracián, Handorakel und Kunst der Weltklugheit (1647), S. 28 (Nr. 49). Zu den verschlungenen Wegen der Schillerschen Gracián-Rezeption vgl. meinen Beitrag: Machtspiele. Die Psychologie des politischen Dramas in Schillers *Don Karlos*, in: Friedrich Schiller: Don Carlos. Théatre, psychologie et politique, S. 117–143, S. 128 f.

37 In der Schiller-Forschung wird dieser Konflikt nicht immer deutlich genug gesehen. Vgl. Alfons Glück, Schillers *Wallenstein*, München 1976, S. 44 ff., Dieter Borchmeyer, Macht und Melancholie Schillers *Wallenstein*, Frankfurt/M. 1988, S. 26 ff.

38 Justus Lipsius, Politicorum sive civilis doctrinae libri sex (1589), edited, with translation and introductions by Jan Waszink, Assen 2004, Lib. III, cap. 2, S. 348.

39 Friedrich Dürrenmatt, Theaterprobleme, Gesammelte Werke. Bd. VII, Zürich 1996, S. 56.

40 Dazu Niels Werber, Technologien der Macht. System- und medientheoreti-

sche Überlegungen zu Schillers Dramatik, in: Jahrbuch der deutschen Schillergesellschaft 40 (1996), S. 210–243.
41 Novalis, Glauben und Liebe, Werke, Tagebücher und Briefe, Bd. II, S. 295.
42 Niklas Luhmann, Staat und Staatsräson im Übergang von traditionaler Herrschaft zu moderner Politik, in: Ders., Gesellschaftsstruktur und Semantik. Bd. III, Frankfurt/M. 1989, S. 65–148, S. 117. Vgl. zur Ausbildung solcher Funktionselemente auch Norbert Elias, Die höfische Gesellschaft, S. 238 ff., ferner Michael Stolleis, Grundzüge der Beamtenethik (1550–1650), in: Ders., Staat und Staatsräson in der Frühen Neuzeit. Studien zur Geschichte des öffentlichen Rechts, Frankfurt/M. 1990, S. 197–232.
43 Gundacker Fürst von Liechtenstein, Guettachten wegen Education eines Jungen Fürsten und wegen guetter geheimben Raths-Bestellung (...) (nach 1648), in: Staatslehre der Frühen Neuzeit, hg. v. Notker Hammerstein, Frankfurt/M. 1995, S. 541–566, S. 549.
44 Veit Ludwig von Seckendorff, Deutscher Fürstenstaat (zuerst 1656). Samt des Autors Zugabe sonderbarer und wichtiger Materialien. Mit Anmerkungen und Register vers. v. Andreas Simon von Biechling. Neudruck der Ausgabe Jena 1737, Aalen 1972, S. 92 f.
45 Johann Sebastian Mitternacht, Politica Dramatica. Das ist Die Edle Regiments=Kunst (...) (1667), in: Johann Sebastian Mitternacht, Dramen (1662–1667), hg. v. Marianne Kaiser, Tübingen 1972, S. 258 (IV,1).
46 Vgl. hier Dieter Borchmeyer, Macht und Melancholie, S. 114 ff.; zu kurz greift die Deutung von Guthke, der Wallenstein als Spieler auf dem Feld der Politik situiert und damit einen Zugang zur Metaphorik des Prologs gewinnen möchte (Guthke, Idealismus und Skepsis, S. 182 ff.). Vgl. dagegen Gerhard Schulz, Schillers *Wallenstein* zwischen den Zeiten, S. 116–132 u. Hans Feger, Poetische Vernunft, S. 121 f.
47 Ernst H. Kantorowicz, Die zwei Körper des Königs, S. 279 ff.
48 Niklas Luhmann, Die Politik der Gesellschaft, hg. v. André Kieserling. Frankfurt/M. 2003, S. 341. Nicht zuzustimmen ist Luhmanns Zusatz, daß erst die Französische Revolution die Neuorganisation von Entscheidungsprozessen veranlaßt habe – dieses ist, wie Luhmann selbst anderweitig gezeigt hat, schon das Resultat des Ratgebersystems des 17. Jahrhunderts.
49 Niklas Luhmann, Staat und Staatsräson im Übergang von traditionaler Herrschaft zu moderner Politik, in: Gesellschaftsstruktur und Semantik. Bd. III, S. 64–148, hier S. 91 ff.
50 Justus Lipsius, Politicorum sive civilis doctrinae libri sex, Lib.IV, cap.9, S. 450.
51 Balthasar Gracián, Handorakel und Kunst der Weltklugheit (1647), S. 31 (Nr. 57).
52 Justus Lipsius, Politicorum sive civilis doctrinae libri sex, Lib.IV, cap.9, S. 442.
53 Hier weiterhin grundlegend Hartmut Reinhardt, Schillers *Wallenstein* und Aristoteles, in: Jahrbuch der deutschen Schillergesellschaft 20 (1976), S. 278–337.

ANMERKUNGEN ZU DEN SEITEN 176-180

54 Vgl. Hans-Jürgen Schings, Das Haupt der Gorgone, S. 298 f.
55 Vgl. zur Nemesis Hans-Jürgen Schings, Das Haupt der Gorgone, S. 291 ff., Peter-André Alt, Schiller, Bd. II, S. 456 ff.
56 Johann Gottfried Herder, Nemesis (1786), Sämmtliche Werke, Bd. XV, S. 419.
57 Hans-Jürgen Schings, Das Haupt der Gorgone, S. 304 f., Alfons Glück, Schillers *Wallenstein*, S. 128 ff.
58 Johann Gottfried Herder, Nemesis (1786), Sämmtliche Werke, Bd. XV, S. 426.
59 Johann Gottfried Herder, Das eigene Schicksal (1795), Sämmtliche Werke, Bd. XVIII, S. 405; vgl. Dieter Borchmeyer, Macht und Melancholie, S. 210 ff.
60 In der Forschung ist das Verhältnis von Moral, Schuld und Autonomie umstritten: Wolfgang Wittkowski, Theodizee oder Nemesistragödie? Schillers *Wallenstein* zwischen Hegel und politischer Ethik, in: Jahrbuch des Freien Deutschen Hochstifts 1980, S. 177–237, S. 230 ff. (kritisch zur Wallenstein-Figur), Walter Müller-Seidel, Die Geschichtlichkeit der deutschen Klassik. Literatur und Denkformen um 1800, Stuttgart 1983, S. 164 ff. (Verteidigung des von Wallenstein vertretenen Weges), Hans-Jürgen Schings, Das Haupt der Gorgone, S. 289 f. (Reflexion der wirkungsästhetischen Dimensionen der im Drama beleuchteten moralischen Begriffe).
61 Georg Wilhelm Friedrich Hegel, [Über Wallenstein] Werke, Bd. I, S. 618.
62 Zu Wallensteins Suggestion eines Zusammenhangs zwischen Metaphysik und persölichem Handeln Norbert Oellers, Friedrich Schiller, S. 243.
63 Zum ‹Zeitsinn› der politischen Handlungskonzepte Niklas Luhmann, Staat und Staatsräson im Übergang von traditionaler Herrschaft zu moderner Politik, in: Gesellschaftsstruktur und Semantik. Bd. III, S. 65–148, S. 95 f.
64 Zu diesen beiden Begriffen Niklas Luhmann, Staat und Staatsräson im Übergang von traditionaler Herrschaft zu moderner Politik, in: Gesellschaftsstruktur und Semantik. Bd. III, S. 98.
65 Reinhart Koselleck, Vergangene Zukunft der frühen Neuzeit, in: Vergangene Zukunft, S. 32 f. Vgl. hierzu auch Michael Meinzer, Der französische Revolutionskalender und die ‹Neue Zeit›, in: Die Französische Revolution als Bruch des gesellschaftlichen Bewußtseins, hg. v. Reinhart Koselleck, München 1988, S. 24–60.
66 Johann Gottfried Herder, Das eigene Schicksal (1795), Sämmtliche Werke, Bd. XVIII, S. 409.
67 Vgl. hier die Briefe an Körner vom 8. Februar 1793 und an den Augustenburger vom 13. Juli 1793 (NA 26, 183, 262).
68 Auf die Bedeutung der Zeitgeschichte verweist recht allgemein bereits Walter Hinderer, Der Mensch in der Geschichte. Ein Versuch über Schillers *Wallenstein*. Mit einer Bibliographie v. Helmut G. Hermann, Königstein/Ts. 1980, S. 25 ff.
69 Vgl. zur Neubestimmung der Zeitsemantik während der Revolutionsära den Beitrag von Michael Meinzer, Der französische Revolutionskalender und die ‹Neue Zeit›, in: Die Französische Revolution als Bruch des gesellschaftlichen Bewußtseins, S. 24–60.

ANMERKUNGEN ZU DEN SEITEN 180-181

70 Friedrich Schlegel, KA II, S. 370.
71 Zur poetischen Struktur des historiographischen Diskurses vgl. Hayden White, Metahistory. Die historische Einbildungskraft im 19.Jahrhundert in Europa. Aus dem Amerikanischen v. Michael Kohlhaas, Frankfurt/M. 1994 (=Metahistory. The historical Imagination in nineteenth-Century Europe, 1973), bes. S. 120ff.
72 Hier maßgeblich Karl Heinz Bohrer, Deutsche Romantik und französische Revolution. Die ästhetische Abbildbarkeit des historischen Ereignisses, in: Ders.: Das absolute Präsens. Die Semantik ästhetischer Zeit, Frankfurt/M. 1994, S. 8-32.
73 Friedrich Schlegel, KA II, S. 261 (Ideen, Nr. 50). «Denn die Revolution», so erklärt Jacques Roux noch in Peter Weiss' *Marat*-Drama (1964), «sie soll nur einen Augenblick währen | wie ein einschlagender Blitz | der alles verzehrt | in blendender Helle» (Peter Weiss, Die Ermordung Jean Paul Marats dargestellt durch die Schauspielgruppe des Hospizes zu Charenton unter Anleitung des Herrn de Sade, Frankfurt/M. 1964, S. 64).
74 Friedrich Gottlieb Klopstock, Die Etats generaux (1789), Ausgewählte Werke, hg. v. Karl August Schleiden, München 1962, S. 66; Johann Gottfried Herder, Auf den 14.Juli 1790, Sämmtliche Werke, Bd.XXIX, S. 659; Joachim Heinrich Campe, Briefe aus Paris zur Zeit der Revolution geschrieben (1790). Mit Erläuterungen, Dokumenten und einem Nachwort v. Hans Wolf Jäger, Hildesheim 1977, S. 329f.; Jean Paul, Biographische Belustigungen (1796), Sämtliche Werke, Bd. 6, S. 306; Friedrich Schlegel, Athenäumsfragmente (1798), KA II, S. 284f. (Nr. 426); Novalis, Blüthenstaub (1798), Werke, Tagebücher und Briefe, Bd. II, S. 279 (Nr. 105). Grundlegend zur späteren Entwicklung Hans-Wolf Jäger, Politische Metaphorik im Jakobinismus und im Vormärz, Stuttgart 1971.
75 Friedrich Hölderlin, StA 2.1, S. 119.
76 Friedrich Hölderlin, StA 5, S. 271. Die Formel steht nicht, wie die ältere Forschung annahm, für eine nationalistische Option, sondern bezeichnet eine epochale («vaterländische») Revolution («Umkehr»), wobei der astronomische Sinn des Revolutio-Begriffs noch mitschwingt. Vgl. Gerhard Kurz, Mittelbarkeit und Vereinigung, S. 140f., Alexander Honold, Hölderlins Kalender, S. 79ff.
77 So mit luziden Argumenten bereits Karl Heinz Bohrer, Friedrich Schlegels Rede über die Mythologie, in: Mythos und Moderne. Begriff und Bild einer Rekonstruktion, hg. v. Karl Heinz Bohrer, Frankfurt/M. 1983, S. 52-82, S. 57ff. Vgl. zur Blitzmetaphorik im Kontext der französischen Revolution Olaf Briese, Die Macht der Metaphern. Blitz, Erdbeben und Kometen im Gefüge der Aufklärung, Stuttgart, Weimar 1998, S. 44ff.
78 Vgl. die Zusammenstellung bei Rainer Wild, Naivität und Terror. Die Französische Revolution im Urteil des klassischen Weimar, in: Die Französische Revolution in der deutschen Literatur, hg. v. Harro Zimmermann, Frankfurt/M. 1989, S. 47-81.

KEINE WIEDERKEHR DER GÖTTER.
Schillers Konstruktion der Antike

1 Johann Joachim Winckelmann, Beschreibung des Torso im Belvedere zu Rom (1759), Kleine Schriften, S. 169–173; ders.: Geschichte der Kunst des Alterthums. Erster und zweyter Theil (1764). Faksimile-Neudruck. Baden-Baden, Strasbourg 1966, S. 368 ff. Ob der in den *Musei Vaticani* stehende Torso, der 159 cm hoch ist, Herakles, den Riesen Polyphem oder den phrygischen Satyr Marsyas zeigt, ist nicht zu klären.
2 Vgl. zur symbolischen Funktion der Hinrichtung des Königs Daniel Arasse, Die Guillotine. Die Macht der Maschine und das Schauspiel der Gerechtigkeit, Reinbek b. Hamburg 1988, S. 74 f.
3 Johann Joachim Winckelmann, Geschichte der Kunst des Alterthums, S. 370. Im Blick auf die Abfolge der Herakles-Deutungen des 18. Jahrhunderts informativ Reinhardt Habel, Schiller und die Tradition des Herakles-Mythos. Terror und Spiel. Probleme der Mythenrezeption (= Poetik und Hermeneutik IV), hg. v. Manfred Fuhrmann, München 1971, S. 265–294.
4 Gotthold Friedrich Stäudlin, Ludwigs Todesurteil. Chronik vom 29. Januar 1793, in: Die Französische Revolution in Deutschland. Zeitgenössische Texte deutscher Autoren, hg. v. Friedrich Eberle u. Theo Stammen, Stuttgart 1989, S. 186 f., hier S. 187. – Stäudlins Text ist aus der Sicht eines dezidierten Revolutionsgegners geschrieben; umso bemerkenswerter, daß auch er den Akt der Hinrichtung als symbolisches Ereignis begreift, aus dem sich die Hoffnung auf eine bessere Zukunft ableitet.
5 Zur genauen Positionierung Winckelmanns immer noch instruktiv Peter Szondi, Poetik und Geschichtsphilosophie I. Studienausgabe der Vorlesungen. Bd. II, hg. v. Senta Metz u. Hans-Hagen Hildebrandt, Frankfurt/M. 1974, S. 30 ff.
6 Die Arbeit von Martin Dönike (Pathos, Ausdruck und Bewegung. Zur Ästhetik des Weimarer Klassizismus, Berlin, New York 2005) betont zwar zu Recht Schillers eigenständiges Antikebild, das eine «Grenzerweiterung des Klassischen» vollziehe (S. 90), übersieht dabei jedoch den zeitgeschichtlich-politischen Ausgangspunkt, der es determiniert.
7 Hans Robert Jauß, Schlegels und Schillers Replik auf die ‹Querelle des Anciens et des Modernes›, in: Literaturgeschichte als Provokation, Frankfurt/M. 1970, S. 67–106, hier S. 96 f.
8 Peter Szondi, Das Naive ist das Sentimentalische. Zur Begriffsdialektik in Schillers Abhandlung (1972), in: Schriften II, hg. v. Jean Bollack. Frankfurt/ M. 1978, S. 59–105. Schiller faßt das Sentimentalische als «Resultat des Bestrebens, auch unter den Bedingungen der Reflexion die naive Empfindung, dem Innhalt nach, wieder herzustellen.» (NA 20, 473, Anm.). «Aber sentimentalisch», interpretiert Szondi, «ist nicht das Ideal, sondern das Streben danach.» (S. 95). Kritik an dieser Lesart bei Carsten Zelle, Die doppelte Ästhetik der Moderne. Revisionen des Schönen von Boileau bis Nietzsche, Stuttgart,

Weimar 1995, S. 200 ff., der Szondis Deutung abweist, indem er betont, Schillers Ziel sei die Eröffnung einer idealen Perspektive, nicht aber die sentimentalische Position gewesen. Die Differenz der Einschätzungen leitet sich aus der Auffassung des Begriffs ‹Resultat› ab, den Szondi mit ‹Ergebnis›, Zelle unter Bezug auf die im 19. Jahrhundert gängige Semantik aber mit ‹Wirkung› paraphrasiert; vgl. auch Zelles Artikel zu *Ueber naive und sentimentalische Dichtung* in: Schiller-Handbuch, hg. v. Matthias Luserke-Jaqui, S. 451–479, S. 461. Selbst wenn man im Anschluß an Zelle die Offenheit des Prozesses der sentimentalischen Reflexion zu betonen hat, wäre mit Szondi festzuhalten, daß sämtliche Urteilsoptionen der Schrift unter dem Vorbehalt stehen, durch das Sentimentalische konditioniert zu werden. Vor diesem Hintergrund relativiert sich auch das Votum von Matthias Luserke-Jaqui, Friedrich Schiller, S. 266 f., der die Differenz der beiden Leitbegriffe allein stiltypologisch fassen möchte; die diachrone Optik bleibt aber doch bei Schiller durchgehend in Kraft.
9 Vgl. Baruch de Spinoza, Die Ethik nach geometrischer Methode dargestellt (1677). Übersetzung, Anmerkungen und Register v. Otto Baensch, Einleitung v. Rudolf Schottlaender, Hamburg 1989, Lehrsatz 29, S. 31 f.
10 Freilich werden solche Einsichten im Fortgang der Argumentation immer wieder verwischt, worauf Matthias Luserke-Jaqui, Friedrich Schiller, S. 272 f. hinweist.
11 Peter Szondi, Das Naive ist das Sentimentalische, Schriften II, S. 93 ff.
12 Novalis, [Über Goethe], Werke, Tagebücher und Briefe, Bd. II, S. 413.
13 Friedrich Schlegel, KA I, S. 315.
14 Friedrich Schlegel, KA I, S. 215.
15 Friedrich Schlegel, KA I, S. 269 u. ö.
16 Friedrich Schlegel, KA I, S. 270.
17 Friedrich Schlegel, KA I, S. 269. – Gründliche Untersuchung der Leitkategorien des Studium-Aufsatzes bei Matthias Dannenberg, Schönheit des Lebens. Eine Studie zum «Werden» der Kritikkonzeption Friedrich Schlegels, Würzburg 1993, S. 194 ff.
18 Karl Heinz Bohrer, Friedrich Schlegels Rede über die Mythologie, in: Mythos und Moderne, S. 52–82, S. 66 f.
19 Über die Verwendung des Revolutionsbegriffs in Schlegels früher Ästhetik Carsten Zelle, Die doppelte Ästhetik der Moderne, S. 221 ff.
20 Friedrich Schlegel, KA II, S. 318, 313.
21 Über die Indikatoren der kunstphilosophischen Modernität bei Schlegel immer noch instruktiv (allerdings ohne hinreichende Differenzierung des Politikbegriffs) Bernhard Lypp, Ästhetischer Absolutismus und politische Vernunft. Zum Widerstreit von Reflexion und Sinnlichkeit im deutschen Idealismus, Frankfurt/M. 1972, S. 42 ff.
22 Friedrich Schlegel, KA II, S. 370 f.
23 Gotthold Ephraim Lessing, Laokoon oder über die Grenzen der Malerei und Poesie (1766), Werke, Bd. VI, S. 26, S. 566. Vgl. Schillers Brief an Goethe v. 14./15. 9. 1797: «So scheint mir der Begriff deßen, was man einen prægnan-

ANMERKUNGEN ZU DEN SEITEN 188–193

ten Moment nennt sich vollkommen durch seine Qualification zu einer durchgängig bestimmten Darstellung zu erklären.» (NA 29, 132).

24 Karl Heinz Bohrer, Deutsche Romantik und französische Revolution, in: K.H.B, Das absolute Präsens, S. 8–31, S. 12f.

25 Indikator dieses Prozesses ist die Tatsache, daß Klassizität jetzt als etwas selbst Dynamisches, Werdendes erscheint (Friedrich Schlegel, KA II, S. 183, Nr. 116).

26 Vgl. zur genuin plastischen Dimension des Schillerschen Chorbegriffs Helmut Pfotenhauer, Schillers ästhetische Verlegenheiten und philosophische Emphasen im Kontext bildender Kunst, in: Ders., Um 1800, S. 176 ff.

27 Friedrich Wilhelm Joseph Schelling, Philosophie der Kunst, Ausgewählte Schriften, Bd. II, S. 535.

28 Zu Tragödie und Opfer Walter Burkert, Wilder Ursprung, S. 13–39.

29 Dazu erstmals Joachim Müller, Choreographische Strategie. Zur Struktur der Chöre in Schillers Tragödie *Die Braut von Messina*, in: Friedrich Schiller. Angebot und Diskurs, S. 431–448, S. 433f.

30 Eine rezeptionsästhetische Studie zu diesem Aspekt hat Michael Böhler vorgelegt: Die Zuschauerrolle in Schillers Dramaturgie. Zwischen Außendruck und Innenlenkung. Der Chor in der *Braut von Messina* und die Darstellungsform des Erhabenen, in: Friedrich Schiller. Kunst, Humanität und Politik in der späten Aufklärung, S. 273–293.

31 Weiterhin überzeugendste Gesamtinterpretation des von der Schillerforschung selten angemessen gewürdigten Textes: Rolf-Peter Janz, Antike und Moderne in Schillers *Braut von Messina*, in: Unser Commercium, S. 329–349.

32 Aischylos, Die Eumeniden, Tragödien, hg. v. Bernhard Zimmermann, S. 262 (v. 902).

33 Vgl. Hilda M. Brown, Der Chor und chorverwandte Elemente im deutschen Drama des 19. Jahrhunderts und bei Heinrich von Kleist, in: Kleist-Jahrbuch 1981/82, S. 240–261, S. 245.

34 Zitate aus der *Braut von Messina* werden im fortlaufenden Text unter Angabe der Verszahl belegt nach NA 10, S. 19–125.

35 Zum Schwanken des Chors Peter-André Alt, Schiller, Bd. II, S. 542 ff.; vgl. dazu auch Benedikt Jeßing, Im Wettstreit mit den Alten und den Neueren: Schillers *Braut von Messina* im Kontext klassizistischer Dramenästhetik, in: Der ganze Schiller – Programm ästhetischer Erziehung, S. 359–376, S. 375.

36 Zur Differenz zwischen Chorpraxis und Entwürfen der Vorrede Rolf Peter-Janz, Antike und Moderne in Schillers *Braut von Messina*, in: Unser Commercium, S. 346 ff. sowie neuerdings Georg-Michael Schulz in: Schiller-Handbuch, hg. v. Matthias Luserke-Jaqui, S. 195–214, S. 206f.

37 Friedrich Wilhelm Joseph Schelling, Philosophie der Kunst, Werke, Bd. II, S. 534, Friedrich Hölderlin, Anmerkungen zur Antigonae, StA 5, S. 268.

38 Das hat seine Gründe weniger in der zeitgenössischen Theaterpraxis (Mat-

ANMERKUNGEN ZU DEN SEITEN 193-200

thias Luserke-Jaqui, Friedrich Schiller, S. 337 f.) als im Fehlen einer der Polis analogen Ordnungsinstanz, die dem Chor eine Einheit verliehen hätte.

39 Damit übernimmt der Chor die Funktion des Mediums für die Darstellung antagonistischer Naturkräfte, deren Widerstreit der Aufsatz *Ueber das Erhabene* als Gesetz der Geschichte ausgewiesen hatte. Vgl. Beatrix Langer, Der Name der Blume. Schillers Trauerspiel *Die Braut von Messina* als Dramaturgie der geschichtlichen Vernunft, in: Schiller als Historiker, hg. v. Otto Dann u.a. Stuttgart, Weimar 1995, S. 220–242, S. 222 f.

40 Georg Wilhelm Friedrich Hegel, Vorlesungen über die Ästhetik III, Werke, Bd. 15, S. 543. Vgl. dazu Jürgen Habermas, Der philosophische Diskurs der Moderne. Zwölf Vorlesungen, Frankfurt/M. 1988 (zuerst 1985), S. 56 f.

41 Euripides, Iphigenie bei den Taurern, Tragödien, hg. v. Bernhard Zimmermann S. 362 (v. 475 ff.).

42 Hierzu Wolfgang Schadewaldt, Antikes und Modernes in Schillers *Braut von Messina*, in: Jahrbuch der deutschen Schillergesellschaft 13 (1969), S. 286–307, S. 287 ff. u. Gerhard Kluge, *Die Braut von Messina*, in: Schillers Dramen. Neue Interpretationen, hg. v. Walter Hinderer, Stuttgart 1979, S. 242–270, S. 263.

43 So Rolf-Peter Janz, Antike und Moderne in Schillers *Braut von Messina*, in: Unser Commercium, S. 341.

44 Germaine de Staël, Über Deutschland, S. 312.

45 Zu diesem Aspekt Rolf-Peter Janz, Antike und Moderne in Schillers *Braut von Messina*, in: Unser Commercium, S. 345; vgl. Karl S. Guthke, Schillers Dramen, S. 275.

46 Zu Natur und Gewalt Rolf-Peter Janz, Antike und Moderne in Schillers *Braut von Messina*, in: Unser Commercium, S 334 f., Peter-André Alt, Schiller, Bd. II, S. 538.

47 Walter Benjamin, Ursprung des deutschen Trauerspiels, Gesammelte Schriften, Bd. I, S. 301.

48 Dazu Wolfgang Wittkowski, Tradition der Moderne als Tradition der Antike. Klassische Humanität in Goethes *Iphigenie* und Schillers *Braut von Messina*, in: Zur Geschichtlichkeit der Moderne. Der Begriff der literarischen Moderne in Theorie und Deutung. Ulrich Fülleborn zum 60. Geburtstag, hg. v. Theo Elm u. Gerd Hemmerich, München 1982, S. 113–134, S. 127.

49 Karl Philipp Moritz, Über den Begriff des in sich selbst Vollendeten (1785), S. 547.

WELTTHEATER ZWISCHEN HIMMEL UND HÖLLE.
Das Vorspiel als Endspiel

1 Die Datierungen der Forschung sind uneinheitlich, lediglich der Zeitraum - zwischen 1797 und 1798 – gilt als weitgehend gesichert. Unklar ist, ob Goethe den Prolog im Rahmen der Fortsetzung der *Zauberflöte* um 1797 konzipierte oder ihn zur Wiedereröffnung des Weimarer Theaters im Oktober 1798

schrieb (bei der dann *Wallensteins Lager* aufgeführt wurde). Vgl. Ernst Grumach, Prolog und Epilog im Faustplan 1797, in: Goethe-Jahrbuch 14/15 (N.F.) (1953), S. 63–107, S. 67; Albrecht Schöne datiert die Entstehung auf etwa 1800, verweist aber darauf, daß der Plan des Prologs im Zusammenhang mit der nachher verworfenen Idee einer himmlischen Gerichtsszene schon um 1797 gefaßt wurde (Johann Wolfgang Goethe, Faust. Text und Kommentare, Bd. II, S. 162).

2 Zum Hiob-Bezug des Prologs Goethe gegenüber Eckermann, 18.1.1825; MA 19, 127.

3 Dazu Christoph Menke, Die Gegenwärtigkeit der Tragödie, S. 108f.

4 Calderón de la Barca, El gran teatro del mundo / Das große Welttheater (ca. 1635). Spanisch/Deutsch, übers. u. hg. v. Gerhard Poppenberg, Stuttgart 1988, S. 6 (v. 1). Vgl. zum Calderón-Bezug Schönes Kommentar, Johann Wolfgang Goethe, Faust. Text und Kommentare, Bd. II, S. 162.

5 Sigmund von Birken, Teutsche Rede- bind und Dicht-Kunst / oder Kurze Anweisung zur Teutschen Poesy (...), Nürnberg 1679. Faksimile-Neudruck, Hildesheim, New York 1973, S. 225.

6 Karl Eibl, Zur Bedeutung der Wette im Faust, in: Goethe-Jahrbuch 116 (1999), S. 271–280 sieht in den Versen des Erzengels Michael, der Gott auch für das «Verheeren» des Donners preist und dessen zerstörerische Wirkung in «das sanfte Wandeln deines Tags» (v. 264f.) umdeutet, ein Moment der Distanzierung vom Schöpfungslob (S. 273). Tatsächlich aber zitiert Goethe hier das Grundmuster der Leibniz-Theodizee; vgl. Gottfried Wilhelm Leibniz, Die Theodizee, Philosophische Schriften, Bd. 2.1, S. 239ff.

7 Der Charakter der Spielanleitung ist laut Menke Merkmal der modernen Tragödie und zugleich ein Mittel ihrer Selbstreflexion (Christoph Menke, Die Gegenwärtigkeit der Tragödie, S. 122, 135).

8 Vgl dazu auch Immanuel Kant, Kritik der Urteilskraft, Werke, Bd. X, S. 271 (§ 54).

9 Anne Bohnenkamp, Paralipomena, S. 113.

10 Umgekehrt ist es gerade die Verbindung des Spiels mit den Gegenständen der Metaphysik, die im Fall von Goethes *Faust*-Prolog dafür sorgt, daß sich die ästhetische Erfahrung nicht als selbstreferentiell ausweist – was wiederum die *differentia specifica* gegenüber der frühromantischen Kunstphilosophie bildet. Vgl. dazu Ruth Sonderegger, Für eine Ästhetik des Spiels. Hermeneutik, Dekonstruktion und der Eigensinn der Kunst, Frankfurt/M. 2000, S. 130ff.

11 Johann Gottfried Herder, Shakespear (1773), Sämmtliche Werke, Bd. V, S. 220.

12 Vgl. Roger Caillois, Die Spiele und die Menschen. Maske und Rausch. Übers. v. Sigrid v. Massenbach, Frankfurt/M., Berlin, Wien 1982 (= Les jeux et les hommes. Le masque et le vertige, 1958), S. 19 ff. Für Caillois existieren vier Varianten des Spiels: agon (Wettstreit), alea (Würfelspiel), mimikry (Nachahmung), ilinx (Taumelspiel). Die folgenden Ausführungen werden zeigen, daß Goethes Prolog den ersten und den dritten Typus verbindet.

ANMERKUNGEN ZU DEN SEITEN 205-210

13 Vgl. zum Agon der Komödie Rainer Warning, Theorie der Komödie. Eine Skizze, in: Theorie der Komödie – Poetik der Komödie, hg. v. Ralf Simon, Bielefeld 2001, S. 31–46, S. 36f., ferner Daniel Fulda, Schau-Spiele des Geldes, S. 378ff. Zum Agon der Tragödie Walter Benjamin, Ursprung des deutschen Trauerspiels, Gesammelte Schriften, Bd. I, S. 286, Christoph Menke, Die Gegenwart der Tragödie, S. 130f.
14 Friedrich Hölderlin, Anmerkungen zur Antigonae, StA 5, 271.
15 Problematisch hier Peter Michelsen, Die Wette. Zu Goethe: *Faust*, ‹Prolog im Himmel›, in: P.M., Im Banne Fausts. Zwölf Faust-Studien, Würzburg 2000, S. 38–52, S. 48 (betont, daß Gott in die Wette Mephistos einwillige, ohne daß dieses jedoch dem Dialog entnommen werden kann). Vgl. dagegen die luzide Darstellung bei Alexander Rudolf Hohlfeld, Pakt und Wette in Goethes *Faust* (1921), in: Aufsätze zu Goethe, *Faust I*, hg. v. Werner Keller, Darmstadt 1991, S. 380–427, bes. S. 392ff. (zeigt die Asymmetrie der Wettkonstruktion).
16 Wie man Goethes Theodizee-Spiel verfremden kann, indem man es auf die politische Zeitgeschichte überträgt, demonstriert Friedrich Theodor Vischer, wenn er Mephistos Interventionen mit den Feldzügen Napoleons und deren Konsequenzen für die Bildung der deutschen Nation vergleicht: «Recht Faustisch war Preußens Erfahrung 1806.» (F.Th.V., Goethe's Faust. Neue Beiträge zur Kritik des Gedichts, Stuttgart 1875, S. 223).
17 Die Idee der Wette sei das Resultat von Mephistos «Spieltrieb», schreibt Pierre Bertaux, «Gar schöne Spiele spiel' ich mit dir!». Zu Goethes Spieltrieb, Frankfurt/M. 1986, S. 223.
18 Vgl. zur Nichterfüllung des Vertragsgedankens Joseph Vogl, Kalkül und Leidenschaft, S. 315f. Ähnlich schon Gésa v. Molnár, «Die Wette biet' ich». Der Begriff des Wettens in Goethes *Faust* und Kants *Kritik der Urteilskraft*, in: Geschichtlichkeit und Aktualität. Studien zur deutschen Literatur seit der Romantik. Festschrift für Hans-Joachim Mähl zum 65. Geburtstag, Tübingen 1988, S. 29–50 (betont, daß Mephisto bei Goethe gezwungen sei, seine Dienste als Ware anzubieten; S. 30f.).
19 Historia von D. Johann Fausten (1587). Kritische Ausgabe, S. 22f.
20 Widmann/Pfitzer, Das ärgerliche Leben und schreckliche Ende deß vielberüchtigten Ertz-Schwartzkünstlers Johannis Fausti, S. 112ff. (I,9).
21 Widmann/Pfitzer, Das ärgerliche Leben und schreckliche Ende deß vielberüchtigten Ertz-Schwartzkünstlers Johannis Fausti S. 162ff. (I,15).
22 Georg Friedrich Meier, Philosophische Gedanken von den Würkungen des Teufels auf dem Erdboden, S. 139.
23 Wolfgang Menzel, Literatur-Blatt; Beilage zum Morgenblatt No. 48 und 49, Stuttgart, Tübingen, 6., 8., 10. Mai 1833, S. 190–194; Wiederabdruck: MA 18.1, S. 612–616, hier S. 615. Vgl. Arthur Henkel, Das Ärgernis Faust, in: Goethe-Erfahrungen, S. 163–179, S. 164.
24 Adolf Muschg, Der Schein trügt nicht. Über Goethe, Frankfurt/M., Leipzig 2004, S. 80.
25 Die Ironie entsteht durch den Rekurs auf die pythagoreischen Elemente des

ANMERKUNGEN ZU DEN SEITEN 210–213

hier beschworenen Himmelsbildes (Sphärenlehre, Harmoniebegriff), die leicht als Indizien eines anachronistischen astronomischen Wissens erkennbar sind.

26 Karl Eibl, Zur Bedeutung der Wette im Faust, in: Goethe-Jahrbuch 116 (1999), S. 271–280, S. 275 erklärt in diesem Sinne, der Herr des Prologs sei ein «absolutistischer Serenissimus».

27 Anne Bohnenkamp, Paralipomena, S. 750.

28 Diese Distinktion nach Rang und Amt hält der Teufel allerdings für obsolet, verweist er doch darauf, daß man künftig «nicht so bedenklich» (v. 11644) sein werde – ein ironischer Reflex der sozialen Erosion, die Goethe zu den Effekten der Französischen Revolution zählt.

29 Walter Benjamins Diktum, die klassische Ästhetik habe den Spielbegriff nicht mehr auf das Drama, sondern nur auf die Kunsterfahrung bezogen, gilt für den *Faust* zumindest nicht (W.B., Ursprung des deutschen Trauerspiels, Gesammelte Schriften, Bd. I, S. 261).

30 Ernst Grumach beschreibt das Projekt wie folgt: «Faust sollte ein Spiel werden von der neuen Versuchung Adams, von dem letzten vernichtenden Anschlag Lucifers gegen den Menschen, der durch Christus gerettet wird.» (E.G., Prolog und Epilog im Faustplan 1797, S. 107).

31 MA 1.2, 521; vgl. WA I, 37, 84. Der Werktitel in Goethes Notiz: «Historischer Processus iuris, in welchem sich Lucifer über Christum, darum, daß dieser ihm die Höllen zerstöret, eingenommen, die Gefangenen daraus erlöset, und hingegen ihn Lucifern gefangen und gebunden habe, beschweeret. Darinnen ein gantzer ordentlicher Processus, von Anfang der Citation biss auf das Endurtheil, in ersterer und anderer Instanz, dazu die Form wie in Compromissen gehandelt wird einverleibet». (WA, I, 37, 84) Das Werk, das Goethe in einer Ausgabe von 1611 rezipierte, erlebte bis zum Jahr 1737 insgesamt 24 Auflagen; vgl. dazu Arthur Henkel, Das Ärgernis Faust, in: Goethe-Erfahrungen, S. 163–179, S. 167.

32 So die Formulierung von Paralipomenon 194; Johann Wolfgang Goethe, Faust. Text und Kommentare, Bd. I, S. 732.

33 Johann Wolfgang Goethe, Faust. Text und Kommentare, Bd. I, S. 725.

34 Johann Wolfgang Goethe, Faust. Text und Kommentare, Bd. I, S. 561; vgl. Anne Bohnenkamp, Paralipomena, S. 166. Zur Gliederung des geplanten Epilog-Ablaufs und dessen genealogischen Stufen Ernst Grumach, Prolog und Epilog im Faustplan 1797, S. 77.

35 Johann Wolfgang Goethe, Faust. Text und Kommentare, Bd. I, S. 722.

36 Johann Wolfgang Goethe, Faust. Text und Kommentare, Bd. I, S. 573; vgl. zum Kontext den Kommentar, Bd. II, S. 953.

37 Die Epilog-Idee hat Goethe bis 1830 ernsthaft erwogen, ehe sie dann durch die Vorstellung der Apokatastasis, der stufenweise sich vollziehenden Erlösung im Inneren Fausts ersetzt wurde.

38 So die Formulierung bei Stefan Matuschek, Literarische Spieltheorie. Von Petrarca bis zu den Brüdern Schlegel, Heidelberg 1998, S. 204.

ANMERKUNGEN ZU DEN SEITEN 213–216

39 Ob Goethe mit diesem Text vertraut war, läßt sich nicht definitiv klären. Seine systematischere Kant-Lektüre setzt nach der Rückkehr aus Italien ein. Im Winter 1788/89 las er die *Kritik der reinen Vernunft*; es ist anzunehmen, daß er in dieser Periode auch auf Kants Geschichtsschrift stieß, die an der Jenaer Universität – etwa in den Veranstaltungen Reinholds – diskutiert wurde. Vgl. Karl Vorländer, Goethe und Kant, in: Goethe-Jahrbuch 19 (1898), S. 157–185, S. 170f., generell Géza von Molnár, Goethes Kantstudien. Eine Zusammenstellung in seinen Handexemplaren der *Kritik der reinen Vernunft* und der *Kritik der Urteilskraft*, Weimar 1994, bes. S. 23ff.

40 Immanuel Kant, Idee zu einer allgemeinen Geschichte in weltbürgerlicher Absicht (1784), Werke, Bd. XI, S. 33–50, S. 33.

41 Immanuel Kant, Idee zu einer allgemeinen Geschichte in weltbürgerlicher Absicht (1784), Werke, Bd. XI, S. 33–50, S. 34.

42 Immanuel Kant, Idee zu einer allgemeinen Geschichte in weltbürgerlicher Absicht (1784), Werke, Bd. XI, S. 33–50, S. 49.

43 Zu kurz greift hier der anregende Aufsatz von Rüdiger Campe, Schau und Spiel. Einige Voraussetzungen des ästhetischen Spiels um 1800, in: Figurationen 5 (2004), Hft. 1, S. 47–63, der Kants Denkmodell als durch die Kategorie des Spiels generiertes System freier Selbstbezüglichkeit deutet. Das unterschätzt die Verbindlichkeit des Kantschen Telosbegriffs, der menschliche Freiheit auf Dauer nicht durch das ‹Spiel›, sondern durch den Plan der Naturabsicht gewährleistet findet.

44 Ralf Simon hat im Licht dieser Spiellogik, aber wohl kaum im Sinne der Goetheschen Konstruktion auch den Herrn des Prologs als ‹Trickster› gedeutet, der die Rolle des Teufels in der Lust an Eingriff und Manipulation imitiert («Ich bin keiner von den Großen»: der Teufel als Trickster des Teuflischen in Goethes *Faust*, S. 246f.).

45 Johann Wolfgang Goethe, Faust. Text und Kommentar, Bd. I, S. 577. Das Modell der Rettung Fausts im Chaos, über dessen Vorbilder (Milton, Satansprozesse) man nur spekulieren kann, wird jedoch ebenso verworfen wie später die Konzeption eines Finales im Himmel, bei dem Christus Mephisto richtet. Vgl. zu diesem Zusammenhang auch Manfred Osten, «Alles veloziferisch» oder Goethes Entdeckung der Langsamkeit, Frankfurt/M., Leipzig 2003, S. 12f.

46 Christoph Menke, Die Gegenwärtigkeit der Tragödie, S. 154 sieht in dieser Form der Selbstreferenz ein Medium der Erkenntnis; primär handelt es sich jedoch um eine Reflexion des Fiktionscharakters, die hier als Element der literarischen Struktur auftritt; vgl. Wolfgang Iser, Das Fiktive und das Imaginäre, S. 465ff.

47 Immanuel Kant, Kritik der Urteilskraft (1790), Werke, Bd. X, S. 273 (§ 54).

48 Adolf Muschg, Der Schein trügt nicht, S. 93.

49 Vgl. Adolf Muschg, Der Schein trügt nicht, S. 98f.

50 Goethe kann auf die Darstellung der Hölle verzichten, weil er sie Faust in Gestalt der Sorge schon zumutet; vgl. Michael Jäger, Fausts Kolonie. Goethes kritische Phänomenologie der Moderne, Würzburg 2004, S. 430ff.

ANMERKUNGEN ZU DEN SEITEN 216–219

51 Daß Gott schon im Prolog als Spielfigur auftrete, betont auch Albrecht Schöne, Johann Wolfgang Goethe, Faust. Text und Kommentare, Bd. II, S. 164; Widerspruch dazu bei Peter Michelsen, Die Wette, S. 38 (sieht Ironie nur auf Seiten Mephistos, ignoriert jedoch die Welttheater-Analogie, die Gott zur Spielfigur macht).

52 Das sollte aber keineswegs zu der vereinfachenden These führen, Goethes Tragödie sei nicht dualistisch angelegt (Karl Eibl, Das monumentale Ich, S. 119). Die ursprünglich manichäische Konstruktion des *Faust*, die sich noch im Epilog-Plan spiegelt, wird zwar sukzessive aufgegeben, doch bleibt genügend Raum für den offenen Wettstreit des Guten mit dem Bösen.

53 Origenes, De principiis libri VI (Peri archon). Lateinisch-Deutsch, hg., übers. u. mit Anm. vers. v. Herwig Görgemanns u. Heinrich Karpp, Darmstadt 1976, S. 657 ff. (III, 6,5 – 6,9). Zum Einfluß des Origines, den Goethe über Arnolds *Unpartheyische Kirchen- und Ketzerhistorie* (1699) kennenlernte, Arthur Henkel, Das Ärgernis Faust, in: Goethe-Erfahrungen, S. 163 – 179, S. 170, Dieter Breuer, Origenes im 18. Jahrhundert in Deutschland, in: Seminar 21 (Hft.1) (1985), S. 1 – 30, S. 25 ff.

54 Johann Wolfgang Goethe, Brief des Pastors zu *** an den neuen Pastor zu ***, MA 1.2, 425 f.; zur Origenes-Rezeption vgl. Goethes Brief an Oeser vom 14. Februar 1769 (WA IV,1, 203 ff.).

55 Johann Wolfgang Goethe, Faust. Text und Kommentare, Bd. I, S. 452.

56 Vgl. Albrecht Schöne, Johann Wolfgang Goethe, Faust. Text und Kommentare, Bd. II, S. 781.

57 Schöne betont zu Recht, daß die Schlußszene allein mit filmischen Mitteln angemessen realisiert werden könne (Faust. Text und Kommentare, Bd. II, S. 780).

58 Johann Wolfgang Goethe, Faust. Text und Kommentare, Bd. I, S. 573 f. Diskussion der Datierung bei Schöne: Johann Wolfgang Goethe, Faust. Text und Kommentare, Bd. II, S. 954, vgl. S. 1060.

59 Dazu schon Joachim Müller, Prolog und Epilog zu Goethes Faustdichtung (1969), in: Aufsätze zu Goethe, S. 215 – 246, S. 240.

60 Vgl. Heinrich Kramer (Institoris), Der Hexenhammer. Malleus Maleficarum (1487). Neu aus dem Lateinischen übertragen v. Wolfgang Behringer, Günter Jerouschek und Werner Tschacher. Hg. und eingeleitet v. Günter Jerouschek und Wolfgang Behringer, München 2001 (2. Aufl., zuerst 2000), bes. S. 299 ff.; vgl. Gottfried Wilhelm Leibniz, Die Theodizee, Philosophische Schriften, Bd. 2.1, S. 243.

61 Johann Wolfgang Goethe, Faust. Text und Kommentare, Bd. I, S. 574 (v. 17 f.).

62 Im Gegensatz zur ästhetischen Spielkonzeption der Frühromantik, wie sie Friedrich Schlegel in einigen seiner berühmtesten Athenäumsfragmente andeutet (KA II, S. 170, 204; Nr. 116, 238), ist Goethes Spiel nicht selbstreferentiell (und damit Ausdruck für einen in der Kunst autonomen Reflexionsmodus), sondern von einer spannungsvollen Beziehung zur Metaphysik be-

stimmt: Illusionismus im Himmel. – Zu Schlegel vgl. Ruth Sonderegger, Für eine Ästhetik des Spiels, S. 143 ff.

63 Dante, Die göttliche Komödie (1472). Deutsch v. Friedrich Freiherrn v. Falkenhausen, Frankfurt/M. 1974, S. 446 (Inferno, 33. Gesang, v. 73 ff.): «Hallt mirs im Innern wider, ob nur leise, | Und tönt ein Hauch in diesen Reimen bloß, | Wird Deines Siegs gedacht mit höherm Preise.» Vgl. dazu Heinz Schlaffer, Faust zweiter Teil, S. 164 sowie Albrecht Schönes *Faust*-Kommentar (Bd. II, S. 815).

64 Dante, Die göttliche Komödie, S. 446 (Inferno, 33. Gesang, v. 74): «Und tönt ein Hauch in diesen Reimen bloß».

65 Stefan Matuschek, Literarische Spieltheorie, S. 204.

66 Damit entspricht Goethes *Faust* bereits dem Modell des modernen «Meta-Theaters», das sich und seine Strategien spielerisch durchleuchtet; vgl. Christoph Menke, Die Gegenwart der Tragödie, S. 150 ff.

BIBLIOGRAPHIE

I Werke und Quellen

[An.] Historia von D. Johann Fausten (1587). Kritische Ausgabe, hg. v. Stephan Füssel u. Hans Joachim Kreutzer, Stuttgart 1988
Abel, Jacob Friedrich: Eine Quellenedition zum Philosophieunterricht an der Stuttgarter Karlsschule (1773–1782), mit Einleitung, Übersetzung, Kommentar u. Bibliographie hg. v. Wolfgang Riedel, Würzburg 1995
Aischylos: Die Eumeniden, in: Tragödien, übers. v. Oskar Werner, mit einer Einführung u. Erläuterungen hg. v. Bernhard Zimmermann, Zürich, München 1990
Aristoteles: Poetik. Griechisch/Deutsch, übers. u. hg. v. Manfred Fuhrmann, Stuttgart 1982
Arnim, Achim v.: Werke in sechs Bänden, hg. v. Roswitha Burwick, Jürgen Knaack, Paul Michael Lützeler, Renate Moering, Ulfert Ricklefs und Hermann F. Weiss, Frankfurt/M. 1989–1992
Augustinus: De civitate Dei. Patrologiae cursus completus. Series latina, 221 Bde., hg. v. Jacques-Paul Migne, Paris 1844–1864. Bd. 41, Sp. 13–804.
Benjamin, Walter: Briefe, hg. und mit Anmerkungen versehen v. Gershom Scholem u. Theodor W. Adorno. 2 Bde., Frankfurt/M. 1978 (zuerst 1966)
Birken, Sigmund von: Teutsche Rede- bind und Dicht-Kunst / oder Kurze Anweisung zur Teutschen Poesy (...), Nürnberg 1679. Faksimile-Neudruck, Hildesheim, New York 1973
Bloch, Ernst: Das Prinzip Hoffnung. Bd. 3, Frankfurt/M. 1976 (zuerst 1959)
Braun, Julius W. (Hg.): Goethe im Urtheile seiner Zeitgenossen. 3 Bde., Berlin 1882–1885
Brecht, Bertolt: Gesammelte Werke. 20 Bde., hg. v. Suhrkamp-Verlag in Verbindung mit Elisabeth Hauptmann, Frankfurt/M. 1967
Burke, Edmund u. Gentz, Friedrich: Betrachtungen und Abhandlungen über die französische Revolution, hg. v. Hermann Kleiner, Berlin 1991

Calderón de la Barca: El gran teatro del mundo / Das große Welttheater (ca. 1635). Spanisch/Deutsch, übers. u. hg. v. Gerhard Poppenberg, Stuttgart 1988

Campe, Joachim Heinrich: Briefe aus Paris zur Zeit der Revolution geschrieben (1790). Mit Erläuterungen, Dokumenten und einem Nachwort v. Hans Wolf Jäger, Hildesheim 1977

[*Carl August-Goethe*]: Briefwechsel des Herzogs-Großherzogs Carl August mit Goethe, hg. v. Hans Wahl. Bd. I (1775–1806), Berlin 1915

Castiglione, Baldassare: Der Hofmann. Aus dem Italienischen v. Albert Wesselski. Mit einem Vorwort v. Andreas Beyer, Berlin 1996 (= Il libro del cortegiano, 1528)

Dante: Die göttliche Komödie (1472). Deutsch v. Friedrich Freiherrn v. Falkenhausen, Frankfurt/M. 1974

Dürrenmatt, Friedrich: Theaterprobleme, in: Gesammelte Werke. Bd. VII, Zürich 1996

Engel, Johann Jacob: Ideen zu einer Mimik. 2 Teile, Berlin 1785–86, Faksimile-Nachdruck, Darmstadt 1968

Erhard, Johann Benjamin: Über das Recht des Volkes zu einer Revolution und andere Schriften, hg. u. mit einem Nachwort v. Hellmut G. Haasis, Frankfurt/M. 1976

Falk, Johannes: Goethe aus näherm persönlichen Umgang dargestellt. Ein nachgelassenes Werk von Johannes Falk. Reprographischer Druck der Ausgabe Leipzig 1832, Hildesheim 1977

Flaissier, Sabine u. *Pernoud, Georges* (Hg.): Die Französische Revolution in Augenzeugenberichten. Mit einem Vorwort v. André Maurois. Deutsch v. Hagen Thürnau, München 1976

Freud, Sigmund: Gesammelte Werke, hg. v. Anna Freud u. a., Frankfurt/M. 1999 (zuerst 1940–52)

Garve, Christian: Einige Gedanken über das Interessierende (1771), in: Die Entstehung des bürgerlichen Dramas im 18. Jahrhundert. Ausgewählte Texte, mit einem Nachwort hg. v. Jürg Mathes, Tübingen 1974, S. 73–78

Goethe, Johann Wolfgang: Werke, hg. im Auftrag der Großherzogin Sophie von Sachsen. Abt. 1–4. 133 Bde. (in 147 Tln.), Weimar 1887–1919 (= WA)

Goethe, Johann Wolfgang: Sämtliche Werke nach Epochen seines Schaffens. Münchner Ausgabe. 21 in 33 Bänden, hg. v. Karl Richter in Zusammenarbeit mit Herbert G. Göpfert, Norbert Miller, Gerhard Sauder und Edith Zehm, München 1985–1998 (= MA)

Goethe, Johann Wolfgang: Sämtliche Werke, Briefe, Tagebücher und Gespräche. Frankfurter Ausgabe. 40 Bde., hg. v. Friedmar Apel u. a., Frankfurt/M. 1985–1999 (= FA)

Goethe, Johann Wolfgang: Die natürliche Tochter. Mit den Memoiren der Stéphanie Louise de Bourbon-Conti und drei Studien von Bernhard Böschenstein, Frankfurt/M. 1990

[*Goethe, Johann Wolfgang*] Goethes Gespräche, hg. v. Woldemar Freiherr von Biedermann, Leipzig 1890

BIBLIOGRAPHIE

[*Goethe, Johann Wolfgang*] Goethes amtliche Schriften. 4 Bde., hg. v. Willy Flach, fortgeführt v. Helma Dahl, Weimar 1950–1987

[*Goethe, Johann Wolfgang*] Torquato Tasso. Regiebuch der Bremer Inszenierung, Frankfurt/M. 1970

Gottsched, Johann Christoph: Versuch einer Critischen Dichtkunst, Leipzig 1751 (4. Aufl., zuerst 1730). Faksimile-Nachdruck, Darmstadt 1982

Gottsched, Johann Christoph: Ausgewählte Werke, hg. v. Joachim Birke u. a., Berlin, New York 1968 ff.

[*Gottsched, Johann Christoph*] Die Deutsche Schaubühne, hg. v. Johann Christoph Gottsched. Faksimiledruck nach der Ausgabe v. 1751–1745. Mit einem Nachwort v. Horst Steinmetz, Stuttgart 1972

Gracián, Balthasar: Handorakel und Kunst der Weltklugheit (1647), mit einem Nachwort hg. v. Arthur Hübscher, Stuttgart 1990

Gräf, Hans Gerhard (Hg.): Goethe. Über seine Dichtungen. 9 Bde., Frankfurt/M. 1901–1914

Grünbein, Durs: Den Körper zerbrechen. Rede zur Verleihung des Georg-Büchner-Preises 1995, Frankfurt/M. 1995

Gryphius, Andreas: Dramen, hg. v. Eberhard Mannack, Frankfurt/M. 1991

Hebbel, Friedrich: Sämtliche Werke. Historisch-kritische Ausgabe, besorgt v. Richard Maria Werner, Berlin 1901–1907

Hegel, Georg Wihelm Friedrich: Werke in zwanzig Bänden, hg. v. Eva Moldenhauer u. Karl Markus Michel, Frankfurt/M. 1986

Heine, Heinrich: Historisch-kritische Gesamtausgabe der Werke. In Verb. mit dem Heinrich-Heine-Institut hg. v. Manfred Windfuhr, Hamburg 1973–1997

Henkel, Arthur u. *Schöne, Albrecht* (Hg.): Emblemata. Handbuch zur Sinnbildkunst des XVI. und XVII. Jahrhunderts, Stuttgart 1978

Herder, Johann Gottfried: Sämmtliche Werke, hg. v. Bernhard Suphan, Berlin 1877 ff.

Hippel, Theodor Gottlieb von: Über die bürgerliche Verbesserung der Weiber (1793), hg. und mit einem Nachw. vers. v. Ralph-Rainer Wuthenow, Frankfurt/M. 1977

Hobbes, Thomas: Vom Menschen/Vom Bürger (De Cive, 1642), hg. u. eingel. von Günter Gawlick, Hamburg 1959

Hobbes, Thomas: Leviathan oder Stoff, Form und Gewalt eines bürgerlichen und kirchlichen Staates (1651), übers. v. Walter Euchner, hg. u. eingel. v. Iring Fetscher, Frankfurt/M. 1992 (5. Aufl., zuerst 1984)

Hölderlin, Friedrich: Sämtliche Werke. Große Stuttgarter Ausgabe (= StA), hg. von Friedrich Beißner, Stuttgart 1943–1985

Hofmannsthal, Hugo von: Gesammelte Werke in zehn Einzelbänden, hg. v. Bernd Schoeller, Frankfurt/M. 1979

Humboldt, Wilhelm von: Ueber die gegenwaertige franzoesische tragische Buehne, in: Propyläen. Eine periodische Zeitschrift, hg. v. Goethe. Dritten Bandes Erstes Stück. Nachdruck, mit Einführung u. Anhang v. Wolfgang Freiherr von Löhneysen, Darmstadt 1965, S. 66–109

ANHANG

Jean Paul: Sämtliche Werke, hg. v. Norbert Miller, München 1959–1987
Kant, Immanuel: Werkausgabe in 12 Bänden, hg. v. Wilhelm Weischedel, Frankfurt/M. 1977
Kleist, Heinrich v.: Sämtliche Werke und Briefe, hg. v. Helmut Sembdner, München 1965
Klingemann, August: Nachtwachen von Bonaventura, hg. u. mit einem Nachwort vers. v. Jost Schillemeit, Frankfurt/M. 1976
Klinger, Friedrich Maximilian: Elfride (1781/1787). Eine Tragödie, in: Werke. Historisch-kritische Gesamtausgabe. Bd. V, hg. v. Karl-Heinz Hartmann u. Ulrich Profitlich, Tübingen 1984, S. 181–245
Klopstock, Friedrich Gottlieb: Ausgewählte Werke, hg. v. Karl August Schleiden, München 1962
Kramer (Institoris), Heinrich: Der Hexenhammer. Malleus Maleficarum (1487). Neu aus dem Lateinischen übertragen v. Wolfgang Behringer, Günter Jerouschek und Werner Tschacher. Hg. und eingeleitet v. Günter Jerouschek und Wolfgang Behringer, München 2001 (2. Aufl., zuerst 2000)
Lamorlière, Rosalie: Relation du séjour de Marie-Antoinette à la Conciergerie, Paris 1897
Leibniz, Gottfried Wilhelm: Philosophische Schriften. 4 Bde., hg. u. übers. v. Herbert Herring, Frankfurt/M. 1996
Lessing, Gotthold Ephraim: Werke. 8 Bde., hg. v. Herbert G. Göpfert u. a., München 1970–1979
Liechtenstein, Gundacker Fürst von: Guettachten wegen Education eines Jungen Fürsten und wegen guetter geheimben Raths-Bestellung (…) (nach 1648), in: Staatslehre der Frühen Neuzeit, hg. v. Notker Hammerstein, Frankfurt/M. 1995, S. 541–566
Lipsius, Justus: Politicorum sive civilis doctrinae libri sex (1589), edited, with translation and introductions by Jan Waszink, Assen 2004
Machiavelli, Niccolò: Der Fürst (= Il principe, 1532). Übers. v. Rudolf Zorn, Stuttgart 1978
Mann, Thomas: Essays, hg. v. Hermann Kurzke u. Stephan Stachorski. 6 Bde., Frankfurt/M. 1993–1997
Marlowe, Christopher: The Tragicall History of D. Faustus (1588/89), Complete Works, ed. by Fredson Bowers. Vol. II, London 1973
Meier, Georg Friedrich: Philosophische Gedanken von den Würkungen des Teufels auf dem Erdboden, Halle 1760
Meiners, Christoph: Geschichte des weiblichen Geschlechts. Vier Theile, Hannover 1789–1800
Mitternacht, Johann Sebastian: Dramen (1662–1667), hg. v. Marianne Kaiser, Tübingen 1972
Montaigne, Michel de: Essais (1580–1588), précédés d'une lettre à M. Villemain sur l'éloge de Montaigne par P. Christian. 2 Tomes, Paris 1886–1892
Montesquieu, Charles-Louis de Secondat: De l'Esprit des lois (1748). Texte établi et présenté par Jean Brethe de la Gressaye, Paris 1950–1955

BIBLIOGRAPHIE

Moritz, Karl Philipp: Werke. 3 Bde., hg. v. Horst Günther, Frankfurt/M. 1993 (2. Aufl., zuerst 1981)
Nietzsche, Friedrich: Sämtliche Werke. Kritische Studienausgabe, hg. v. Giorgio Colli u. Mazzino Montinari, Berlin, New York 1999
Novalis (d.i.: *Friedrich v. Hardenberg*): Werke, Tagebücher und Briefe. 3 Bde., hg. v. Hans-Joachim Mähl u. Richard Samuel, München 1978
Origenes, De principiis libri VI (Peri archon). Lateinisch-Deutsch, hg., übers. u. mit Anm. vers. v. Herwig Görgemanns u. Heinrich Karpp, Darmstadt 1976
Riccoboni, Francesco: Die Schauspielkunst. Übers. v. Gotthold Ephraim Lessing, hg. u. eingel. v. Gerhard Piens, Berlin 1954 (= L'art du théâtre, 1750)
Robertson, William: Geschichte von Schottland unter den Regierungen der Königinn Maria und des Königs Jacobs VI. Zwei Theile, Ulm, Leipzig 1762
Rousseau, Jean-Jacques: Discours sur l'inégalité (Über die Ungleichheit) (1755), in: Schriften zur Kulturkritik. Französisch-Deutsch, eingel., übers. u. hg. v. Kurt Weigand, Hamburg 1983, S. 62–268
Rousseau, Jean-Jacques: Vom Gesellschaftsvertrag oder Grundsätze des Staatsrechts. In Zusammenarbeit mit Eva Pietzcker neu übers. u. hg. v. Hans Brockard, Stuttgart 1986 (= Du contrat social; ou principes du droit politique, 1762)
Saint-Réal, César-Vichard Abbé de: Dom Carlos Nouvelle Historique, Amsterdam 1672
Schelling, Friedrich Wilhelm Joseph: Ausgewählte Schriften in 6 Bänden, Frankfurt/M. 1985
Schiller, Friedrich: Werke. Nationalausgabe, begr. v. Julius Petersen, fortgeführt v. Lieselotte Blumenthal u. Benno v. Wiese, hg. im Auftrag der Stiftung Weimarer Klassik und des Schiller-Nationalmuseums Marbach v. Norbert Oellers, Weimar 1943 ff. (= NA)
Schiller, Friedrich: Werke und Briefe in zwölf Bänden. Im Deutschen Klassiker-Verlag hg. v. Otto Dann u. a., Frankfurt/M. 1988 ff.
Schmid, Christian Heinrich: Über das bürgerliche Trauerspiel (1768), in: Die Entwicklung des bürgerlichen Dramas im 18. Jahrhundert. Ausgewählte Texte, mit einem Nachwort hg. v. Jürg Mathes, Tübingen 1974, S. 65–71
Schlegel, August Wilhelm: Kritische Schriften und Briefe. 6 Bde., hg. v. Edgar Lohner, Stuttgart u. a. 1962–1967
Schlegel, Friedrich: Werke. Kritische Ausgabe, unter Mitwirkung v. Jean-Jacques Anstett u. Hans Eichner hg. v. Ernst Behler, Paderborn, München, Wien 1958 ff. (= KA)
Schlegel, Johann Elias: Ausgewählte Werke, hg. v. Helmut Holtzhauer u. Peter Wersig, Weimar 1963
Schmitt, Carl: Gespräch über die Macht und den Zugang zum Machthaber/Gespräch über den Neuen Raum, Berlin 1994 (zuerst 1954)
Schopenhauer, Arthur: Zürcher Ausgabe. Werke in zehn Bänden. Auf der Grundlage der historisch-kritischen Ausgabe v. Arthur Hübscher, Zürich 1977
Seckendorff, Veit Ludwig von: Deutscher Fürstenstaat (zuerst 1656). Samt des

Autors Zugabe sonderbarer und wichtiger Materialien. Mit Anmerkungen und Register vers. v. Andreas Simon von Biechling. Neudruck der Ausgabe Jena 1737, Aalen 1972

Shakespeare, William: The London Shakespeare, ed. by John Munro, London 1958

Solger, Karl Wilhelm Ferdinand: Über die Wahlverwandtschaften (1809), in: Goethe im Urteil seiner Kritiker. Dokumente zur Wirkungsgeschichte Goethes in Deutschland. Teil I (1773–1832), hg., eingeleitet und kommentiert v. Karl Robert Mandelkow, München 1975, S. 257–261

Spinoza, Baruch de: Die Ethik nach geometrischer Methode dargestellt (1677). Übersetzung, Anmerkungen und Register v. Otto Baensch, Einleitung v. Rudolf Schottlaender, Hamburg 1989

Staël, Germaine de: Réflexions sur le procès de la reine (1793), in: Œuvres complètes. Tome I, Paris 1871, S. 24–32

Staël, Germaine de: Über Deutschland. Nach der deutschen Erstübertragung von 1814 hg. v. Monika Bosse, Frankfurt/M. 1985 (= De l' Allemagne, 1813)

Stäudlin, Gotthold Friedrich: Ludwigs Todesurteil. Chronik vom 29. Januar 1793, in: Die Französische Revolution in Deutschland. Zeitgenössische Texte deutscher Autoren, hg. v. Friedrich Eberle u. Theo Stammen, Stuttgart 1989, S. 186–187

Stambaugh, Ria (Hg.): Teufelbücher in Auswahl. Bd. I, Berlin 1970

Sulzer, Johann George: Vermischte philosophische Schriften. Bd. I, Leipzig 1773

Sulzer, Johann George: Allgemeine Theorie der schönen Künste. 5 Bde., Hildesheim 1792–94

Thomas von Aquin: Summa Theologica. Tomus Primus, Paris 1887

Tieck, Ludwig: Werke in 4 Bänden. Bd. II, hg. v. Marianne Thalmann, München 1964

Tieck, Ludwig: Schriften in 12 Bänden, hg. v. Hans Peter Balmes u. a., Frankfurt/ M. 1986 ff.

Wagner, Richard: Sämtliche Briefe, hg. v. d. Richard-Wagner-Stiftung Bayreuth, Bd. 11, hg. v. Martin Dürrer, Wiesbaden, Leipzig, Paris 1999

Walch, Johann Georg: Philosophisches Lexicon (1726). Mit einer kurzen kritischen Geschichte der Philosophie von Justus Hennings. Reprographischer Nachdruck der 4. Auflage Leipzig 1775, Hildesheim 1968

Weiss, Peter: Die Ermordung Jean Paul Marats dargestellt durch die Schauspielgruppe des Hospizes zu Charenton unter Anleitung des Herrn de Sade, Frankfurt/M. 1964

Weiße, Felix Christian: Richard der Dritte (1759), hg. v. Daniel Jacoby u. August Sauer, Berlin 1904

Weyer, Johann: De praestigiis daemonvm: Von Teuffelgespenst Zauberern vnd Giffbereytern / Schwartzkuenstlern / Hexen vnd Vnholden (…). Erstlich durch Johannem Weier in Latein beschrieben / nachmals von Johann Fuglino verteutscht, Franckfurt am Mayn 1586 [Lateinische Editio princeps 1563]

Widmann, Christian; *Pfitzer, Johann Nicolaus*: Das ärgerliche Leben und schreckliche Ende deß vielberüchtigten Ertz-Schwartzkünstlers Johannis Fausti (...), Nürnberg 1674, hg. v. Adelbert v. Keller, Tübingen 1880, Nachdruck, Hildesheim 1976

Wieland, Christoph Martin: Sämmtliche Werke in 39 Bänden, Leipzig 1794–1811. Faksimile-Neudruck, Hamburg 1984

Winckelmann, Johann Joachim: Geschichte der Kunst des Alterthums. Erster und zweyter Theil (1764). Faksimile-Neudruck, Baden-Baden, Strasbourg 1966

Winckelmann, Johann Joachim: Kleine Schriften, Vorreden, Entwürfe, hg. v. Walther Rehm, mit einer Einleitung v. Hellmut Sichtermann, Berlin 1968

Wolff, Christian: Gesammelte Werke, hg. u. bearbeitet v. Jean École u. a., Hildesheim, Zürich, New York 1962 ff.

Wolzogen, Caroline von: Agnes von Lilien (1797). Mit Rezensionen von Friedrich Schlegel und Wilhelm von Humboldt sowie einem Nachwort hg. v. Thomas Anz, Marburg 2005

Ysenburg von Buri, Ernst Carl Ludwig: Ludwig Capet, oder Der Königsmord. Neuwied 1793

Ysenburg von Buri, Ernst Carl Ludwig: Marie Antonie von Oesterreich. Königinn in Frankreich, Neuwied 1794

Zedler, Johann Heinrich: Grosses vollständiges Universal-Lexicon aller Wissenschaften und Künste, welche bißhero durch menschlichen Verstand und Witz erfunden und verbessert worden (...). 64 Bde. u. 4 Supplement-Bde., Halle, Leipzig 1732–50; 1751–54

Zweig, Stefan: Marie Antoinette. Bildnis eines mittleren Charakters (1932). Frankfurt/M. 1981

II Forschung zur Weimarer Klassik

Adorno, Theodor W.: Zum Klassizismus von Goethes Iphigenie (1967), in: Noten zur Literatur, hg. v. Rolf Tiedemann, Frankfurt/M. 1981, S. 495–514

Alt, Peter-André: Machtspiele. Die Psychologie des politischen Dramas in Schillers *Don Karlos*, in: Friedrich Schiller: *Don Carlos*. Théatre, psychologie et politique. Etudes réunies par Christine Maillard, Strasbourg 1998, S. 117–143

Alt, Peter-André: Schiller. Leben, Werk, Zeit. 2 Bde., München 2004 (2. Aufl., zuerst 2000)

Bahr, Ehrhard: Goethes *Natürliche Tochter*: Weimarer Hofklassik und Französische Revolution, in: Deutsche Literatur zur Zeit der Klassik, hg. v. Karl Otto Conrady, Stuttgart 1977, S. 226–242

Berger, Joachim: Geselligkeit, Mäzenatentum und Kunstliebhaberei am ‹Musenhof› Anna Amalias – neue Ergebnisse, neue Fragen, in: Der ‹Musenhof› Anna Amalias. Geselligkeit, Mäzenatentum und Kunstliebhaberei im klassischen Weimar, hg. v. Joachim Berger, Köln, Weimar, Wien 2001, S. 1–17

Berghahn, Klaus L.: Das «Pathetischerhabene». Schillers Dramentheorie, in: Deutsche Dramentheorien. Beiträge zu einer historischen Poetik des Dramas in Deutschland, hg. v. Reinhold Grimm, Wiesbaden 1980 (3. Aufl., zuerst 1971), Bd. I, S. 214–244

Bertaux, Pierre: «Gar schöne Spiele spiel' ich mit dir!». Zu Goethes Spieltrieb, Frankfurt/M. 1986

Biedrzynski, Effi: Goethes Weimar. Das Lexikon der Personen und Schauplätze, Zürich 1994 (3. Aufl., zuerst 1992)

Bloch, Peter André: Schiller und die französische klassische Tragödie, Düsseldorf 1968

Böhler, Michael: Die Zuschauerrolle in Schillers Dramaturgie. Zwischen Außendruck und Innenlenkung. Der Chor in der *Braut von Messina* und die Darstellungsform des Erhabenen, in: Friedrich Schiller. Kunst, Humanität und Politik in der späten Aufklärung. Ein Symposium, hg. v. Wolfgang Wittkowski, Tübingen 1980, S. 273–293

Bohnenkamp, Anne: «... das Hauptgeschäft nicht außer Augen lassend». Die Paralipomena zu Goethes *Faust*, Frankfurt/M., Leipzig 1994

Bollenbeck, Georg: Die konstitutive Funktion der Kulturkritik für Schillers Briefe *Über die ästhetische Erziehung*, in: Euphorion 99 (Hft. 1/2) (2005), S. 213–242

Borchmeyer, Dieter: Tragödie und Öffentlichkeit. Schillers Dramaturgie im Zusammenhang seiner politisch-ästhetischen Theorie und die rhetorische Tradition, München 1973

Borchmeyer, Dieter: Höfische Gesellschaft und französische Revolution bei Goethe. Adliges und bürgerliches Wertsystem im Urteil der Weimarer Klassik, Kronberg/Ts. 1977

Borchmeyer, Dieter: Macht und Melancholie. Schillers Wallenstein, Frankfurt/M. 1988

Borchmeyer, Dieter: Weimarer Klassik. Portrait einer Epoche, Weinheim 1994

Borchmeyer, Dieter: Goethe. Der Zeitbürger, München 1999

Bösmann, Holger: ProjektMensch. Anthropologischer Diskurs und Moderneproblematik bei Friedrich Schiller, Würzburg 2006

Boyle, Nicholas: Goethe. Der Dichter in seiner Zeit. Bd. I (1749–1790). Aus dem Englischen übersetzt v. Holger Fliessbach, München 1995

Boyle, Nicholas: Goethe. Der Dichter in seiner Zeit. Bd. II (1790–1803). Aus dem Englischen übersetzt v. Holger Fliessbach, München 1999

Brandstetter, Gabriele: Die andere Bühne der Theatralität: movere als Figur der Darstellung in Schillers Schriften zur Ästhetik, in: Schiller und der Weg in die Moderne, hg. v. Walter Hinderer, Würzburg 2006, S. 287–304

Bräutigam, Bernd: Konstitution und Destruktion ästhetischer Autonomie im Zeichen des Kompensationsverdachts, in: Revolution und Autonomie. Deutsche Autonomieästhetik im Zeitalter der Französischen Revolution. Ein Symposium, hg. v. Wolfgang Wittkowski, Tübingen 1990, S. 244–259

Bürger, Christa: Der Ursprung der bürgerlichen Institution Kunst im höfischen Weimar. Literatursoziologische Untersuchungen zum klassischen Goethe, Frankfurt/M. 1977

Bürger, Christa: Der bürgerliche Schriftsteller im höfischen Mäzenat. Literatur-

BIBLIOGRAPHIE

soziologische Bemerkungen zu Goethes *Tasso*, in: Deutsche Literatur zur Zeit der Klassik, hg. v. Karl Otto Conrady, Stuttgart 1977, S. 141–153
Buschendorf, Bernhard: Goethes mythische Denkform. Zur Ikonographie der *Wahlverwandtschaften*, Frankfurt/M. 1986
Conrady, Karl Otto: Goethe. Leben und Werk, München, Zürich 1994 (zuerst 1982/85)
Diecks, Thomas: «Schuldige Unschuld». Schillers *Maria Stuart* vor dem Hintergrund barocker Dramatisierungen des Stoffes, in: Schiller und die höfische Welt, hg. v. Achim Aurnhammer, Klaus Manger u. Friedrich Strack, Tübingen 1990, S. 233–246
Dönike, Martin: Pathos, Ausdruck und Bewegung. Zur Ästhetik des Weimarer Klassizismus, Berlin, New York 2005
Eibl, Karl: Zur Bedeutung der Wette im Faust, in: Goethe-Jahrbuch 116 (1999), S. 271–280
Eibl, Karl: Das monumentale Ich. Wege zu Goethes *Faust*, Frankfurt/M. 2000
Emrich, Wilhelm: Goethes Trauerspiel *Die natürliche Tochter*. Zur Ursprungsgeschichte der modernen Welt, in: Aspekte der Goethezeit, hg. v. Stanley A. Corngold, Michael Curschmann u. Theodore J. Ziolkowski, Göttingen 1977, S. 163–182
Ermann, Kurt: Goethes Shakespeare-Bild, Tübingen 1983
Foi, Maria Carolina: Recht, Macht und Legitimation in Schillers Dramen. Am Beispiel von *Maria Stuart*, in: Schiller und der Weg in die Moderne, hg. v. Walter Hinderer, Würzburg 2006, S. 227–242
Frick, Werner: Die Schlächterin und der Tyrann: Gewalt und Aufklärung in europäischen Iphigenie-Dramen des 18. Jahrhunderts, in: Goethe-Jahrbuch 118 (2001), S. 126–141
Frick, Werner: Klassische Präsenzen: die Weimarer Dramatik und das Berliner Nationaltheater unter Iffland und Graf Bühl, in: Wechselwirkungen. Kunst und Wissenschaft in Berlin und Weimar im Zeichen Goethes, hg. v. Ernst Osterkamp, Bern 2002, S. 231–266
Glück, Alfons: Schillers *Wallenstein*, München 1976
Gockel, Heinz: Goethes *Tasso* – die Sprache des Symbols, in: Deutsche Vierteljahrsschrift für Literaturwissenschaft und Geistesgeschichte 54 (1980), S. 636–655
Gössmann, Wilhelm: Das Böse im Spiegel des Guten. Die Mephisto-Gestalt in der Literatur, in: Ders.: Literatur als Lebensnerv. Vermittlung, Schreibimpulse, Leselust, Düsseldorf 1999, S. 93–111
Gray, Ronald: Goethe and Tragedy, in: Publications of the English Goethe Society. New Series Vol. 56 (1985/86), S. 23–37
Greiner, Bernhard: Negative Ästhetik: Schillers Tragisierung der Kunst und Romantisierung der Tragödie, in: Text und Kritik, hg. v. Heinz Ludwig Arnold. Sonderheft «Friedrich Schiller», hg. v. Mirjam Springer, München 2005, S. 53–70
Guthke, Karl S.: Schillers Dramen: Idealismus und Skepsis, Tübingen, Basel 1994
Habel, Reinhardt: Schiller und die Tradition des Herakles-Mythos, in: Terror und

Spiel. Probleme der Mythenrezeption (= Poetik und Hermeneutik IV), hg. v. Manfred Fuhrmann, München 1971, S. 265–294

Harrison, Robin: Heilige oder Hexe? Schillers *Jungfrau von Orleans* im Lichte der biblischen und griechischen Anspielungen, in: Jahrbuch der deutschen Schillergesellschaft 30 (1986), S. 265–305

Hart, Gail K.: Goethe's Tasso: Reading the Directions, in: Goethe-Yearbook 3 (1986), S. 126–138

Henkel, Arthur: Entsagung. Eine Studie zu Goethes Altersroman, Tübingen 1954

Henkel, Arthur: Die «verteufelt humane» Iphigenie. Ein Vortrag (1965), in: Ders., Goethe-Erfahrungen. Studien und Vorträge. Kleine Schriften 1, Stuttgart 1982, S. 81–102

Hiller, Marion: Liebe zielt nach Einheit, Egoismus ist Einsamkeit. Zum Opfergedanken in Schillers *Don Carlos* und den *Philosophischen Briefen*, in: Euphorion 99 (2005), Hft.1/2, S. 115–128

Himmelseher, Birgit: Schillers Anteil an der Leitung des Weimarer Hoftheaters, in: Der ganze Schiller – Programm ästhetischer Erziehung, hg. v. Klaus Manger in Verbindung mit Nikolaus Immer, Heidelberg 2006, S. 29–47

Hinck, Walter: Goethe – Mann des Theaters, Göttingen 1982

Hinderer, Walter: Der Mensch in der Geschichte. Ein Versuch über Schillers *Wallenstein*. Mit einer Bibliographie v. Helmut G. Hermann, Königstein/Ts. 1980

Hinderer, Walter: Von der Idee des Menschen. Über Friedrich Schiller, Würzburg 1998

Hinderer, Walter (Hg.): Schillers Dramen. Interpretationen, Stuttgart 1992

Hinderer, Walter (Hg.): Goethes Dramen. Interpretationen, Stuttgart 1993

Hinderer, Walter: Zur Liebesauffassung der Kunstperiode, in: Codierungen von Liebe in der Kunstperiode, hg. v. Walter Hinderer, Würzburg 1997, S. 7–34

Hohlfeld, Alexander Rudolf: Pakt und Wette in Goethes *Faust* (1921), in: Aufsätze zu Goethe, *Faust I*, hg. v. Werner Keller, Darmstadt 1991, S. 380–427

Höyng, Peter: Die Geburt der Theaterzensur aus dem Geiste bürgerlicher Moral. Unwillkommene Thesen zur Theaterzensur im 18. Jahrhundert? in: Zensur im Jahrhundert der Aufklärung. Geschichte – Theorie – Praxis, hg. v. Wilhelm Haefs u. York-Gothart Mix, Göttingen 2007, S. 99–119

Immer, Nikolaus: Die schuldig-unschuldigen Königinnen. Zur kontrastiven Gestaltung von Maria und Elisabeth in Schillers *Maria Stuart*, in: Euphorion 99 (2005), Hft.1/2, S. 129–152

Immer, Nikolaus: Maria Stuart und der *Graf von Essex*, in: Deutsche Vierteljahrsschrift für Literaturwissenschaft und Geistesgeschichte 78 (2004), S. 550–571

Ingen, Ferdinand van: Macht und Gewissen. Schillers *Maria Stuart*, in: Verantwortung und Utopie. Zur Literatur der Goethezeit. Ein Symposium, hg. v. Wolfgang Wittkowski, Tübingen 1988, S. 283–308

Jäger, Michael: Fausts Kolonie. Goethes kritische Phänomenologie der Moderne, Würzburg 2004

BIBLIOGRAPHIE

Janz, Rolf-Peter: Schillers *Kabale und Liebe* als bürgerliches Trauerspiel, in: Jahrbuch der deutschen Schillergesellschaft 20 (1976), S. 208–229
Janz, Rolf-Peter: Antike und Moderne in Schillers *Braut von Messina*, in: Unser Commercium. Goethes und Schillers Literaturpolitik, hg. v. Wilfried Barner, Eberhard Lämmert u. Norbert Oellers, Stuttgart 1984, S. 329–349
Jauß, Hans Robert: Schlegels und Schillers Replik auf die ‹Querelle des Anciens et des Modernes›, in: Ders.: Literaturgeschichte als Provokation, Frankfurt/M. 1970, S. 67–106
Jauß, Hans Robert: Racines und Goethes Iphigenie, in: Rezeptionsästhetik. Theorie und Praxis, hg. v. Rainer Warning, München 1975, S. 353–400
Jeßing, Benedikt: Im Wettstreit mit den Alten und den Neueren: Schillers *Braut von Messina* im Kontext klassizistischer Dramenästhetik, in: Der ganze Schiller – Programm ästhetischer Erziehung, hg. v. Klaus Manger in Verbindung mit Nikolaus Immer, Heidelberg 2006, S. 359–376
Kaiser, Gerhard: Wandrer und Idylle. Der Dichter und die Phänomenologie der Natur in der deutschen Dichtung von Geßner bis Gottfried Keller, Göttingen 1977
Kaiser, Gerhard: Von Arkadien nach Elysium. Schiller-Studien, Göttingen 1978
Kemper, Dirk: *ineffabile*. Goethe und die Individualitätsproblematik der Moderne, München 2004
Keppler, Stefan: Grenzen des Ich. Die Verfassung des Subjekts in Goethes Romanen und Erzählungen, Berlin, New York 2006
Kluge, Gerhard: *Die Braut von Messina*, in: Schillers Dramen. Neue Interpretationen, hg. v. Walter Hinderer, Stuttgart 1979, S. 242–270
Koopmann, Helmut: Schillers *Wallenstein*. Antiker Mythos und moderne Geschichte. Zur Begründung der klassischen Tragödie um 1800, in: Teilnahme und Spiegelung. Festschrift für Horst Rüdiger, hg. v. Beda Allemann, Berlin 1975, S. 263–274
Koopmann, Helmut (Hg.): Schiller-Handbuch, Stuttgart 1998
Koschorke, Albrecht: Schillers *Jungfrau von Orleans* und die Geschlechterpolitik der Französischen Revolution, in: Schiller und der Weg in die Moderne, hg. v. Walter Hinderer, Würzburg 2006, S. 243–259
Kreuzer, Helmut: Die Jungfrau in Waffen. *Judith* und ihre Geschwister von Schiller bis Sartre, in: Untersuchungen zur Literatur als Geschichte. Festschrift für Benno v. Wiese, hg. v. Vincent J. Günther u.a., Berlin 1973, S. 363–384
Lamport, Francis J.: Krise und Legitimitätsanspruch. *Maria Stuart* als Geschichtstragödie, in: Zeitschrift für deutsche Philologie 109 (1990), Sonderheft, S. 134–145
Lange, Sigrid: Geschichte und Utopie in Schillers *Jungfrau von Orleans*. Versuch einer Neuinterpretation der Titelfigur, in: Friedrich Schiller. Angebot und Diskurs. Zugänge, Dichtung, Zeitgenossenschaft, hg. v. Helmut Brandt, Berlin 1987, S. 311–319
Langer, Beatrix: Der Name der Blume. Schillers Trauerspiel *Die Braut von Messina* als Dramaturgie der geschichtlichen Vernunft, in: Schiller als Historiker,

hg. v. Otto Dann, Norbert Oellers u. Ernst Osterkamp, Stuttgart, Weimar 1995, S. 220–242

Lokke, Kari: Schiller's *Maria Stuart*. The historical sublime and the aesthetics of gender, in: Monatshefte für deutschen Unterricht 82 (1990), S. 123–141

Luserke-Jaqui, Matthias: Friedrich Schiller, Tübingen, Basel 2005

Luserke-Jaqui, Matthias (unter Mitarbeit von *Grit Dommes*) (Hg.): Schiller-Handbuch. Leben – Werk – Wirkung, Stuttgart, Weimar 2005

Martinson, Steven D.: Maria Stuart: Philology and Politics, in: A Companion to the Works of Friedrich Schiller, hg. v. Steven D. Martinson, New York 2005, S. 213–226

May, Kurt: Goethes *Wahlverwandtschaften* als tragischer Roman, in: Goethes Roman *Die Wahlverwandtschaften*, hg. v. Ewald Rösch, Darmstadt 1975 (= Wege der Forschung, Bd. CXIII), S. 263–271

Michelsen, Peter: Egmonts Freiheit, in: Euphorion 65 (1971), S. 274–297

Michelsen, Peter: Mephistos «eigentliches Element». Vom Bösen in Goethes *Faust*, in: Das Böse. Eine historische Phänomenologie des Unerklärlichen, hg. v. Carsten Colpe u. Wilhelm Schmidt-Biggemann, Frankfurt/M. 1993, S. 229–255

Michelsen, Peter: Im Banne Fausts. Zwölf Faust-Studien, Würzburg 2000

Miller, Norbert: Der Wanderer. Goethe in Italien, München, Wien 2002

Molnár, Géza von: «Die Wette biet' ich». Der Begriff des Wettens in Goethes *Faust* und Kants *Kritik der Urteilskraft*, in: Geschichtlichkeit und Aktualität. Studien zur deutschen Literatur seit der Romantik. Festschrift für Hans-Joachim Mähl zum 65. Geburtstag, Tübingen 1988, S. 29–50

Molnár, Géza von: Goethes Kantstudien. Eine Zusammenstellung in seinen Handexemplaren der *Kritik der reinen Vernunft* und der *Kritik der Urteilskraft*, Weimar 1994

Müller, Joachim: Prolog und Epilog zu Goethes Faustdichtung (1969), in: Aufsätze zu Goethe, *Faust I*, hg. v. Werner Keller, Darmstadt 1991, S. 215–246

Müller, Joachim: Goethes Dramentheorie, in: Deutsche Dramentheorien, hg. v. Reinhold Grimm, Wiesbaden 1980 (3. Aufl., zuerst 1971), Bd. I, S. 157–195

Müller, Joachim: Choreographische Strategie. Zur Struktur der Chöre in Schillers Tragödie *Die Braut von Messina*, in: Friedrich Schiller. Angebot und Diskurs. Zugänge, Dichtung, Zeitgenossenschaft, hg. v. Helmut Brandt, Berlin, Weimar 1987, S. 431–448

Müller-Seidel, Walter: Lyrik, Tragik und Individualität in Goethes später Dichtung, in: Das Subjekt der Dichtung, Festschrift für Gerhard Kaiser, hg. v. Gerhard Buhr, Friedrich A. Kittler u. Horst Turk, Würzburg 1990, S. 497–518

Müller-Seidel, Walter: Die Geschichtlichkeit der deutschen Klassik. Literatur und Denkformen um 1800, Stuttgart 1983

Muschg, Adolf: Der Schein trügt nicht. Über Goethe, Frankfurt/M., Leipzig 2004

Nägele, Rainer: Goethe: *Götz von Berlichingen*, in: Dramen des Sturm und Drang. Interpretationen, Stuttgart 1997, S. 7–31

Nahler, Horst: Dichtertum und Moralität in Goethes *Torquato Tasso*, in: Studien

BIBLIOGRAPHIE

zur Goethezeit. Festschrift für Lieselotte Blumenthal, hg. v. Helmut Holtzhauer u. Bernhard Zeller, Weimar 1968, S. 285–301

Neumann, Gerhard: Konfiguration. Studien zu Goethes *Torquato Tasso*, München 1965

Neubauer, John: Sprache und Distanz in Goethes *Iphigenie*, in: Verlorene Klassik? Ein Symposium, hg. v. Wolfgang Wittkowski, Tübingen 1986, S. 27–39

Niefanger, Dirk: Geschichte als Metadrama. Theatralität in Friedrich Schillers *Maria Stuart* und seiner Bearbeitung von Goethes *Egmont*, in: Schiller und der Weg in die Moderne, hg. v. Walter Hinderer, Würzburg 2006, S. 305–323

Oellers, Norbert: Friedrich Schiller. Zur Modernität eines Klassikers, hg. v. Michael Hofmann, Frankfurt/M., Leipzig 1996

Oellers, Norbert: Schiller. Elend der Geschichte, Glanz der Kunst, Stuttgart 2005

Osten, Manfred: «Alles veloziferisch» oder Goethes Entdeckung der Langsamkeit, Frankfurt/M., Leipzig 2003

Port, Ulrich: «Künste des Affekts». Die Aporien des Pathetischerhabenen und die Bildrhetorik in Schillers *Maria Stuart*, in: Jahrbuch der deutschen Schillergesellschaft 46 (2002), S. 134–159

Rasch, Wolfdietrich: Goethes *Iphigenie auf Tauris* als Drama der Autonomie, München 1979

Reinhardt, Hartmut: Schillers *Wallenstein* und Aristoteles, in: Jahrbuch der deutschen Schillergesellschaft 20 (1976), S. 278–337

Reinhardt, Hartmut: «...man weiß nicht, was man schreiben darf...» Die Weimarer Klassik und die Zensur. Zwei Fallstudien zu Schiller und Herder, in: Zensur im Jahrhundert der Aufklärung. Geschichte – Theorie – Praxis, hg. v. Wilhelm Haefs u. York-Gothart Mix, Göttingen 2007, S. 203–223

Riedel, Wolfgang: Die Anthropologie des jungen Schiller. Zur Ideengeschichte der medizinischen Schriften und der *Philosophischen Briefe*, Würzburg 1985

Riedel, Wolfgang: Die Aufklärung und das Unbewußte. Die Inversionen des Franz Moor, in: Jahrbuch der deutschen Schillergesellschaft 37 (1993), S. 198–220

Safranski, Rüdiger: Schiller oder Die Erfindung des Deutschen Idealismus, München 2004

Sampaolo, Giovanni: *Proserpinas Park*. Goethes *Wahlverwandtschaften* als Selbstkritik der Moderne. Aus dem Italienischen v. Annette Kopetzki, Stuttgart, Weimar 2003

Sautermeister, Gert: Idyllik und Dramatik im Werk Friedrich Schillers. Zum geschichtlichen Ort seiner klassischen Dramen, Stuttgart u.a. 1971

Schadewaldt, Wolfgang: Antikes und Modernes in Schillers *Braut von Messina*, in: Jahrbuch der deutschen Schillergesellschaft 13 (1969), S. 286–307

Schings, Hans-Jürgen: Das Haupt der Gorgone. Tragische Analysis und Politik in Schillers *Wallenstein*, in: Das Subjekt der Dichtung. Festschrift für Gerhard Kaiser, hg. v. Gerhard Buhr u.a., Würzburg 1990, S. 283–307

Schings, Hans-Jürgen: Freiheit in der Geschichte. Egmont und Marquis Posa im Vergleich. In: Goethe-Jahrbuch 110 (1993), S. 61–76

ANHANG

Schings, Hans-Jürgen: Die Brüder des Marquis Posa. Schiller und der Geheimbund der Illuminaten, Tübingen 1996

Schings, Hans-Jürgen: Fausts Verzweiflung, in: Goethe-Jahrbuch 115 (1998), S. 97–123

Schlaffer, Hannelore: Wilhelm Meister. Das Ende der Kunst und die Wiederkehr des Mythos, Stuttgart 1980

Schlaffer, Heinz: Der Bürger als Held. Sozialgeschichtliche Auflösung literarischer Widersprüche, Frankfurt/M. 1973

Schlaffer, Heinz: Faust zweiter Teil. Die Allegorie des 19. Jahrhunderts, Stuttgart 1981

Schlechta, Karl: Goethe in seinem Verhältnis zu Aristoteles, Frankfurt/M. 1938

Schmidt, Alexander: Athen oder Sparta? Friedrich Schiller und der Republikanismus, in: Der ganze Schiller – Programm ästhetischer Erziehung, hg. v. Klaus Manger in Verbindung mit Nikolaus Immer, Heidelberg 2006, S. 103–130

Schmidt, Jochen: Goethes Faust. Erster und zweiter Teil. Grundlagen – Werk – Wirkung, München 1999

Schöne, Albrecht: Götterzeichen, Liebeszauber, Satanskult. Neue Einblicke in alte Goethetexte, München 1993 (3. Aufl., zuerst 1982)

Schröder, Jürgen: Geschichtsdramen. Die «deutsche Misere» – von Goethes *Götz* bis Heiner Müllers *Germania?*, Tübingen 1994

Schunicht, Manfred: Intrigen und Intriganten in Schillers Dramen, in: Zeitschrift für deutsche Philologie 82 (1963), S. 271–292

Schulz, Gerhard: Schillers *Wallenstein* zwischen den Zeiten, in: Geschichte als Schauspiel. Deutsche Geschichtsdramen. Interpretationen, hg. v. Walter Hinck, Frankfurt/M. 1981, S. 116–132

Schwan, Werner: Egmonts Glücksphantasien und Verblendung, in: Jahrbuch des Freien Deutschen Hochstifts 1986, S. 61–90

Schwind, Klaus: «Man lache nicht!»: Goethes theatrale Spielverbote. Über die schauspielerischen Unkosten des autonomen Kunstbegriffs, in: Internationales Archiv für Sozialgeschichte der deutschen Literatur 21/2 (1996), S. 66–112

Schwinge, Ernst-Richard: Schillers Tragikkonzept und die Tragödie der Griechen, in: Jahrbuch der deutschen Schillergesellschaft 47 (2003), S. 123–140

Sengle, Friedrich: Das Genie und sein Fürst. Die Geschichte der Lebensgemeinschaft Goethes mit dem Herzog Carl August, Stuttgart, Weimar 1993

Sharpe, Lesley: Friedrich Schiller: Drama, Thought and Politics, Cambridge 1991

Sharpe, Lesley: Goethe – Schiller – Iffland: Schillers *Egmont*-Bearbeitung im theatralischen Kontext, in: Goethe-Jahrbuch 112 (2005), S. 137–146

Simon, Ralf: «Ich bin keiner von den Großen»: der Teufel als Trickster des Teuflischen in Goethes *Faust*, in: Variationen über das Teuflische. Colloquium Helveticum. Schweizer Hefte für allgemeine und vergleichende Literaturwissenschaft 36 (2005), S. 223–247

Sørensen, Bengt Algot: Die «zarte Differenz». Symbol und Allegorie in der ästhe-

BIBLIOGRAPHIE

tischen Diskussion zwischen Schiller und Goethe, in: Formen und Funktionen der Allegorie, hg. v. Walter Haug, Stuttgart 1979, S. 632–641

Steinhagen, Harald: Schillers *Wallenstein* und die Französische Revolution, in: Zeitschrift für deutsche Philologie 109 (1990), Sonderheft, S. 77–98

Stockhorst, Stefanie: Fürstenpreis und Kunstprogramm. Sozial- und gattungsgeschichtliche Studien zu Goethes Gelegenheitsdichtungen für den Weimarer Hof, Tübingen 2002

Tümmler, Hans: Carl August von Weimar, Goethes Freund. Eine vorwiegend politische Biographie, Stuttgart 1978

Turk, Horst: Die Kunst des Augenblicks. Zu Schillers *Wallenstein*, in: Augenblick und Zeitpunkt. Studien zur Zeitstruktur und Zeitmetaphorik in Kunst und Wissenschaften, hg. v. Christian W. Thomsen, Darmstadt 1984, S. 306–324

Uerlings, Herbert: *Die natürliche Tochter*. Zur Rolle des Bürgertums in Goethes Trauerspiel, in: Goethe-Jahrbuch 104 (1987), S. 96–112

Utz, Peter: Das Auge und das Ohr im Text. Literarische Sinneswahrnehmung in der Goethezeit, München 1990

Vaget, Hans Rudolf: Um einen Tasso von außen bittend: Kunst und Dilettantismus am Musenhof von Ferrara, in: Deutsche Vierteljahrsschrift für Literaturwissenschaft und Geistesgeschichte 54 (1980), S. 232–258

Vaget, Hans Rudolf: *Die natürliche Tochter*, in: Goethes Dramen. Neue Interpretationen, hg. v. Walter Hinderer, Stuttgart 1980, S. 210–226

Valk, Thorsten: Melancholie im Werk Goethes. Genese – Symptomatik – Therapie, Tübingen 2002

Vischer, Friedrich Theodor: Goethe's Faust. Neue Beiträge zur Kritik des Gedichts, Stuttgart 1875

Weimar, Klaus: «Ihr Götter!», in: Unser Commercium. Goethes und Schillers Literaturpolitik, hg. v. Wilfried Barner, Eberhard Lämmert u. Norbert Oellers, Stuttgart 1984, S. 303–327

Werber, Niels: Technologien der Macht. System- und medientheoretische Überlegungen zu Schillers Dramatik, in: Jahrbuch der deutschen Schillergesellschaft 40 (1996), S. 210–243

Wild, Rainer: Naivität und Terror. Die Französische Revolution im Urteil des klassischen Weimar, in: Die Französische Revolution in der deutschen Literatur, hg. v. Harro Zimmermann, Frankfurt/M. 1989, S. 47–81.

Wilm, Marie-Christin: *Die Jungfrau von Orleans*, tragödientheoretisch gelesen. Schillers ‹Romantische Tragödie› und ihre praktische Theorie, in: Jahrbuch der deutschen Schillergesellschaft 47 (2003), S. 141–170

Wilson, Daniel W.: Das Goethe-Tabu. Protest und Menschenrechte im klassischen Weimar, München 1999

Wittkowski, Wolfgang: Theodizee oder Nemesistragödie? Schillers *Wallenstein* zwischen Hegel und politischer Ethik, in: Jahrbuch des Freien Deutschen Hochstifts 1980, S. 177–237

Wittkowski, Wolfgang: Tradition der Moderne als Tradition der Antike. Klassische Humanität in Goethes *Iphigenie* und Schillers *Braut von Messina*, in: Zur

Geschichtlichkeit der Moderne. Der Begriff der literarischen Moderne in Theorie und Deutung. Ulrich Fülleborn zum 60. Geburtstag, hg. v. Theo Elm u. Gerd Hemmerich, München 1982, S. 113–134

Witte, Bernd u. *Schmidt, Peter* (Hg.): Goethe-Handbuch. 4 Bände, Stuttgart, Weimar 1996–1997

Wölfel, Kurt: Machiavellische Spuren in Schillers Dramen, in: Schiller und die höfische Welt, hg. v. Achim Aurnhammer u.a., Tübingen 1990, S. 318–340

Wolf, Norbert Christian: Streitbare Ästhetik. Goethes kunst- und literaturtheoretische Schriften 1771–1789, Tübingen 2001

Zabka, Thomas: Dialektik des Bösen. Warum es in Goethes *Walpurgisnacht* keinen Satan gibt, in: Deutsche Vierteljahrsschrift für Literaturwissenschaft und Geistesgeschichte 72 (1998), S. 201–226

Zimmermann, Rolf Christian: Das Weltbild des jungen Goethe. Studien zur hermetischen Tradition des deutschen 18. Jahrhunderts. Zweiter Band: Interpretation und Dokumentation, München 1979

III Weitere literaturwissenschaftliche Arbeiten

Alt, Peter-André: Begriffsbilder. Studien zur literarischen Allegorie zwischen Opitz und Schiller, Tübingen 1995

Alt, Peter-André: Der Tod der Königin. Frauenopfer und politische Souveränität im Trauerspiel des 17. Jahrhunderts, Berlin, New York 2004

Aurnhammer, Achim: Androgynie. Studien zu einem Motiv in der europäischen Literatur, Köln 1986

Barkhoff, Jürgen: Magnetische Fiktionen. Literarisierung des Mesmerismus in der Romantik, Stuttgart, Weimar 1995

Bataille, Georges: Die Literatur und das Böse, München 1987

Bender, Wolfgang (Hg.): Schauspielkunst im 18. Jahrhundert, Stuttgart 1992

Benjamin, Walter: Gesammelte Schriften, hg. v. Rolf Tiedemann u. Hermann Schweppenhäuser, Frankfurt/M. 1972–1987

Bloom, Harold: Einfluss-Angst. Eine Theorie der Dichtung. Aus dem amerikanischen Englisch v. Angelika Schweikhart, Basel 1995 (= The Anxiety of Influence, 1973)

Bohrer, Karl Heinz: Friedrich Schlegels Rede über die Mythologie, in: Ders. (Hg.): Mythos und Moderne. Begriff und Bild einer Rekonstruktion, Frankfurt/M. 1983, S. 52–82

Bohrer, Karl Heinz: Deutsche Romantik und französische Revolution. Die ästhetische Abbildbarkeit des historischen Ereignisses, in: Ders.: Das absolute Präsens. Die Semantik ästhetischer Zeit, Frankfurt/M. 1994, S. 8–32

Bohrer, Karl Heinz: Ekstasen der Zeit. Augenblick, Gegenwart, Erinnerung, München 2003

Bohrer, Karl Heinz: Imaginationen des Bösen. Zur Begründung einer ästhetischen Kategorie, München, Wien 2004

Brandt-Schwarze, Ulrike: Intriganten, Giftmischer und Meuchelmörder. Die

BIBLIOGRAPHIE

Handlanger des Bösen im Trauerspiel des frühen 19. Jahrhunderts, in: Zeitschrift für deutsche Philologie 115 (1996), Sonderheft: Klassik modern, S. 78–93
Braungart, Wolfgang: Ritual und Literatur, Tübingen 1996
Brittnacher, Hans Richard: Ästhetik des Horrors. Gespenster, Vampire, Monster, Teufel und künstliche Menschen in der phantastischen Literatur, Frankfurt/M. 1994
Brittnacher, Hans Richard: Der Leibhaftige. Motive und Bilder des Satanismus, in: Die andere Kraft. Zur Renaissance des Bösen, hg. v. Alexander Schuller u. Wolfert v. Rahden, Berlin 1993, S. 167–192
Brown, Hilda M.: Der Chor und chorverwandte Elemente im deutschen Drama des 19. Jahrhunderts und bei Heinrich von Kleist, in: Kleist-Jahrbuch 1981/82 S. 240–261
Dannenberg, Matthias: Schönheit des Lebens. Eine Studie zum «Werden» der Kritikkonzeption Friedrich Schlegels, Würzburg 1993
Eke, Norbert Otto: Signaturen der Revolution. Frankreich – Deutschland: deutsche Zeitgenossenschaft und deutsches Drama zur Französischen Revolution um 1800, München 1997
Frick, Werner: Die mythische Methode. Komparatistische Studien zur Transformation der griechischen Tragödie im Drama der klassischen Moderne, Tübingen 1998
Fuhrmann, Manfred: Dichtungstheorie der Antike. Aristoteles – Horaz – ‹Longin›, Darmstadt 1992
Fulda, Daniel: Schau-Spiele des Geldes. Die Komödie und die Entstehung der Marktgesellschaft von Shakespeare bis Lessing, Tübingen 2005
Geitner, Ursula: Die Sprache der Verstellung. Studien zum rhetorischen und anthropologischen Wissen im 17. und 18. Jahrhundert, Tübingen 1992
Genette, Gérard: Palimpseste. Die Literatur auf zweiter Stufe. Aus dem Französischen v. Wolfram Bayer u. Dieter Hornig, Frankfurt/M. 1993 (= Palimpsestes. La littérature au second degré, 1982)
Greenblatt, Stephen: Verhandlungen mit Shakespeare. Innenansichten der englischen Renaissance. Aus dem Amerikanischen v. Robin Cackett, Berlin 1990 (= Shakespearean Negotiations. The Circulation of Social Energy in Renaissance England, 1988)
Greis, Jutta: Drama Liebe. Zur Entwicklungsgeschichte der modernen Liebe im Drama des 18. Jahrhunderts, Stuttgart 1991
Hempfer, Klaus W.: Schwierigkeiten mit einer «Supertheorie»: Bemerkungen zur Systemtheorie Luhmanns und deren Übertragbarkeit auf die Literaturwissenschaft, in: Siegener Periodicum zur Internationalen Empirischen Literaturwissenschaft 9 (1990), Hft. 1, S. 15–36
Honold, Alexander: Hölderlins Kalender. Astronomie und Revolution um 1800, Berlin 2005
Iser, Wolfgang: Das Fiktive und das Imaginäre. Perspektiven literarischer Anthropologie, Frankfurt/M. 1991

Kiesel, Hellmuth: ‹Bei Hof, bei Höll›. Untersuchungen zur literarischen Hofkritik von Sebastian Brant bis Friedrich Schiller, Tübingen 1979

Koschorke, Albrecht: Körperströme und Schriftverkehr. Mediologie des 18. Jahrhunderts, München 1999

Košenina, Alexander: Anthropologie und Schauspielkunst. Studien zur ‹eloquentia corporis› im 18. Jahrhundert, Tübingen 1995

Kurz, Gerhard: Mittelbarkeit und Vereinigung. Zum Verhältnis von Poesie, Reflexion und Revolution bei Hölderlin, Stuttgart 1975

Matt, Peter von: Ästhetik der Hinterlist. Zu Theorie und Praxis der Intrige in der Literatur, München 2002

Matt, Peter von: Die Intrige. Theorie und Praxis der Hinterlist, München 2006

Matuschek, Stefan: Literarische Spieltheorie. Von Petrarca bis zu den Brüdern Schlegel, Heidelberg 1998

Memmolo, Pasquale: Strategen der Subjektivität. Intriganten in Dramen der Neuzeit, Würzburg 1995

Meyer, Reinhart: Das Nationaltheater in Deutschland als höfisches Institut. Versuch einer Funktionsbestimmung, in: Das Ende des Stegreifspiels – Die Geburt des Nationaltheaters. Ein Wendepunkt in der Geschichte des europäischen Dramas, hg. v. Roger Bauer u. Jürgen Wertheimer, München 1983, S. 124–152

Müller, Maria E.: Der andere Faust. Melancholie und Individualität in der Historia von D. Johann Fausten, in: Deutsche Vierteljahrsschrift für Literaturwissenschaft und Geistesgeschichte 60 (1986), S. 572–608

Osterkamp, Ernst: Lucifer. Stationen eines Motivs, Berlin, New York 1979

Pfotenhauer, Helmut: Um 1800. Konfigurationen der Literatur, Kunstliteratur und Ästhetik, Tübingen 1991

Plachta, Bodo: Damnatur – Toleratur – Admittur. Studien und Dokumente zur literarischen Zensur im 18. Jahrhundert, Tübingen 1994

Reichert, Klaus: «Ich bin ich». Auftritte neuer Formen des Bösen in der Frühen Neuzeit, in: Ders.: Der fremde Shakespeare, München 1998, S. 298–311

Riedel, Wolfgang: Erkennen und Empfinden. Anthropologische Achsendrehung und Wende zur Ästhetik bei Johann Georg Sulzer, in: Der ganze Mensch. Anthropologie und Literatur im 18. Jahrhundert, hg. v. Hans-Jürgen Schings, Stuttgart 1994, S. 410–439

Röcke, Werner: Teufelsgelächter. Inszenierungen des Bösen und des Lachens in der *Historia von D. Johann Fausten* (1587) und in Thomas Manns *Doktor Faustus*, in: Der schöne Schein der Kunst und seine Schatten. Festschrift für Rolf-Peter Janz, Bielefeld 2000, S. 345–365

Schmidt, Jochen: Die Geschichte des Genie-Gedankens in der deutschen Literatur, Philosophie und Politik 1750–1945, Darmstadt 1988 (2. Aufl., zuerst 1985), Bd. I (Von der Aufklärung bis zum Idealismus)

Stephan, Inge: «Hexe oder Heilige». Zur Geschichte der Jeanne d'Arc und ihrer literarischen Verbreitung, in: Die Verborgene Frau. Sechs Beiträge zu einer feministischen Literaturwissenschaft. Mit Beiträgen v. Inge Stephan u. Sigrid Weigel, Berlin 1988, S. 15–35

BIBLIOGRAPHIE

Szondi, Peter: Poetik und Geschichtsphilosophie I. Studienausgabe der Vorlesungen. Bd. II, hg. v. Senta Metz u. Hans-Hagen Hildebrandt, Frankfurt/M. 1974
Szondi, Peter: Schriften I–II, hg. v. Jean Bollack u. a., Frankfurt/M. 1978
Wellbery, David E. (Hg.): A New History of German Literature, Cambridge, London 2004
Witte, Bernd: Sechs Sätze über die Literatur und das Böse, in: Elf Reden über das Böse. Ringvorlesung der Philosophischen Fakultät der RWTH Aachen im Wintersemester 1990/91, hg. v. Helmut Siepmann u. Kaspar Spinner, Bonn 1992, S. 91–105

IV Arbeiten zur Ästhetik, Geschichte, Philosophie und Soziologie

Adorno, Theodor W.: Negative Dialektik, Frankfurt/M. 1975 (zuerst 1966)
Adorno, Theodor W.: Drei Studien zu Hegel, in: Gesammelte Schriften, hg. v. Gretel Adorno u. Rolf Tiedemann, Bd. V, Frankfurt/M. 1971, S. 247–381
Agamben, Giorgio: Homo sacer. Die souveräne Macht und das nackte Leben, aus dem Italienischen v. Herbert Thüring, Frankfurt/M. 2002
Agamben, Giorgio: Ausnahmezustand [Homo sacer II.1]. Aus dem Italienischen v. Ulrich Müller-Schöll. Frankfurt/M. 2003
Arasse, Daniel: Die Guillotine. Die Macht der Maschine und das Schauspiel der Gerechtigkeit, Reinbek b. Hamburg 1988
Balke, Friedrich: Wie man einen König tötet oder: Majesty in Misery, in: Deutsche Vierteljahrsschrift für Literaturwissenschaft und Geistesgeschichte 75 (2001), S. 657–679
Bredekamp, Horst: Thomas Hobbes *Der Leviathan*. Das Urbild des modernen Staates und seine Gegenbilder, Berlin 2003 (2., stark veränderte Aufl., zuerst 1999)
Breuer, Dieter: Origenes im 18. Jahrhundert in Deutschland, in: Seminar 21 (Hft. 1) (1985), S. 1–30
Briese, Olaf: Die Macht der Metaphern. Blitz, Erdbeben und Kometen im Gefüge der Aufklärung, Stuttgart, Weimar 1998
Bronfen, Elisabeth: Nachwort zu: Die schöne Seele. Erzähltexte von Goethe, Heinrich von Kleist, E. T. A. Hoffmann und anderen, hg. v. Elisabeth Bronfen, München 1992, S. 372–416
Bründl, Jürgen: Masken des Bösen. Eine Theologie des Teufels, Bonn 2002
Burkert, Walter: Homo Necans. Interpretationen altgriechischer Opferriten und Mythen, Berlin, New York 1972
Burkert, Walter: Griechische Tragödie und Opferritual, in: Ders.: Wilder Ursprung. Opferritual und Mythos bei den Griechen, Berlin 1990, S. 13–39
Burkert, Walter: Kulte des Altertums. Biologische Grundlagen der Religion, München 1998
Caillois, Roger: Die Spiele und die Menschen. Maske und Rausch. Übers. v. Sigrid v. Massenbach, Frankfurt/M., Berlin, Wien 1982 (= Les jeux et les hommes. Le masque et le vertige, 1958)

Colpe, Carsten; Schmidt-Biggemann, Wilhelm (Hg.): Das Böse. Eine historische Phänomenologie des Unerklärlichen, Frankfurt/M. 1993
Einsiedel, Wolfgang von: Der Böse und das Böse, in: Merkur 5 (1951), S. 428–444
Dülmen, Richard van: Der Geheimbund der Illuminaten. Darstellung, Geschichte, Dokumentation, Stuttgart-Bad Cannstatt 1975
Elias, Norbert: Die höfische Gesellschaft. Untersuchungen zur Soziologie des Königtums und der höfischen Aristokratie. Mit einer Einleitung: Soziologie und Geschichtswissenschaft, Frankfurt/M. 1983 (zuerst 1969)
Ernst, Wolfgang; Vismann, Cornelia (Hg.): Geschichtskörper. Zur Aktualität von Ernst H. Kantorowicz, München 1998
Feger, Hans: Poetische Vernunft. Moral und Ästhetik im deutschen Idealismus, Stuttgart, Weimar 2007
Foucault, Michel: Der Wille zum Wissen. Sexualität und Wahrheit 1, übers. v. Ulrich Raulff u. Walter Seitter, Frankfurt/M. 1983 [= Histoire de la sexualité. Vol. 1: La volonté de savoir, 1976]
Foucault, Michel: Der Gebrauch der Lüste. Sexualität und Wahrheit 2, übers. v. Ulrich Raulff u. Walter Seitter, Frankfurt/M. 1989 (= Histoire de la sexualité, 2: L'usage des plaisirs, 1984)
Foucault, Michel: In Verteidigung der Gesellschaft. Vorlesungen am Collège de France (1975–76), übers. v. Michaela Ott, Frankfurt/M. 2001 (= Il faut défendre la société, 1996)
Foucault, Michel: Geschichte der Gouvernementalität I. Sicherheit, Territorium, Bevölkerung. Vorlesung am Collège de France 1977–1978, hg. v. Michel Sennelart. Aus dem Französischen v. Claudia Brede-Konersmann u. Jürgen Schröder, Frankfurt/M. 2004 (= Sécurité, Territoire et Population, 2004),
Girard, René: Das Heilige und die Gewalt, übers. v. Elisabeth Mainberger-Ruh, Zürich 1987 (= La Violence et le sacré, 1972)
Girard, René: Das Ende der Gewalt. Analyse des Menschheitsverhängnisses, übers. v. August Berz, Freiburg i.Br. u. a. 1983 (= Des choses cachées la fondation du monde, 1978)
Gersmann, Gudrun: Im Schatten der Bastille. Die Welt der Schriftsteller, Kolporteure und Buchhändler am Vorabend der Französischen Revolution, Stuttgart 1993
Grübel, Isabel: Die Hierarchie der Teufel. Studien zum christlichen Teufelsbild und zur Allegorisierung des Bösen in Theologie, Literatur und Kunst zwischen Frühmittelalter und Gegenreformation, München 1991
Habermas, Jürgen: Strukturwandel der Öffentlichkeit. Untersuchungen zu einer Kategorie der bürgerlichen Gesellschaft, Frankfurt/M. 1990 (zuerst 1962)
Habermas, Jürgen: Erkenntnis und Interesse, Frankfurt/M. 1968
Habermas, Jürgen: Theorie und Praxis. Sozialphilosophische Studien, Frankfurt/M. 1971
Habermas, Jürgen: Der philosophische Diskurs der Moderne. Zwölf Vorlesungen, Frankfurt/M. 1988 (zuerst 1985)

BIBLIOGRAPHIE

Hölscher, Lucian: Die Entdeckung der Zukunft, Frankfurt/M. 1999
Hölscher, Lucian: Neue Annalistik. Umrisse einer Theorie der Geschichte, Göttingen 2002
Hunt, Lynn: The Many Bodies of Marie Antoinette: Political Pornography and the Problem of the Feminine in the French Revolution, in: Eroticism and the Body Politic, ed. by Lynn Hunt, Baltimore, London 1991, S. 108–131
Hunt, Lynn: The Family Romance of the French Revolution, London 1992
Jäger, Hans-Wolf: Politische Metaphorik im Jakobinismus und im Vormärz, Stuttgart 1971
Jorzick, Regine: Herrschaftssymbolik und Staat. Die Vermittlung königlicher Herrschaft im Spanien der frühen Neuzeit (1556–1598), Wien, München 1998
Kantorowicz, Ernst H.: The King's Two Bodies. A Study in Mediaeval Political Theology, Princeton, New Jersey 1957
Kantorowicz, Ernst H.: Die zwei Körper des Königs. Eine Studie zur politischen Theologie des Mittelalters. Übers. v. Walter Theimer, München 1990 (nach der zweiten, korr. Aufl. von 1966)
Kapp, Volker: Die Lehre von der actio als Schlüssel zum Verständnis der Kultur der frühen Neuzeit, in: Die Sprache der Zeichen und Bilder. Rhetorik und nonverbale Kommunikation in der frühen Neuzeit, hg. v. Volker Kapp, Marburg 1990, S. 40–64
Konersmann, Ralf: Die schöne Seele. Zu einer Gedankenfigur des Antimodernismus, in: Archiv für Begriffsgeschichte Bd. 36 (1993), S. 144–173
Koselleck, Reinhart: Kritik und Krise. Eine Studie zur Pathogenese der bürgerlichen Welt, Frankfurt/M. 1989 (6. Aufl., zuerst 1959)
Koselleck, Reinhart: Vergangene Zukunft. Zur Semantik geschichtlicher Zeit, Frankfurt/M. 1979
Koselleck, Reinhart: Begriffsgeschichten. Studien zur Semantik und Pragmatik der politischen und sozialen Sprache. Mit zwei Beiträgen v. Ulrike Spree und Willibald Steinmetz sowie einem Nachwort zu Einleitungsfragmenten v. Carsten Dutt, Frankfurt/M. 2006
Luhmann, Niklas: Funktionen und Folgen formaler Organisation, Berlin 1964
Luhmann, Niklas: Gesellschaftsstruktur und Semantik. Studien zur Wissenssoziologie der modernen Gesellschaft Bd. I–IV, Frankfurt/M. 1980–1995
Luhmann, Niklas: Liebe als Passion. Zur Codierung von Intimität, Frankfurt/M. 1994 (zuerst 1982)
Luhmann, Niklas: Soziale Systeme. Grundriß einer allgemeinen Theorie, Frankfurt/M. 1984
Luhmann, Niklas: Die Wissenschaft der Gesellschaft, Frankfurt/M. 1998 (3. Aufl., zuerst 1990)
Luhmann, Niklas: Soziologie des Risikos, Berlin, New York 1991
Luhmann, Niklas: Die Kunst der Gesellschaft, Frankfurt/M. 1997 (zuerst 1995)
Luhmann, Niklas: Die Form «Person», in: Soziologische Aufklärung 6 (Die Soziologie und der Mensch), Opladen 1995, S. 142–154

Luhmann, Niklas: Die Gesellschaft der Gesellschaft. 2 Bde., Frankfurt/M. 1998
Luhmann, Niklas: Die Politik der Gesellschaft, hg. v. André Kieserling. Frankfurt/ M. 2003
Lypp, Bernhard: Ästhetischer Absolutismus und politische Vernunft. Zum Widerstreit von Reflexion und Sinnlichkeit im deutschen Idealismus, Frankfurt/M. 1972
Markov, Walter; Soboul, Albert (Hg.): Die Sansculotten von Paris – Dokumente zur Geschichte der Volksbewegung 1793–94, Berlin 1957
Meinzer, Michael: Der französische Revolutionskalender und die ‹Neue Zeit›, in: Die Französische Revolution als Bruch des gesellschaftlichen Bewußtseins, hg. v. Reinhart Koselleck, München 1988, S. 24–60
Melvin, Peter H.: Burke on Theatricality and Revolution, in: Journal of the History of Ideas. Vol. XXXVI (January-March 1975), S. 447–468
Menke, Christoph: Die Gegenwart der Tragödie. Versuch über Urteil und Spiel, Frankfurt/M. 2005
Menninghaus, Winfried: Ekel. Theorie und Praxis eines starken Gefühls, Frankfurt/M. 1999
Muhlack, Ulrich: Geschichtswissenschaft in Humanismus und Aufklärung. Die Vorgeschichte des Historismus, München 1991
Müller, Harro: Einige Erzählverfahren in Edward Gibbons *The Decline and Fall of the Roman Empire,* in: Geschichtsdiskurs, hg. v. Wolfgang Küttler u.a., Bd. II, Frankfurt/M.1994, S. 229–239
Norton, Robert Edward: The Beautiful Soul. Aesthetic Morality in the Eigtheenth Century, Ithaca, London 1995
Pernoud, Georges u. *Flaissier, Sabine* (Hg.): Die Französische Revolution in Augenzeugenberichten, mit einem Vorwort v. André Maurois. Deutsch v. Hagen Thürnau, München 1976
Ratzinger, Joseph: Dogma und Verkündigung, München, Freiburg 1973
Raulff, Ulrich: Der unsichtbare Augenblick. Zeitkonzepte in der Geschichte, Göttingen 1999
Schuller, Alexander; von Rahden, Wolfert (Hg.): Die andere Kraft. Zur Renaissance des Bösen, Berlin 1993
Schulte, Regina: Der Aufstieg der konstitutionellen Monarchie und das Gedächtnis der Königin, in: Historische Anthropologie, 6.Jahrgang, Hft.1 (1998), S. 76–103
Schings, Hans-Jürgen: Melancholie und Aufklärung. Melancholiker und ihre Kritiker in Erfahrungsseelenkunde und Literatur des 18.Jahrhunderts, Stuttgart 1977
Schulte, Michael: Die «Tragödie im Sittlichen». Zur Dramentheorie Hegels, München 1992
Sharpe, Lesley: Über den Zusammenhang der tierischen Natur der Frau mit ihrer geistigen. Zur Anthropologie der Frau um 1800, in: Anthropologie und Literatur um 1800, hg. v. Jürgen Barkhoff u. Eda Sagarra, München 1992, S. 213–225

BIBLIOGRAPHIE

Simmel, Georg: Soziologie. Untersuchungen über Formen der Vergesellschaftung (1908), Gesamtausgabe, hg. v. Otthein Rammstedt, Bd. 11, Frankfurt/M. 1992
Sloterdijk, Peter: Kritik der zynischen Vernunft. 2 Bde., Frankfurt/M. 1983
Stolleis, Michael: Staat und Staatsräson in der Frühen Neuzeit. Studien zur Geschichte des öffentlichen Rechts, Frankfurt/M. 1990
Sonderegger, Ruth: Für eine Ästhetik des Spiels. Hermeneutik, Dekonstruktion und der Eigensinn der Kunst, Frankfurt/M. 2000
Vinken, Barbara: Marie-Antoinette oder Das Ende der Zwei-Körper-Lehre, in: Das Politische. Figurenlehren des sozialen Körpers nach der Romantik, hg. v. Uwe Hebekus u. a., München 2003, S. 86–105
Vogl, Joseph: Kalkül und Leidenschaft. Poetik des ökonomischen Menschen, München 2002
Warning, Rainer: Theorie der Komödie. Eine Skizze, in: Theorie der Komödie – Poetik der Komödie, hg. v. Ralf Simon, Bielefeld 2001, S. 31–46
Weinrich, Harald: Knappe Zeit. Kunst und Ökonomie des befristeten Lebens, München 2004
White, Hayden: Metahistory. Die historische Einbildungskraft im 19. Jahrhundert in Europa. Aus dem Amerikanischen v. Michael Kohlhaas, Frankfurt/M. 1994 (= Metahistory. The historical Imagination in nineteenth-Century Europe, 1973)
White, Hayden: Auch Klio dichtet oder Die Fiktion des Faktischen. Studien zur Tropologie des historischen Diskurses. Einführung von Reinhart Koselleck. Aus dem Amerikanischen v. Brigitte Brinkmann-Siepmann u. Thomas Siepmann, Stuttgart 1986
Woodward, Jennifer: The Theatre of Death. The Ritual Management of Royal Funerals in Renaissance England 1570–1625, Woodbridge (Suffolk) 1997
Zande, Johann van der: Johann Georg Sulzers *Allgemeine Theorie der Schönen Künste*, in: Das achtzehnte Jahrhundert 22 (Hft. 1) (1998), S. 87–101
Zelle, Carsten: Die doppelte Ästhetik der Moderne. Revisionen des Schönen von Boileau bis Nietzsche, Stuttgart, Weimar 1995

PERSONENREGISTER

Angaben beziehen sich auf den Text ohne Anmerkungen;
die Namen Goethes und Schillers wurden nicht berücksichtigt

Abel, Jakob Friedrich 40
Abradates von Susiane 91
Adorno, Theodor Wiesengrund 96, 98
Agamben, Giorgio 150
Aischylos 192
Alciatus, Andreas 169
Ariost, Lodovico 122
Aristoteles 50f., 175
Arnim, Achim von 133
Augustinus 69, 79, 85
Ayrer, Jakob 211

Baader, Franz Xaver von 100
Beaumarchais, Pierre-Augustin Caron de 57
Benjamin, Walter 44, 85, 140, 153, 196
Bertuch, Friedrich Justin 66
Birken, Sigmund von 202
Bloch, Ernst 51
Böhme, Jakob 99
Bohrer, Karl Heinz 81, 187f.
Boleyn, Anne 147
Böttiger, Karl August 39

Bourbon Conti, Stéphanie Louise de 126, 129
Brecht, Bertolt 106f.
Brentano, Clemens 197
Burke, Edmund 127
Burkert, Walter 50, 152

Cagliostro (d.i. Balsamo, Giuseppe) 125
Calderón de la Barca, Pedro 14, 66, 201f., 205, 218f.
Campe, Joachim Heinrich 180
Carl August, Herzog von Sachsen-Weimar-Eisenach 9, 15f., 18f., 113
Carl Friedrich, Erbprinz von Sachsen-Weimar-Eisenach 16
Carlos, Don, Infant von Spanien 136
Castiglione, Baldassare 56, 108f., 116
Celanus, Thomas 88
Cervantes Saavedra, Miguel de 184
Corneille, Pierre 14, 19, 66
Crébillon, Prosper Jolyot de 15
Cruikshank, Isaak 182

Dalberg, Wolfgang Heribert Reichsfreiherr von 61
Dante 184, 215, 220
Della Casa, Giovanni 108
Dennis, John 92
Derschau, Christoph Friedrich von 93
Descartes, René 206
Dürrenmatt, Friedrich 171 f.

Eckermann, Johann Peter 13, 24 f., 113, 118, 201 f., 220
Elisabeth von Valois, Königin von Spanien 136 f.
Engel, Johann Jacob 26-29
Erhard, Johann Benjamin 74
Eschenmayer, Carl August 100
Euripides 92, 94 f., 194

Fajardo, Diego Saavedra 169, 174
Ferguson, Adam 40
Fichte, Johann Gottlieb 17, 133
Foucault, Michel 150
Friedrich II., König von Preußen 192

Gall, Franz Joseph 75
Garve, Christian 142
Geist, Johann Jacob Ludwig 24
Gersmann, Gudrun 145
Girard, René 51
Gluck, Christoph Willibald Ritter von 14
Goldoni, Carlo 14
Görtz, Johann Eustachius Graf von 15
Gottsched, Johann Christoph 26, 66, 72, 74
Gozzi, Carlo 14
Gracián, Balthasar 56, 110, 161, 169, 174
Grillparzer, Franz 167
Grünbein, Durs 154
Grüner, Karl Franz 24
Gryphius, Andreas 151

Hägelin, Franz Karl 17, 19, 25
Hallmann, Johann Christian 66
Harsdörffer, Georg Philipp 7
Hebbel, Friedrich 104, 167
Hegel, Georg Wilhelm Friedrich 37, 45-48, 59, 61, 97 f., 100, 115, 118, 140-142, 152-154, 177
Heine, Heinrich 76
Herder, Johann Gottfried 19, 64, 176-179, 197, 204
Hermann, Johann Gottfried Jakob 49
Hesiod 80, 176
Hinderer, Walter 12
Hippel, Theodor Gottlieb von 93, 95
Hobbes, Thomas 55 f., 110
Hoffmann, Ernst Theodor Amadeus 89
Hofmannsthal, Hugo von 122
Hölderlin, Friedrich 43 f., 162, 180, 193, 205
Homer 101
Horaz, Quintus Flaccus 184
Humboldt, Wilhelm von 30, 33, 175 f., 196, 219
Hunt, Lynn 145
Hutcheson, Francis 40

Iffland, August Wilhelm 21, 76, 197

Jacobi, Friedrich Heinrich 196 f.
Jacobus de Theramo 211
Jeanne d'Arc 102

Karl I., Stuart, König von England 158
Karl IV., römisch-deutscher Kaiser 134
Kant, Immanuel 39-42, 69, 74, 83, 111, 183, 213-215
Kantorowicz, Ernst Hartwig 147, 173
Karsunke, Yaak 117
Katharina von Medici, Königin von Frankreich 66

PERSONENREGISTER

Kirms, Franz 20
Kleist, Heinrich von 89, 98, 102 f., 106
Klingemann, August 75
Klinger, Friedrich Maximilian 66
Klopstock, Friedrich Gottlieb 82, 180
Knebel, Henriette von 197
Körner, Christian Gottfried 176, 189
Koselleck, Reinhart 156
Kotzebue, August von 76

Laclos, Choderlos de 66
La Grange-Chancel, François-Joseph de 92
La Rochefoucauld, François de 111, 119
La Touche, Claude Guymond de 92
Lavater, Johann Caspar 60
Lamorlière, Rosalie 143 f., 149
Leibniz, Gottfried Wilhelm 69, 78 f., 207
Lepenies, Wolf 159
Lessing, Gotthold Ephraim 28, 31 f., 43, 57 f., 61 f., 65, 68, 97, 130, 142, 163 f., 180, 188
Liechtenstein, Gundacker Fürst von 172
Lillo, George 63
Lipsius, Justus 169, 171, 174
Locke, John 111
Lohenstein, Daniel Casper von 66
Lotto, Lorenzo 82
Ludwig XVI., König von Frankreich 125, 128, 142 f., 150, 179, 182
Luhmann, Niklas 8, 23, 53 , 58 f., 84, 110, 157, 173

Machiavelli, Niccolò 168, 174
Mann, Thomas 105
Maria Paulowna, Erbprinzession von Sachsen-Weimar-Eisenach 16
Maria Theresia, Königin von Ungarn und Böhmen 19

Marie-Antoinette, Königin von Frankreich 10, 129, 143-152, 165, 209
Marino, Giambattista 72, 82
Marlowe, Christopher 66, 81 f., 206, 208
Meier, Georg Friedrich 72 f., 209
Meiners, Christoph 109, 150
Menzel, Wolfgang 209
Mercier, Louis-Sébastian 36
Mesmer, Franz Anton 100
Meyer, Johann Heinrich 101
Michelsen, Peter 77
Milton, John 72, 82
Mitternacht, Johann Sebastian 172
Montaigne, Michel de 111, 116
Montesquieu, Charles-Louis de Secondat 111
Moritz, Karl Philipp 80, 198
Mozart, Wolfgang Amadeus 14
Müller, Friedrich von 49
Muschg, Adolf 209

Necker, Jacques 146
Neuber, Friederike Caroline 26
Neuber, Johann 26
Nietzsche, Friedrich 33 f., 52, 54, 69, 89, 153
Novalis (d.i. Friedrich von Hardenberg) 114, 172, 180, 186

Origenes 216
Osterkamp, Ernst 82
Otway, Thomas 14

Pascal, Blaise 121
Paul, Jean (d.i. Johann Paul Friedrich Richter) 74, 76, 114, 116, 124, 180
Petrarca, Francesco 115
Pfitzer, Johann Nicolaus 81 f., 85, 206, 208
Plautus 14
Properz 184
Prudhomme, Louis-Marie 149

Racine, Jean 15f., 19, 66
Reichert, Klaus 56
Reimarus, Elise 197
Riccoboni, Francesco 28
Richard III., König von England 60f.
Robertson, William 149, 151f.
Rousseau, Jean-Jacques 111

Saint-Réal, César-Vichard Abbé de 136f.
Salieri, Antonio 31
Schelling, Friedrich Wilhelm Joseph 47, 190, 193
Schlegel, August Wilhelm 25, 39, 46, 196
Schlegel, Friedrich 46, 89f., 121, 180, 186-189, 196
Schlegel, Johann Elias 92, 95
Schmid, Christian Heinrich 142
Schmitt, Carl 55, 63
Schöne, Albrecht 78, 87
Schopenhauer, Arthur 87
Schröder, Friedrich Ludwig 14
Schubarth, Carl Friedrich 216
Seckendorff, Veit Ludwig von 172, 174
Serassi, Pierantonio 114
Shaftesbury, Anthony Ashley Cooper Earl of 40
Shakespeare, William 14, 36f., 39, 46-48, 56, 60f., 63, 66-68, 82, 177, 184, 204
Sloterdijk, Peter 81
Solger, Karl Wilhelm Ferdinand 48, 197
Sonnenfels, Joseph von 25
Sophokles 14
Spinoza, Baruch de 82, 185
Staël, Germaine de 146, 195
Stäudlin, Gotthold Friedrich 182
Stein, Charlotte von 116
Sterne, Lawrence 184
Sulzer, Johann George 26f., 29, 139
Szondi, Peter 44, 184f.

Talma, François-Joseph 30
Tasso, Torquato 72, 82, 114
Tauler, Johannes 99
Terenz 14
Thomas von Aquin 78
Thomasius, Christian 169
Thouret, Nikolaus Friedrich 20
Tieck, Ludwig 46, 89, 105
Tischbein, Johann Heinrich Wilhelm 48

Unzelmann, Friederike 21

Vergil 184
Vohs, Heinrich 24
Voigt, Christian Gottlieb 18
Voltaire (d.i. François-Marie Arouet) 15, 100, 113

Wagner, Heinrich Leopold 19, 36
Wagner, Richard 113
Wallenstein, Albrecht Wenzel Eusebius Graf von, Herzog von Friedland 169
Watson, Robert 137
Weise, Christian 66
Weiße, Felix Christian 61
Wesendonck, Mathilde 113
Weyer, Johann 81
Widmann, Christian 81, 85, 206, 208
Wieland, Christoph Martin 59, 91, 95, 113
Willms, Carl 24
Winckelmann, Johann Joachim 101, 122, 182f.
Wolf, Pius Alexander 24
Wolff, Christian 79
Wolzogen, Caroline von 114

Xenophon 91

Ysenburg von Buri, Ernst Carl Ludwig 128, 145, 147f., 150

Zedler, Johann Heinrich 73, 82
Zelter, Carl Friedrich 36

PETER-ANDRÉ ALT BEI C. H. BECK

Peter-André Alt
Franz Kafka
Der ewige Sohn. Eine Biographie
2005. 764 Seiten mit 43 Abbildungen. Leinen

Peter-André Alt
Der Schlaf der Vernunft
Literatur und Traum in der Kulturgeschichte der Neuzeit
2002. 464 Seiten. Leinen

Peter-André Alt
Schiller
Leben – Werk – Zeit
Eine Biographie
Band I: Schillers Leben und Werk von 1759
bis zur Französischen Revolution
Band II: Schillers Leben und Werk von 1791
bis zu seinem Tod 1805
2., durchgesehene Auflage. 2004. 1423 Seiten. Gebunden

Peter-André Alt
Friedrich Schiller
2004. 128 Seiten. Paperback
Beck'sche Reihe Band 2357
C. H. Beck Wissen

VERLAG C. H. BECK MÜNCHEN